ちくま文庫

増補 サブカルチャー神話解体

少女・音楽・マンガ・性の変容と現在

宮台真司・石原英樹・大塚明子

筑摩書房

目次

サブカルチャー神話解体

少女・音楽・マンガ・性の変容と現在

文庫増補版へのまえがき

意味論の変遷を分析するという課題

戦後のサブカルチャーの流れから、時代ごとの「意味論」と、その変遷過程を明らかにすること。それが本書の目的だ。その本書が上梓された1993年11月から数えて、間もなく14年が経つ。本書のスタンスから言えば、14年の期間はとてつもなく長いという他ない。

意味論（semantics）とは概念史研究に由来する言葉で、概念群と命題群のセットを指す。ルーマン（Niklas Luhmann）が社会学に持ち込んだ。生徒の概念は、先生、親、教室、成績等の概念群や「勉強すると立派な大人になる」「先生は偉い」といった命題群とのセットで意味を持つ。

実は、意味論が時代ごとに変わる。意味論が変われば、生徒という言葉自体不変でも、概念内容が変わる。その点、フーコー（Michel Foucault）の「言説の磁場」という概念に近い。この意味論の変遷過程の分析に、社会システム理論の枠組を適用する処《ところ》が、本書のミソだ。

単行本上梓からの14年間の激動

話を戻すと、本書では、戦後サブカルチャーの意味論的な画期をおよそ、1955年、64年、73年、77年、83年、88年、92年に設定する。刻みは9年から4年。それと対比すると14年はやはり長い。現にその間、私（宮台）は96年と2001年に新たな刻み目を入れる程だ。

同じ期間、私も波乱に見舞われた。94年からは新聞での論戦を皮切りに女子中高生のブルセラ&援交の実態を論じる者として、95年からは地下鉄サリン事件を契機に若い人々の宗教性を論じる者として、97年からは脱社会的な少年犯罪を論じる者として、振る舞った。

今世紀に入ると政治や外交について論じる機会が増えた。並行して『続サブカル神話解体』の執筆を各所から求められるようになった。本書のように再び現在の全体性を描けというのだ。準備は進めている。だが出版できる段階ではない。そこで文庫増補版の上梓だ。

ジャンルが意味を持った最後の時代

上梓の理由は幾つかある。第一に、大学での講義経験から見て、若い世代がますます歴史意識を欠くようになったからだ。若い人々に今一度、ある時期までの歴史をおさらいして欲しい。ある時期とは「ジャンル概念が辛うじて意味を持つ最後の時期」ということだ。

敷衍すると、1992年まではジャンル概念や類型概念があり得た。例えば、音楽の大半は四つのジャンルに収まり、ジャンル名を聞けば「ああアレね」と分かった。ネクラ・ネアカ、㊎・㊥、新人類・オタクなど、さまざまな人格類型化の試みが人口に膾炙した。

単行本の元になる連載はこうした透明性を前提としていた。単行本版上梓あたりからジャンル概念や類型概念の失効が始まる。ジャンルや類型を名指されても「ああアレね」とか「ソレってある」と頷けなくなった。この不透明さは続編執筆の難しさにもなっている。

第二に、この間、大塚英志『「おたく」の精神史』（講談社、２００４年）、坪内祐三『一九七二』（文藝春秋、２００３年）、宮沢章夫『80年代地下文化論』（白夜書房、２００６年）等が上梓されたが、メディアを通底する意味論の変遷過程分析という点で不十分だからだ。

実は、いま挙げた本は比較的ましな方で、書名に80年代論を銘打った本の大半は本書で言うところの「好きなもの分析」に過ぎず、非学問的なツマミグイを出ない。記憶に訴えかけるノスタルジックな感慨を除けば、単なる事実確認の域を出ないような代物が大半だ。

バックラッシュ現象の背後にあるもの

第三に、93年上梓の単行本版は諸般の事情で、今回の文庫増補版の序章部分を欠いており、これが痛いからだ。この序章部分は92年に単行本版上梓の露払いとして、単行本と同じ出版社から出た本（絶版）に収録されたが、これを是非とも復活させたかったのである。

この序章は、少女漫画・音楽・宗教という三つの領域ごとに独自の意味論的変遷の分析を施した後、それらを関係づける構成だ。本書全体の総合的着想を理解する上でも重要で、加えて単行本で省かれた宗教分析を含む。オウム事件直前の宗教分析として価値があろう。

第四が最も重要だが、続編の上梓を俟《ま》つまでもなく、本書を読めば、逆照射される形で、93年以降の意味論的特徴がおぼろげながら浮かび上がるからだ。例えばこの間、つくる会「教科書」→小泉「ぶっ壊す」→安倍「美しい国」という具合にバックラッシュが続いた。

80年代的バブルの怒濤を経て、90年代は「多様なものの共生」が花開くかと思いきや、多様性の拡がりによって脅かされると感じる人々の「多様性フォビア」が拡がり、その一環としての「若者バッシング」が女子高生→フリーター→ニートと対象を変えつつ止まらない。

この事実は、多様性そのものでなく、ジャンルや類型を理解不能にしかねない程の不透明性や流動性の拡がりこそが人々を脅かすことを示す。本書で扱う素材は目も眩《くら》む程の多様さだが、それでも本書は辛うじて全体性を触知できた最後の時代の空気を如実に伝える。

社会システム理論という方法

単行本版へのまえがきにも記した通り、本書の情報量は膨大だ。経済が政治を通じて文化を規定するのか（マルクス Karl Heinrich Marx）、文化が政治を通じて経済を規定するのか（グラムシ Antonio Gramsci）といった戯言《ざれごと》に淫する前に、意味システムの途方もない規模に及ぶ蠢《うごめ》きに身を投じるのが、本書の立場だ。

意味システムの蠢きは、一時点前のシステム状態を前提とする、現時点の環境への反応として生じる。あるいは、構造Aを前提として環境適応的に構造Bが構築され、構造Bを前提として環境適応的に構造Cが構築される。ミクロからマクロまでこの図式が用いられる。

意味システムとしての社会システムには、経済（資源配分機能）や政治（集合的決定機能）や法（紛争処理機能）に関わるコミュニケーションを、固有に触媒する形象（貨幣等）があるが、そのことは社会がコミュニケーションだけから成り立つという性質を変えない。

コミュニケーションでないものがコミュニケーションを規定することはあり得ず、逆もない。そのことは単行本版へのあとがきでも述べた通りだ。こうした自明の事柄が未だに文化研究の常識になっていない。分析の有効性を梃《てこ》にした理論的刷新も本書の隠れた目標だ。

とりわけ下部構造による規定とか文化的覇権が体制を変えるといった言説（コミュニケーション！）自体が分析対象になること。並びに個々のコミュニケーションが社会システムおよび人格システムの恒常性維持という観点から分析されること。そこに注目して欲しい。

凡例について。テレビ番組や連載マンガが複数年に跨《また》がる場合は、初出年のみ記す。煩瑣の嫌いがあるが、「　」で括る言葉は（当時の）世に謂わゆるという強調を付した記述概念で、〈　〉で括る言葉は、たとえ日常語であれ、分析概念としての抽象的含意を有する。

2007年1月8日

執筆者代表　宮台真司

単行本版へのまえがき

本書の目的

この本は、戦後から現在にかけてのメディア・コミュニケーションの変化を手掛かりとして、社会的コミュニケーションの全域に及ぶような大掛かりな変容を描き出し、そうした時間的な展開の中で私たちの現在の居場所を明確につかみとることを、目的としている。

扱われる材料には、いくつかの本質的な理由から、少女メディア・音楽メディア・青少年マンガメディア・性的メディアが選ばれている。

これら四つのメディアの内部には、さらにたくさんのサブメディアが——とりわけ現在に近づくほど——存在するから、実際に分析の対象となっている情報の量はきわめて多く、その情報量に一種の眩暈を引き起こす人さえいるかもしれない。しかし、読者がもしほんとうに眩暈を感じるとするなら、おそらくそれは単なる情報量のせいではないだろう。

誰もがお茶の間で同じテレビを見、同じ流行歌を歌い、同じマンガに狂喜した時代は、今日では遠い過去のものとなっている。であるがゆえに、皆が共通のメディア体験を持っていた時代が懐かしまれ、とりわけ80年代後半からは、現に多くの回顧メディアが流通している。そこに映しだされているのは、過剰に分化した同時代のメディア空間の不透明感であると言っていい。

本書は、そうした回顧メディアの一つでは、残念ながら、ない。本書が与えるのは、「回顧の安楽」よりも、むしろ「殺伐とした居心地の悪さ」であるはずだ。なぜならば本書は、人々をそうした回顧へと差し向けている今日の「複雑性」をこそ、あるいはそうした「複雑性」を可能にした、それ自体きわめて複雑な社会的文脈をこそ、真正面から主題にしているからである。

方法的な問題

もちろん、「歌は世につれ、世は歌につれ」という言葉があるように、メディア・コミュニケーションが社会の全体的なあり方と結びついているという認識は、それ自体としては新しいものではない。

メディアの送り手や受け手はそれぞれ自由に振る舞いうるにもかかわらず、そのコミュニケーションのあり方を見ると、どういうわけか、それぞれの時代に応じた定型が見いだされるということは、今日では誰もが認める事実だろう。

しかし私たちの立場は、従来の「反映説」や「上部構造論」とは違ったものである。かといって、因果性を逆向きにしただけの「観念論」や、観念と物質の双方向的な因果性を志向する「弁証法」とも異なる。

社会を、コミュニケーションと、コミュニケーションでないものに分割し、両者の間の因果関係を（向きの如何を問わず）把握する、といったタイプの思考は、ここ20年間の社会システム理論の発展の中で、もはや問題外になってしまっている。

今日の理論的な水準においては、社会とはコミュニケーションの全体であり、その変化は、コミュニケーションによってだけ成り立つシステムの、進化的展開として描かれざるを得ないことが、明らかにされているのだ。

こうした理論的な到達点から見ると、今日私たちの周囲に散らばっているメディア分析が、たとえ暗黙にであれ前提にしている思考枠組は、80年代を席巻した「ポストモダン論」や「レトロ的蘊蓄《うんちく》話」をも含めて、驚くべき未開の水準にあると言わなければならない。それは、問題を明るみに出すよりも、むしろ巧妙に覆い隠す方向に機能している。

むろん、今の段階でこうした方法的問題を弁える必要はない。とりあえずは、本書が従来ありがちだったタイプのメディア分析とは、まったく異なる方法的な立場に立つものであることだけを、頭の隅にとどめておけば足りるはずである。

しかし本書を読み終わったとき、一部の読者にとっては、こうした方法的問題が頭をもたげてくることが予想される。そのような読者のために、巻末のインタビューを始めとして、随所に方法的な註記がなされている。その意味で、本書が一種の方法的マニフェストとして機能する可能性をも私たちは念頭に置いているが、方法に関する主題的な論及は、別の機会に譲るほかないだろう。

本書の構成と読み方

本書は、『アクロス』92年8月号から93年6月号までの約1年間にわたってなされた連載記事を、ほぼ修正なしで単行本化したものであり、現在も続行中のプロジェクトのいわば「中間報告集」である。巻頭と巻末には、連載の前後に『アクロス』に掲載された、ガイダンス的ないし総括的な機能を果たすインタビュー記事を、配している。

そうした事情もあって、本書は、各章ごとに——対象となるメディアごとに——ある程度の完結をみるようになっている。したがって、読者自身が興味をお持ちのメディアを扱った章から読んでくださってかまわない。ただしその際、巻頭と巻末のインタビューを前もって読んでおくことが、包括的な見通しを獲得するうえできっと役立つことだろう。

序章　サブカルチャー神話解体序説——少女マンガ・音楽・宗教から見た若者たち

いまや若者のコミュニケーションの全体像を理解するためには、すべてのメディアをシステム理論的に分析しなければならない。サブカルチャー史を概観しつつ、少女マンガ・音楽・宗教の三つの分析を立体的に構築し、従来の「好きなものの分析」やつまみ食いの「学術的分析」とは異なる、「サブカルチャー分析」の新たな方法論をマニフェストする！

1　80年代的神話の解体へ向けて

文脈を欠いた言説——「煽りのコトバ」と「癒しのコトバ」

80年代に同時代を対象としたコトバ自体が、多くは浮遊するバブルだった——そうした感覚はかなりの読者に共有されていよう。確かに現在では誰もが「バブル崩壊」を謳うようになった。しかし「バブル批判」それ自体が80年代的浮遊性の尻尾を引きずっている可能性は、まだ十分に検討されていない。80年代以降の若者メディアを分析する本書のようなメディアがこうした危険に鈍感だとすれば、きわめて問題だろう。

一口にいえば、80年代には「文脈を欠いた言説」が氾濫していた。まず80年代の幕開けを告げた「都市論」「記号論」のブームは、「モダン／ポストモダン」といった紋切り型のコードに見られたように、「都市のリアリティー」を記号的・空間的な〈意匠〉の水準でだけ問題化した。バブル経済に先駆け、現実に建築ブームとも共振したこれらの「煽りのコトバ」が等閑に付していたのが、記号や空間が置かれているコミュニケーション的な文脈だった。新人類系メディアに典型的だったこの種の「文脈を欠いた言説」は、「バブル崩壊」後の今日でも、感覚解放論とバーチャル・リアリティー論の結合などに姿を変えながら、細々と続いている。

しかしここで取りこぼされたものこそが「都市のリアリティー」なのではないか——そうした、ある意味で健康な感受性を背景に80年代後半になって生じた反動が、現実のコミュニケーションのあり方に照準したルポ・ブームだった。ここでは、当時浮上し始めた伝言ダイヤルやオタクや霊的現象などが俎上にのせられた。だが結局は情報落差を利用したのぞき見趣味を超えられなかったこともあり、風変わりな風俗へと人々をガイドするパンフレットとして、すなわち皮肉なことに別種の「煽りのコトバ」として、機能することになった。

こうした「煽りのコトバ」の裏側で、80年代は同時に、増殖した過剰な関係性を処理しきれずに「ここはどこ？　私は誰？」と問うような、「陥没した視線」を生み落とした。〈世界〉の断片性・不透明さ・手触りのなさに戸惑うこうした視線に対して「現実の代替物」を与えるコクーニング（繭形成）ツールとして、「時間的な〈大物語〉」が利用されたのである。「モダンからポ

表1　2種類の「文脈を欠いた言説」

煽りのコトバ	癒しのコトバ
「記号学」的なもの	「生成論」的なもの
空間的意味づけ	時間的意味づけ
イケイケの視線	陥没した視線
意匠による現実差異化	現実代替的な繭形成

ストモダンへ」といった類の短絡から、宇宙論・身体論的な「生成論」までがもち出された。そこに見出される時間性は「歴史」と呼ぶには単純すぎるが、「陥没した眼差し」が要求する現実遮蔽的な「癒しのコトバ」として機能するには適していた。複雑な「コミュニケーションの文脈」を断ち切るところに成り立つ〈世界〉の安定。これらはオタク系メディアの動きや宗教ブームとも共振していた（表1参照）。

80年代以降の「文脈を欠いた言説」がこうした分化を見せるのは偶然ではなく、一部後述するように、一定の歴史的な前提に基づくことが明らかである。両者は、同時代の内部で、また一人の論者の内部で、相補的な役割を果たしてきた。しかしこの相補性の意味は、まだ十分に気づかれているとはいえない。

いずれにしてもこうした「文脈を欠いた言説」から距離をとるのに有効なのは、またぞろ「煽り」として機能する突飛な方法ではなく、考え抜かれた複合的な方法だけである。そこで私たちが採用するのは、統計分析・内容分析・歴史分析・理論分析を組み合わせた、システム理論の方法である。私たちの分析の主題と方法的な特徴について、以下に述べよう。

なぜメディアの総合的な内容分析が必要なのか

私たちの分析の主題は、テレビ・ビデオ・パソコン通信・電話（テレクラやQ_2を含む）・アニメ・雑誌などの情報メディアとの接触のあり方が、若者たちのそれぞれタイプの異なる〈世界解釈〉やコミュニケーションと、どう結びついているのか、またそうした結びつきが意味するものは何なのかを、明らかにすることである。

以前と違って、私たちの社会では、メディアが多様に分化している。したがって、あるメディアを享受することは、別のメディアを享受しないことを意味する。だから、メディアの享受は、意識するかどうかにかかわらず、きわめて選択的である。だがこうした選択の意味は、通常思われているほど、自明なものではない。

たとえばテレビではなく少女マンガに、少女マンガではなく音楽に、音楽ではなく宗教的体験に耽溺することの意味は、明らかにされていない。さらに、同種のメディアの中でも、『MY BIRTHDAY』ではなく『WINGS』を読むこと、メタルではなくニューミュージックを聴くこと、ニューミュージックでも岡村孝子ではなく渡辺美里を聴くこと、オウム真理教ではなく幸福の科学にコミットすること。こうしたことの意味も、明らかではない。

もちろんそれぞれのメディアについてのメディア批評が存在する。だがこれらは批評者による「好きなもの分析」にすぎず、指摘した限界は超えられない。これらとは別に、かつて行われたいくつかの画期的なメディア分析の手法も、現在では通用しない。たとえば見田宗介は「社会心理学」という当時は聞き慣れない旗印の下で、流行歌の分析をはじめとする、いくつかの画期的な分析を行った（見田［1967→1978］など）。南博ら「社会心理史」グループも同様である（南［1965］［1987］など）。だが彼らの方法の有効性は一定の社会的文脈を前提としていた。

図1　サブカルチャー分析の方法論

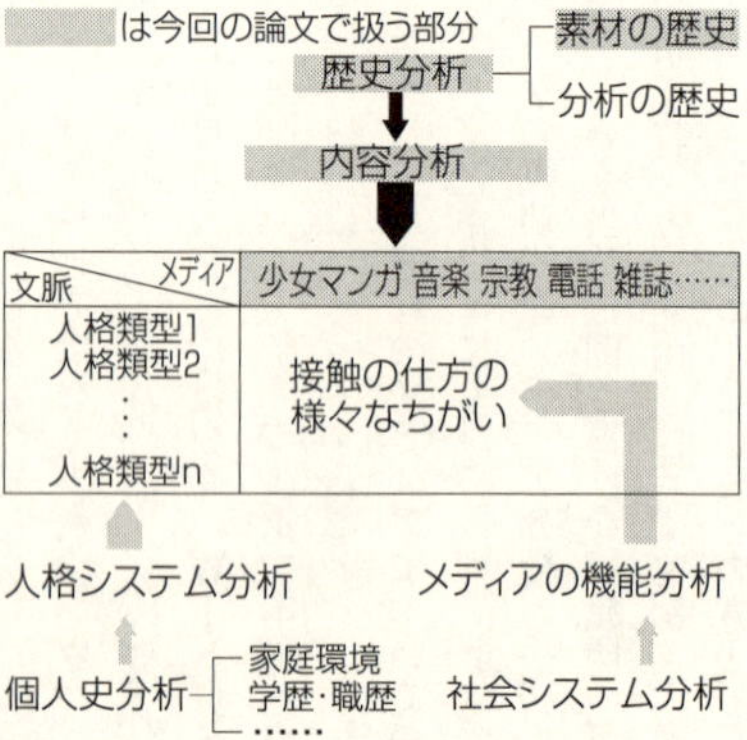

今日では「大人／若者」「自由／抑圧」「都市／田舎」といったコミュニケーションの共通コードは崩壊し、メディアに見出される構造はミニマルで拡散したものになった。同時に、どのメディアや作品をとっても相対的に一部の関心しか引かなくなり、複雑に引かれた断絶の線は「世代概念」を無効にした（宮台［1992a］）。分化する以前と比べて、同一メディアの機能も今日大きく変化している。分化したメディアの機能は互いに棲み分けており、それぞれの機能的特殊性は単独のメディアを分析しているだけでは明らかにならない。過去とは異なり、「一点突破、全面展開」の方法にはもはや限界があるのである。

ではどんな方法が求められるか。それはすべてのメディアを同時に分析し、比較可能にするものでなければならない。さらに、メディア享受の背景をなす「コミュニケーションの文脈」を詳細に取り出せるものでなければならない。こうした課題に対処するために私たちが採用したのが、図1に示した分析手順である。

分析手順を単純化すれば、①「人格システム分析」を縦軸に、②「各種メディアの内容分析」

を横軸に取ったうえで、③両方の軸がクロスする領域に見出される偏差を分析することにより、メディアにおける〈世界構成〉の機能を把握する、という段取りになる。

①については宮台［1990ab］による統計的手法を用いた予期理論的人格類型論として言及されているので省略し、この章では、②の一部を紹介する。(1) ③については、膨大な統計分析を伴う関係から本論とりわけ第2章にゆずろう。

2　メディアの意味空間を解剖する

サブカルチャーの史的展開とその基本図式

私たちはメディアの内容分析を行うために、各メディアごとに分析モデルをつくった。この章では、その中で「少女マンガの三元図式」「音楽の四元図式」「宗教の二元図式（ないし四元図式）」を簡単に紹介する。だがその前に、これらの図式をよく理解するには、今日のメディア接触を支える「若者文化」がどのような経緯を経て成立したものであるのかを、知っておく必要がある。

むろん〈若者〉という概念自体、きわめて前提に満ちたものである。このことは後で述べるが、ここで「若者文化」というのは、私たちの研究対象を指示するための仮のラベルであると理解してもらいたい。結論的には、日本の「若者文化」は四つのフェイズを経過してきた（図2参照）。

図2　若者メディアを包括する歴史的四象限図式

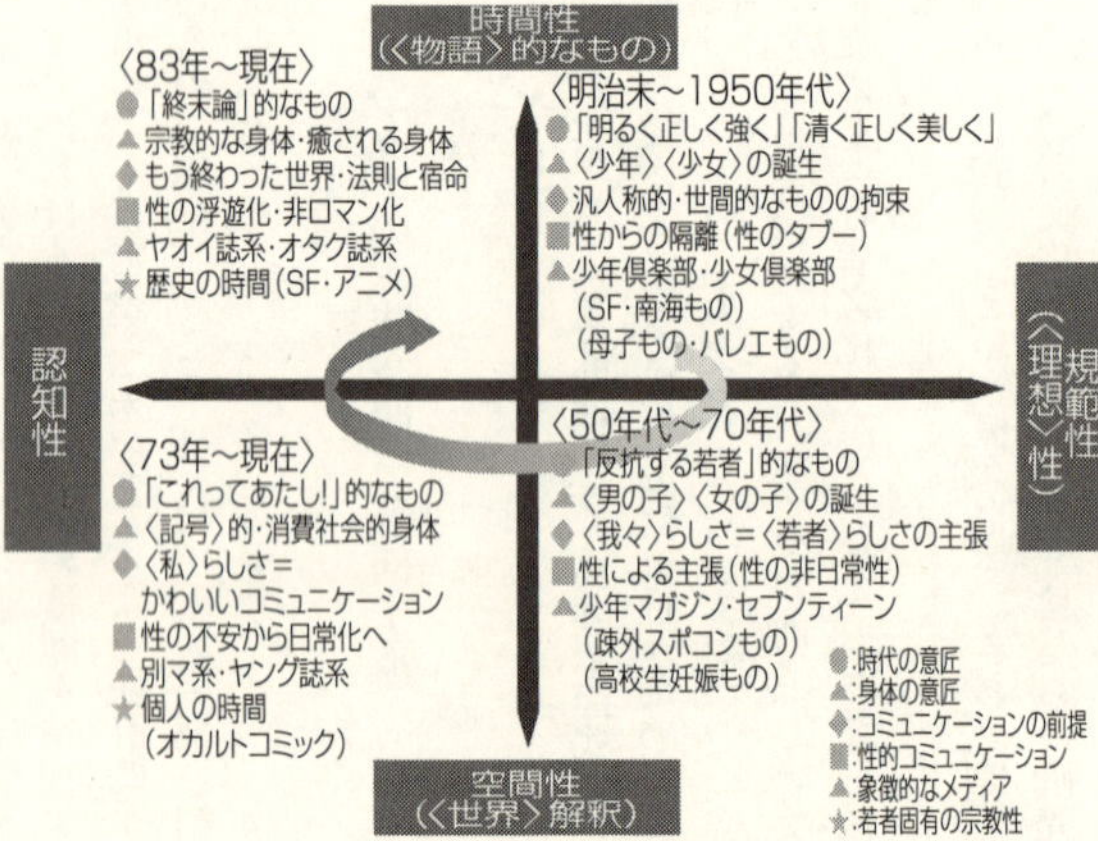

各現象ごとに、概略的な説明を加えていこう。

第一フェイズ【明治末〜1950年代まで】

日露戦争後の急速な重化学工業化、女子も含めた「近代教育制度」の整備、都市化と並行して浸透を深めた性別役割分業を伴う「近代家族」などを背景として、明治末から大正期にかけて「大衆文化」が成立した。[2] この時代の「若者文化」は、まだ大衆文化から分離していない。後に述べるような固有の意味での「若者文化」は、まだ成立していないのである。

たとえば、この時期に成立した少年小説や少女小説はいずれも、主人公が〈理想〉を追求することによる〈秩序回復〉の物語だった。しかしこの〈理想〉は、実は大人たちが少年や少女たちに対して期待している像《イメージ》でもあった。

少年小説においては、気狂い科学者の発明・スパイの陰謀・火星人や海底人の侵略・怪盗による誘拐や盗難といった〈秩序侵犯〉に始まり、少年が「強く正しく明るく」という〈理想〉に即して活躍することで〈秩序回復〉がなされ、(3)少女小説では、母の死・一家の没落・生き別れ・意地悪な同級生に引き裂かれた友情といった〈秩序侵犯〉に始まり、少女が「清く正しく美しく」という〈理想〉に即して耐えることで〈秩序回復〉がなされた。(4)

むろん両者には対照的な面もあった。少年小説は「事件」をめぐる短期的な時間性と「国家の護持」というワイドな空間性を、少女小説には逆に「人生」をめぐる長期的な時間性と「わたくしの幸せ」というこぢんまりとした空間性を、準拠枠組みとしていた。だがこうした対照はむしろ、明治末から大正期にかけて確立したイエから世間へ、そして大日本帝国へと、なだらかに連続する〈秩序〉のあり方に照応する相補性だった。少年は日本男児の予備軍として「明るく正しく強く」、少女は良妻賢母の予備軍として「清く正しく美しく」、という〈理想〉を目指すべき規範的身体だと考えられていたのである。

こうした〈秩序〉のあり方に対応する大衆文化を「メインカルチャー」と呼ぶならば、戦前の少年・少女文化はあくまでメインカルチャーの一部であり、分化したサブカルチャーだったとは到底いえない。固有の意味での「若者文化」は未だに成立していなかったのである。

こうした性格は、戦後になっても、昭和30年代の前半頃までまったく変わらなかった。確かに、小説における挿絵比率の上昇や、マンガにおけるハリウッド的手法の導入など、表現技法上のいくつかの革新が指摘されている。(5)しかし侵犯される〈秩序〉が大日本帝国から世界平和や民主主義に変わっただけで、内容的にはあいかわらず戦前と同じ空想科学・冒険活劇・探偵もの・母子《ははこ》

ものに題材をとった、〈秩序侵犯〉ものだった。(6)

抽象化していえばこれらのメディアにおいては、規範性（〈理想〉の貫徹）と時間性（〈秩序侵犯〉から〈秩序回復〉にいたるカタルシス）が、結合していたのである。

ところが50年頃になると、〈大人〉に反抗する〈若者〉という表象が出現し、社会的に認知されるようになる。［〈大人〉／〈若者〉］というコードが一般化したのだ。石原慎太郎の『太陽の季節』(1955)の主人公は「貴様達には何もわかりゃしないんだ！」と叫ぶ。まさに石原がそうだったようにつくり手が〈若者〉自身になり、その〈理想〉も〈大人〉の常識（世間）と異なる幸福・友情・愛・性のあり方の模索へと焦点が移る。ここにおいてはじめてサブカルチャーとしての「若者文化」が分出したといえる。

第二フェイズ
【1950年代～70年代まで】

こうした動きは、たとえば1950年代の貸本マンガにおける劇画の隆盛にも見出される。そこでは「強く正しく明るい少年」「清く正しく美しい少女」といった〈秩序〉の表象はすでに衰退し、代わりにイエや世間から疎外されて苦しむ〈若者〉が登場した。そこでは「苦難を乗り越えての達成や回復」の〈代理体験〉ではなく、読み手が「自分たちのことだ」と共感できる〈モデル〉が問題になっていた。こうした変化は1960年前後の『少年マガジン』や『少年サンデー』への劇画の取り込みにより、さらに本格化した。

メディアの焦点は、ありそうもない物語の〈代理体験〉という時間次元から、ありそうな〈関係性モデル〉による〈世界解釈〉という空間次元に、移行した。ただしその場合、関係性の主語は〈私〉ではなく、あくまで〈我々〉だった。たとえば60年代における少女マンガの主流は「母子もの」から「学園もの」に移行し、ジュニア小説や『セブンティーン』は、高校生の性や妊娠を取り上げていたが、そこで問題になっていたのも、飽くまで〈我々〉＝〈若者〉にとっての幸福であり、愛であり、性だった。

時間性優位から空間性優位へのこうした変化にもかかわらず、規範性（〈理想〉）は保持された。ただし世間と通底するはずの〈理想〉は、世間と反する〈理想〉へと変化した。イエや世間を補強するメインカルチャーとしての正統な〈理想〉に対し、〈若者〉としての異端な〈理想〉を対置することが奨励されたのである。

たとえばイエの存続を第一目標とする日本の「家父長制的近代家族」の理念に対して、両性間の自由で対等な選択と合意を強調する「恋愛＝結婚」の理念や、性のコミュニケーション次元を強調する「恋愛＝性」の理念が対置され、他方で、異端を強調する芸術表現がそれだけで「アヴァンギャルド」としてもてはやされた。こうした対峙の極限的形態が60年代後半の新左翼運動だった。そこでは実存主義と初期マルクスの疎外概念を哲学的基礎として、「体制」に対峙しつつ「主体性」を確立することが奨励されたのである。

こうした世間や〈大人〉に反する理念は、今までの常識とは異なる方向を指し示すがゆえに、行為の準拠枠として〈若者〉の〈理想〉を体現するスターが要求された。石原裕次郎、プレスリー、ジェームス・ディーン——新左翼運動でいえば、毛沢東、カストロ、ゲバラ——といったスターは、〈私〉というより〈我々〉のスターだった。

この時代には、新しい〈世界解釈〉のための〈関係性モデル〉が、〈若者〉固有の〈理想〉として提示されていた。空間性と規範性とが、結合していたのである。〈我々〉=〈若者〉というユニセックス的な概念は、少年・少女といった前代の概念を吸収し、少年は男の子に、少女は女の子になった。女の子もまた性的な身体であることが肯定的に認識され、「性から隔離された身体」としての〈少女〉は「性的な身体」としての〈女の子〉に変貌を遂げたのである。

この変化を象徴したのが、「清く正しく美しく」から「かわいい」への〈理想〉の変化だった。『おくさまは18歳』（原作69年・TV化70年）の、先生と密かに結婚している高校生の主人公は「ええどうせまだ子供ですよ／でも、そこがかわいくっていいっていったじゃな〜い？　ウフーン」とウインクする。

実は「かわいい」の観念こそ、「大人（成熟）／子供（未熟）」というメインカルチャーのコードを意識的に無化する〈若者〉のサブカルチャーそのものだった。「子供のまま性的になること」の宣言。後代の「かわいいカルチャー」の出発点は実はここにある。「かわいい」を性的なものからの隔離と結びつける80年代少女論は、この重要な出発点を完全に無視している。

男の子については、梶原一騎原作の「スポ根マンガ」に見られるように、前代の少年小説やマンガにあった社会的な〈秩序回復〉ものは、個人的な〈課題達成〉ものに地位を譲り、イエ世間の目から見ればバカげた〈課題達成〉に命を燃やすことが奨励された。よど号ハイジャック事件の犯人が口にした「我々は明日のジョーである」というセリフは象徴的だった。前代のバレリーナものなどとは違い、最後に幸せになるという予定調和的な時間性ではなく、「生き方」それ自身への規範的な自己同一化が問題だったのである。

こうした〈若者〉の概念は、〈大人〉や世間との差異によってはじめて意味をもつものだった。こうした互いに相補的なコードが、実は〈大人〉にも〈若者〉にも共有されていた。〈大人〉らしさを示すやり方も〈若者〉らしさを示すやり方も、誰にとっても明らかだった。そのどちらを評価するかで、評価者が〈大人〉であるか〈若者〉であるかが決まったのである。そしてどちらの側も、相手側を「敵」と見なすことで「連帯する内部」を構築でき、自らを鼓舞できた。「紛争の時代」は、実は共通コードによる「統合の時代」であることによって可能とされていたということである（宮台［1990b］参照）。

第三フェイズ
【73年〜現在まで】

だが、大学紛争の敗北を最初のきっかけとし、さらにいくつかの象徴的な事件を経て73年の石油ショックをダメ押しとする形で、「〈大人〉/〈若者〉」という相補的な共通コードが崩壊し、「連帯する内部」が消滅した。「シラケの時代」の到来だ。代わりに〈我々〉としての自己ではなく、唯一性としての〈私〉が浮上してきた。大文字の「愛とは何か？」「幸福とは何か？」ではなく、小文字の「私らしい愛」「私らしい幸せ」が問題になり始めた。

変化の最初の表れは、意外にも恐怖コミックに見出された。新興住宅地の開発のかげで忘れられた共同体の記憶（白蛇！）が、失われた個人の記憶（前世！　ポルターガイスト！）に置き換えられたのだ。楳図かずおや古賀新一から、つのだじろう（『うしろの百太郎』（1972）・『恐怖新聞』(1973)への変化が象徴するこの流れは、オカルトコミックとして現在も続く。

だが「私らしさ」の内容を本格的に問題にしたのは、女の子メディアだった。初期には「貸本↓西谷祥子↓『セブンティーン』」という「学園もの」の流れにあった大島弓子が、まず『ミモザ館でつかまえて』(1973)で、「大人のみならず同世代からも疎外された私」を主題化し、フキダシとは別に内面の呟きをバックに埋め込む「モノローグ」手法を高度に洗練させ、表現の中核的な要素に据えた。

この直後、もっと大衆的かつ肯定的な形で「私らしい私」を取り扱い、ブームを巻き起こしたのが、『りぼん』に集まった「乙女ちっく」の作家たちである。大島の「モノローグ」手法は継承されたが、[7] 彼女に残響していた「周囲を否定する」カウンターカルチャー的身振りは払拭され、ずっと密やかで自己充足的なものになった。周囲から取り残された劣等で不安な「ダメな私」が、周囲を否定することなくそのまま肯定されたのである。

「これってあたし!」そのものであるダメな主人公が、そのまま肯定される。ここにおいて〈関係性モデル〉は規範的なものから認知的なものへと取り替えられた。同時に〈関係性モデル〉の主語も、〈我々〉から〈私〉へと変化した。

不安の背景には、先に述べたような、「かわいい」による「性の取り込み」があった。周りの子は平気で男の子と付き合えるのに、私だけはダメ。そこに見出されるのは、もはや性からの隔離ではなく、性的コミュニケーションが自由であることによるアノミーである。「乙女ちっく」はこのアノミーを伝統的な予定調和の手法によって癒した。これらは「性的な身体であろうとするための不安」であり、大島の「性的な身体であらざるをえないがゆえの不安」[8]とは違っていた。こうした積極性が、77年以降の「乙女ちっくの進化」（後述）を可能にしたのである。

「60年代的サブカルチャー」（カウンターカルチャー）の挫折は少年マンガでは別の形をとった。一つは、反〈世間〉的な文脈の脱落に伴うドラマツルギーへの純化である。たとえば『俺は鉄兵』（1973）は一見すると「スポ根」だが、もはや〈世間〉から疎外されつつ〈課題達成〉に命を燃やすのでなく、単に「より強いライバルの出現と打倒」に純化されている。この傾向は、『少年ジャンプ』における「友情・努力・勝利」の物語として、今日まで続いている。

もう一つは、〈課題達成〉における自己確認というサブカルチャー的構成そのものをパロディー化する『がきデカ』（1974）的方向。かつてのサブカルチャー的なものにシラケながらも、しかし反〈世間〉的ノリを継続させようとする点で、「60年代的サブカルチャー」の最後の残滓でもあった。この種のアクロバチックな試みは70年代後半にパロディーブームとして花開くが、反世間にシラケつつも反世間であるという両義性[9]は結局不安定であり、ナンセンスな世界を細部にわたってリアルに構築するその手法が白泉社系・やおい系の少女マンガに継承されただけで、83年までには終息する。

少年マンガに「これってあたし！」的な〈関係性モデル〉が導入されるのは、ようやく77年を過ぎてのことだった。『翔んだカップル』（1978）に代表されるこうした少年ラブコメの流れは、79年創刊の『ヤングジャンプ』（『いとしのエリー』など）や80年創刊の『ビッグコミックスピリッツ』（『めぞん一刻』など）などのヤング誌において定着し、現在に至っている。

ところが少女メディアのほうは、77年頃にさらに進化してくる。新人類的なものの上昇を背景に、「性的な身体であろうとするための不安」は、〈予定調和〉的な図式ではなく、〈他者〉としての〈彼〉を知ることによって対処されるようになる。くらもちふさこや吉田まゆみの作品には、どうしようもなくスケベな男の子が登場するようになり、「これってあたし！」的な〈関係性モデル〉は飛躍的に複雑化する。またスケベな男の子を知るためのセックス・マニュアルをウリにする少女雑誌も、78年頃から続々創刊され始める。

さらに新人類文化が「誰もが乗れる舟」ではないことが明らかになり、一部のロリコン誌でオタク差別が始まる83年以降になると、少女マンガにはリーダー／フォロワー／完全な乗り遅れ、といったさまざまな類型の女の子の視点が同時に描かれ、〈他者〉としての〈彼女〉を取り込んだ〈関係性モデル〉が周囲のどんな対人関係にも適用できるほどに複雑化していく。こうした複雑化は、数年遅れで少年マンガやヤング誌に反映しつつ、後の青年誌の活況にまでつながっていく。

第四フェイズ【83年〜現在まで】

77年は、『ポパイ』創刊、湘南ブーム、サザンオールスターズの登場に象徴されるように、新人類的なものが上昇を開始する年である。先に述べた少女メディアにおける〈関係性モデル〉の複合化は、こうした時代背景と共振している。この時期には「恋愛」の必須要素として「性と舞台装置」が積極的に取り込まれ、モデルの複雑化が加速された。

ところがこの77年は、同時にオタク的なものが上昇を開始する年でもある。数々の「オタク雑誌（と後に呼ばれるもの）」が、この頃から続々創刊され始めるし、劇場版『宇宙戦艦ヤマト』の公開によるヤマト・ブームのピークも77年である。この頃からすでに、新人類系メディアの空間性（関係性）志向に対して、オタク系メディアの時間性（物語）志向が、明白であった。

時期的な一致の必然性は別の場所で述べたが、要約しよう（宮台［1991a］参照。なお原新人類＝原オタク文化の混融を別のシーンに見出す見解は、浅羽［1989］）。73～76年、東京の有名私立校などの一部の若者たちによって原新人類＝原オタク文化が混融した形で担われていたが、77年以降にメディアを通じて性や恋愛と結びつく形で新人類的なものが上昇を開始すると、新人類的なものとオタク的なものの担い手が対人能力によって分化し始め、オタク系メディアの物語世界が、「ついていけない人間」に対する「救済コード」として機能し始める——。

83年頃になると、77年以降上昇しつつあった新人類文化が、『なんクリ』ブーム、『オールナイトフジ』ブームなどのメディア上での席巻を通じて、すべての若者を、例外なくその「圧力」の下にさらし始める。こうした状況変化は、当然、新人類系メディアの内容に反映した。すなわち、「圧力」に対する構えの人格類型ごとのバリエーション（リーダーか／フォロワーか／退却か…）が明確に意識されるようになり、ロリコン誌におけるオタク差別の開始や、少女誌における人格類型の描き分け（前述）として現象することになった。

この83年の状況変化は、まったく別の形でオタク系メディアにも反映した。これ以前は、オタク系メディアは十分に純化しておらず、まだ「60年代的サブカルチャー」（カウンターカルチャー）の残滓が見出された。典型的なものは、パロディー文化やロリコン文化に見られる原新人類ある。

的な「諧謔」のスタンス（前述）であり、これが「たかがアニメ」のヤマト・ブームの背景にも
見出された。ところが83年頃から、オタク系メディアは「オタク的なもの」として明確に意識さ
れ始める。これは「60年代的サブカルチャー」・アングラ的なものの最終的な消滅に対応すると
同時に、ロリコン誌やエロ雑誌の変質をきっかけとする「オタク差別」の、背景になった意識である。
このオタク的なものの純化・完全分化が、オタク系メディアの内容にも明確に反映したのである。この時期以前は、『宇宙戦艦ヤマト』にしても『機動戦士ガンダム』（1978）にしても、「ニュータイプ」の概念に典型的に見られるように、物語は未来に対して開かれた時間性を保持していた。これが83年前後から急速に変化する。

たとえば、『超時空要塞マクロス』（1982）における「いまも変わらぬアイドル話」。『うる星やつら2 ビューティフル・ドリーマー』（1984（劇場公開年））における「永遠に続く文化祭前夜」。『AKIRA』（1984）や85年前後の一連のヘビメタ・プロモーションビデオに描かれた「核戦争後の都市のドロップアウトたちの変わらぬ生態」、そして現在もシリーズが続いている『機動警察パトレイバー』（1988）における「未来になっても変わらぬ警察の日常」……。

ここに見出されるのは「すでに終わってしまった世界」における「終わりなき日常」という表象であり、抽象的には終末論的・黙示録的な時間観念である。実際そこに描かれた時間観念は「停滞」や「円環」を特徴としている。これは萩尾望都の『銀の三角』（1981）に描かれた「円環する時間」の表象を先駆けとしつつ、他方で知的シーンにおける「歴史の終焉」ブームやそれに

先立つ「自己言及」「決定不能」ブームとも共振していた。

これは何を意味するのだろうか。オタク系メディアは、その出発点からして、明らかに時間性（物語）志向を特徴としていた。だが、この時間性が「円環」と「停滞」を含意するに至り、時間性は空間性（〈世界解釈〉を代替するツールとして機能し始めたのである。私たちの統計調査を手がかりとすれば、こうした時間意識は、〈関係性〉（新人類的対人関係）から疎外された「陥没した眼差し」に対して、「〈世界〉と〈私〉」という「縮約された問題設定」に基づいた宗教的な馴致（後述）を提供している。すなわちこれらは「偶発性の必然性」（宙づりであることの仕方なさ）を受け入れ可能にする諸形式の一つであると考えられ、その意味で80年代の「新新宗教ブーム」とも明らかに共振している。

＊

ところで、73年以降萌芽的に、77年以降徐々に加速しつつ、そして83年以降いっそう顕著な形で、若い世代のメディア接触のあり方が、分化することになった。[10] いま紹介した「四象限図式」においてもその左半分の二象限は、時間的な発生順序を表してはいながら、現在において双方とも共存している。すなわち両者は享受者が明らかに分かれているのである。「四象限図式」を措くとしても、身近なところで音楽でもマンガでも人によって聴くもの・読むものがまったく違う。いろいろ選べる選択肢の中で特定のものを選ぶことがいったい何を意味するのか。こうした問いに答えるべく、私たちは、各メディアごとの内容に下位分類を与えたうえで、予期理論的人格類型ごとの接触の仕方の違いを統計的に調査しているが、こうした探索を意味あるものとするには、人格分類のみならず[11]メディア内容分析のほうも、実り豊かな一般的な理論図式によって支えられる必要がある。

たとえば音楽でいうなら、制度的に与えられたメタル／パンク／ニューミュージック……といった下位分類を用いるだけでは不充分である。選んだものが「メタル」であることが何を意味するのかを知るには、もっと抽象的な分析図式が必要なのだ。以下では、今まで紹介してきた「若者メディアを包括する歴史的四象限図式」を下敷きに、いくつかのメディアごとに、内容分析・分類のための一般的な枠組みを提示しておくことにしたい。

少女マンガ分析の三元図式

少女マンガの進化の歴史については、前述の「歴史的四象限図式」において若干触れている。だが以下に述べるように現存する少女マンガは、四つではなく三つにまとめられるべきである。それらを仮に、①大衆小説的なもの、②私小説・中間小説的なもの、③純文学的なものと呼び、現在も読まれている代表的な作家の名前を付して図示してみよう（図3参照）（宮台［1991a］）。

里中領域

「ありそうもない体験の物語」

少女小説がそうであったように、少女マンガはもともと「ありそうもない経験」についての〈代理体験〉を提供するものとして始まっている。主人公は、孤児・お姫様・超人的スポーツ女といった、読者と違う「ありそうもない存在」であり、「波瀾万丈を乗り越えて幸せを獲得する」という定型的な物語が特徴だった。

こうした少女マンガは、すでに述べたように、母子もの・バレリーナものなどの戦前からの少女小説的意匠を継承しながら、手塚治虫による表現技法上の革新を経て、里中満智子・池田理代子などに受け継がれ、成長もの（スポ根）・歴史大河ロマンなどとして、今日まで長らく続いている。さらに、「自分とたいして違わない主人公」が、しかし「自分には実際は経験できないような目」に遭うといった、今日のレディースコミック的な表現も、基本的にはこの流れのうえにあると考えることができるだろう。

図3　少女マンガの三象限図式

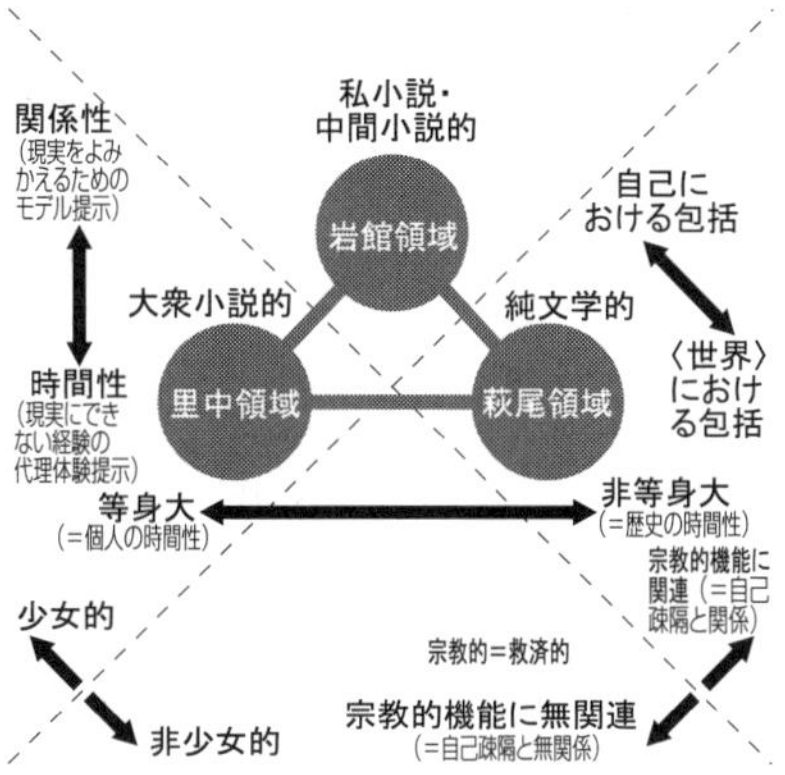

こうした少女マンガは、主人公が自分には実際に経験でき（そうも）ない目に遭うからこそ感情移入や同一化に意味が与えられるという共通の特徴をもっている。その意味で、戦前からの大衆小説とも通底する個人史的な時間性——苦難を乗り越えて幸せになる——が見出される。これらが「大衆小説的な少女マンガ」と呼ばれるのはそのためである。したがって、先の「歴史的四象限図式」でいえば、この種の少女小説は、第一フェイズ（明治末～1950年代）に起源しているといえる。ただし60年代を通じて規範性——「清く正しく美しく」といった〈理想〉——は、脱落する

か、ただの意匠になり、今日では〈代理体験〉のための波瀾万丈のドラマツルギーとカタルシスが残っているだけだといっていい。その点では、70年代に少年マンガの「スポ根」から団塊世代的な〈理想〉が脱落して「少年ジャンプ化」したのと似た事態が、先行して進んだのだともいえよう。

岩館領域
「これってあたし!」

73年に登場する「乙女ちっく」は、〈私〉を読むための〈関係性モデル〉としての少女マンガの始まりである点で、少女マンガ史上まさに画期的だった。

「乙女ちっく」は、陸奥A子・田渕由美子・太刀掛秀子・初期の岩館真理子らを担い手としたが、いずれも「いまのままの〈私〉でいいのだ」「〈私〉のままでいつか誰かに愛される」といった類の、「陥没した眼差し」に対して発せられた自己肯定のメッセージにおいて、共通していたということができる。

性=愛=結婚の三位一体の主張が〈若者〉らしい熱き反措定だった時代が終わると、少し下の世代の少女たちは、いきなり手にした「恋愛の自由」を前に戸惑ったのである。みんなは自由に振る舞っているのに、私だけ踏み出せない。みんなと違って、自分は愛してもらえる気がしない。77年頃になって〈関係性〉をハンドリングするためのさまざまなツールが開発されるまでは、こうした不安は「自閉した世界」における〈予定調和〉的な癒しによって対処されるほかなかった。この「自閉した世界」に意匠を提供したのが、「敗北」した団塊世代の〈私〉探しのムーブメント——「an・an」的なもの——だった。

かくして「乙女ちっく」以降、少女マンガの主流は、〈代理体験〉ものから〈現実解釈〉ものに移転した。確かに「乙女ちっく」そのものは77年までに下火になりはするが、これは、読者の加齢に伴う〈関係性モデル〉の複雑化が、単純な〈予定調和〉を駆逐したからである。77年には、先に「〈他者〉としての男の子の視線の取り込み」と呼んだような変化が生じ、恋愛の小道具としての「性と舞台装置」を操縦するのに役立つ、積極的な〈関係性モデル〉が展開し始める。「どうしようもなくエッチな彼」が登場し、湘南をはじめとする「恋の名所」が描かれるようになるのである。さらに83年頃になると、「新人類文化」の成熟に伴う形で、思い通りにならない〈彼〉に加えて、一つのマンガにタイプの異なるさまざまな〈彼女〉が登場し、同世代内の類型性が強く意識され始める。

こうした展開にもかかわらず、「これってあたし！」という形で〈世界解釈〉を行うための、ツールとしての機能それ自体は、変わらずに続いてきた。『りぼん』から『別冊マーガレット』そして『ヤングユー』へと、読者の加齢に伴って中心的なメディアも代替されたが、結局この流れが70年代以降の少女マンガの主流であり続けている。

この流れは直接的には「乙女ちっく」を源とするものの、類似した性格をもつメディア自体は、実は戦前の私小説や中間小説にまで遡れる。こうした少女マンガの流れを「私小説・中間小説的なもの」と呼ぶゆえんである。だがこうした戦前の中間小説的意匠は、基本的には「階層的な意匠」と結合したものだったことを忘れてはいけない。これとは違い、「乙女ちっく」はすべての少女たちに開かれていたのである。ちなみに、先の「歴史的四象限図式」でいえば、この種の少女マンガは、第三フェイズ（73年〜現在）に相当している。

これらとは別に存在するのが、もともとは50年代後半に生まれた世代を支持母体とする少女マンガの「高踏派」の流れである。子供の頃、池田理代子・一条ゆかりなどの「大衆小説的な少女マンガ」で育ったこの世代は、「乙女ちっく」がピークを迎える75年頃に高校生活を送っているが、彼女たちは「乙女ちっく」の支持母体の中核よりも高年齢であり、この新しく始まった主流に対して「子供っぽくてついていけない感じ」を抱いた者が多かった。ただ「乙女ちっく」は始まったばかりのファンシー文化と結びついていたから、マンガに違和感を抱いたとしても「かわいいグッズ」は集めたりしていた。

こうした彼女たちの一部は「大衆小説的な少女マンガ」にとどまり、80年代のレディースコミックを支えた最初の世代になった。だが「高偏差値の文学少女たち」はそれには満足できなかった。こうした不満層を引きつけて「高踏化」していったのが、萩尾望都・山岸凉子らの「純文学的」な少女マンガである。この流れは80年代以降、SF系（佐藤史生…）・ファンタジー系（坂田靖子…）・サブカルチャー系（吉田秋生…）・マニア系（さべあのま…）に分化しつつ——場合によって短絡化しながら——今日まで継続している。

萩尾領域
「高偏差値の文学少女たち」

これらは、「岩館領域」のように等身大の〈関係性モデル〉を提供するものでも、「里中領域」のように個人の時間性を示すものでもない。主題は非性的であり、〈彼〉をめぐる関係性のハンドリングは問題化されていないが、かといって「主人公が苦難を乗り越える」大衆小説的な定型でもない。すなわち、この「萩尾領域」が示すのは、個人の時間性に還元できない独自の非等身大の時間性なのである。むろんこれは、「歴史」を道具としながら結局は個人的な〈秩序回復〉に収斂する「大河もの」とは区別される。

またこの種の少女マンガはその「非性」性ゆえに、70年代半ば以降、恋愛的なものから疎外された少女たちへの一種の「救済コード」として働き続けている。したがってこの流れを先の「歴史的四象限図式」に対応させるならば、第四フェイズ（83年～現在）に近い。すなわち「萩尾領域」は、SFやファンタジーといった第四フェイズが後に利用することになる舞台装置を用いていた点でも、「恋愛的なもの」から疎外された読者への救済コードであった点でも、第四フェイズ的なものの先駆けだったと考えられる。実際、多くのSF少年が「萩尾マニア」だったのである。

第二フェイズの消失　以上からも明らかなように、「歴史的四象限図式」の第二フェイズ（50年代～70年代）に相当する少女マンガは、今日ではもはや存在しない。西谷祥子の「学園もの」に典型であったような、〈若者〉としての〈我々〉をめぐる〈関係性モデル〉――友情というもの・愛というもの・性というもの・幸福というもの――は、完全に消滅したのである。

少年マンガと違い、少女マンガにおける〈若者〉的なものの浸透は、『マーガレット』『少女フレンド』などのメディアが整う60年代半ばまで待たなければならなかった。だから〈我々〉をめぐる〈関係性モデル〉をもった少女マンガは、60年代半ばから72年頃までの数年しか続かなかったということになる。そうした経緯によって、現在の少女マンガを分析する図式は「三項図式」であるほかないのである。

音楽分析の四元図式

私たちの調査によれば、大学生の50%弱が1日2時間以上音楽を聴く（詳細は第2章）。こうした現状にもかかわらず、若者たちにとって音楽が持つ意味は、十分に探索されていない。確かにかつては「大衆歌謡論」の流れが（とりわけ70年代に）存在した。だがこれらは歌謡曲が健在だった頃、言い換えれば「みんなが同じ音楽を聴いていた頃」の分析に終わっている。それ以降（とくに80年代）についてはアドホックな分析しかない。若者たちの聴く音楽の多様化や複雑化を、自己意識やコミュニケーションの文脈の変化と関連づけて説明できる図式が求められているのだ。

若者たちは音楽を漫然と聞き流していると見えても、実は、①周囲とのコミュニケーションの助けになるもの、②自らの〈世界解釈〉の助けになるもの、を無自覚的にであれ厳密に選択している。だから若者の聴く音楽は、単に多様化・拡散化しているのでなく、社会システムと人格システムの文脈に従って分化している。一方で、①コミュニケーションの文脈に従って、他方で、②人格システムごとの〈世界解釈〉の類型に従って、分化しているのである。

抽象的な分類枠組みの必要性

90年7月の調査（母集団——関東7都県・関西6府県の大学4年生全員）では14のジャンルを用いて「最もよく聴く音楽」を調べたが、予想どおり、ニューミュージック、ロック、ポップス、歌謡曲という上位4ジャンルを回答する者が

7割を超えた（ただしロックやポップスといっても、歌手別内訳を尋ねるとほとんどすべて日本人ミュージシャンになることに注意）。したがって私たちの分析は、少なくともこの四つのジャンルを完全にカバーする程度の包括性をもつ必要がある。すなわち、そのことが分析モデル設定の外部基準になるのである。

まず各ジャンルのコトバの意味が若者たちに現在どう把握されているのか確認しよう。ニューミュージックの名称は、70年代までのフォークやロックに対抗してもっと音楽性の高い作品を売り出そうとしたベルウッドレーベルの創始者三浦光紀が考案した名前だといわれるが、72年にデビューした荒井由実の音楽を指す言葉として広く知られるようになった。当初は、ピアノを主体とするアレンジの新しさ、洗練されたメロディー、ジメジメしない詞といった差別化がなされていたが、(12)やがて77年から82年頃に自作自演でデビューしたミュージシャンがすべてこう呼ばれるようになり、今日では「60年代的サブカルチャー」のコードが脱落した洗練された自作自演音楽という以上の意味はなくなった。(13)渡辺美里・岡村孝子・中島みゆき・長渕剛・さだまさし・小田和正などがあげられる。

ポップスとは元来アメリカのイージーリスニング的な音楽を指すが、日本では70年以降のはっぴいえんど周辺のウエストコーストの音の詳細な分析に始まる、ニューミュージックよりも構築度の高い一連の音楽を意味するようになった。こうした語法は、80年前後にニューミュージック的「アマチュアリズム」(14)やロック的「反商業主義」への高踏派的な諧謔を意図したYMOや大瀧詠一の曲づくりが「ポップス」と呼ばれた事情に由来するが、ほどなく意図は忘れられ、リゾートで流れる英語と日本語の混じったオシャレな曲というぐらいの意味に落ちついた。現在では、ニューミュージックが演歌的な叙情性に接近しているのに対し、明確に「日本的なるもの」との距離がとられている。サザンオールスターズ・杏里・久保田利伸・山下達郎・今井美樹などだ。

ロック（和製）という概念も、今日ではニューミュージックと同じくらい拡大解釈されている。これは、西日本の「めんたいロック」集団や関東の「東京ロッカーズ」集団など70年代の日本語ロックをイメージ的源流としつつも、やがて80年代半ばからポップスとニューミュージックへの差異化として用いられるようになったもので、素人臭さ・演奏の荒々しさ・歌詞の仰々しさを「脱規範性」「反商業主義」「メッセージ性」としてパッケージした自作自演のバンド演奏をいう。尾崎豊・プリンセスプリンセス・X・ゴーバンズなどだ。「イカ天」バンドも記憶に新しい。

歌謡曲というコトバは、もともとレコード会社や放送局がヒット目的で送りだした商品一般を広義に指したが、フォーク以降展開した前述の各ジャンルが「自分は歌謡曲ではない」という差別化を行ったために、狭義の意味で用いられるようになった。すなわちスターやアイドルとしてパッケージされたタレントが歌う、比較的作為性が見えやすい（がゆえに逆に作為性を楽しむことができる）音楽である。工藤静香・斉藤由貴・森高千里などだ。

こうした各ジャンルの成立プロセスは周辺のサブカルチャーの動きとも密接に連動しており、興味深い問題を提起している。

ところで私たちの調査によれば、予期理論的人格類型によって、四つのジャンルへの接触の頻度が大きく異なる。だがこれらの分類名は「日常の把握」に従ったものであって、これらのジャンルをそのまま差異の計測に用いることはできない。そのままではロックならロックを聴くことが何を意味するのかが明らかにならないし、たとえばニューミュージックと呼ばれる中にもさまざまな機能をもつ音楽が混在することが明らかだからである。もっと抽象的な内容分析の枠組みが要求されているのである。

そこで、私たちは、「〈関係性提示機能〉の有無」と「〈シーンメイキング機能〉の有無」という二つの軸をクロスさせて、音楽をジャンル横断的に分類するための、抽象的な図式を考案した。これを、日常的把握によるジャンルと重ね合わせて、図示してみよう（図4参照）。

図4　音楽分析の四象限

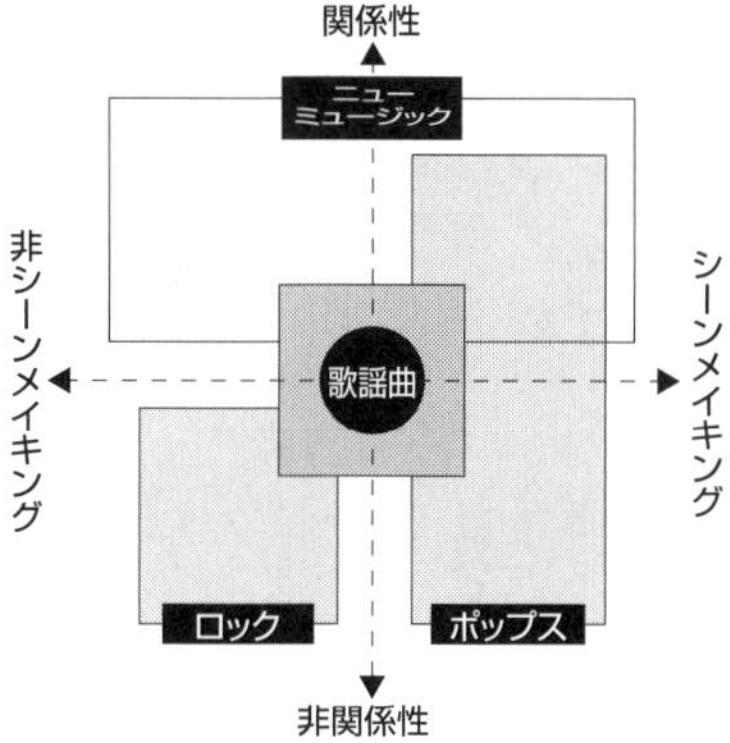

〈関係性提示機能〉の軸

〈関係性提示機能〉というのは、少女マンガにおける「これってあたし！」的なものに相当し、周囲の〈世界〉を解釈するための〈関係性モデル〉が提示されているかどうかに関わっている。聴き手は、等身大の日常的関係性を描写した歌詞の中の登場人物に「これってあたし！」という具合に自分をダブらせて共感し、あるいは自らを襲う不意の期待外れを「これってユーミンの曲と同じ！」という具合に枠づけたりするのである。

等身大の日常性を描く〈関係性提示機能〉をもつ音楽の対極にあるのが、「壮麗化・誇張化・様式化・極限化」（見田［1967→1978］）を伴う大衆文化独特の物語的な定型を備えたものである。少女マンガでいえば、大衆文化と共振した少女小説の伝統を引く「里中領域」のものに相当している。ただし音楽の場合、「すでに知られた〈物語〉的定型」を喚起するキーワード（酒・涙・港・かもめ・女など）が用いられるところに特徴がある。

演歌の流れに代表されるように、60年代末になるまでは、〈物語的なもの〉が比較的優位だった。だが、まず深夜放送と直結したカレッジ・フォークや、西ロフォークゲリラ的なものを通じて、〈我々〉の関係性を歌う〈関係性的なもの〉が登場し、ついで「闘争敗北」後に生まれた「四畳半フォーク」以降、〈関係性〉の主語がやはり〈我々〉から〈私〉に変化していく。この動きは、少女マンガにおける〈関係性モデル〉の複雑化とも連動しながら、80年前後のニューミュージックブームで一つの頂点に達する。だが、それ以降、ニューミュージックの流れは、①現実と無関係な〈物語〉的定型に短絡化する方向と、②〈シーンメイキング機能〉に特化する方向とに分化していくことになる。

〈シーンメイキング機能〉の軸

〈シーンメイキング機能〉とは、文字どおり、コミュニケーションのシーン（場）を演出する機能をいう。簡単にいえば、都会っぽい雰囲気・おしゃれっぽい雰囲気・大人っぽい雰囲気を醸し出すためのツールとして使えるかどうかという側面にかかわる。車で・リゾートで・バーで・トレンディースポットで、他者との付き合いの場面を彩るために／特定の自己イメージの提示のために、音楽が用いられることがよくある。これらの音楽は、「現実に享受される場所」に結びつく形で〈シーンメイキング〉な享受のされ方をしている[15]。

これは、小説やマンガやテレビにはありえない音楽の独特な機能である。それは、「音が現実に場を満たす」というメディアの物理的な特性から来ている。すなわち音楽はその物理的特性ゆえに、直接的にコミュニケーション環境を構成してしまうことがあり得るのである。だから、場を固定すれば音楽の選択性（何を聴くか）が、音楽を固定すれば場の選択性（どこで聴くか）が、常に問題になり得るのである。ちなみに音楽の場合［自分で歌う／歌わない］（歌える／歌えない）という選択性も、カラオケに見られるようにメディアに独自の問題圏を形づくるが、ここでは触れないことにする。

ここに、〈シーンメイキング〉に使える音楽／使えない音楽、という差異が生まれる。たとえば演歌や中島みゆきは、デートの場を彩ったり友達と一緒の車で聴くといったことが「できない」。コミュニケーションの〈シーンメイキング〉に使えないのである。かわりに、これらは一人で部屋で聴いたりカラオケで歌ってカタルシスを得るものであり、歌詞がきわめて重要な要素を占める。逆に言えば、〈シーンメイキング〉に特化した音楽は、歌詞が意味不明でもかまわないのだ（たとえばサザンオールスターズ）。

四象限の間の時間的関係

こうして得られる四象限の間には、以下のような時間関係があることにも注意しよう（図5参照）。

まず70年代初頭、はっぴいえんど、キャラメル・ママ、ナイアガラレーベルに

図5　音楽の四象限の時間関係

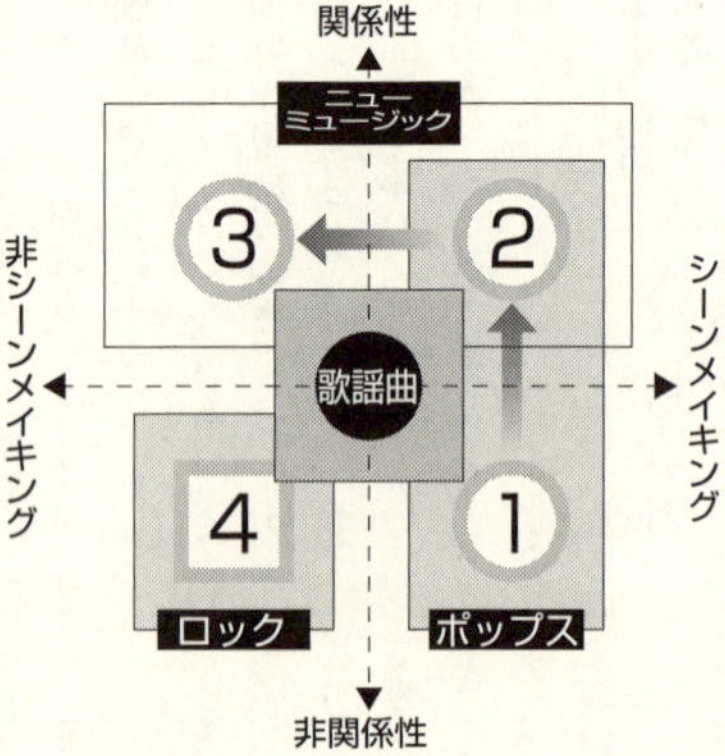

より、歌詞でなく音の面で「洋楽的なもの」が導入されるが、この先見性は逆に彼らに仕掛け人としての長い潜伏を余儀なくさせた[16]。こうした洋楽アレンジを基礎としつつ、72年以降、荒井由実によって日本語歌詞による〈関係性〉の取り込みがなされる。同時代の少女マンガとも共振する「これってあたし！」的な〈世界解釈〉の導入だったが、アレンジの新しさによる「おしゃれっぽさ」は確実に継承されていた。ところが「陳腐化」と「底上げ」によって落差が消滅するにつれて洋楽アレンジ的な〈シーンメイキング機能〉は脱落していき、「これってあたし！」的〈関係性提示機能〉への特化が始まる。こうした特化が70年代後半以降の「ニューミュージック」である。

他方で、こうした流れとは無関係に、〈関係性提示機能〉も〈シーンメイキング機能〉ももたない定型が、とくに70年代末の地方ロッカーから80年代のハードコアパンクや耽美的ハードロッカーに継承された。壮麗化・誇張化・様式化・極限化を伴った物語的定型によるカタルシスは、演歌における初期のカラオケバー的共同性と同じく、ライブハウス的共同性を形づくるのに役立った。物語的定型が「剥奪」「疎外」を基礎とする点でも似ていた[17]のである。

ちなみに昭和一桁期の「大衆歌詞」の展開にも類似したパターンが見出される。まず洋楽（ジャズ）の直接的な影響を被った最初の流行歌（「私の青空」）が、ただちに〈都会風俗〉（モボモガ／エログロナンセンス）を描いた歌詞を特徴とする都会的歌謡（「東京行進曲」）へ移行する。これらは［都市／農村］の巨大な経済的落差を背景とした〈関係への憧憬〉に照準していたが、まもなく都会性の落差は脱落し、「癒し」的（「酒は涙か溜息か」）／「スタミナ」的（「丘を越えて」）な〈世界解釈〉へと特化するようになる。これらの流れと独立しているのが、「どうせオイラは」的韜晦《とうかい》を中核とする「股旅もの」の流れ（「沓掛小唄」）である。

さらに60年代後半以降の〈若者〉向けサブカルチャー音楽の展開も類似している。まず、カッコよさに憧れた65年のインストエレキブームが、ビートルズ来日を挟んで、〈情熱〉〈愛〉といった〈若者〉コードを歌詞に取り込んだ和製ＧＳ（グループサウンズ）ブームに代替される。(18)だが当初は〈若者風俗〉と結合していたカッコよさ（〝記号〟性）も、やがて脱落し（カッコは変わらなかったが）、同世代的〈関係性〉――「癒し」の〈世界解釈〉――へと特化を遂げる。すなわちシューベルツやビリー・バンバンらのカレッジ・ポップスである。

共通するのは、以下のような展開型である。(19)

①まず［西洋（異国）的／日本的］という落差が、曲調に関係する〝記号〟性（カッコよさ）として出現する（一定のハードの発達段階では〈シーンメイキング〉機能への特化として現れる）。

②ついで［都会／田舎］［大人／若者］といった国内的落差が〈関係性〉として取り込まれ、同時に西欧的起源が忘却され始める。

図6　ミュージシャン別の音楽四象限

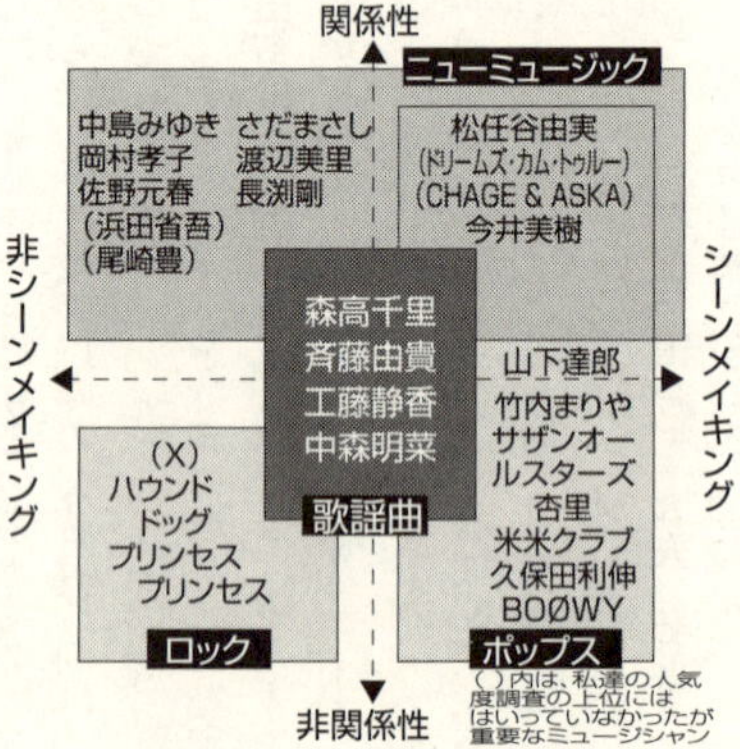

（ ）内は、私達の人気度調査の上位にははいっていなかったが重要なミュージシャン

③その後「陳腐化」と「底上げ」によって〝記号〟性（〈シーンメイキング機能〉）が消滅し、「癒し」「スタミナ」といった〈世界解釈〉ツールへの特化がなされる。

ミュージシャンの位置づけ

こうした展開型は、音楽の進化や変遷が、コミュニケーションの文脈の考察を不可欠とすることの証左であると考えられよう。重要なことは、こうした動きが「一周回ったら次の一周」という形ではなく、たえず重なりあいながら生じていることである。

以上を踏まえて、私たちの90年調査における「人気上位ミュージシャン」を割りつけてみると、ほぼまんべんなく図6のようになる。

こうした歴史的かつ包括的な内容分析の枠組みを踏まえたうえではじめて、このマッピングの中の特定のミュージシャンに、たとえば特定の人格類型の人間がコミットすることの意味が、明確に計測できるようになるのである。

宗教分析の二元図式

80年代前半以来の新新宗教ブームが続いている現在、私たちの周囲にはきわめて多くの宗教のバリエーションがあり、おまじないコミックやオカルト雑誌も含めてさまざまな宗教的メディアが発達している。そうした現状において、どんな宗教にコミットするのが「よい」のか、どんな宗教的な志向が「よい」のか、という議論がなされる動機は、むろん理解できる。

しかしながら「宗教の現在」をめぐる議論の多くが、91年9月の『朝まで生テレビ!』での「幸福の科学イジメ」に見られたように、教養論に傾きがちであるのは問題である。もともと「信仰」的なものを好む日本の教養学的宗教論の伝統は、内村鑑三以来ひたすら「近代知識人」の自我不安を映し続けてきた。[20]だがそもそも現代における「宗教的なもの」を、「信仰的なもの」を基準にして評価することはできない相談である。[21]教養論にとって代わる宗教の機能分析の不在が、宗教論を、きわめて偏った優劣判定や、反動としてのアドホックな現状分析に終わらせているのである。

私たちの調査によれば、人格システム類型によって宗教的志向が大きく異なる。だが特定の宗教的志向を選択することの意味を知るには、教養学ではなく、宗教の機能分析こそが必要なのである。そこで私たちは、まず宗教の一般的機能を把握したうえで、ついで「現代的宗教」の機能的特殊性を宗教進化と併せて理解し、最後に現代における対照的な宗教的志向の機能的な特徴を示しておきたい（以下、宮台［1992b］を要約。また同［1990b］も参照）。

現代的な宗教とは何か

宗教の一般的な機能は、「前提を欠いた偶発性を無害なものとして受け入れ可能にすること」だと考えられる。偶発性というのは「別のようでもありえたのにこうなっていること」を意味する。たとえば「病気になったのは不摂生だったからだ」というとき、病気にかかったという偶発性は「不摂生だった」という前提がもち込まれることで納得可能になる。ところが偶然の出会い・不慮の死・突然の病などは、しばしばそうした前提をもってしては納得不可能な「前提を欠いたもの」として現れる。こうした個別の出来事のみならず「なぜ宇宙にその法則が存在するのか」「どうして別の道徳律ではなくその道徳律が存在するのか」といったことも、「前提を欠いた偶発性」として現れることがある。「前提を欠いた偶発性」は、期待外れの衝撃を収拾不可能にし、〈世界解釈〉をきわめて不安定にする。そうした不安定さを抑止するための意味論的なデバイスこそが、宗教であると考えられる。

「前提を欠いた偶発性」の現れ方は社会によって多様に変化するし、「受け入れ可能にすること」という課題への対処メカニズムも、さまざまである。この「現れ方」と「対処メカニズム」の組み合わせが、現実の宗教のバリエーションを構成するのである。前提を欠いた偶発性を馴致するメカニズムは、図7のように進化してきた。

原初的な社会では「前提を欠いた偶発性」は共同体にとっての個別の出来事として問題になった。疫病・飢饉・異常行為が引き起こすパニックに際して、「聖／俗」図式を用いた一定の共同的行為(儀式)により、聖なる時間・空間への隔離(聖化)が行われた。

より進化した社会では、［善／悪］［美／醜］といったあらかじめ恒常的に用意された「否定のための枠組み」に問題が吸収されることで、個別の出来事がパニックやトランスを引き起こすことはなくなる。代わりに今度は、そうした「処理枠組み」自体が前提を欠いたものとして現れることになった。他でもありうるのに、なぜその善悪の体系なのか――。そこにもち出されたのが、「神によって秘蹟化された戒律」という了解の形式である。

もっと社会が複雑になると「処理枠組み」は、共同体のものというよりも個人のものとして意識されるようになる。一つの社会の中に別々の「信仰」をもつ人間が増え、秘蹟化を行う唯一神的な形象も、各々の個人の主観に対応するものだと了解され始めるのである。

図7　偶発性を馴致するメカニズムの進化

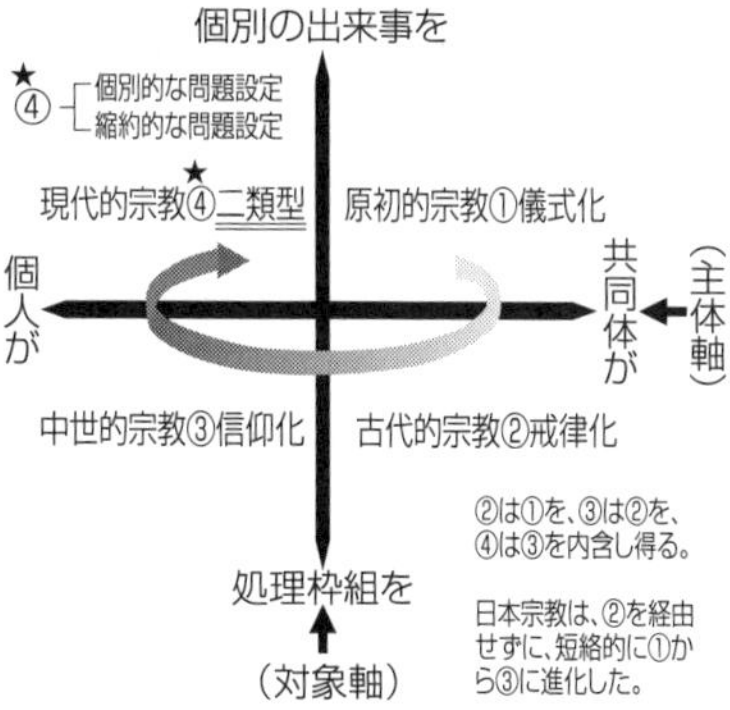

現代になると、再び個別の出来事が「前提を欠いた偶発性」を構成し始める。だが原初的な段階とは違い、問題になるのは共同体にとってではなく「個人にとって」の偶発性である。理不尽な出世の遅れ・突然の事故など「自分だけを襲う不幸」が問題になり始めるのだ。したがって「私を訪れる相対的な不幸」を個人的に受け入れ可能にするための諸形式が、現代的宗教のバリエーションを構成することになる。後で見るように、「信仰」的なものはこうしたバリエーションのたかだか一部を構成するにすぎない。

現代的な宗教志向の二大類型

現代的な宗教の内部には、二種類の宗教的な志向が見出される。個別的な問題設定と、縮約的な問題設定である（表2参照）。

一方は、「幸せになりたい！」に応える「行為系」宗教であり、他方は、「ここはどこ？ 私は誰？」に応える「体験系」宗教である。前者は、行為によって何かをもたらすことを目標としており、後者は、体験においてある境地に到達することを目標としている。従来の近代宗教の分類でいえば、前者は「世俗的・御利益祈願型」に、後者は「非世俗的・意味追求型」に相当している。個々の宗教・宗派は、いずれか一方であるというより、それぞれの要素をどれだけ含有しているかで、スペクトルとして並ぶ。そして後者に近いものほど「知識人」にとってウケがよくなるのである。

表2　現代宗教の二類型

個別的問題設定	縮約的問題設定
行為系	体験系
大衆的（効能的）	知識人的（教義学的）
別マ的	白泉社的
MY BIRTHDAY的	WINGS的
黒田みのる的	押井守的
幸せになりたい！	ここはどこ？私は誰？

私たちの調査では、どちらの要素にどれだけ吸引されるかが人格類型によって異なることが、明瞭になっている。こうした宗教的志向の違いは、単に、いわゆる「宗教」とのかかわりのみならず、さまざまなメディアに展開される意味世界へのかかわり方とも、密接に関係する。言い換えれば、〈世界解釈〉の基本的オリエンテーションの違いを反映する重要な差異なのである。この差異を把握するためには、それぞれの中身をさらに詳しく検討しなければならない。

図8　個別的な問題設定による偶発性の馴致

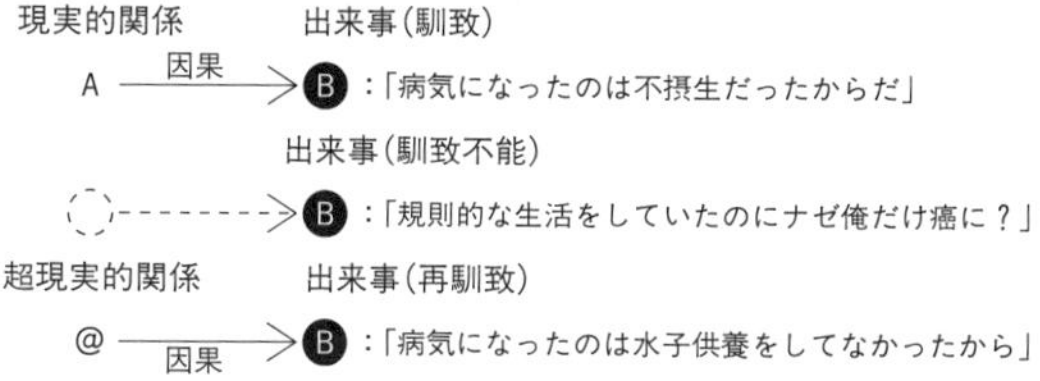

個別的な問題設定に基づく志向

個別的な問題設定は、比較的単純な構造をもつ馴致様式である（図8参照）。たとえば病気になったとき、「それは不摂生だったからだ」というように現実的な関係をもち出せれば、この出来事は納得可能である。ところがそうした現実的関係をもち出せなかった場合、問題が生じる。規則的に生活していたのに、なぜよりによって自分だけが病気になるのか――。そこで「水子供養していなかったから」という非現実的関係をもち出せれば、出来事は再馴致される。むろん「現実的／非現実的」という差異は観察する側にとってのものだ。観察者から見れば、現実性／非現実性の差異の曖昧さゆえに浮遊しているように見える。恋愛をおまじないで操縦している少女に対面したときに受ける軽いショックは、この浮遊性による。

縮約的な問題設定に基づく志向

縮約的な問題設定は、自己と世界の「関係一般」にあらかじめ言及しておくことで、個別の出来事による期待外れを無害化しておく馴致様式である。これは、〈世界〉の中にいる私をその外側から眺めるような――いわば自分を「風景」として見出す――「陥没した眼差し」に、密接に関係していることが調査からわかっている。

図9　縮約的な問題設定による偶発性の馴致

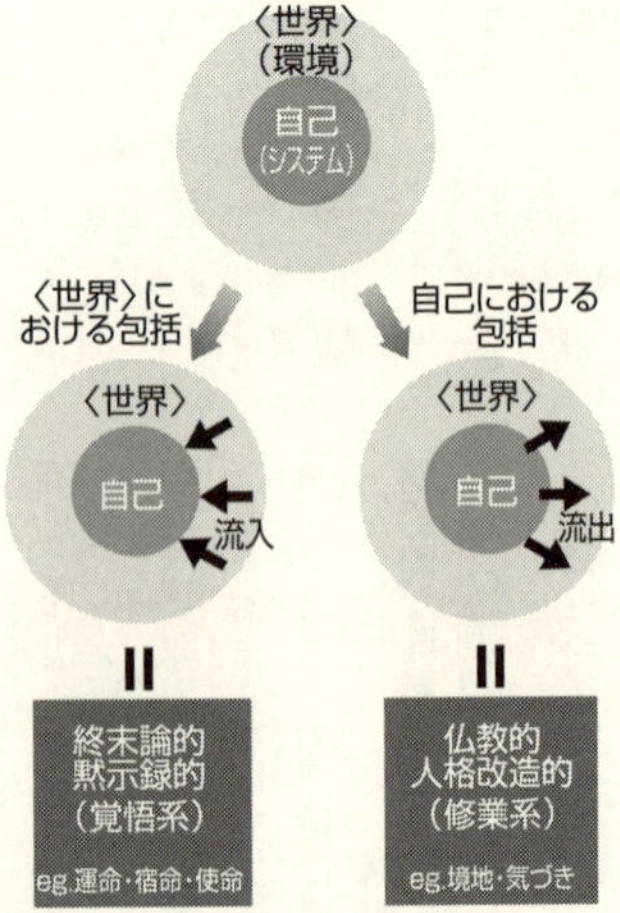

自己と〈世界〉をどう一般的に関係づけるかによって、縮約的な問題設定はさらに二分される。すなわち、〈世界〉における包括と、自己における包括である（図9参照）。

「〈世界〉における包括」は、運命・宿命・使命といった形で〈世界〉の側を拡張することで、自己と〈世界〉の関係一般を馴致する。すなわち自己と〈世界〉は決められており、自己の側には極小の自由しかないという把握の仕方である。したがって教義学的な形式としては、終末論的・黙示録的なものになる。私たちはこれを〈覚悟系〉の宗教性と呼んでいる。この種の宗教性は、いわゆる「宗教」に限らず、すでに述べたようなオタク系メディア的な時間性にもしばしば見出せることに注意しよう。

対照的なのが「自己における包括」である。逆に自己の側を拡張することで、自己と〈世界〉の関係一般が馴致される。何かが辛いのは、辛い出来事があるというより、それを辛いと感じる境地があるだけ。すなわちすべての問題は私の体験様式に由来するという把握の仕方である。したがって教義学的な形式としては、仏教的・自我論的なものになる。私たちはこれを〈修養系〉的なの宗教性と呼んでいる。これもいわゆる「宗教」に限らず、たとえば「自己改造セミナー」的な世界把握にもその典型が見出せる。

以上をまとめてみると、図10のようになる。

図10　宗教的志向の差異

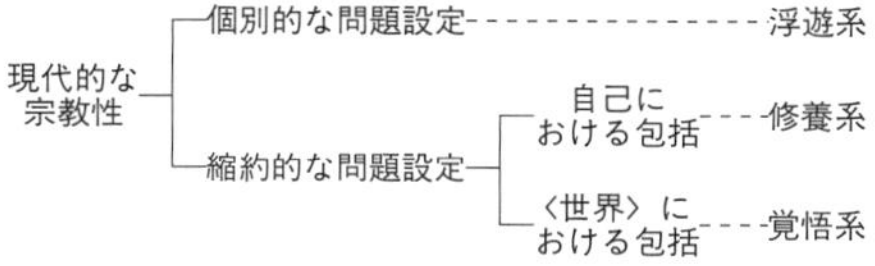

宗教的志向の差異の意味

〈浮遊系〉も〈修養系〉も〈覚悟系〉も、その内部はさらに機能的に細分化している。ここで注意したいのは、これは宗教教団をマッピングするための図式ではないということである。個々の宗教はこうした機能的な成分を、多かれ少なかれほとんど含んでいる。[22]だから同一宗教において教祖の「神秘力」に引かれる信者もあれば、彼の説く「境地」に引かれる信者もあり得る。しかしながら個々の人間をとれば、彼が主要に吸引されている成分は明白に抽出できる。そうした特定の宗教的志向が示す機能的な意味こそが、問題なのである。

以上の分析から引き出せることを簡単にまとめよう。

第一に、教義学的な優劣判定は社会学的には意味がない。宗教的志向の差異を〈世界解釈〉戦略の機能的に等価な選択肢として理解してはじめて実りがある。どのような志向の選択肢も、現代的状況に対応した宗教的馴致戦略のバリエーションとして理解できる。第二に、宗教的な志向の違いが、単に宗教にとどまらない〈世界解釈〉の基本的オリエンテーションの違いを意味する理由が理解できる。第三に、それに関係するが、宗教的機能を果たすメディアやコミュニケーションが、世間でいわれる「宗教」に限られないことも明らかにできる。

こうしたことを前提として、特定の人格類型の若者が、特定の音楽を聴き、特定の少女マンガを読むという事実は、その人格類型の若者が特定の宗教的な志向に傾斜しているという事実と結びつくとき、きわめて豊かな情報を私たちに与えることになる。そうした分析を経て、新人類的メディアやオタク系メディアの〈世界解釈〉戦略の機能的な意味も、ようやく理解可能になるのである。

3 メディアに表れた「コミュニケーションの可能性の構造」

私たちがすでに取り扱っている数々のメディアの中で、今回とくに「少女マンガ」と「音楽」と「宗教」を取り上げたのには、一定の理由がある。それは、コミュニケーションの文脈としての位置、言い換えればコミュニケーションそれ自体との論理的な距離にかかわる。

すでに述べたように、メディアとしての少女マンガの特徴は、とりわけ一部の読者にとってそうなのだが、「コミュニケーションのモデル」としての機能が肥大しているところにある。同じように音楽は、やはり一部の聴取者にとってではあるが、「コミュニケーションのツール」としての機能が分出しているところがきわめて特徴的である。これらとの関係でいえば、宗教は、「コミュニケーションの反省」すなわちコミュニケーションの成功や失敗を受け入れ可能にする機能に深くかかわっている。

このコミュニケーションの「学習段階」「実践段階」「反省段階」のどれに機能的な優位を示すかがそれぞれ異なるこうした三つのメディアの意味世界に、一定のつながりが見出せるならば、それ自体きわめて興味深いことだといわなければならない。実際三つのメディアの意味世界の関連の仕方には、一定の非偶発的な構造がある。

ただし、各メディアの意味世界には固有の空間性（意味世界の分節様式）と時間性（運動様式）がある。たとえば音楽の「西欧的なものの、国内的〈関係性〉化」という運動は、宗教やマンガにはいっさい見られない。逆にまた、少女マンガの「萩尾領域」に相当する「非等身大的に時間化」された意味領域は、音楽ではプログレや初期ニューウエーブやスラッシュメタルなどきわめてマイナーな位置しか占めない。こうした差異は、先に述べたようなコミュニケーションにおけるメディアの機能の違いにかかわっている。

だが同時代の中で比べると、各メディアの意味世界に、「共通する」といえる特性やモメントが見出せることも事実である。たとえば音楽とマンガにおける〈関係性〉的なものの上昇は、その内容の展開の仕方が互いに密接に共振し合っている。同じようにたとえばマンガと宗教における〈時間的馴致様式〉の拡大も、きわめて類似した展開を示している。さらに〈関係性〉的なものと〈時間性〉的なものは一般的に相互補完的な関係にあり、そのことが各メディアにおける「救済コード」の出現を可能にしている（救済コードについては宮台［1990a］）。

さらに今までの私たちの分析においても示唆されていることだが、個々の人格システムは、そ

図11　私たちは複数メディアの意味領域を組み合わせる

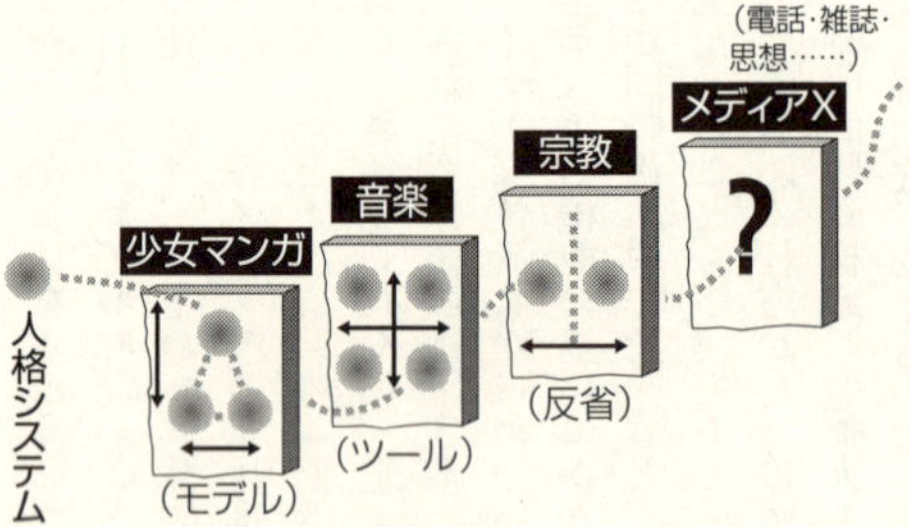

れぞれ固有の仕方で、各メディアの部分的意味領域の「組み合わせ」を生きる（図11参照）。統計的に分析処理すれば、人格システムの予期理論的な類型に応じる形で、この「組み合わせ」に何通りかの定型があることが明らかになる。当事者たちは（少なくとも主観的には）自由に振る舞うにもかかわらず、そのコミュニケーションのあり方が、実際にはそれぞれの時代に応じて一定の方向に絞りこまれた定型的なものとして展開すること――。私たちの研究は、それぞれの時代が開いてきたコミュニケーション（の可能性）の総体的な構造とその変化を、明瞭な形で浮かび上がらせようとするものである。そこに見出された構造は、さらにそれを可能にした社会システム史的な条件の分析へと私たちを導く。付言しておくが、こうした分析の中では、すべてのコミュニケーションが――コミケもテレクラ(23)も宗教も学術も私たちの分析自身も――完全に等価な対象として扱われるのだ。

以上に述べてきたとおり、私たちの分析アイデアには、とりたてて突飛なところはない。しかし、こうした当たり前の研究プログラムが実際に計画的に遂行されたことはなかった。一人の研究者が扱うには、領域の広大さから見ても方法の複合性からいっても効率が悪すぎるのだ。私たちが集中的な共同研究というスタイルを採用しているのはそのためである。この研究はまだ緒についたばかりであり、さらに多くの人々がこうした作業に携わり、論争に参加することは、意味があると思われる。

単なる「事実史」でもアドホックな「好きなもの分析」でもなく、浮遊する「煽りの言説」でも退却的な「繭的言説」でもなく、学術と名づけられた「内輪の言説」でもないような「自分自身を社会学的に啓蒙する言葉」に、そろそろ私たちは到達するべきではないだろうか。

（1）今回紹介するのは、文部省科学研究助成費重点領域研究（領域代表竹内啓）・平成2～3年度計画研究（研究代表者宮台、研究協力者石原・大塚）『高度技術社会における若者の対人関係の変容』研究成果報告書（2500枚）の一部の要約である。なお私たちの研究に多くの有意義なコメントを下さった竹内啓先生（統計学）には、この場を借りてお礼を申しあげたい。

（2）こうした経済的・制度的なインフラの段階的な充実を背景に、とりわけ第一次大戦に大きな文化的画期が生じた（竹村［1980］、本田［1990］などを参照）。

（3）人気のあった作品のストーリーは、「少年武士が前田利家の家臣である叔父の軍勢に加わり、敵軍と戦って、父のかたき太田虎蔵を討つ」（山岡荘八『小四郎の初陣』（1938））。「舞台は北支戦線。スパイが盗聴マイクを埋め込んだ人造蜂を飛ばせる。これを探偵するのが日本少年元一くん」（海野十三『青い兵隊蜂』（1941））。要約は『別冊太陽』［1986］より。

(4)「関東大震災で迷子になり、フランス婦人に救われた毬子が、いままた育ての親の帰国のため、姉妹のように親密なお琴と別れなくてはならない」(吉屋信子『毬子』(1936))。「クラスでの女学生同士の対立と、その結果退学し、バスの車掌となって働く少女の根性物語」(菊池寛『珠を争う』(1939))。『別冊太陽』[1986]より。

(5)戦後の少年少女雑誌においては、アメリカンコミックスの手法などを導入しつつ、小説の絵物語化(山川惣治など)・カラー化・グラビアの拡充などのヴィジュアル化が推し進められた(『別冊太陽』[1987][1991]を参照)。その頂点をなすのが、ハリウッド映画の方法をマンガに導入した手塚治虫のストーリーマンガ。

(6)「暗黒大陸アフリカの奥地で宣教師の父が遭難したため真吾は密林の象やゴリラに育てられた。真吾は密林の猛獣や人食い土人ガラ族とこれをあやつる魔神ウーラと戦い密林に平和をもたらす」(山川惣治『少年王者』(1949))。「かなしいときには、空をみあげてつぶやくの…。『ママ一ばん星よ』って…。つぎつぎとおそう不幸にもまけず、手をにぎりあってすすんでいく姉といもうと…」(山田えいじ『ママ一ばん星よ』(1959))。要約は『別冊太陽』[1987][1991]より。

(7)「モノローグ」手法の開発を乙女ちっく作家である陸奥A子に帰する大塚英志の見解は間違い。

(8)これを主題化し分析した橋本[1979]は有名。

(9)「シラケつつノリ、ノリつつシラケル」浅田彰『構造と力』のブームは、この「反サブカルチャー的サブカルチャー」の最後の残滓が読み手によって83年的に勘違いされたもの。

(10)私たちは戦後サブカルチャー史を55年・64年・73年・77年・83年・88年の6カ所で区切ることを提案する

が、73年以降の区分は宮台［1991a-b］。とくに77年の画期については宮台［1990b］。

(11) 人格システム分類の理論的基礎については宮台［1990a］に要約的に紹介。

(12) 当時この言葉は最大限に拡大適用され、GS以降のポップス、ロック、フォークをすべてひっくるめていた（たとえばエイプリル出版（編）［1977］）。これに対して改めてポップスとロックが自己差異化を行い、今日に至っている。

(13) 73年のはっぴいえんど解散から78年のYMO結成前までを「ニューミュージック期」と呼ぶ最新提案もある。それによれば「ニューミュージック」は「移入文化としての〝ロック〟を音楽的なベースとしながら、日本固有の『現在』を表現しうる新しいポップの体系を構築しようとする試み」とされ、はっぴいえんどや後継者を指す一方、フォーク的アンサンブルから音数を増やしていった風・さだまさし・アリスらが「産業フォーク」と呼ばれる（宝島編集部（編）［1992］）。この「ニューミュージック」が私たちの分類する「ポップス」に、「産業フォーク」が「ニューミュージック」に相当する。私たちの語法が「受け手の一般用法」をもとにしているからだが、こうした差異自体が「ニューミュージック」概念の変遷の経緯を示す。なお上述の最新提案も含め、黒沢進・高護・篠原章らの地道な資料研究には最大限の敬意を表する。

(14) こうした諧謔が、先に述べた「反サブカルチャー的サブカルチャー」に独特なスタンスの典型例であることは、見やすいだろう。

(15) かつて暴走族の集会で流れていたMODSや矢沢永吉は含まれない。これらは場所に結びつくよりむしろ人（メンバーシップ）の同一性の確認に結びついていたからで、これらはカラオケバー的共同性やヘビメタ的共同性（本文後述）と同種のものである。

(16) はっぴいえんどを、ロック日本語化の嚆矢として評価する向きも一般的だが、私たちの判断では、その作り手への影響は「日本語の歌が洋楽アレンジである点」にあった。
(17) むろん〈関係性提示機能〉をもつものも少なくなかったし、中には繭形成を果たすパンク（東京ロッカーズ関連）さえ存在したことにも注意。
(18) GSの歌詞は「遠い別世界」を抽象的に描いたものが多く、〈若者〉コードという文脈を外して眺める限り、最近の岡村孝子のモノローグ的世界とも似た印象を与えるのは興味深い。GSの「観念詞」が衰退したのは、まずジャックスやザ・フォーク・クルセダーズなどフォークロックグループが「自作自演の日常性《ぼくら》」を、他方岡林信康や高石友也のフォークが〈我々〉という主語を「具体的な社会性」として、導入したからである。だが岡林的〈我々〉は、たとえば加川良によってたちまち〈私〉へと縮小された。
(19) 今回は触れられないが、これに類似した展開が、意匠をウリ物にしたメディア（たとえば小説や思想的言説）に一般的に見出されることが、興味を引く。
(20) この件について浅羽通明による『流行神』64号（91年11月1日号）での的確な批判がある。
(21) たとえば「少女たちのおまじない」を宗教的現象として扱う分析を「宗教的深みに達しない〝宗教〟概念の濫用」だと批判し、宗教体験を「知識人」的自我不安の関連物に専一的に結びつける自惚れた立場に典型的。学問に名を借りた、しかし「自己意識」の表現にすぎない言説が宗教学や社会学にしばしば見出される。
(22) 現代の宗教が含む多面性の具体的記述は島薗［1992］などを見るといい。私たちスタッフはいくつかの宗教に参入して確認している。
(23) ちなみにテレクラとQ_2ツーショットに関して宮台［1992c］による地域差の分析を参照。

第1章　少女メディアのコミュニケーション

1 「少女マンガ」分析篇

一つの時代が終わったという実感とともに、時代はますます不透明感を増していく。世紀末の消費社会はとらえどころがなく、特に若者たちは多様化の様相を深めている。「感性の時代」と言われた80年代の裏側で何が起こっていたのか。ここでは少女マンガというメディアを手引きに「金ピカの80年代」の裏で静かに形成されてきた相互コミュニケーションの断絶と「変則的リアリティ」の深層に迫っていく。

※以下は、91年2月になされた宮台に対するNHKインタビューをもとに、『アクロス』掲載用に同年4月に書き起こされたものである。そのため現在（93年）から見て若干古めかしいところもあるが、本書の全体的なガイダンスとして役立つために第1章に収録された。

80年代的なものは終わったか？

A　90年に入った頃「80年代が終わった」とか「歴史が終わった」という議論がよくなされてい

ましたが、この背後には単なるディケイドの終わりではなく、自分たちの生きている時代が見えなくなったという戸惑いが非常に強くあったようです。確かに80年代の前半ぐらいまでは「80年代的なもの」（感性・消費・文化など）によってある程度時代をイメージできたように思います。ところが湾岸戦争や環境保護など昨今の状況を見てみると、もはや「感性」のような呑気な言葉ではなく、新しい時代解釈のフレームが性急に求められているようです。やはり80年代は何もない時代だったという方向で、忘れていかれつつあるようですが、それはともかくとしても、果たして本当に「80年代的な感性」は終わったのか、それは何だったのか、これからどうなるのか。宮台さんはどのようにお考えでしょうか？

M　「感性の時代の終わり」という曖昧なことばを用いることには反対です。終わったのは、正確に言えば「〝記号〟的能力の差異の〝記号〟性」です。〝記号〟的な落差の追求が、それ自体、〝記号〟的に陳腐化した。このことは音楽、マンガ、広告などのさまざまなメディアや、ファッションや車の嗜好に、如実に現れています。イメージCMの凋落は象徴的ですし、80年代に『アクロス』『広告批評』その他の媒体が振りまいてきた「煽り」の言葉が機能しなくなったことは、むしろ皆さんのほうで実感されているはずでしょう。

A　〝記号〟的なものが終わった、ということですか？

M　それは違います。〝記号〟的消費や〝記号〟的対人関係に卓越していること（そうした人たちを「新人類」と呼ぶことにしますが）それ自体が、〝記号〟的に陳腐になったのです。**陳腐だから回避するという振る舞い自体が〝記号〟的であることに、何の変わりもありません。**ここが分からないと、時代の把握は望み薄です。重要なのは、〝記号〟性の〝記号〟的陳腐化という「メタ性」なのです。

A　そうした変化の理由は何でしょう?

M　それについては『中央公論』90年10月号・11月号の１５０枚の論文で詳しく述べました。あえて簡単に言えば、一方に、**ストック差異・国際情勢の急変・外圧の増大・地球環境問題や身体問題の浮上などに関連した「外部地平」のせせり出し**と、それと結びついたメディアの意味空間の変容があります。もう一つは、**新人類文化が多数のフォロワーを巻き込んで拡大するプロセスの中で生じた短絡化・単純化**が、シンボル水準での戯画化をもたらしたということです。この問題は今紹介した論文で詳しく触れたので、繰り返しません。

A　別の聞き方をしたいのですが、80年代的なものは終わったと見ていいのでしょうか?

M　そういう「合唱」をしている連中がいることは知っていますが、社会というものに対する思考力の欠如を象徴しています。

80年代は、実は二重の地平から成り立っていました。一つは、イメージ広告、DCブランドブーム、ベイエリア、ファンシーグッズなどの〝記号〟的消費に見られる、目に見える水準。80年代『アクロス』に代表される「煽り」の言説は、こうした水準だけを無責任に肥大させたものです。80年代をこの水準だけで見るとすれば、現在確かに既に衰弱してきています。同時にそれまで幅をきかせてきた「〝記号〟的落差で食う連中」も沈没しています。そこには現在では同人誌ほどにも売れていないいわゆる「思想雑誌」に書いてきたような学者連中も含まれています。

ところが、そうした目に見える地平の裏で、もう一つ、目に見えにくい地平が肥大したことを、忘れることができません。それは、ある特殊なリアリティが日常的に拡大したということです。それはさまざまな「現象」の裏に、目に見えないかたちで貼りついています。それは、山根一眞『変体少女文字の研究』（1986）において萌芽的に指摘されながら、批評家によって「かわいいカルチャー論」「ファンシーグッズ論」に短絡されるほかなかった「浮遊感覚」の問題であり、昨今の第三次宗教ブーム（自己改造セミナーも含めて）を支える宗教的心性の問題であり、テレクラ→伝言ダイヤル→ダイヤルQ2という変則的電話コミュニケーションを支えてきたリアリティの問題です。

ただし問題が気づかれなかったわけではなく、80年代末に『別冊宝島』など数々のルポものが目をつけましたが、少数の例外を除けば、単なる「裏世界はこんなだぞ！」ノリに過ぎませんでしたから、ほぼ2年で完全に陳腐化しました。これも結局「80年代的マーケティング」と同じように、「落差で食う営み」ないし「煽りの言説」の域を出ていなかったということです。

ところが80年代が肥大させたこの「変則的リアリティ」――変則的という言葉はニュートラルに使っています――は、何も終わっていないどころか、ますます無視できなくなっている。というよりも、見たところ、今後さらに爆発的な展開が予想されます。私たちの研究によれば、**80年代の「目に見える〝記号〟的現象」も、実はこの「目に見えないリアリティの地平」を基礎としています。そして今後、外見的にはまったく異なる表層が、この同一の基層の上に展開される可能性があります。**

80年代の二重の地平。このことに敏感であれば、「80年代は終わった」などという脳天気なことは言っていられないはずです。誤解を呼ぶかもしれませんが、私たち内部では、「〝記号〟死して〝浮遊女〟残れり」というふうにスローガン化しています。〝浮遊女〟というのは、今述べた変則的リアリティを生きる人々につけられた仮のラベルです。

A　今回の特集（「感性広告の可能性」）に引きつければ、80年代のある種の「感性」は残らざるを得ないという話にも聞こえます。さっき「私たちの研究」とおっしゃいましたが、いったいどんな研究をなさっているのでしょう。大規模な若者調査をなさっていると聞いていますが。

大規模な統計プロジェクト

M　今の「感性」云々といったまとめ方には異議がありますが、それはさておいてお答えしましょう。まず全体的なビジョンを説明させてもらいます。

今日、私たちが生活し行動する〈世界〉についてのイメージの大部分は、メディアが媒介する情報を素材として構成されています。このことは、いわゆる情報化社会が最初に出現した1920年代の米国で早くも指摘されました。マス・メディアが媒介する情報は、省略や強調、誤認や歪曲を合わせ持つことから、真の環境とは異なる「疑似環境」が私たちの意識を規定し、そのために真の環境への適応を妨げられることが問題とされたのです。

私たちが現在直面する高度情報化社会は、1920年代とは比較にならないほど高度に発達しています。社会に流通する情報の総量が爆発的に増加しただけでなく、情報の流通チャンネル

――メディア――も飛躍的に多様化しました。同時に社会全体が複雑化して見通しのきにくいものになった結果、私たちは〈世界〉についてのイメージを形成するにあたり、ますますメディアに依存せざるを得なくなっています。このため、大衆が同一の疑似環境に生きるという単純な状況ではなく、互いに異なる何種類もの〈世界〉が並立することになったわけです。

連続幼女殺害事件（89年）をきっかけに急にオーバーグラウンド化した「オタク」や、旧世代が指摘する「新人類」云々といった社会現象には、こうした「情報による〈世界〉解釈」の複数性が深く関連しています。**単一の疑似環境から、複数の〈世界〉並立へ。**情報化社会から「高度」情報化社会への展開のメルクマールを、そこに見いだせます。そこではもはや、隠蔽された真の環境の探索は問題ではなくなり――そもそもメディアを離れて「真の環境」を云々することが困難になったことがその理由ですが――、並立する異なる〈世界〉に生きる人々の間のコミュニケーションの断絶や相互理解の不可能性こそが、前面に出てきています。一時期のオタク差別・オタクいじめが、問題を象徴していると言えます。

高度情報化社会が実はかえってディスコミュニケーションを促進するという逆説的な事態を究明するために、私たちは、テレビ・ビデオ・パソコン通信・電話（テレクラやダイヤルQ_2を含め）・アニメ・雑誌・マンガなどの情報メディアとの接触のあり方が、若者たちのそれぞれタイプの異なる〈世界〉解釈とどのように結びついているのかを、統計的に明らかにする試みを続けていまして、これについては過去3回ほど数千人規模の調査を実施しています。このプロジェクトは、まさに文字通り「情報による〈世界〉解釈」と名づけられています。並行して私たちは、各メディアの厳密な内容分析を行い、特定のメディアと結びついた〈世界〉がどんな構造を持つのか、また、どんな歴史的な変遷を経ているのかを詳細に検討し始めています。

A　そうした統計的なデータの収集や分析は、一人でなさっていらっしゃるのですか?

M　いいえ。私たちの研究グループは84年に自分たちが設立したライズコーポレーション株式会社のスタッフ——ライズ・スタッフと呼びます——が母体です。会社形式をとるのは経済的な理由です。大規模な統計調査にはきわめて多額の資金が要るので、私たちは企業スポンサーを募ってその資金で調査を行い、企業が要求するアウトプットを提供する一方、データの学術的な利用権を全面的にライズ側に留保させてもらうわけです。このような契約は類例がないはずですが、ライズ・スタッフの目的があくまで研究にあるのですから当然です。そうした契約が可能になる背景には、目の前にある社会をまっとうに対象にした本格的な学術研究こそが、商業的に意味あるものとなりうるという今日の逆説的な状況があります。一口で言えば、誰からも社会全体・メディア全体を見渡せないという「不透明感」が背景にあると言えます。

面白いことですが、**統計的な分析によって、若者文化に関して巷に流布する風説や、いわゆる評論家の所説の多くが、ただのヨタ話に過ぎないことを証明できます。**ただそのためには、調査の設計、多変量解析、コンピュータ・プログラム、システム理論などに明るくなければならず、分析手順も煩瑣ですから、一人でこなすのは大変です。研究が職人的なチームでなされるべき必然性の一つが、そこにあります。さらにライズ・スタッフには研究者やその卵、会社員などが含まれていますが、現在のところ多くが覆面です。そうすることで、さまざまな場所に知らん顔して「潜入」して参与観察できる利点があります。

統計調査・内容分析・潜入というまったく異なる方法を駆使した研究のアウトプットは、これから順次出版されますが、その「旗上げ」が『中央公論』の前述の論文ということです。

A　たいへん大規模な研究だということが分かりました。そこで先ほどおっしゃった80年代の変則的リアリティということですが、具体的にはどういうことなのでしょう？

なぜいま少女マンガか？

M　先日NHKテレビの取材に応じてしゃべったところ、注意していたにもかかわらず、とんでもない文脈で使われてしまった「少女マンガ研究」の一部を、紹介しましょう。

少女マンガは、さっき述べた80年代の変則的リアリティ——浮遊感覚——の歴史的な由来を考察しようとする場合、避けて通れません。こういうと「またあの〝かわいいカルチャー〟論か！」と思われてしまいがちなのですが、私たちは問題のリアリティを「少女は、巫女となってかわいい部屋に籠もり、手作りの神々を祀るのだ」といった年寄り好みの短絡図式で記述することを認めませんし、少女マンガをそうした短絡の補強材料として読むことも許しません。

まず結論から言うと、提示したいポイントは、以下の三つになります。

①現在の少女マンガは大きく3種類に分かれます。⑴大衆小説的なもの、⑵私小説・中間小説的なもの（これが主流）、⑶西欧純文学的なもの、というふうに名づけておきます。

②特に70年以降の少女マンガは、四つの画期（73／77／83／88年）を持ち、そのプロセスは、

主として、⑵の私小説・中間小説的なものの展開史として押さえることができます。

③この展開史を見ると、70年代、80年代を通じて、少女マンガが、若者文化——新人類文化——の展開を先取りする大きな役割を持った理由を、理解することができます。

A　今おっしゃった少女マンガの特殊な位置といったものを、もう少し説明してください。

少女マンガによる「免疫形成」

M　私は80年代前半、塾や予備校で小学生から浪人生まで教えていましたが、そこで気づいたことがあります。小学校高学年では女子が男子よりも精神的にまさり、中学時代を通じて男子が追いつく、という通常的なプロセスが、私（91年のインタビュー当時31歳）の5歳下の若者ぐらいから崩れ始めているのです。そこで目立ったのは、いつまで経っても女の子から優位の座を奪還できない男の子の姿でした。ところが、少女マンガの内容の歴史的な変遷をたどっていくと、不思議なことに、謎を解く鍵を見つけることができるのです。

私たちの研究によれば、**ある時代以降、少女マンガが、〈世界〉を読み、〈私〉を読むための、〈関係性のモデル〉として機能し始めた**のです。今日の少女マンガを開けば分かりますが、そこにはこうした〈関係性のモデル〉が溢れています。彼氏を好きになるとき。告白したいと思うとき。バージンブレイク（昔のロストバージン）したいとき。彼氏に別の女がいると分かったとき。相手が妻子持ちだと判明したとき。自分の両親の仲の悪さに悩むとき。両親からの愛の欠如を感じるとき。少女たちは自分がどんな状況にあっても、「これってあたし！」と言えるモデルを少女マンガの中に探し出せます。少女たちは、そこに自分を見いだし、現状を枠づけ、期待外れを「あり得ること」として受けとめるのです。

少女マンガが昔からそうだったわけではありません。こうした〈私〉を読むためのモデルとしての少女マンガは、73年以降に増殖したものです。その頃に小学校低学年だった女性は現在（91年当時）25歳前後になりますが、単純化して言えば、これよりも下の女性たちは、小学校低学年の頃から少女マンガを通じて〈世界〉の読み方を徹底して学習してきました。現実の読み方、現実の中での振る舞い方を徹底的にシミュレーションし、ありとあらゆる人間関係について、それを解釈し正当化するモデルを、習得してきています。そのことが、彼女たちが身につけている、**複雑な人間関係の中での期待外れについての「免疫力」**と密接に関係しています。私たちの調査では、この免疫力が、まさしく現在25～26歳頃よりも下の層では、男女の間でまったく異なるのです。

メディアを通じたモデルの習得度の差が、人間関係での優位・劣位に直結するということは、少女たちはいざしらず、団塊世代以上の人たちには信じられないことかもしれません。私たちの考えでは、事柄の背景に、二つの前提があります。

第一は、モデル習得の、伝統的な伝承線が壊れてしまっているということです。ここで念頭に置いているのは、親から、家族から、隣のおばさんから、原っぱで遊ぶお兄ちゃんから、といった線です。破壊された伝承線を代替するかたちで、「メディアを通じたモデル習得」が発達史的にきわめて重要になってきたわけです。

第二は、70年代半ば以降いわゆる内憂外患がなくなり、社会が内閉したイメージになったことです。教育システムの中での序列が早い時期に決まり、また、家柄・学歴などの「取り消せない初期値」が意識され始め、早い時期に自分の将来がすべて見えてしまった気分になります。そうした中で「自分の自由になるものは近隣の人間関係（友人関係・恋愛関係）しかない」という感覚が醸成されていきます。人間関係に還元できない何か（天下国家？　故郷に錦？）で勝負できた「昔の男の子」は、それゆえにこそ一定の年齢を過ぎれば人間関係においてさえ優位に立てるということがあり得ましたが、そうした余地が閉ざされてしまったことが事柄の背景にあると思われます。

こうした意味で、**メディアを通じたモデル習得の度合の違いによって、ダイレクトに人間関係の優位・劣位が決定されるということ自体が、きわめてありそうにない、前提に満ちたことである**ことを、忘れるわけにはいきません。

少女マンガの三つの流れ

A　少女マンガには三つの流れがあるという興味深いお話を、紹介してくださいませんか？

M　今73年以降の少女マンガになってから、〈私〉を読むモデルが出現したと述べましたが、それまでの少女マンガは、ありそうもない経験についての〈代理体験〉を提供するものでした。主人公は、お姫様だったり、平安朝の女官だったり、超人的スポーツ女だったりしましたが、一口で言えば定型的な物語としての「波瀾万丈もの」だったわけです。詳しく見れば、大河ロマン

（時代劇）／成長もの（スポコン）／性愛もの（セブンティーン）などに分けられますが、主人公が自分が持ちえない属性を持ったり、自分と同じ資質を持った主人公が自分には実際は経験できない目に遭うからこそ、感情移入や同一化の意味が与えられたことが、共通の特色です。この種の少女マンガは、手塚治虫の『リボンの騎士』に遡り、里中満智子・池田理代子などへと受け継がれます。さらに源流をたどれば戦前大衆小説や講談本まで遡れます。「大衆小説的な少女マンガ」と名づけるゆえんです。

ところで73年から、**少女マンガ史上画期的な**「**乙女ちっく**」**が登場しますが、これこそ〈私〉を読むモデル、〈関係性モデル〉としての少女マンガの始まりです。**陸奥A子、田渕由美子、太刀掛秀子、初期の岩館真理子などが代表的な作家群ですが、大きく二つの流れがあります。ハイパーポジティブもの／コンプレックスものと呼んでおきましょう。前者は「街のポストが赤いのも、電信柱が高いのも、みんな〈世界〉のやさしさよ」的なもの。後者は「ドジでブスな私。でも『そんな君が好きだ』と彼が言うの」的なものです。**双方とも、ありそうもない経験の〈代理体験〉ではなく、現実の〈私〉やその周りの〈世界〉を、どう解釈するかが問題になっています。**〈私〉をそこに当てはめられる〈関係性モデル〉が提示されているのです。

確かに「乙女ちっく」そのものは77年には下火になり、その後は短絡されたかたちで小児向けマンガの定型になりますが、先に述べた構造こそは、その後の少女マンガの主流を徹底的に方向づけます。つまり**少女マンガの主流は、〈代理体験〉ものから、〈現実解釈〉ものに圧倒的に移転するのです。**時代が進むと、当初は単純で乏しかったモデル（乙女ちっく）も、読者の加齢と

陸奥A子「たそがれ時にみつけたの」(73年)
(所収:集英社りぼんマスコットコミックス『たそがれ時にみつけたの』)

池田理代子『ベルサイユのばら』(72年)
(所収:中央公論社・愛蔵版『ベルサイユのばら』第2巻)

田渕由美子「風色通りのまがりかど」(75年)
(所収:集英社りぼんマスコットコミックス『雪やこんこん』)

岩館真理子「1月にはChristmas」(83年)
(所収:集英社マーガレットコミックス『1月にはChristmas』)

図1　少女マンガの三領域

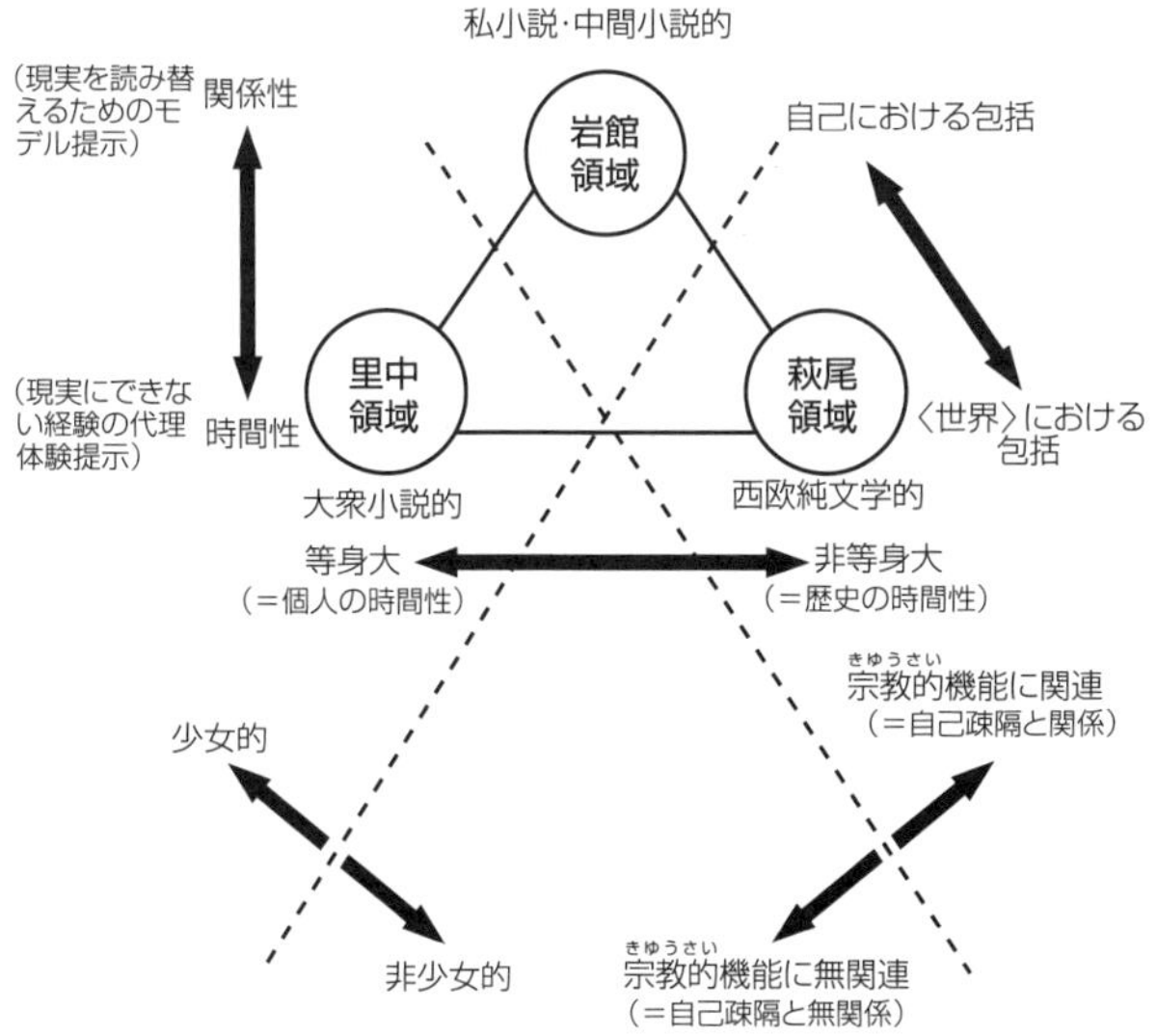

三つの領域のそれぞれには、現役で活躍している代表的な作家の名を借りて、「里中(満智子)領域」「岩館(真理子)領域」「萩尾(望都)領域」と命名している。ここでいう「宗教的」や「自己/〈世界〉における包括」などの概念については、本文で触れた「新人類とオタクの世紀末を解く(下)」(『中央公論』90年11月号)を参照。

ともに飛躍的に複雑化します。どんな出自の〈私〉でも、どんな状況下の〈私〉でも、それに当てはまるモデルを捜し出せるという今日の状況が、その果てにあります。結局、最初の〈現実解釈〉ものだった「乙女ちっく」は、低年齢向きに固定されて定型として短絡化していく方向と、初期読者の加齢に伴って「乙女ちっく」を脱して複雑化していく方向と、二つの向きに進化を遂げました。重要なのは後者です。

ここで注釈が必要です。実は「乙女ちっく」よりも前に、60年代の西谷祥子の「学園もの」も、ある種の関係性のモデルを提示していました。ですがそこで提示されていたのは〈私〉をめぐる関係性ではなく、若者としての〈我々〉をめぐる関係性のモデル――友情というもの・愛というもの・性というもの・幸福というもの――でした。「これってあたし!」ではなく「これってあたしたち!」なのです。しかもこのモデルは、かくある「べし」的な規範的理想という色合いが濃厚です。私たちが〈現実解釈〉ものというとき、あるいは特にことわりなく〈関係性モデル〉というとき、この〈我々〉を主語とした規範的モデルではなく、〈私〉を主語とした認知的モデルに関係する少女マンガだけを指しています。

かくして「これってあたし!」的な少女マンガは、「乙女ちっく」を直接の源としていますが、類似した性格を持つメディア自体は、戦前の（広義の）私小説や中間小説に遡れます。私小説で言えば、地方出身インテリの異様な共感を呼んだという田山花袋の「蒲団」的なもの。中間小説で言えば、大阪商人の娘といった上層少女たちの自己解釈モデルとなった吉屋信子の少女小説。その生みの親でもあった川端康成の一部の作品。現在に近いところで言えば『夕暮れまで』で話題になった吉行淳之介などが思い浮かぶでしょう。ですから私たちは、この種の少女マンガを「私小説・中間小説的な少女マンガ」と呼んでいます。

今、「大衆小説的な少女マンガ」と「私小説・中間小説的な少女マンガ」について紹介しました。前者は、〈代理体験〉を提示するもの。後者は、〈現実解釈〉モデルを提示するものでした。ところで、これとは別に、「西欧純文学的な少女マンガ」というのもあります。これについてもぜひ説明しておかなければなりません。これには、萩尾望都や山岸凉子などの作家群が含まれています。いわば少女マンガの「高踏派」と言ってもいいでしょう。

萩尾望都「半神」(84年)
(所収:小学館プチコミックス　萩尾望都作品集第II期第9巻『半神』)

「高踏派」を支えたのは、私を含む、とりわけ現在（91年）30代前半の世代だったと考えられます。私たちの読者調査によれば、私たちの世代の女性は子供の頃、池田理代子・里中満智子・一条ゆかりなど「大衆小説的な少女マンガ」を読んでいました。ところで「乙女ちっく」のピークを75年にとるとしますと、その頃高校に入学したばかりの私たち世代の女性たちは、「乙女ちっく」を「まったく新しいものが出てきた」というふうに感じたわけです。定型を破るイラストタッチ、しかり。短絡的ではあっても身近な設定、しかり。当時の女の子が実際に着ているそのままのファッション、しかり。にもかかわらず、私たち世代の女性たちの中には「子供っぽくてついていけない」と感じた人もかなり多かったようです。

結局、「乙女ちっく」に大規模にコミットしたのは、当時の小中学生だったのです。ところがそれより5歳以上年長の私たち世代の多くは「乙女ちっく」には馴染めませんでした。ただ当時の「乙女ちっく」は、当時始まったばかりの「ファンシー文化」と結びついていたから、「乙女ちっくマンガ」こそ読まなくても「かわいいグッズ」を集めたりはしていました。**こうして「乙女ちっく」に馴染めなかった私たちの世代の女性のうち、一部が「大衆小説的な少女マンガ」に留まり、80年代半ばに登場するレディス・コミックを支えた最初の世代にもなったわけです。**

ですが私たち世代の別の一角、とりわけ頭がよくて、純文学にも馴染んだような女の子たちは、それにも満足できませんでした。**萩尾望都や山岸涼子といった作家たちはこうした不満層を引きつけて、どんどん高踏化していくことになります。**記念碑的な作品と言えるのが萩尾の『ポーの一族』や山岸の『日出処の天子』でしょう。これらはもはや、「少女マンガ」と呼ばれるべき必然性を欠いています。こうした少女マンガを指して、私たちは「西欧純文学的な少女マンガ」と呼ぶのです。

こうして少女マンガには、別々の〈世界〉を提示する三つの流れがあることが分かります。大衆小説的（波瀾万丈）／私小説・中間小説的（これってあたし！）／純文学的（高踏派）です。これらが明確に分離したのが73年から77年にかけてでした。さらにその分離は、読者の分化——それは今述べたように世代の分化と結びついている——とも関係していました。

「これってあたし！」的な作品は、「乙女ちっく」に見られるような「少女的なものの再定義」として登場しました。この動きは、『ひこうき雲』から『The 14th Moon』にかけての荒井由実などの他のメディアとも響き合っています。しかし「乙女ちっく」と「これってあたし！」との結びつきは、読者の加齢とも並行して77年には終わってしまいます。

A　なるほど。だとすると、先程おっしゃってましたが、少女マンガこそが新人類文化の前触れだったというのは、どういうことになりますか？

新人類文化の前哨戦としての少女マンガ

M　別の場所（宮台1990ab）で書きましたが、77年は、新人類文化が始まる年でもあります。私たちの考えでは、**「乙女ちっく」に始まる私小説・中間小説的な少女マンガこそが、新人類文化の先駆けです。しかしそれは、いわゆる「かわいいカルチャー」の出発点だったからというわけではありません。**それは周辺的なことです。

新人類とは、商品言語で語り始めた人たち、〝記号〟的消費を始めた人たち、どんなノリの消費をしているかで人間関係さえ選別し始めた人たちのことです。言い換えれば、商品が語りかける「これがあなたです」というメッセージに、「これってあたし！」と反応した世代なのです。ここでは詳しいことは言えませんが、**少女マンガは、新人類文化が始まる前に、「これってあたし！」というかたちで、〈私〉のモデルによって自分や現実を読むための、「訓練」の場を提供しました。**受け手の年齢の低さもあって、その最初のモデルが「かわいいモデル」だったことは確かですが、それで一括できるのはごく一時期のことです。
A　しかしなぜ73年という時期に、最初のモデルが登場したのでしょう。偶然なのでしょうか？
M　たいへんに重要な疑問です。実は偶然ではありません。それは、カウンターカルチャー挫折後の若者の状況に、ぴったり対応しているのです。

外的な制約（国家体制・家族）の否定を通じて大文字の〈我々〉にいたろうとした「60年代的サブカルチャー」（カウンターカルチャー）の「敗北」の後、70年代に入ると若者たちは、「〈私〉らしい私」を探そうとし始めます。自然や土着的なものの再発見の試み（ディスカバー・ジャパン、アンノン族の嵯峨野の旅）がなされ、学生運動に破れた男女が手作り（！）の小物やインテリアを作り、あるいは小さな喫茶店を営み、時には「アウトドア」し始めます。

70年代初期のフォーク・ミュージックに見るように、「〈私〉らしい私」のムーブメントは、**それを最初に牽引した年長の若者にとって、過去のいきさつと結びついた時間性を帯びていました（『an・an』的なもの！）。ところが年少の少女たちは、それを無時間的に読み替えてしまいます（『りぼん』的なもの！）。**四畳半フォーク的なものも、手作り的なものも、古都への感傷旅行も、「少女的なもの」へと翻訳されてしまいます。ナルチシズムから歴史的な前提が取り除かれるわけです。当時高校生だった「乙女ちっく」の最初の送り手（陸奥A子、田渕由美子ら）と、小学生を中核とするその読み手こそ、こうした読み替えの張本人でした。この読み替えの中で、当初は『an・an』世代の一部だけが使っていた「まる文字」も、年少者に爆発的に広がります。同時に、**「〈私〉らしい私」の象徴ツールだった「まる文字」は、「かわいいナルチシズ**

ム」のツールへと短絡されます。

今日に直接つながる「これってあたし！」の最初のモデル「乙女ちっく」は、こうして奇しくも、「60年代的サブカルチャー」の敗北に由来しています。団塊の世代の営みが、後の「浮遊女」につながる少女文化を方向づけたというのは、何とも皮肉なことです。

A　初めてうかがった話ですが、たいへん重要そうですね。今問題になった「これってあたし！」のモデルは、77年の「乙女ちっく」の終焉以降、どう展開するのでしょうか？

くらもちふさこ「海の天辺」（89年）
（所収：集英社マーガレットコミックス『海の天辺』）

M　77年以降になると、「乙女ちっく」に端を発する関係性モデルとしての少女マンガが、さらに進化します。「乙女ちっく」を描いていた人を中心に、別の人も加わって新たな展開が示されます。中心になったのは、中期の岩館真理子・中期のくらもちふさこ・中期の吉田まゆみ・清原なつのなどでした。

「乙女ちっく」の視点がきわめて単純だったと述べましたが、この時期に主人公の視点の分岐が始まります。ミーハー的な視点（吉田まゆみ）、ニヒリスト的な視点（清原なつの）、ネクラ的な視点（くらもちふさこ）などが分化します。〈私〉を読むためのモデルが、分化してくるわけです。

さらに〈私〉だけでなく〈彼〉、すなわち自分の思い通りにならない「〈他者〉としての男の子」が登場し始めます。主人公は、好きな男の子に直接的・間接的に否定され、その中で変わっていかざるを得なくなります。たとえば中期くらもちの描く男の子は、主人公が予備校で答えを間違えれば「何勉強してんだよ」「合格まで会わないようにしよう」と冷たく言い放ち（『おしゃべり階段』）、松田聖子のおっかけをしてよく似た主人公の友人に恋してしまうミーハーであり（『ハリウッド・ゲーム』）、「おれでーっきれい！　そーゆーおしつけの友情物語」と言い放って主人公の友人とつきあってタッチしたりしてしまう（『いろはにこんぺいと』）。こうした男の子の描き方は、同時期の吉田まゆみにも通じます。

これと比べれば、「乙女ちっく」では、男の子といっても「ありのままの君が好きだったんだよ」と最後には主人公を救済してくれる、予定調和的な存在に過ぎません。そこで提示されたモデルは、本当の人間関係の複雑性にはとても対処しきれない単純なものでした。

こうした変化には読者の年齢が関係します。少女マンガが現実を読み替えるモデルを提示するものとなった以上、〈彼〉の視点の導入は、読者の加齢から見て必然的なものでした。

ところで**77年から82年までを、私たちは新人類文化の「上昇期」と呼びます**。リーダーからフォロワーに、〝記号〟的消費が拡大・展開していく時期です。これに対して、**83年から87年までを、新人類文化の「安定期」と呼んでいます**。新人類文化が、浸透できるところまで浸透しきった時期です。83年頃というと、差異化が一巡して、少しあとのお嬢さんブームに代表される「階層的なもの」が導入される時期。単なるブランドではなく「DCブランド」が導入され、新人類文化の行き渡りと入れ替わりに、若者アングラ文化も完全に消滅します。理工系の学生の「理工ばなれ」が顕在化してくるのもこの頃です。

この83年になると、〈関係性モデル〉としての少女マンガがさらに進化します。後期の吉田まゆみ、後期のくらもちふさこ、後期の岩館真理子などが中心ですが、さらに小椋冬美、紡木たく、柴門ふみ、佐々木倫子、川原泉などの、新しい人たちも参入してきました。

この時期になると、新人類文化が万人の希望ではなくなり、ついてこれる奴とこれない奴が、ハッキリします。ネアカな人とネクラな人との差が、際立った時期です。これを反映して、少女マンガの中身も変化します。**単に〈私〉の視点が複数パターンに分化し、〈彼〉が登場するだけではない。一つのマンガにタイプの異なる〈彼女〉がさまざまに登場して、同世代の類型性が強く意識され始めます**（ネクラ女、ニヒリスト女、ミーハー女、バンカラ女など）。たとえば吉田まゆみでは、「ハマりすぎて新人類している奴」が、ギャグの対象になります（『アイドルを探せ』）。リーダー視点からフォロワーを笑うわけです。

この頃から、〈関係性モデル〉としての少女マンガの同世代読者の内部さえも、主人公の視点の類型に対応するかたちで分化してくるようになります。同じ年齢の子が同じものを読んでいるという時代に、決定的な終止符が打たれるのです。

見てきたような少女マンガの進化プロセスは、最初は単一の〈世界〉しか存在しなかった同一のメディアに、やがて複数の〈世界〉が並立的に分化し始め、後にその分化が爆発的に進展していく、といった70年代から80年代にかけてのメディア・コミュニケーションの進化の典型を示しています。今回はお話できませんでしたが、こうしたプロセスは、少女マンガ以外のサブカルチャーの展開とも、きわめて緊密に連動しています。

A　そうした展開や分化にもかかわらず、一貫して保存されたものはいったい何でしょうか？

M　**それは少女マンガをもう一つの現実（虚構）として読む「虚構の現実化」というよりも、現実を少女マンガをモデルとして読むという、ある種転倒した「現実の虚構化」の営みです。**初期の「乙女ちっく」だけならともかく、このモデルを「かわいいモデル」と一括しても複雑性が縮減されないどころか、理解不能者を「新人類」と一括するのと同様、判断停止をもたらすだけです。かわいい意匠それ自体は、大震災前に「大正少女文化」としていったん上昇したあと、震災後に「わたくしたち」という主語の複数性と結びつきました。つまり吉屋信子的なものです。「乙女ちっく」は、先に紹介した複雑な経緯を経て、かわいい意匠の主語を「これってあたし！」的に単数化しましたが、それ以降、主語を単数化した〈関係性モデル〉が複雑化しつつ増殖するわけです。**問題はかわいい意匠そのものの連続や変化よりも、〈世界〉解釈図式の抽象的な構造の連続や変化にこそあります。**

A　なるほど。今の話は、冒頭で話されたこと——80年代には、モノや意匠の水準と、目に見えないリアリティの水準との二重性があるという話——につながっていますね。

M　そうです。多くの論者は、意匠の共通性にだけ目を奪われてルーツや連続性を語っていますが、社会科学的には——とりわけ私が依拠する「システム理論」の立場からは——問題になりません。このことを踏まえて、最後に話をまとめておきます。

まず第一に私たちは、「乙女ちっく」に始まる転倒した〈世界〉解釈の営み（現実の虚構化）が、後の若者文化を特徴づけるコミュニケーションの〝記号〟性の端緒となったという事実に、注意を促したい。高度消費社会を特徴づける「〈私〉の物語の異常な増殖」の先駆けとなっていることに注目したいということです。

第二に指摘しておきたいのは、こうした転倒が、疑似現実（虚構）と現実の間の距離を、無効にしてしまうということです。こうした転倒によって、少女たちは、現実をオハナシのように、あるいは、オハナシを現実のように、生き始めます。これは80年代の「隠されたリアリティ」である「浮遊感覚」に、直接つながっていきます。

最後になりますが、80年代後期になると、他のサブカルチャーに先駆けて、「関係性からの退却」と呼ぶべき現象が、少女マンガに出てきます。少し補足しておきましょう。

関係性からの退却（という関係性）

私たちは、88年以降を新人類文化の「下降期」と呼びます。この時期にはパルコに代表される高踏的なイメージCMが衰退し、替わって身体感覚に訴える「ちょっと変なCM」（ポリンキー、リゲイン…）が浮上しています。各種のメディアでサブリミナルなものが注目を浴び始め、ハウス系、アシッド系など「身体音楽」が注目されるようになりました。こうした身体的なものの浮上とは別に、ユーミンの変質がとりざたされ、またKANや辛島美登里や岡村孝子のプライベートソングが話題になっています。

こうした日本の動きには共通した必然性があります。80年代の〝記号〟的消費や〈私〉の物語は、対人関係と密接に結びついていました。他者に対する表示可能性が、物語の選択を動機づけていたのです。ところが〝記号〟的能力の表示が〝記号〟的に陳腐化してからというもの、それまであくせくコミットしてきた〝記号〟的対人領域からの、広汎な退却が始まったのです。私たちが「関係性からの退却」と呼ぶものです。

関係性からの退却は、80年代末期になって、各メディアでの新しい動きの引き金を引きましたが、それに先立つように、少女マンガの中にある動き——私たちは「ありそうもない〈少女〉へ」と呼ぶ——が生じます。まず一方で、83年来の新人類文化「安定期」に沈滞していた大島弓子が、『秋日子かく語りき』で復活する。他方、現実解釈モデル的な少女マンガに「回顧的眼差し」が出現してくる（紡木たく『ホットロード』、くらもちふさこ『海の天辺』、岩館真理子『アリスにお願い』など）。それもおばさんが少女時代を懐かしむ代わりに、少女たちが二、三年前を懐かしむのです。

復活した大島は、モノローグ主体のめまぐるしい移動を通じて、少女の視座を別の視座によって対象化します。他方、一群の回顧ものは、自らの少女性（関係性）を過去に投影して引き離します。これら一連の奇妙な動きは、ある種の「関係性からの退却」を象徴しています。**そこでは少女性は、即自的なもの・ありそうなものとしてでなく、対自的なもの・ありそうもないもの・危ういものとして、理想化されています。**対人関係領域における〈私〉（いわば外向きの〈私〉）が即自的に描かれるのではなく、関係に置かれた〈私〉を見る別の〈私〉（内向きの〈私〉）が分離されています。こうした視線を大塚英志のように「通過儀礼」といった非歴史的な図式で把握しても、どうしようもありません。

むろん「関係性から退却する〈私〉」というのも、メディアを通じて提示された〈関係性モデル〉であることに変わりはなく、特に年長の少女たちは、それを「これってあたし！」と享受しています。その意味ではあくまで一貫しているのです。私たちは、一貫性と変容との双方に敏感でなければなりません。以上が今回のお話ですが、私たちは少女マンガに関する統計データを数千人規模で持っており、今回紹介したような歴史的な内容分析とは別に、読者に定位した分析も進めていますが、それは別の機会に紹介することにしましょう。

A　ありがとうございました。

2 「かわいいコミュニケーション」分析篇

たとえば、ネコやウサギやカエルのキャラクターに彩られたファンシーグッズ。メルヘンな雰囲気に包まれたペンションやショートケーキハウス。女の子がよく使う「まる文字」やフワフワした奇妙な文体。いわゆる「少女的なもの」が70年代から80年代にかけての日本を席巻し、今もなお私たちの生活に深く影響を与え続けている。こうした「かわいいコミュニケーション」の正体はいったい何か。戦前から現在にいたる少女カルチャーの変遷をたどりながら、メディアの鏡面に映るコミュニケーションの現在を解明する。

少女と「かわいい」

なぜ「かわいい」が問題なのか?

イチゴやお花、ネコやウサギ、はたまた恐竜やカエルなどの一見グロテスクなものまで含む、模様やキャラクターに彩られたさまざまなファンシーグッズ。ノート、バインダー、ぬいぐるみ、リゾートのおみやげ、はては預金通帳まで。森の中の教会での結婚式と、白い出窓のついたショートケーキハウス、そして子供とペアのファッション。まる文字で綴る「〜なのでーす♡」といった文体。

こうした「かわいい」ものたちが、女の子たちのお気に入りであることを超えて、時代を論じるための鍵として注目されたのは、記憶に新しい。その先駆けは山根一眞『変体少女文字の研究』(1986) だった。山根は、少女たちの間に従来とはまったく異なる規格を持った「まる文字」——山根自身は「変体少女文字」と呼んだ——が普及していることに驚き、その「かわいい」文字が1972年に誕生し、78年に急速に普及したことをつきとめた。

山根は、まる文字誕生の原因として、「シャーペンで横書きする」という、この時期に普及した筆記作法に最も適した字体であることを指摘するが、そのことばかり強調するのも考えものである。まる文字の重要性は、単なる**文字の形**（丸さ）にあるのではない。それは、後に論じるように、**独自の文体**（ふわふわしたもの）の創出に関わっている。まる文字は、この独自の文体を通じて、書き手を、自己表現とコミュニケーションの一定の「型」へと水路づけたのだ。この時期、**少女たち自身**に、何かが起こったのである。

その点、この70年代前半という時期、少女たちの間に、ファンシーグッズや乙女ちっくマンガ、イラストポエムなどの「かわいさ」を志向する文化が一斉に開花した、という大塚英志［1989a］の指摘は、一歩進んでいる。彼はそれを「かわいいカルチャー」と名づけたが、それを踏まえて島村麻里［1991］は、「かわいさ=ファンシー」への志向が、現在では、家電製品・インテリアグッズ・職場での挨拶の品・家や学校の建築様式など、全社会的に波及しつつあるという。

こうして、少女たちが創出した「かわいいコミュニケーション」は、70年代から80年代以降の現代日本社会を解くための重要な鍵とされるにいたった。だが、「かわいい」とは何なのか？かわいいものが浮上したのはなぜなのか？　これらの問いはまだきちんと答えられていない。だが私たちのコミュニケーションのあり方の「現在」を知るためには、どうしても避けて通れない問いなのだ。

少女文化と消費社会との関係　本田和子の〈少女〉論を受け継いだ大塚英志の以下のような議論を、こうした問いに最も包括的なかたちで答える試みとして受け取る向きもあった。

フランスの社会史家アリエスの画期的な著作『〈子供〉の誕生』（1963）は、どんな社会にも普遍的に存在すると考えられていた〈子ども〉というものが、実は16～18世紀の西欧の中産階級によって初めて創出されたものであったことを明らかにした。もちろん生物学的な意味での幼年層・若年層は常に存在するのだが、彼らは前近代社会においては一般的に「小さく不完全な大人」に過ぎず、特別な愛情と教育を必要とする無垢な存在としての〈子ども〉という観念は近代社会になるまで生み出されなかったというのである。

これを受けて本田和子［1982］は、〈子ども〉と同様、〈少女〉も近代社会に伴って生み出された社会的存在であることを指摘した。日本の前近代社会における若い女性は、初潮後には一人前の大人と見なされて生産労働や性的関係に参加していた。ところが、近代化が進展した明治末頃になると、社会的な労働は大人の男性の場とされ、女性は家庭に閉じ込められていく。同時に高

貧乏やクラスメートのいじめにも屈せず声楽家として成功する少女の物語
「心の王冠」（『少女倶楽部』昭和14年2月号・講談社）

等女学校令（明治32年）などの教育制度の整備によって、未婚の若い女性は、将来の「良妻賢母」予備軍として、労働や性的関係から隔離されて学校に通うこととなる。ここに「自分が性的存在たることを未だ我が身に引き受けるに至っていない若い女」としての〈少女〉が誕生する――。

本田によれば、こうした社会的存在としての〈少女〉の特質は、「繭への閉じ籠もり」（性的関係を含む一般社会からの隔離）と「ひらひらしたものへの志向」（リボンやフリルなど）にあるという。こうした志向に対応して生まれ、かつそれを強化したのが、明治末に誕生して大正から昭和初期にかけて隆盛を見た少女雑誌だった（最初の少女雑誌である『少女界』は明治35年に創刊され、大正12年創刊の『少女倶楽部』は昭和10年代に100万部を公称するにいたった）。この少女雑誌を中心として、吉屋信子を初めとする少女小説や竹久夢二を初めとする叙情画など、〈少女〉たちに固有の大衆文化たる、いわゆる「少女文化」が生まれたのである。

大塚英志は、以上のような指摘を受けて、〈少女〉を、〈生産〉でなく〈消費〉と結合した社会的存在であるとし、70年代以降の日本が〈消費〉中心の社会へと転換したことが〈少女〉的な「かわいいカルチャー」の全社会的な浮上をもたらした、と論じている。

> モノをめぐる記号的消費のパラダイムとして女性的な、あるいは少女的な感受性が採用されていった背景には…近代における〈消費〉と〈少女〉の密接な結びつきが一つの大きな原因となっている。…『男の子の夢』が社会システムをあるいは人々の消費をめぐる夢をもはや導きえないことがわかったとき、それに替わって女の子的なるものが浮上してくる。…モノの消費から記号の消費へ、『進歩』から『差異化』へ、男の子の夢から女の子の夢へ
>
> ――大塚［1991：66–74］

この「かわいいカルチャー」論においては、70年代半ばの数年間が「近代とともに成立した〈少女〉が消費社会の中心的存在として認知された時代」（大塚［1989a：49］）とされることにも明らかなように、①〈少女〉という社会的存在が近代日本社会を通じて存続していること、②〈少女〉は「かわいさ」を志向すること、③〈消費〉と〈少女〉の密接な結びつき、という三つの前提のもとで、70年代の消費社会化が「かわいいカルチャー」の上昇を生んだということにな

っている。

これらの前提は、実をいうと妥当ではない。10代の若い女性の自己意識や対人関係のあり方は、いくつかの段階を経て、70年代にはもはや、本田和子や大塚英志のいうような〈少女〉的なものとは、まったく異なるものへと変化していたからである。しかもこの変化は、近代日本社会の全体的なコミュニケーション変動と、密接に連関している。それがどんな変化で、いつ起こったのか？　ここでは、少女文化（10代の女性を受け手とする大衆文化をこう呼ぶ）の歴史的分析を通じてこうした問いに答えることで、「かわいいもの」の本質に迫ってみよう。

メディア史に見る「少女」の変遷

「清く正しく美しい」少女【明治末〜1950年代】

本田の指摘するとおり、〈少女〉とは、近代化——近代資本主義化、男性が社会的労働・女性が家庭内労働という性別役割分業を伴う近代家族化、学校を中心とする教育制度化など——に伴って生み出された、社会的存在（非自然的なもの）である。しかし、こうして誕生した〈少女〉たちは、本当に「繭に閉じ籠もり」「ひらひらしたものと戯れる」ばかりだったのだろうか？

横川寿美子［1991］は、少女文化の中には「ひらひらの系譜」の他に、凜々しい乗馬服など「宝塚の男役的なるもの」への憧れという「ヅカヅカの系譜」もまた存在することを論じた。彼女は、吉屋信子による次のような主人公の描写を引用している。

黒の山高の鍔のかたい乗馬帽子に襟に赤いネクタイ、黒の上着に白いヅボンに赤革の長、小さい銀の拍車が光って——そして白革の手袋の手に一本の細い鞭を持って、今彼女は颯爽として胸高く歩いて来た。…ほんとに眉の凜々しいややきつ目の感じのするまゆみに其の服はよく似合って居た

——『紅雀』(1930)

この主人公は、自分だけの「繭」に閉じ籠もるどころか、家出したとき世話になった貧しい一家のために、働いて恩に報いる強さを持ってもいる。また、吉屋信子などの少女小説と並んで少女雑誌が売り物としていた冒険小説や時代小説（作者は男性の探偵作家や少年小説作家）では、主人公の〈少女〉が、青年に助けられはするものの、セーラー服やブレザーに身を包んで雄々しく悪漢と渡り合っていた。

指摘されるように、〈少女〉には「ひらひら」の他に、「ヅカヅカ」への志向も強くある。ところがこれら二つの志向は、個々の表現では重点の置き方が異なっても、決して背反してはいない。対立するかに見える意匠を包括するものこそが、実は「〈少女〉的なるもの」の領域の同一性なのだ。それを一言で、「清く正しく美しく」というふうに表現しておこう。

たとえば大正2年の『少女画報』に掲載された「少女のほこり」と題した詩（ふと鏡に映った自分の姿に驚くといった設定らしい）は、この理想の典型的な表現である。

…色は百合より白うして／髪は墨より黒くして／花ももののかはほほの艶／珠ももののかは眼の光／ゆかしなつかし忘られぬ／花の精かや月姫か／さて怪しやとかへり見て／吾と疑ふわが姿

近代日本に初めて成立した「少女文化」は、「清く正しく美しく」という、〈少女〉が目指すべき共通の〈理想〉を提示していた。たとえば少女小説をとれば、設定や筋書きは多様であっても、結局は「主人公が〈理想〉を追求することによる〈秩序回復〉」という同一の物語構造を有していた。典型的には、母の死・一家の没落・生き別れ・意地悪な旧友によって引き裂かれた友情といった何らかの〈秩序侵犯〉に始まり、それを主人公が「清く正しく美しく」という〈理想〉に即して耐えることで、最後には母とめぐり会ったりして〈秩序回復〉がなされる、というものである。〈少女〉たちは、普通ではありえないような苦難を〈代理体験〉し、その克服によるカタルシスを享受することにおいて、「清く正しく美しく」という〈理想〉を享受したのである。

ふろくのおしらせ。「美しい」という形容詞に注目（『少女』昭和24年12月号・光文社）

このような「〈理想〉の追求による〈秩序回復〉」という物語構造は、明治末から大正にかけて確立した、イエから世間そして大日本帝国へと連続する〈秩序〉のあり方に、対応していると言っていい。〈少女〉は「清く正しく美しく」という〈理想〉の受容を媒介として、この〈秩序〉と一体化したのである。当時の少女雑誌には女学校校長などの訓話がよく載っていたし、また〈少女〉たち自身も投稿欄などでしばしば「正しさ」を論じ合った。たとえば日露戦争直後の『少女界』の投稿欄には、「戦勝国の少女に相応しからぬもの」云々といった批判の応酬が頻繁に見られるのである。

〈少女〉が「繭への閉じ籠もり」を志向するという本田の議論は、それが一般社会から隔離された世界への退避を意味するならば、修正されねばならない。〈少女〉は、**確かに性からは隔離されていたが、しかしまさにそのことによって、性を一般的に日陰のものとする帝国の〈秩序〉と一体化していたのだ。**こうした〈秩序〉の全体的なあり方に対応する大衆文化を「メインカルチャー」と呼ぶならば、「少女文化」は、こうしたメインカルチャーの内部に緊密に組み込まれた部品だったのである。

メインカルチャーの一部としての「少女文化」は、敗戦によっても根底的に断絶されることなく続いた。確かに戦後には、雑誌のビジュアル化の流れの中で、「少女文化」の主流は少女小説から少女マンガに代わり、西洋的な要素——ハリウッド的ファンタジーやバレエものなど——が大々的に導入された。だが設定や小道具がいかに変わろうとも、「清く正しく美しく」という〈理想〉を体現する主人公が普通はありえないさまざまな体験をする、という少女小説の特質は、そのまま受け継がれた。たとえば手塚治虫の最初の少女マンガ『リボンの騎士』(1953)の主人公である男装の王女サファイア姫は、〈少女〉の〈理想〉における「ひらひら」と「ヅカヅカ」の両面性を、みごとに表現している。

この「清く正しく美しい」という〈理想〉は、〈少女〉たちが実際に身につけるファッションや小物においても追求されていた。代表的な叙情画家の一人である中原淳一が、敗戦直後の1946年に創刊したファッション誌『それいゆ』の宣伝文は、次のようだった。

太陽の子ひまわり。フランス語では『それいゆ』。気高く強く美しくの花言葉をそのままに夢と憧れをこめた新しい形式のスタイルブック。

小物に関しても同様である。別冊マンガと並んで戦後の少女雑誌の付録の中心だった小物(レターセット、ケース、カレンダーなど)につけられた、宣伝用の形容詞を調べてみると、便利さや使用法に関わるもの——「べんりな」「お勉強」など——を除けば、「美しい」「少女」「叙情」「花」「すてきな」「品のよい」などが典型であって、**「かわいい」は、実際まったく見られないのである。**

性的身体としての「女の子」
【1955〜72年】

戦後も引き継がれた「少女文化」の連続性は、しかし1950年代半ばになると、戦後社会の新たな変化に対応して危うくなってくる。この変化を集約的に表すもの——それが「〈若者〉の誕生」だ。

明治・大正時代はもとより戦後しばらくの間は、メインカルチャーから外れたマージナル（周辺的）な社会的存在としての〈若者〉は、まだ存在していなかった。生物学的な意味での若い男性は、まだ大人になりきらぬ「半人前」に過ぎず、できるだけ早く世間入りし、名をなすことを求められていた（立身出世！）。反面で、まだ世間に完全に組み込まれていない〈少年〉や〈青年〉は、あるべき〈理想〉を、その分「純粋に」追求しうる存在であるとも考えられた。その代表例は、白樺派や二・二六事件の青年将校であり、『少年倶楽部』に登場した皇国少年である。**だがその〈理想〉は、少年固有のものというよりも、むしろ大衆一般のものだった**ことに注意しなければならない。戦後になっても、たとえば石坂洋次郎の『青い山脈』(1947)の主人公は、現実の若い人たちを代弁するというよりは、戦後民主主義という新たな大衆の〈理想〉を、より純粋に投影したものに過ぎなかったのである。

ところが、1950年代の後半になると、〈大人〉とは異なる固有の性的な身体として、〈秩序〉に抗する〈若者〉という社会的存在が、発見される。石原慎太郎の『太陽の季節』(1955)の主人公は、死んだ恋人の葬式で、〈大人〉たちに次のように宣言する。

つまんだ香を落とすと、彼は思わず香炉を握りしめいきなり写真に叩きつけた。／『馬鹿野郎っ！』／額はけたたましい音をたてて滅茶苦茶に壊れた。…動揺する人々に、彼は険しい眼を向けて振り返った。／『貴様達には何もわかりゃしないんだ』

こうして当初は「暴走」「錯乱」といったイメージとともに発見された〈若者〉だったが、60年代に入ると後述するジュニア小説に象徴されるように、〈若者〉の錯乱を「青春の過ち」といった観念で馴致するような「理解ある大人」が出現してくる。この当時、高度経済成長に伴う都市化と核家族化の急進展――58年に登場する「団地族」を典型的なイメージとするような――を背景として、性を日陰のものとして隠蔽するイエは、愛によって結ばれた性を肯定する戦後家族によって代替されつつあった。ベストセラー『性生活の知恵』を買ってセックスし、生まれた子どもを『スポック博士の育児書』に従って合理的に育てる「団地のママ」こそは、「理解ある大人」の象徴だった。

こうした変化を背景として10代の女の子たちは、〈少女〉としてより、むしろ〈若者〉として自己規定するようになっていく。この〈若者〉への同化は、60年代前半にはほぼ完了した。たとえば63年には、「母と娘で読む情操教育誌」として創刊された『週刊マーガレット』が「こんなフレンド・ボーイがさいこうよ！」という特集を組み、正面から初潮を扱う小説が初めて現れた（吉田とし『あした真奈は』）。戦前的な「少女小説」（母子もの）に代わる「ジュニア小説」（青春の過ち）の誕生である。女の子たちは自らを、男の子のパートナーたるべき「性的身体」として、意識し始めたのである。

皆川美恵子は、終戦直後の『ひまわり』と後続の『ジュニアそれいゆ』（1954）という中原淳一主宰の二つのファッション誌を比較して、次のように述べる。

一九五〇年代に華々しく出版された『ジュニアそれいゆ』においては、戦後、次第に富と繁栄を実現した中で成長してゆくティーンエイジャーに対象を合わせざるを得なくなっている。子どもでもない、おとなでもない。かといって淳一の想い描く少女でもなくなっている彼女たち…。…魅力の鍵を握るのは、文芸作品でも宝塚スターでもない。青春映画の人気スターたちである。…美少女だけでなく、美少年が共に登場し、カップルで仲良くポーズを作り写真におさまっているのが、『ひまわり』にない『ジュニアそれいゆ』の新しさであろう。

——皆川［1991：63-78］

こうして、戦前的な「性から隔離された身体」としての〈少女〉は、ついに消失するにいたった。それに伴って、「少女」という言葉自体も相対的に用いられなくなり、代わって（「男の子」に対応する）「女の子」という言葉が浮上してきた。60年代頃から「知識人」や「昭和」という言葉が次第に流通しなくなっていったというが（柄谷行人［1991］）、ほぼ同じ時期に同様のことが「少女」という言葉にも起こったということだ。こうした〈少女〉の消失と〈女の子〉の誕生とに伴い、彼女たちを受け手とする「少女文化」は、「若者文化」へと変質していったのである。

戦前からの少年・少女文化は、世間全体に流通するメインカルチャーに包摂され、それに対応する〈理想〉を提示するものであり、その創り手も大人に限られていた。だが「〈若者〉の誕生」以降、彼らを受け手とする大衆文化は、従来の〈大人〉と対立する新たな生き方——新たな友情・愛・性・幸福のあり方——を模索・提示する、固有の意味での「サブカルチャー」へと変貌する。サブカルチャー・メディアは、もはや「ありそうもない主人公」による「ありそうもない苦難とその克服」の〈代理体験〉ではなく、若い受け手が「これぞ、まさしく自分たちのことだ！」と思える、ありそうな〈関係性モデル〉を提示するようになる。

こうした変化は、基本的にアメリカのそれと並行していた。たとえば、戦前のハリウッド映画のスターは、〈理想〉的な美や、〈理想〉的な男らしさの体現だった。しかし、社会の中に〈若者〉が分出するにつれて、「我々の代表」という性格を持つスターが現れてくる。『エデンの東』(1955)や『理由なき反抗』(1956)のジェームズ・ディーンがその代表である。

60年代後半になると、〈若者〉たちは、単なる「暴走」「錯乱」といった否定性を越えて、「愛」と「平和」に代表されるポジティブな自己主張を行うようになる。すなわち「60年代的サブカルチャー」の誕生である。そこでは、

ドブネズミ色の背広を着た大人／ジーンズとTシャツの僕ら
演歌しか分からない大人／エイト・ビートにのれる僕ら
短髪の大人／長髪の僕ら

といった具合に、〈大人〉と〈若者〉の対立はきわめて具体的なコードに結実し——エレキや長髪の禁止は象徴的だった——、「〈若者〉としての〈我々〉」という世代的な連帯意識が、コード化されたシンボルの助けを借りて高揚するにいたる。

それと同時に、ジュニア小説で「青春の過ち」を描く石坂洋次郎や「団地のママ」(キャラメル・ママ!)に象徴される、**「理解ある大人」たちは、むしろ「敵」と見なされる**ようになっていく。これは、当時のサブカルチャーにおける「母殺し」や「自己否定」の主題とも、きわめて密接に関わっている。

〈女の子〉たちを受け手とする文化も、こうした「若者文化」の一部として、最初は「友情」を、少し後には「純愛」という異性との関係を、取り入れることになった。たとえば少女マンガでは、こうした変化は、月刊誌よりも対象年齢の高い貸本マンガに、いち早く現れた。すなわち60年代前半頃から、『青春』『ティーンエイジャー』『すばらしい十代』『学園』といったシリーズや、『15才は1度だけ』『17才の日記帳』『学園は花盛り』『学園の孤独』といった作品が発表され始めるのである。この傾向は『週刊マーガレット』『週刊少女フレンド』(ともに63年創刊)などの週刊誌によって、急速に浸透する。これらの雑誌で人気を得たのは、50年代のハリウッド恋愛映画を手本とする「ロマコメ」や、アメリカのハイスクール生の恋愛を描く「ラブコメ」であり、また西谷祥子の『レモンとサクランボ』(1966)に始まる日本の高校を舞台とした「学園もの」だった。こうして少女マンガの主流は「母もの」から「学園もの」へと決定的に転換し、70年代前半の『セブンティーン』にもなると高校生の性や妊娠が主題とされるにいたったのである。

こうした〈女の子〉の文化においては、〈少女〉の文化における「清く正しく美しく」という〈理想〉は見られない。それに代わって出現したのが、「かわいさ」への志向だった。たとえば、60年代の代表的な少女マンガ誌『週刊マーガレット』は、創刊の年に、想定する読者のイメージを、次のように表現している。

マーガレット　マーガレット　あなたはかわいいマーガレット少女　ちょっぴりセンチで
ほがらかで　みんなに好かれるステキな子

この頃には、付録への形容詞から「美しい」「少女」「叙情」などが次第に消え、代わって「かわいい」「おしゃれな」が目立つようになってくる。また、新たに大きな部分を占め始めたファッション記事における服に対する形容詞でも、「美しい」「清楚な」に代わって、「かわいい」がしばしば用いられるようになる。

ふろくにも「かわいい」という形容詞が登場。70年代につながるいちごモチーフや水森亜土風イラストにも注目（『マーガレット』昭和38年5月26日号・集英社）

60年代半ばの段階では、「かわいい」は、「みんなに好かれる」という戦後民主主義的な〈理想〉を――「物分かりのいい団地ママの娘はみんなに好かれる」といった都市核家族的なイメージを――縮約するものだった。それはママの視点だったと言っていい。ところが、〈若者〉たちの60年代サブカルチャーが高揚する60年代後半になると、「かわいさ」への志向は、一部の論者が言うような性からの隔離どころか、「大人

本村三四子の原作（69年）を翻案した岡崎友紀主演の「おくさまは18歳」（70〜71年）では、主人公の「かわいさ」が強調される。この頃は「幼な妻」、つまり「子どものままなのに性的身体」の持ち主を主人公にしたドラマが流行った。戦前的な「性から隔離された身体」としての〈少女〉はもう遠い。（『週刊マーガレット』1970年12月10日号・集英社）

（成熟）／子ども（未熟）」というメインカルチャーのコードを意識的に無化し、「子どものまま性的になること」を宣言する〈若者〉サブカルチャーのマニフェストとして利用されるにいたったのである。たとえば少女マンガの原作（1969）からTV化（70～71年）されてヒットした『おくさまは18歳』（本村三四子原作）で、自分が通っている高校の先生と密かに結婚している主人公は、軽率な振る舞いを夫に「だからおまえはまだ子どもだっていうんだよ」と怒られると、次のように応酬する。

ええどうせまだ子どもですよ／でも…そこがかわいくていいっていったじゃな～い？　ウフーン

明治末から昭和30年代までの〈少女〉は、苦難にめげず「清く正しく美しく」生きて、「お母様」とめぐり合うことを目指した。これに対して、60年代に浮上した〈若者〉としての〈女の子〉は、「愛こそはすべて（All You Need is Love）」と歌いつつ、「かわいい」恋人を経て「かわいい」奥さんになることを目指した。すなわち〈若者〉のサブカルチャーと共振するかたちで、〈女の子〉メディアの中に、性的な身体としての肯定的な自己意識と「かわいさ」への志向とが、密接に連関するものとして、まったく同時に出現したのである。

こうして、〈若者〉が、〈大人〉と対峙する固有のサブカルチャーを創出していくプロセスで、〈少女〉もそれにシンクロするかたちで、性的身体たる〈女の子〉へと変貌を遂げたのだった。

〈私〉らしさを求める「女の子」【1973年以降】

ところでこの〈若者〉という自己意識は常に、〈大人〉や体制との差異によってようやく意味を持つ〈我々〉意識だった。だから若者サブカルチャーの「先端」が、実存主義や初期マルクスの疎外論の助けを借りながら、「体制内化された自己を打破し、いかに本当の自己を確立するか」といった過剰に抽象的な問題と格闘せざるを得なかったのも、不思議ではなかった。そこでいう自己とは、〈我々〉すべてが目指すべき規範的形象としての自己であり、そうした観点から、互いに厳しい「自己批判」要求を突きつけ合ったのである。

この頃の若者サブカルチャーを見てみると、愛・性・友情・幸福などについてもやはり「本質」、つまり「共通のあるべき姿」を問題にしているのが分かる。たとえば、つげ義春などと並んで「60年代的サブカルチャー」を代表するマンガ家である永島慎二の『青春裁判』（1967）を見てみよう。主人公は、ある女の子との恋愛関係に関して、被告として法廷に立たされる。さまざまな人が彼と彼女の関係を証言する。最後に裁判官が「青春とはきびしく、そしてとういものなのだ」という言葉と共に、「青春や愛の裏切り者」として彼に有罪を宣告する。世代という法廷に身をさらしつつ苦闘していたこの時代の〈若者〉の姿を、象徴的に表現する作品だと言えよう。

さて、国家体制や家族などの外的な制約の否定を通じて、「〈我々〉の目指すべき自己」にいたろうとした「60年代的サブカルチャー」の思考は、団塊世代が主役を演じた大学紛争の挫折の後、急速に衰退することになった。この頃から、学生運動に破れた男女が、手作りの小物やインテリアを作ったり、小さな喫茶店を営んだり、焼き物を焼いたりし始める。国鉄（現・JR）の「ディスカバー・ジャパン」キャンペーン（70年）とも共振しつつ、自然や土着的なものの再発見の営みがなされる（アンノン族の嵯峨野の旅から、74年のペンション・ブームまで）。**これは「失われた自分探し」のゲームである限りにおいて、あるべき自己を探す「60年代的サブカルチャー」の惰性態だった**と言えよう。

こうした70年代前半の「失われた自分探し」は、「60年代的サブカルチャー」の流れをまだ色濃く残すものであったが、しかし同時に新たな方向性の萌芽でもあった。この新たな方向性とは、すべての〈若者〉にとってあるべき自己（若者らしさ）ではなく、「私だけが分かる〈私〉」（私らしさ）の問題化——いわば「らしさの個人化」である。大文字の「若者というもの」「自己というもの」「愛というもの」「幸福というもの」に代わり、小文字の「〈私〉らしい私」「〈私〉らしい愛」「〈私〉らしい幸せ」の追求が始まるのである。こうした小文字の〈私〉の探究は、70年代から現在まで続く、変わらぬ時代の基調となっている。

「〈若者〉としての自分」という自己意識に基づく文化形成が、男性にリードされたものだったのに対して、この「私だけが分かる〈私〉」を問題化し始めたのは、女性たちだった。少女マンガを変革した「24年組」の一人である大島弓子は、その先駆けだった。大島も、最初は『セブンティーン』に高校生の妊娠を扱った「学園もの」を描いたりしていたが、73年の『ミモザ館でつかまえて』あたりから「私だけが分かる〈私〉」を主題化し始めた。従来の「学園もの」では、登場人物は〈若者〉のいくつかの定型——元気な／おとなしい／ちょっといばりやの〈女の子〉（正義感の強い／ちょっとひねくれた〈男の子〉）——に過ぎず、最終的には皆が等しく〈若者〉らしい暖かな友情に包まれることができた。しかし『ミモザ館』の主人公の少年は、父に見捨てられ、その内面的な孤独を友達にも分かってもらえないで、最後は一人で死んでいく。大島はこれ以降、『バナナブレッドのプディング』や『アポストロフィS』に典型的に見られるように、**周囲の大人のみならず同世代にも馴染めない「私にしか分からない〈私〉」を描いていく**。こうした新鮮な作品群は、周囲からの疎外感に悩む一部の女の子たちに「これってあたし！」と熱狂的に受け入れられたのだった。

ほぼ同時期に、「私だけが分かる〈私〉」という主題を、より広汎に受け入れられるかたちで描いてブームを巻き起こしたのが、陸奥A子・田渕由美子・太刀掛秀子など、団塊世代よりも若い『りぼん』の作家たちを中心とした「乙女ちっく」と呼ばれるマンガだった。『少女コミック』の高橋亮子もそうした作品を描く作家の一人だったが、その代表作『つらいぜ！ボクちゃん』(1974) は、次のようなお話である。主人公望は、自分のことをボクと呼ぶ、ちょっと変わった

陸奥Ａ子『陸奥Ａ子の愛のメルヘンミニブック』（『りぼん』昭和50年４月号付録・集英社）
「乙女ちっく」少女を感激させたふろくの最大人気作。

少年ぽい女の子。彼女は、担任の先生への初恋や年下の少年との恋愛に悩みながら、ドサ廻りの役者になるという子どもの頃からの「ボクだけの夢」を叶えようと一生懸命——。そこではスターになるという「成功」ではなく、あくまで「〈私〉らしい私」になることが主題になっている。

大島弓子以降、「私だけが分かる〈私〉」を描くこうした少女マンガは、主人公を始めとする登場人物の内面の呟きをバックに埋め込む手法を、以前よりはるかに大規模に展開した。いわゆる「モノローグの発見」である（大塚［1989a：62］）。陸奥A子が描いて大好評だった付録「陸奥A子の愛のメルヘン・ミニブック」(1975)を見てみよう。ここでは、晴れた日曜日にスケッチブックを持ってバスで田舎にやって来た女の子の内心の呟きが、「イラストポエム」というかたちで描かれている。花畑に寝ころんだり、橋の上に座って川の流れを眺めたりしながら、女の子はこう考える。

友だちがみんな　すてきなりっぱな大人の人に　変わっていくのを見たりすると　ドキ…ッ

なんてなっちゃうけど……　わたしはわたしらしく　わたしのスピードで　変わっていきたいと思うんデス…　そしてわたし　憧れの24才になったとき　赤い口紅しなくても　…細いクツがはけなくても　そう片思いのまんまでも　ちゃんと『女の人』って言ってもらえるような　そんな人になれたらいいな…

「乙女ちっく」マンガでは、この「〈私〉らしい私」の肯定は、たいてい恋愛の成就を通じて獲得された。人より内気すぎたりドジだったりで、劣等感に悩んでいる〈私〉。でもその〈私〉を、男の子がまるごと好きになってくれることで、自分でも肯定できるようになる。たとえば最も典型的なストーリーは次のようなものだ。内気な少女が、ある男の子を好きになる。ところが彼女は、彼がずっと美しく大人っぽい女の子と仲良くしているのを偶然目撃する。彼女のほうが、ドジな私なんかよりずっと彼にふさわしい、もうダメ…。と思っていたら、彼が最後に「ありのままの君がずっと好きだった」と告白してくれて、メデタシメデタシ――。

こうしたきわめて身近で等身大のストーリーは、大島弓子の高踏的な〈私〉の探究よりも実際はるかに多くの女の子に、「これってあたし！」という共感を呼んだのだった。

吉田まゆみ『れもん白書』(77年)
(講談社コミックスミミ第2巻)
「ちょっぴりエッチ」が人気(作者談)。

「かわいいもの」と少女のコミュニケーション

〈少女〉の消滅と「かわいい」の消費

さて〈少女〉と「かわいいもの」の話に戻ろう。前述のように、本田和子の〈少女〉論を援用した大塚英志の「かわいいカルチャー」論は、①近代日本社会における〈少女〉という存在の連続性、②〈少女〉がいつも「かわいさ」を志向すること、③〈少女〉と消費的なものとの親和性、といった前提を置いた上で、70年代半ば以降の急速な消費社会化が「かわいいカルチャー」を拡大させたとするものだった。しかし既に明らかなように、この議論には次のような難点があった。

まず、議論の前提とされた〈少女〉という社会的存在は、実は60年代前半頃までに消失している。後で詳しく述べるが、70年代末の清里・湘南・渋谷などで恋愛やセックスを楽しむ吉田まゆみのマンガの主人公たちや、同じ頃に過激な少女雑誌『ギャルズライフ』を読んでフェラチオの仕方をお勉強していた中学生たちは――つまりはメディアに登場するキャラクターもその受け手も――、性から隔離された〈少女〉という像とはあまりにも隔絶している。本田和子が主に戦前の「少女文化」の分析から導き出した〈少女〉という概念を70年代以降に当てはめるのは、奔放な〈女の子〉を前にして眼が点になった中年オジサンの願望投射というに留まらず、神秘化を通じた「期待による抑圧」を導く危険さえあろう。

70年代半ばの「かわいいカルチャー」の上昇は、〈少女〉的な「ひらひら」「ヅカヅカ」への志向でなく、60年代後半の「性的なものの取り込み」と、70年代初期に問題化した「私だけが分かる〈私〉」という、二つの変数と関連していると考えなければならない。既に幾度か指摘しているように（宮台［1991c］、宮台・石原・大塚［1992b］）、**突然の「性の自由」を前にして、性的であろうとしながらも方法が分からずに困惑するアノミーの眼差しが、メディアの中に自分と似たような存在を見いだして「これってあたし！」という具合に支えを見いだすもの——それが「乙女ちっく」だったのだ。**そこでは、より上の世代では「大人（成熟）／子ども（未熟）」という〈大人〉のコードを無化する戦略だった「かわいい」や、敗北した「60年代的サブカルチャー」の残滓である「手作り的なもの」「古都への感傷旅行」「四畳半フォーク」といった意匠が、異なった文脈で読み替えられたのである。

ただし、70年代半ばの「かわいいカルチャー」が、その後の消費社会化を準備する機能を果たしたのは、まぎれもない事実である。だが、消費社会化が〈少女〉的なものを上昇させるといった短絡的な物言いは、精密な機能的メカニズムの分析に置き換えられなければならない。「乙女ちっく少女」の「私だけが分かる〈私〉」のナルチシズムが、その後の「〈私〉らしい私」の追求と結びついたモノの消費の出発点になったことは確かである。「乙女ちっく」が、先行世代の「あるべき自己の追求」の挫折としての「失われた自分探し」の意匠（手作り…）を無時間的に読み替えることで成立したことが典型だが、「〈私〉らしい私」は〈私〉を構成するツールとして実にさまざまなモノを利用しうる。結局、「〈私〉らしい私」の追求は、〈私〉を構成するためのツールとしてきわめて多様な消費社会的意匠を利用するようになったし、逆に「消費社会」は、もはや自明ではなくなった「モノの必要性」を肩代わりするような動機形成を行うために、「〈私〉らしい私」という観念を最大限に利用することになった。実際〈私〉の追求と「消費社会」化を結びつける論者は多い。上野千鶴子はこう述べる。

(70年代初頭創刊の『an・an』『ノンノ』など)芸能スキャンダルを放逐したファッション女性誌とは、モノによって自分を表現することにしか関心のなくなったミーイズム(私生活主義)の読者大衆を対象に、消費社会の幕あきを宣したのであった

――上野[1987:141]

モノの消費を媒介とする「〈私〉らしい私〉」の追求は、70年代後半から80年代を通じて、最も注目される社会現象の一つであった。その背景には、生産者主導型から消費者主導型へという経済構造の転換がある。70年代初頭のドルショックとオイルショック以降、企業は国内市場の開発に力を注ぎ始め、消費者のニーズに細かく対応していくことで、商品の質が飛躍的に向上し、そのバリエーションも爆発的に増大した。以前は浅草周辺の地場産業として細々となされていた雑貨業において、大資本を投下してファンシーグッズを大量生産し、急激な成長を遂げたサンリオを代表として、企業は人々の「〈私〉らしい私」の追求の流れを可能な限り商品化しようと試

みたのである。さらに80年代になると、DCブランドやカフェバーブームに見られるように、モノの消費を媒介として〈私〉を差異化する営みが、「高度消費社会」化と互いに組み込み合うかたちで爆発的に拡大した[1]。

ただし、**〈私〉らしさの追求と、モノの消費との間の**（まして「かわいいモノ」の消費との間の）**特権的結合を、必然的なものと考えてはいけない**。事実、「〈私〉らしい私」の追求は、70年代前半においては「一人旅」によってもなされたし、90年代に入ってからは、モノよりもむしろ職業・宗教・生涯学習・ボランティアを通じた「自己啓発」や「理由なき純愛」（宮台［1991c］）によってなされるようになってきている。むろんこれらも「ディスカバー・ジャパン」や「カルチャー・センター」のように直ちに消費化されたりもするが、「〈私〉らしい私」の追求手段として、モノの消費があくまでも数多い選択肢の中の一つに過ぎないことは、確認しておきたい。そうすれば、モノの消費が〈私〉の追求ツールとして何が選ばれるのか、そのバリエーションを左右する条件を――すなわち〈私〉を構成する〈関係性モデル〉の具体的内実を――議論することが可能になるからである。

「かわいい」のカテゴリー

それでは、この「私だけが分かる〈私〉」の問題化と「かわいさ」への志向が結びつくとすれば、それはいったいどんなふうにであろうか？　私たちは一方の〈私〉については論じてきたが、「かわいさ」の内実に関しては、そのルーツを語り、それを〈少女〉的なるものと同一視することを否定しただけで、まだ積極的に論じてはいない。そこで、「かわいさ」それ自体について考えてみることにしよう。

島村麻里は、「かわいさ＝ファンシー」とは次のような属性を持つものであると述べている（島村［1991：19-20］）。

(a)小さい・白い・丸い・柔いという四つの基本的属性のいずれかを有する。

(b)他の副次的属性——愛敬のある、西洋調（アーリー・アメリカン、カントリー、ヨーロッパ）の、ロマンチック、夢のような、ふわふわ、フリフリ・ひらひら、メルヘンタッチ、ノスタルジック——が加わるほど度合いが高まる。

しかし、こうした規定の仕方は、雑に過ぎるだろう。以上のような属性を含むものの中にも、**少なくとも**さらに次の三つの傾向を区別しなければならない。

① 人間工学的

「人にやさしい」ことを追求した結果としての丸さ・白さ・軽さ。このような、皮膚感覚にそったソフト化・ライト化と言うべき現象は、山崎正和［1977→1985］によれば、60年代から既に始まっているという（タバコ・ウィスキーや性文化などが「軽く」なったこと、暴力革命の否定など）。島村が指摘する家電製品や建築機械の変化などは、多くはこうした傾向の発展だと考えられる。こうした傾向は、日本以外でも見られた。

②　ロマンチック

これは、**自分や自分を取りまく周囲のすべてを「〜のような」という一定の主観的色彩によって統一的に彩る**（また彩りえないものを可能な限り捨象する）という意味での、「自分と〈世界〉のロマン化」だと考えることができよう。たとえば自分の周りの部屋・街並み・木々・小物などを、「アーリーアメリカンの生活のように」「アンのいるプリンスエドワード島みたいに」「ロンドンのように」あるいは「あなたとわたしの二人の愛に包まれた世界みたいな」ロマンチックなものとして見ること。そしてノイズは無視すること。

この「かわいさ」に含まれるのは、問題の70年代半ば頃という時期について見れば、アーリーアメリカン調の女の子キャラクターでブームになった学研の「ホリーホビー」シリーズや、第一次「赤毛のアン」ブームなどである。現在にまでいたるものとしては、サンリオのファンシーグッズの中の「オールド・ロマン系」や、ヨーロッパ調のキャンパス・教会での結婚式・白い出窓つきのいわゆる「ショートケーキハウス」などへの志向が含まれよう。

③　キュート

これは、ロマンチックのように自分と〈世界〉の全体を一定の主観的色彩に統一的に彩るのではなく、**個々のモノ・こと・人に関する、ある種の「子ども的」な属性——愛らしさ・無邪気さ・明るさ・活発さ・無垢・文脈からの自由など——を志向する**ものである。花やフルーツの模様・動物のキャラクターなどがここに含まれる。たとえば、60〜70年代前半に流行したサンリオの「いちごシリーズ」や水森亜土のイラスト、ミッキーマウスやスヌーピー、そして今や国際的キャラクターとなったサンリオのキティちゃん、最近では、けろっぴやたあ坊。またはリゾート地のおみやげなど。水商売関係の女の子が自分の車に大きなミッキーを積んでいたりする光景には昔からお目にかかるが、これが「アンのお部屋」的ロマンチック志向とは別種のものであることは、見やすいだろう。

これらの中で、70年代半ば以降の「かわいいカルチャー」の爆発に関わるのは、いうまでもなく、②の「ロマンチック」と、③の「キュート」である。

「キュート」は対人関係ツール

既に述べた所からも明らかなように、**70年代半ばの「乙女ちっく」に代表される「私だけが分かる〈私〉」の探究の始まりは、ロマンチックな「かわいさ」と強く結びついていた。**まる文字で綴ったイラストポエムや、ヨーロッパ調の街並みやキャンパスへの志向は、まさに「自分と〈世界〉のロマン化」そのものだった。さらに70年代後半に「二人の愛の世界」としての「ニューファミリー」をつくった女性たちの一部は、家庭にまでこのロマンチック志向を持ち込んだ。彼女たちは、純白のウェディングドレスを着て木立の中の教会で結婚式を挙げ、白い出窓のついたショートケーキハウスに住むことによって、家庭を、生活の苦労や世のしがらみの「臭い」を可能な限り捨象したロマンチックな「かわいい」小世界へと、作り上げようとしたのである。

このように、とりわけ70年代前半における「〈私〉らしさ」の探究は、確かにロマンチック志向と強く結合していた。だから「かわいいカルチャー」と言われるとき、このロマンチックな

「かわいさ」が想起されるのが常であるのは、理解できないことではない。だが、この結合を必然視するのは問題であろう。実際、**70年代後半になって浮上し、現在までのメイン・ストリームを構成する「かわいさ」は、ロマンチックではなく、キュートなのだ。**

たとえばまる文字は、それが一部で用いられ始めた70年代前半には、イラストポエムや日記に用いられるロマンチックなナルチシズム・ツールだったかもしれない。だがそれが「急速に一般化」（山根）した78年には、既にそれはキュートなコミュニケーション・ツールと化していた。

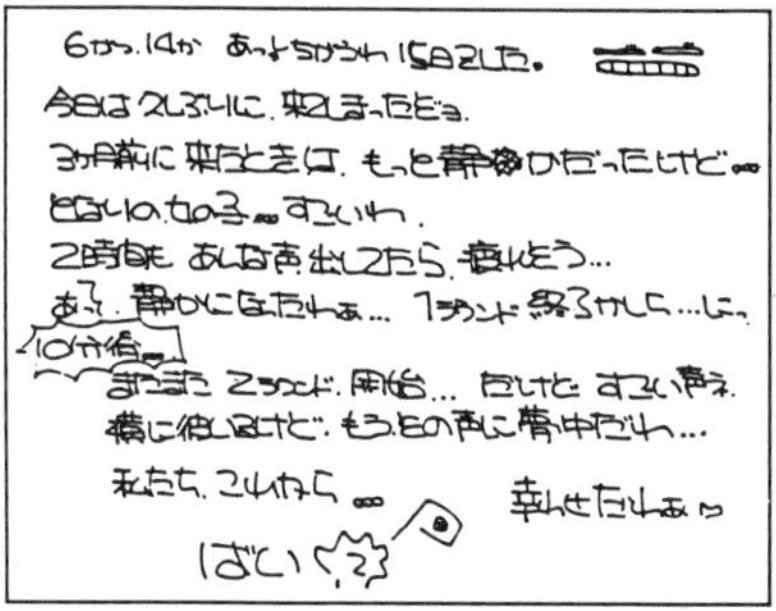

女の子の手紙や交換日記だけではなく、ラブホテルの落書き帳にまで進出した「はねる明るさ」は異様に見えた。（山根一眞『変体少女文字の研究』講談社より）

山根一眞『変体少女文字の研究』（1986）が、ラブホテルの落書き帳に書かれた奔放に浮遊する饒舌なコトバを見いだしたとき、変体少女文字は既に「はねる明るさ」をもった得体の知れない「コミュニケーションの処世術」（山根）に変貌していたのだ。

この77年頃には、『ポパイ』が「60年代的サブカルチャー」の残滓をひきずったカタログ誌からマニュアル雑誌へと変化し、サザンオールスターズが登場して湘南ブームが始まり、少女マンガも原宿や江ノ島などの「恋愛名所」を描き込むようになり、78年には『女学生の友』改め『ギャルズライフ』が創刊される。「性と舞台装置」を中心とした差異化と陳腐化の眼の眩むようなチェイスが——すなわち「新人類文化」が——始まったのである。こうした動きを「追認」した田中康夫の『なんとなく、クリスタル』(1981) は、「新人類的なもの」をマスコミの表舞台に浮上させる役割を果たした。

80年代的な「新人類文化」の中では既に、女性の「〈私〉らしさ」の内実は、多様なＤＣブランドの並立——文学少女風コムデ、ボディコンのジュンコシマダ、夢見る少女風のピンクハウス等——に象徴されるように、ロマンチックへの志向をはるかに越えて、拡散していた。確かにアンやローラや白い出窓の家や「オールド・ロマン系」のファンシーグッズに執着する女性たちは今でもいるが、それはもはや全体の中でのごく一部分に過ぎない。「〈私〉らしい私」の内実としてのロマンチックな「かわいさ」は、多くの選択肢の中の一つへと転落してしまった。むしろ主流は、多様に分化したキュートなものの氾濫だと言えるだろう。

ロマンチックな「かわいさ」が「自分と〈世界〉のロマン化」として自閉的・自足的なのに対して、キュートな「かわいさ」は、たとえ自分だけで楽しむことがあったとしても、最終的には友達や恋人と「見て見て、これかわいいでしょ」「うっそぉ、しぶ〜い」などと言い合えなければ、意味がない。「〈私〉だけの世界」という内向きの思い入ればかりを志向するロマンチックと違って、**キュートな「かわいさ」は、「これってあたしっぽい」といった自己意識においてのみでなく、外向きの奔放な、しかし軽くて傷つけ合うことのない対人関係の形成においてこそ、その力を発揮する**のである。

こうしたコミュニケーション・ツールとしてのキュートが、ロマンチックと入れ代わるかたちで70年代後半以降に浮上したのは、単なる偶然ではない。実はロマンチックが浮上したとき、もう既に直後のキュートが準備されていたのだといえよう。

70年代前半の「乙女ちっく」における「私だけが分かる〈私〉」が画期的だったのは、前代の「〈我々〉すべてが目指すべき自己」と決定的に異なって、〈我々〉としての共通性が——言い換えれば〈若者〉としての共通コードが——少しも当てにされていなかったことである。むしろ逆に、そうした共通コードから疎外されている可能性こそが照準されていたとさえ言えよう。すなわち「みんなはちゃんと恋愛できるのに、私だけダメ」といった「不確かさ」の意識こそが、「私にしか分からない〈私〉」のナルチシズムの中核を構成していたのである。

しかし既に述べたように、そのロマンチックなナルチシズムは、たとえばイラストポエムに典型的だったように、きわめて定型的なパターンを持っていたのだった。というよりも誰もが利用できる定型だったからこそ、「乙女ちっく」は大衆的な規模で受容されたと言えるだろう。ところが、ほどなく女の子たちは、この「かわいい」定型に依拠することが表現の自動筆記的な増殖をもたらすことに、気づいたのである。

表現の主体としての「内的確かさ」をどんなに欠いていても、かまわなかった。そもそも既に述べたような「不確かさ」の意識を拠り所とするナルチシズムとして始まった定型なのだから、それも当然のことだった。実際、定型的なまる文字を使った表現は、筆跡を均一化するだけでない。♡や☆や「やっほー」「ではでは」などを多用する不思議な浮遊感覚を伴った定型的な文体は、表現を匿名化することで、書かれたものから、書き手の「内的確かさ」を探り当てられる可能性を消し去り、コミュニケーションを「かわいい共同体」の自動化されたゲームに変化させるのである。

女の子たちは、「かわいいもの」が、主体なきコミュニケーションを可能にすることに気づいた。ここに、対人関係の形式的なコードとしての「キュート」が発見された。**女の子たちは、「60年代的サブカルチャー」の時代のような〈我々〉としての内容的な共通性の代わりに、コミュニケーションの形式的な同一性を当てにできるようになった。**かくして無内容であるがゆえに流通するようなキュートなコミュニケーションが、可能になったのである。ちょうどその時期が、既に紹介したような「新人類文化」の立ち上がりの時期（77年）と見事に符合することが、興味深い。

こうした、対人関係のコードとしてのキュートな「かわいさ」とは、ある意味で、「子ども的」な仲間感覚に近いとも言えよう[2]。すなわち、愛らしさ・無邪気さ・明るさ・元気さなどへの、誰もが文脈自由に抱く（はずの）共感に依拠して、いつまでも戯れ続けること。**各人によっていかようにも異なりうる「本当の〈私〉」を詮索するのをやめにして、「みんな同じ」であることを巧妙に先取りしてしまうコミュニケーション。それこそが、キュートな「かわいさ」の、対人関係ツールとしての本質的な機能なのである。**

対人関係ツールとして機能するキュート系の「かわいさ」は、女の子たち自らが作り出した変体少女文字に留まらず、モノの消費を通じて、80年代の高度消費社会のすみずみにまで浸透していくことになった。リニューアルされたラブホテル。名所と化した竹下通り。リゾート化されたスキー場…。そうした拡大のプロセスで、キュートなものは、女の子とつきあう男の子をも大規模に巻き込むようになっていった。「俺たち、かわいくて遊び心のあるものが好きなんだよね」「みんなで一緒に子どもみたいに楽しめるのがいいよね」などと仲良く話しながら、カップルで、サークルで、ペンションやスキー場に行くようになったのである。

キュートなものは、80年代に女性が職場に進出するに伴って、さらに拡大する傾向を見せるようになった。上司とOLの間のバレンタインデーやホワイトデーの贈答に。挨拶の品やパーティーの景品に。はたまたスヌーピーやパディントンのついた預金通帳にまで。こうして現在、キュートな「かわいさ」としてのファンシーが、いたるところに氾濫しているわけである。

しかしここが肝心なところだが、山根［1986］の危惧にもかかわらず、キュートな「かわいい」ものが、社会の対人関係のすべてを覆ってしまうようなことは、実際にはありえない。私たちの調査では、たとえば島村［1991］が言うようなキュートなファンシーグッズのやりとりは、小規模な会社のオフィスには確かに頻繁に見いだされるのに対して、大商社のオフィスなどにはほとんど見られないのである。

これは理解できないことではない。後者（伝統的大企業）の場合には、職務という公的な役割によって対人関係を処理していくことが比較的容易なのに対して、前者（新興中小企業）では職務と人格の分離が相対的に難しく、対人関係に問題を生じやすいからである。たとえば上司に叱られても、後者の場合には「山田部長は部長としてああ言うのだな」と割り切れるのに、前者だと「山田さんは私が嫌いなんだ」といった解釈が起こりがちだということである。

キュートな「かわいい」ものは、女性同士や男女同士が、公的な「役割の確かさ」に護られないまま〈私〉同士として出会ってしまうような場面で、あるいは「役割」として出会うのか、〈私〉として出会うのかが曖昧であるような場面で、あるいは対人関係をあえて私的なものとして擬制したいような場面で、しかし決して「本当の〈私〉」を探り合ったりすることがないように永久に回避しながらコミュニケーションを継続するための、きわめて有効な対人処理のツールとして、現在広範に一般化しているのである。

私的な場面で、しかし決して「本当の〈私〉」同士が出会わないような、それでいて持続的なコミュニケーションが可能にする、きわめて巧妙なデバイス。これこそが、「60年代的サブカルチャー」に由来する「かわいい」意匠の、さまざまな紆余曲折を経た進化的展開の、今日的な到達点であると言えるだろう。

ますます増殖する浮遊感覚

80年代日本の高度消費社会は確かに「差異化」の時代だったが、そうした時代が可能になったのも、差異化と陳腐化のめくるめくチェイスによる複雑性の増大にもかかわらずコミュニケーションを可能にする、こうした「差異を架け橋する」デバイスがあったからだ、と言うことができる。冒頭に言及した同時代の80年代的〈少女〉論は、単なる表面的な意匠だけにとらわれた、それ自身が意匠であるような遊びであり、「かわいいものの分析」から「かわいいものを媒介にしたコミュニケーションの分析」に歩みを進めることに、失敗していた。

90年代に入り、「差異化」の時代がもはや過去のことだったかのように扱われている。しかし見かけや意匠の移り変わりにもかかわらず、変わりえないものがある。華やかな差異化の競争が一段落ついたのだとしても、何もかもが清算されてしまったわけではない。そうした営みを目に見えない場所で支えていた、〈私〉の「内的確かさ」を置き去りにした浮遊するコミュニケーションは、退潮するどころかますます増殖を続けている。今こそ「かわいい」の到達点の意味を――それが「ツケ」なのか「成果」なのかを――改めて問い直すべき段階に来ているのではないか。

（1）「消費社会」ならびに「高度消費社会」という概念の詳細については、宮台［1990a］を参照せよ。

（2）「かわいさ」を「キュート」すなわち「子供っぽさ」という特徴において分析した既存研究として、Morreall［1991：39-47］あるいはGould［1980＝1986］を見よ。しかしいずれも、私たちのいう「ロマンチック」までは射程に収めていない。

Column

女の子コミュニケーションの今昔——密かな想いから社交技術へ

麗しの60年代——物語と現実の「落差」を埋めたもの

過ぎ去ったものは美しく見えるという。しかしそのことを差し引いても、あの繁栄と混乱の「60年代的サブカルチャー」の時代は、その後の時代におけるコミュニケーションの「困難さ」と比べてみるとき、本当に「よき時代」だったと言うほかない。

「みなさん　わたしたちは入学してきてからずっとおなじクラスの仲間としてすごしてきました」「そうなんだぼくたちは友だちなんだってことを　忘れてはいけないと思います」「峰くん　ぼくは信じるよ　きみはぼくたちの友情にこたえてくれる人だってことを」

——西谷祥子『レモンとサクランボ』(1966)

学園マンガというジャンルを開いた名作の中の、退学を迫られた男子生徒を弁護するクラスメートの台詞だが、まだ入学後2カ月も経たない時点という設定だ。知り合ってそれくらいにしかならない人間に対して、こうもハシレるとは……。〈若者〉の「共同性」がいかに希求され、信じられていたかを、まのあたりにするようだ。

　こうした「若者共同体」によって担われ、目指されたのが、輝かしい「非日常」としての〈愛〉だった。誰にでも好かれる理想的な女の子と男の子の、誰もが憧れる運命的な出会い、そして〈愛〉。その〈愛〉が、身分違いや大人の妨害などの「外的障害」や「誤解」によって妨げられるというのが、ロマコメやラブコメの物語だった。むろん女の子は「かわいい」。そしてその「かわいさ」は、「誰にも好まれる美しさ」を不可欠としていた。

　現実の女の子はもちろん、自分がそのように「かわいく」はないことに気づいていた。しかし物語と現実の「落差」は、今からは想像しにくいことだが、問題化してこない。落差は「変身」という素朴な観念によって、いとも簡単に埋め合わされるのだ。たとえば、やせっぽちの冴えない娘が、パリで修業してすばらしいレディになり、大金持ちの息子と結ばれる『麗しのサブリナ』を想起すればいい。オードリー映画のキーワードはまさにこの「変身」だが（高橋暎一『モード・イン・ハリウッド』フィルムアート社）、少女マンガに初めて恋愛を導入したロマコメがオードリー映画の翻案から始まったのは偶然ではない。

　かくして読み手の女の子たちは、自分たちと同様に最初は冴えないが、最後には「かわいく変身」する主人公に感情移入して、「私もいつか…」と夢を見た。もちろんそんな物語は、現実の恋愛コミュニケーションには何の役にも立たない「絵空事」に過ぎなかった。

見通し難さの増大と「かわいい」の内面化

「60年代的サブカルチャー」の失墜とともに、〈若者〉的なものに支えられたコミュニケーションの透明性は失われ、他人の「内面」が見通し難い領域として現れてくるようになる。この時期の大島弓子や「乙女ちっく」において、主人公の「内面」へのかつてない照射が行われ、それを描写する手法としての「モノローグ」が上昇してくるのは、そのことに対応している。

いったい　このだだっぴろいキャンパスの中の　数万人の人たちの中に／わたしという人間をわかってくれる人が何人いるのかしら／もしそれが10人いたとして　わたしはその中の何人の人と知り合うことができるのかしら?

——田渕由美子『フランス窓便り』(1976)

わたしは万人うけする人間をめざすつもりはないの／わたしのことをわかってくれる人なんて　この世に1人いればそれで十分よ

——田渕『ローズ・ラベンダー・ポプリ』(1977)

もはや「変身」などという素朴な仕掛けが通用する余地はない。そこで「かわいさ」は、外面的な属性との結びつきを放棄し、内面的なやさしさへと主観化していくことになる。

というのは、どんな女の子でも、周囲の人やモノに「やさしい想い」を注ぐことだけはできるから――。

赤毛のアン、ローラ、ピーターラビット、ケイト・グリーナウェイ…こうした「やさしい」人やモノだけに満たされた「ロマンチックな小世界」に憧れながら、女の子たちは周囲の現実をも「やさしさに包まれた」モノとして読み込み、そのやさしい想いを憧れの人が受け入れてくれることを夢見たのだ。

> 白いのれんのミルクホール…／わたしもはかまをはいて　髪には大きなリボンをつけて　当時の博士とミルクセーキをのんでみたかった…
>
> ――陸奥A子「ハッピーケーキの焼けるまに」(1975)

乙女ちっくのロマンは、確かに現実の片思いのための〈関係性モデル〉ではありえた。しかし、密かに校庭に植えたほうせんかに込めた「想い」を理解して「きっと咲くよ」と言ってくれるような男の子など、現実には存在しない。そのモデルも、現実の恋愛コミュニケーションにおいて役立つものではなかったのである。

密かな想いから、普遍的な社交技術へ

こうしたいささか自閉した「ロマンチックなかわいさ」は、手紙や日記の交換行為を通じて、ほどなく開放的な「キュートなかわいさ」へと「なだらかに」道を譲ることになる。その経緯を象徴するのが、本文で述べた「まる文字」（変体少女文字）の機能的変化だった。

最初その文字は、見通しがたくなった他者の内面から「〈私〉の世界を保護するための」自閉ツールだった。だがしばらく経つと、「内面を不問に付したままコミュニケーションするための」ツールへと変わっていく。まる文字によって「〝かわいい共同体〟のメンバーだ」というシグナルが送られると、お互いに平等な匿名メンバーとして「お約束の中で」振る舞えるようになることに、女の子たちが気づいたのである。

実際、70年代半ばを過ぎる頃、女の子たちはまる文字の習得を「社交」という観念で受けとめ始めていた。多くの女の子は「まる文字を書かない女の子は社交的ではないような気がして」意識的に字体を変えようとしていた（特に勉強のできる子ほど気にしていたともいう）。社交的でない女の子は生き残れない――その意味で「かわいい共同体」は女の子に半ば強制的に参加を促す「権力」を持ち始め、すべての女の子を巻きこんでいった。それに並行して「かわいい共同体」の質も、「思春期的な幻想性」から「子どもっぽい無害さ」へと――誰もが平等に参加できるものへと――敷居を下げていったのである。

〈私〉らしさを護りながらの臆病なコミュニケーション――密やかな交換日記――が、ほどなく〈私〉の独自性を抹消した、奔放で浮遊したコミュニケーション――ラブホテル落書き帳！――へと変化した背景には、こうした事情があった。

かくして、「差異化の時代」の70年代後半に入り、〈私〉らしさを構成する〈関係性モデル〉の多様な分化が進行するにつれて——それによって女の子が「恋愛達人」になるにつれて——差異を極限まで抹消する社交ツールである「キュートなかわいさ」もまた、急速に一般化することになった。「キュート」に変化した「かわいい」は、差異化の時代に、差異の橋渡しの機能を果たしたのである。

第2章　音楽コミュニケーションの現在

1 「コード進化」分析篇

ロック、歌謡曲、ポップス、ニューミュージック、アイドル、カラオケ、バンドｅｔｃ……

多様化し、細分化した様相を深める音楽シーン。

いまや他人がどんな音楽を聴き、音楽に何を求めているのかさっぱり分からなくなった。

若者たちはどのようなコミュニケーションを求めて音楽を聴くのか。

まずロカビリー、グループサウンズから、ジャパニーズ・ロックまで、日本の若者たちが作ってきた大衆音楽の歴史をたどり、なぜこれほどまで音楽状況が混沌としてしまったのか謎の核心に迫ってみよう。

「音楽の現在」をめぐる不思議

若者は音楽に何を求めているか

深夜のビデオ屋で、染めた髪の毛をニワトリのトサカのように立てたバイト少年を見かけることがある。勤め帰りの中央線で、水道橋の駅から乗ってくる女の子たちの穴のあいたジーンズや原色のミニスカートにびっくりすることもある。彼らはライブハウスでロックしている少年たちであり、東京ドームでコンサートを楽しんできた少女たちだ。

だが彼らは、かつての60年代のような、学校やPTAによるエレキやコンサートの禁を破った「反抗する若者」というわけではない。見かけこそかつての「長髪とジーパン」よりも得体が知れない。でも話してみれば意外に礼儀正しく「おとなしい」子どもたちなのに気づく。外見の「過激」と内面の「内気」があっけらかんと共存していることの不思議。

「若者の音楽」には、少し考えただけでも不思議なことがたくさんある。たとえば「若者の音楽」などに興味がない人でも、ユーミンの名前くらいは嫌でも耳にせざるを得ないし、彼女の最新のCDが数カ月で何百万枚売れただの、曲作りにマーケティング的技法を取り入れているだの、最近は落ち目だのといった話題は、どこかで聞いて知っているはずだ。若い男のコンサートに女の子が群がるのはロカビリーの昔から当たり前だが、中年に差しかかった女性ミュージシャンを20歳代のOLが信奉する風景は、ちょっと不思議だ。

また、少し前（90年前後）になるが、演歌をハウス風にアレンジした金沢明子のアルバムが出たり、河内音頭がワールドミュージックというふれこみでウケたことがある。若者はロックが好きなはずだったではないか。そういえば、カラオケも昔は「オジサン」のレクリエーションだったのに、最近ではかつてのテレクラや同伴喫茶やビデオ屋までが、カラオケボックスに改装して、若者たちで賑わっている。ファッションホテルには、例外なくレーザーディスクカラオケが置いてあって、高校生のカップルなんかがエッチした後で盛り上がるらしい。

こうした疑問を単に世代差のせいだ、と言って済ますわけにはいかない。なぜなら、彼らには世代的な自己意識など、もはや存在しないからである。同世代の若者でも、「どうしてこうなのか」「どうしてこのようになったのか」と問われて満足に答えられはしない。第一、彼らみんなが同じように音楽に接しているわけではないし、特に最近では、音楽に限らず、みな「自分の周辺」以外のことについてはよく分からないのだ——。

また、音楽の知識の欠落が疑問を生むのだということもできない。私たちは同世代の中でもよく音楽に接するほうだが、それでも現在の音楽のあり方に不思議さを感じることがある。たとえば、88年夏、在日米国人ミュージシャンのジョン・ゾーンが『東京ラジカルミステリーナイト／歌謡曲だよ日本』（FM東京）で紹介した「歌謡曲」のラインナップの「でたらめさ」は、見ものだった。昭和ポップス歌謡（笠置シヅ子、ジュディ・オング、大信田礼子、山本リンダ）、太田裕美以来のアニメ声ボーカルの系譜（飯島真理、松永夏代子、渡辺美奈代）、大阪中心のハードコア・シーン（ボアダムズ、SOB、ルインズ）、アンダーグラウンド的GSの系譜（ジャックス、ゴールデンカップス、モップス、少年ナイフ）などなど。私たちは、まったくでたらめの順序で流されるこれらの曲のゴツゴツとしたぶつかり合いに眩暈を感じながらも、ある種の快感を禁じえなかった。

今やこうした、過去と現在、メインカルチャーとサブカルチャーの区別を無視した引用は、少しも不自然でないどころか、一般的でさえある。しかし自分たちの音楽体験を遡ってみるに、少なくとも70年代末まではこうした「出鱈目」は絶対に不可能だった。こうした聴き方の変化は、どのようにして可能になったのだろう。

もちろん、いわゆる音楽批評を越えた「音楽の社会学的分析」が、今までなかったわけではない。中でも最も重要なものの一つである見田宗介の『近代日本の心情の歴史』(1967)は、60年代までの流行歌を「日本人」の「心情の鏡」であるとして、その心情の類型と変遷を明らかにしようとしていた。だが彼の分析が終わったまさにその頃から、音楽とその聴かれ方は急速に分化し、こうした「日本人の…」といった枠組みで問題を立てること自体がどうにも的外れに感じられるようになってしまったのである。

途方もなく複雑に分化しながら、にもかかわらず、すべてが並列的であるようなメディア状況。さらには「隣は何を聴く人ぞ」といった拡散したコミュニケーション状況。これが何も音楽に限ったことではないことは、誰にでも分かる。こうした状況を前にして、先に挙げたような疑問がマニアックな「好きなもの分析」によって答えられることがありえないのは当然だが、しかしまた、不透明化した世界を疑似的に代替するポストモダン神話や、感受性進化論のような過剰に短絡された一般図式によって解かれることも、やはりありえない(序章)。

ちょうど前章で扱った「かわいいコミュニケーション」が、「〈少女〉という近代普遍的な存在」ではなく、「コミュニケーション・システムの歴史的・進化的な展開」に関係づけられたのと同じように、**音楽に関わる先のような疑問もやはり、コミュニケーション・システムの進化に関する歴史的な問題設定の中で解かれるしかない**ものである。別の言い方をすれば、「かわいいもの」の分析と同様、音楽をめぐるコミュニケーションの分析は、それを越えたコミュニケーション・システムの現在的状況の意味を、一般的に理解するためにこそ役立つのだと言える。が、しかしそうした分析を行うには、十分に鍛え上げられたシステム理論的な分析用具が必要である。

どんな音楽が聴かれているのか？

はじめに、最近の若者がどんな音楽をどのくらい聴いているのかを、把握しよう。90年7月に私たちが実施した多目的調査では、株式会社リクルートの協力を得て、関東7都県・関西6府県に在学する大学4年生全員の名簿をもとに1万人を無作為抽出。郵送法で1538人（データクリーニング後）の回答を得たが、この調査には音楽に関わる質問が多数含まれていたので、参考になる。まず音楽の聴取時間（「ながら聴取」を含め、自分で積極的にFMやCDをかけている時間）を尋ねてみた結果が、図1である。概略的に言えば、2人に1人は1時間以上、4人に1人は2時間以上、1日に音楽を聴いていることになる。

次に、音楽を18のジャンルに分けて一番好きなものを挙げてもらった結果を上位から累積97％まで表示したものが、図2である。回答は一部のジャンルに集中しており、上位4ジャンル（ニューミュージック・ロック・ポップス・歌謡曲）だけで75・9％に達する。ニューミュージックと歌謡曲に含まれるのはもちろん日本の音楽だけだが、実はロックとポップスについても、好きなミュージシャンを具体的に尋ねてみると、日本人アーティストに回答が集中している。結局4人に3人以上が、ニューミュージック・ロック・ポップス・歌謡曲の4ジャンルのどれかに属する「邦楽」を聴いている勘定になるのだ。

ハウスやユーロビートなどのダンスミュージックが全盛だったこの時期（90年）でも――それらはポストモダン的な地殻変動だと論じられもしたが――市場規模としてはこんなものなのだと

図1　音楽の聴取時間(数字は%)

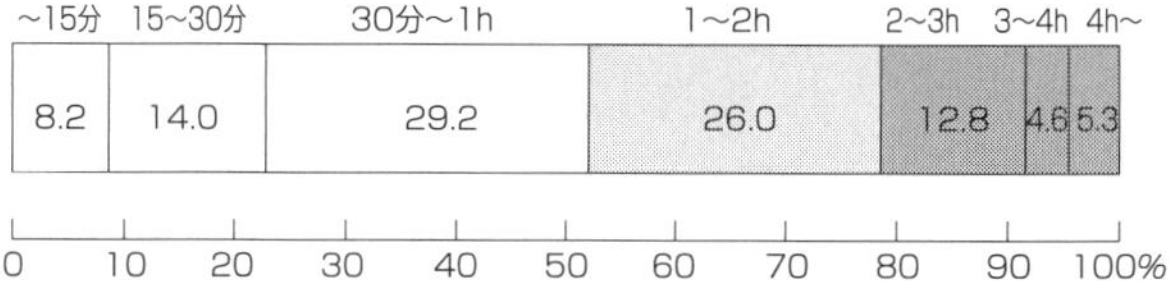

図2　好きな音楽ジャンル(数字は%)

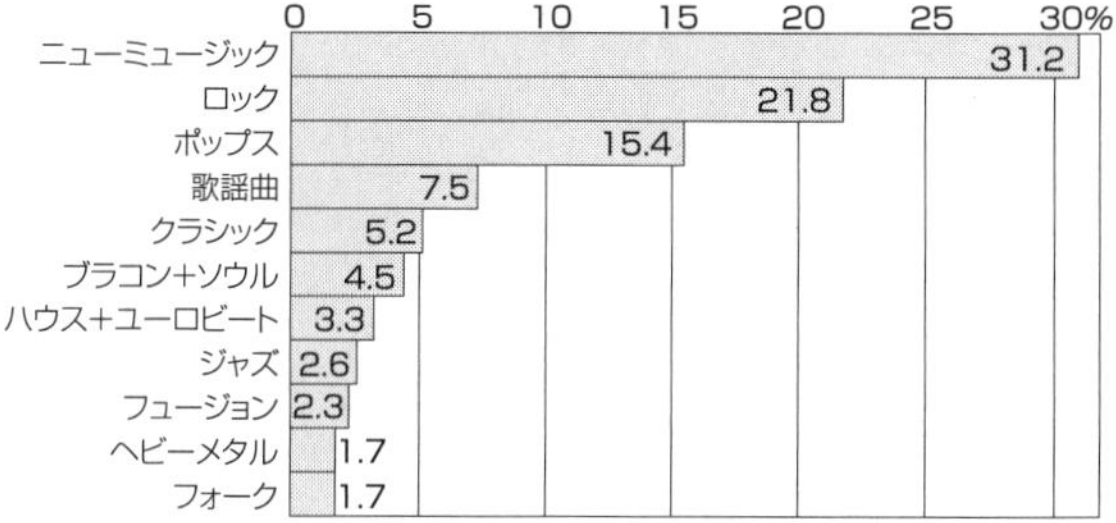

いう事情は、調べるまでもなく業界関係者ならばよく知っている。もちろん「好きなもの分析」に前のめりになってプロパガンダとして機能する「煽りのコトバ」を語る人々がいるのは、悪いことではない。だが統計的なデータはしばしば別のリアリティの可能性を私たちに開示してくれる。

ところで、ニューミュージック・ロック・ポップス・歌謡曲の4ジャンルのどれかを一番好きなジャンルとして挙げる人が7割を超えると述べたが、さて、これらのジャンルはそもそも何を意味しているのだろうか？　たとえば、ニューミュージックを聴くこととロックを聴くこととの間には、どんな意味の違いがあるのか？　ロックではなくポップスを好むということは、何を好んでいることになるのか？

このような誰もが感じうる疑問にまともに答えようとする試みが従来存在しなかったのは、実に不思議なことだ。多様性を単なる自由や錯乱と読み違える愚が未だに横行するが、そうした轍を踏まないためにも、これらのジャンルが今日持っている意味を、ジャンルの歴史的な進化プロセスをたどることで、まず明らかにしてみる必要がある。

〈私たち〉の音楽：1950〜60年代

GSの時代

【分かってあげられるのは〈私たち〉だけ】

ニューミュージック・ロック・ポップスといったジャンルは、今日でこそ歌謡曲とは区別されている。だが以前はそうではなかった。歌謡曲というコトバはもともと、レコード会社や放送局がヒット目的で作り出した商品一般という意味だった。こうしたいわば「広義の歌謡曲」から、ニューミュージック・ロック・ポップスといったジャンルが、歴史的に分出してくることになる。この分出の、初期の決定的なきっかけは、67年から69年にかけてのグループサウンズブーム（GSブーム）に見いだされる。

第1章第2節「かわいいコミュニケーション」分析篇で、〈大人〉とは異なる固有の性的身体として〈若者〉が発見されたのが1955年頃だったことを述べたが、その音楽における対応物が、プレスリーブームを出発点とするロカビリーの熱狂だった。だが初期の「暴走する若者」といったイメージが、60年頃には「物分かりのいい大人」によって「青春の過ち」といった無害な観念によって馴致されてしまった（第1章第2節参照）のと並行するかたちで、弘田三枝子、坂本九などに代表される比較的温和なポップス歌謡へと吸収されていくことになるのである。

これに対し、65年のエレキブームは「エレキが分かる若者／分からない大人」といった「〈若者〉／〈大人〉」の差異化のコードを再び、しかもより先鋭なかたちで一般化させた。従って、こうした差異化のコードを一般化させたエレキブーム（またはそれに先立つロカビリー）を、先に述べたジャンルの分出の歴史的始点であると考える向きもありうる。

しかし、後のGSブームと比べると、この時期にはまだ、ミュージシャンと聴き手の間で感受性や体験の〈相互浸透〉（後述）が、成立していない。たとえばエレキブームを見ると、ベンチャーズやアストロノウツへの「共感」や「感情移入」は少しも問題になっていなかった。「空飛ぶ円盤が降りてきたかのような」（馬渕［1989：146］）未知の音が出る楽器の新奇さが、〈若者〉のカッコよさとしてシンボル化されていただけであって、「若い男がエレキを弾けば、若い女がシビレるぜ」という類の、短絡された恋愛的なコミュニケーションのツールとして機能するのが、せいぜいだったのだ。

ところが、GSは明らかに違っていた。GSへの熱狂も確かに「〈若者〉／〈大人〉」というコードを下敷きにしていたが、そこに新たに〈相互浸透〉が加わったのだ。**「あの人たちを分かってあげられるのは〈私たち〉だけなの」。演奏するのも聴くのも若者だったが、両者の間に、聴き手が演奏者と〈相互浸透〉するという非対称的なコミュニケーション形式が成立したのである。**[1]

この背景には、若者内部でも一、二歳年齢が違うと、享受される音楽が異なってしまうという事情があった。たとえば吉田まゆみが当時を回想して描いたマンガに、こういうシーンが出てくる。タイガースに熱狂する中学生の妹に、高校生の姉が「あんなのモンキーズの真似じゃない」とクサすと、浪人生の兄が「モンキーズはビートルズの真似だよ」という具合にさらに梯子を外す（『銀河のロマンス』（1982））。これにさらに〈大人〉も加えた、周囲からの頭ごなしの序列化や評価が、「それでもGSが好きな〈私たち〉」といった自己把握を育て上げ、非対称的な自己投射のための前提条件を準備したのである。

とりわけ68年創刊の『セブンティーン』——現在のそれとは違って72年以前は「GS専門誌」の観があった——は、少女たちに〈相互浸透〉のコードを流通させるのに役立った。たとえば、当時「ハプニング」と呼ばれたイベントの一環として持たれたタイガースと知識人の討論に際しては、「私たちがタイガースを守る」という少女たちの投書が殺到している。結局「NHKに出られず」「少し年上の兄や姉にも理解してもらえなかった」ことが、GSの聴き手に独特の享受の仕方をもたらしたのだと言えよう。

これはもちろん、音楽やその送り手の性質というよりも、聴き手の側のコミュニケーションの文脈によって、条件づけられたものである。「あの人たちは〈私たち〉しか分かってあげられない。でもその〈私たち〉は〈大人〉や〈周囲〉から分かってもらえない」。聴き手の少女たちは、自分の置かれ方を彼らの置かれ方に投射することで自分を鼓舞していたのである。

この聴き手の自己投射は、GSのパフォーマンスを、ミュージシャンの「自己表現」として受け取らせることになった。GSは「自己表現」を行っていた——こう言うと変な感じがするだろう。実際たとえばＧＳに多くの歌詞を提供した橋本淳が描いていたのは、絵葉書のようなヨーロッパ情緒であり、今の目にはとてもリアルな自己表現とは見えない。だが、聴き手が勝手に想定している共同性に目を転じてみれば、〈私たち〉と同じ境遇にいる彼らが、〈私たち〉に代わって自らを表現していることになる。ここには、**聴き手の自己投射こそが送り手の自己表現を可能にするというシステム理論的な一般的メカニズム**の典型例が見いだせるのである。

チョコレートの包装紙を送るともらえたタイガースのソノシート（68年）。５人のメンバーそれぞれのファンへの語りかけがとってもキュート。

> わあ、かわいいお部屋だねえ。ここに座っていい？…あれ、キミも詩が好きなの？ 詩集があるね。ボクも詩が好きなんだ。…前はね、高村光太郎なんかたくさん暗唱できたんだ。キミはだれの詩が好き？
>
> ——明治チョコレートのノベルティー・ソノシート「あなたにささやくジュリー」（1968）

〈私たち〉だけが分かってあげられる等身大のジュリーに、自分の部屋で呼びかけられる少女の体験には、〈私たち〉から〈私〉への変化の、すなわち73年以降に顕著になる〈関係性モデル〉の主語の個別化の——「あの人だけが分かってくれる〈私〉」の出現の——嚆矢さえもが見いだせるが、この点については後で触れることにしよう。

リースマンは『孤独な群衆』(1951)で、ティーンエイジャーは流行歌を聴く際、「私はダイナ・ショアーが好き。だって彼女は誠実なんですもの」「フランク・シナトラが誠実だっていうことは、聴いただけでわかるよ」といったように、[誠実な/誠実でない]というコードを用いることに注目している。彼によれば「誠実さ」の本質は、演技者が聴き手の感情に自らを委ねているように――まるで自分に向かって歌っているように――見えることである。彼はこれを、聴き手の判断基準が、演技者の熟練と結びついた「美的価値」から「パーソナリティー」に移ったことに、結びつけている(Riesman [1950＝1964：179])。

「君だけに」と指さしをするジュリー。マイクで囁いて失神するオックスの赤松愛。胸を平手で押さえてこちらを見つめるショーケン――。この「聴き手への委ね」は、最近のロックにも継承されているステレオタイプである。X(エックス)のYOSHIKIがドラムを叩いたあと失神してしまうのは有名だ。しかしこの「聴き手への委ね」、すなわち抽象的に言えば「聴き手の自己意識に相関的な享受」のあり方は、日本では、70年代に入って登場したニューミュージックにおいて決定的に変化する。ここにおいて、ロック的なもの/ニューミュージック的なものの分化が生じ、結局後者だけがしばらくのあいだ上昇することになった。そして、この変化の軌跡を表すものがフォークの歴史だったのである。その経緯をたどってみよう。

カレッジからアングラへ
【若者内部の「もう一つの対立」】

60年代後半というと、〈若者〉と〈大人〉の対立に代表されるような、年齢に基づく文化的差異が注目されがちだ。しかし忘れてはならないのは、この時代の「社会階層」による差異である。音楽について言えば、同じ学生でも、大学生はカレッジフォークにシンパサイズするが、勤労学生や高卒の勤労女性（BG）はGSのほうが好き、といった対立が存在した。たとえば、都市部の大学生をターゲットにしていたアイビー雑誌の草分け『メンズクラブ』は、65年から68年にかけてのエレキブームをほとんど無視しきり、代わりにアメリカのニューポート・フォーク・フェスティバルや、モラル・リアーマメント運動（道徳再武装運動）に共鳴した日本のカレッジフォーク・イベントを、詳細にフォローしていたのである。

うたごえ運動（40年代〜）が日本左翼の文化運動であったのに対して、60年代中期のモラル・リアーマメント（MRA）は、世界各国に広がった「反共活動家の養成機関」のイベントだとの説がある（古茂田・島田・矢沢・横沢『日本流行歌史』）。日本MRAの看板だったモダン・フォーク・カルテットからはマイク真木がソロデビューし、フォーク歌謡曲「バラが咲いた」（66年）をヒットさせた。この第一次フォークブームだけでなく、後の関西アングラフォークも『メンズクラブ』がらみなのは（本文参照）興味深い。写真はモラル・リアーマメント主催のコンサート。

代表的なメディアが『メンズクラブ』だったことに象徴されるように、**初期のカレッジフォークは「都会的／田舎的」という一般化されたコードに寄生していた。**たとえばPPM（ピーター・ポール・アンド・マリー）がフォークファンに人気が高かった秘密は「ハーモニーのつけ方が洗練されていて都会的だった」

（鈴木慶一［1989：80］）からだった。この頃アメリカのフォークを英語で完全にコピーするのがベストとされたことからも分かるように、［都会的／田舎的］という差異は［アメリカ的／日本的］という差異と重ね焼きにされていた。当時のアメリカのフォークソングは、アメリカの都市への憧れをかき立てる点で、アメリカ製ＴＶドラマと同じ機能を果たしていたのである。

ところが、歌謡曲「バラが咲いた」のヒットに見られるように、フォークが学生の手を離れた商品として流通し始めると、フォークと「都会性」との結びつきが急速に薄れていく。象徴的なのがザ・フォーク・クルセダーズの帰趨である。『メンズクラブ』の読者が同誌にメンバー募集をして作った（！）ザ・フォーク・クルセダーズは、自主制作の「帰ってきたヨッパライ」をきわめて偶発的にヒットさせたあと、自分たちを汚した歌謡曲への反発から「都会性」という属性を脱ぎ去り、アンダーグラウンドを売り物にするにいたった。**これ以降、フォークは［反商業主義（＝フォーク）／商業主義（＝歌謡曲）］というコードを手にするようになる。**

こうしたいわゆるアングラフォークは、当時勃興期にあった深夜放送メディアと深く結びついていた。たとえば69年の大阪では、アングラフォークの自主制作会社ＵＲＣが、自社のスポンサー番組で、高石友也、岡林信康、加川良らのディスクジョッキーをオンエアしていた。また東京では70年に、元ザ・フォーク・クルセダーズの北山修が、ＴＢＳの「パック・イン・ミュージック」のパーソナリティを担当し始める。番組で流されるフォークはむしろ付け足しで、聴取者の投稿をもとにした恋愛や受験の悩み相談が、深夜帯という相対的に自由なシチュエーションの中で、「パーソナルな雰囲気で」なされていたことのほうが、はるかに重要である。

ここでのコミュニケーションは、一言で言えば「この人だけが〈私たち〉を分かってくれる」というものだった。すなわちGSの時代の〈相互浸透〉の形式（この人たちは〈私たち〉だけが分かってあげられる）とは、非対称性の向きが逆転していたのである。実はこの逆転には、「60年代的サブカルチャー」（第1章参照）が70年代的なものへと変質・解消を遂げざるを得なかった条件が、暗示されている。

鍵になるのは、こうした深夜放送が受け入れられるようになった背景である。そこには、「行動前提の非自明化」とでもいうべき問題が見いだされる。［〈若者〉／〈大人〉］や［都会的／田舎的］といったコードは、疎外論的な図式に基づいて制度的障害——大人の壁や田舎の壁——を乗り越えるに際して、確かに自らを鼓舞するものとして役立った。だが、その先がなかったのである。「GS的なもの」は、障害こそが愛や行動を奮い立たせる幸福な時代を象徴していた(2)。だが「60年代的サブカルチャー」の成果として制度的障害の敷居がいったん下がり始めると、行動の積極的な指針が欠けていることが問題になり始めたのだ。

不安におびえる〈私たち〉は、誰かに確かに分かってもらうことで、初めて確かな存在になれる——ここにこそ「GS的なもの」から「深夜放送的なもの」への転換の秘密がある。そしてもちろんこれは、73年の「乙女ちっく」登場の布石でもあった（第1章ならびに序章）。こうしてアングラフォークは、「あの人だけが〈私たち〉を分かってくれる」という逆向きの〈相互浸透〉形式に結びつくようになる。その結果、アングラフォークは、受験生、勤労学生、社会人などといった大学生以外の階層へも聴き手を広げ、さらに次の時代を準備するにいたるのである。

〈私〉の音楽とそれへの反発：1970年代

ニューミュージックの誕生【あの人だけが分かる〈私〉】

「60年代的サブカルチャー」の敗北は、いたるところに波紋を広げることになった。とりわけ72年の「連合赤軍リンチ大量殺人」をエポックとして、敵を想定することで〈我々〉〈私たち〉の結束を固めて自らを鼓舞する作法は恥ずかしいものと感じられ始め、いわゆる「シラケの時代」が始まる。それと並行するかのように、70年代の前半を通じて、音楽コミュニケーションにおける「あの人だけが分かってくれる〈私たち〉」の主語の複数性は、〈私〉の単数性へと分解していくことになる。これはどのようなプロセスをたどったのか。

70年代に入ってもしばらくの間、フォークのコードは［反商業主義／商業主義］であり続けた。だがここにいくつかの環境変化が生じた。まずアメリカでは、カウンターカルチャーの敗北と結びついた「都会的なもの」への幻滅と並行するかたちで、フォークが「都会性」から「田舎発見」の音楽に変質し、ジェームズ・テイラーやキャロル・キングに代表される「シンガーソングライター」のブームが生じる。日本でも、70年に創刊されたファッション誌『ａｎ・ａｎ』が「カントリーブーム」や「手作りブーム」を牽引し、ポスト万博の新幹線利用客の掘り起こしを狙った国鉄の「ディスカバー・ジャパン」キャンペーンへとつながっていく。

こうした内外の動きと共振するかたちで、フォークの［反商業主義／商業主義］のコードは［手作り（＝フォーク）／非手作り（＝歌謡曲）］というコードに変異する。この新しいコードは、

72年の吉田拓郎のヒットによって定着するが、これ以降、「手作り」のフォークが「商業的」に売られたのである。しかしこれは当然「自作自演」の氾濫を招き、「失恋」「あの頃」「ひとり旅」「裸電球の四畳半」といった意匠も、単なる定型に堕してしまった。

かくして73年、四畳半フォークの蹴落としという差異を持ち込む。という身振りを伴って登場した荒井由実が、「良い自作自演／悪い自作自演」後述するはっぴいえんど周辺の「ポップス人脈」のアシストを受けた彼女の作品は、実際アレンジの完成度が圧倒的で、「良い自作自演」の見本として絶賛されることになった。しかし彼女は、音の「おしゃれさ」によって「ギター一本あれば」的不遜さに対する差異化を行っただけではなかった。

小さい頃は神様がいて　不思議に夢をかなえてくれた　やさしい気持ちで目覚めた朝は　大人になっても奇跡は起こるよ　カーテンを開いて静かな木漏れ日の　やさしさに包まれたなら　きっと目に映るすべてのことは　メッセージ

——荒井由実「やさしさに包まれたなら」(1974)

彼女の歌詞は、すべての女の子にとっての「これってあたし！」にほかならなかった。ちょうど「陸奥A子の愛のメルヘン・ミニブック」がそうだったように——。彼女は、四畳半フォークの定型的意匠の中で完全に忘れられていた〈私〉を、救い出した。いわば「あの人だけが分かってくれる〈私たち〉」に埋没していた〈私〉を、浮上させたのである。年長の若者たちの〈私たち〉の同一性を担保していた「60年代的サブカルチャー」の記憶が、より年下の層では意味を持たなかったがゆえに――そしてそうした女の子を対象としたがゆえに――荒井由実の作品は「この人だけに分かってもらえる〈私〉」という〈相互浸透〉の形式を、みごとに析出させることになった(3)。

私たちは、この荒井由実の登場をもって「ニューミュージックの誕生」と見なす。ニューミュージックの誕生は、今述べたように、フォークの時代とは異なる新しい音楽のコミュニケーション・コードの登場を画することになった(4)。

ところが、荒井由実の設定した新たな差異――［良い自作自演／悪い自作自演］――は、明らかに彼女の才能に、そして彼女が利用可能だった稀有なポップス人脈に、依存していた。実際、彼女の作品の質は他の追随を許さず、「良い自作自演」ができるミュージシャンは荒井由実一人に限定されてしまう結果になった。そのため、皮肉にも、［良い自作自演／悪い自作自演］という差異は継承されずに磨滅することになり、再び［自作自演／非自作自演］という旧時代のコードへの縮退ないし再短絡化が、見られたのである。

結局は、「自作自演性」と結びついた「あの人だけに分かってもらえる〈私〉」という〈相互浸透〉のコードだけが残存することになった。これが70年代後半の、猫も杓子も「自作自演」のいわゆる「ニューミュージック・ブーム」である。この〈相互浸透〉コードの残存ゆえに、これらの作品は辛うじてニューミュージックと呼ばれたということである。実際、彼ら作り手は、かつてのフォークと同じように、深夜放送を媒介にして「〈私〉を分かってくれるあの人」としての位置を保つことを心がけたのである。

シンガーソングライター・ブームっていうのがあって、それ以前は歌う人、曲をつくる人、詞を書く人が別々にいるのが普通で、それぞれがその技術を尽くして作品ができていたでしょ。…他人に託すことのできない、自分の私的な、個的なところで詞についても歌うということについても表現することの必然性がでてきたのは、それなりに理由があると思う。ところが高い質が要求されない、使い棄ての〝オリジナル〟が求められる時代になった。…極端なかたちは〝ニューミュージック〟…。

——竹田賢一［1983—84］

「それなりの理由」を私たちなりに展開すれば、次のようなことだ。73年頃以降に思春期を迎えた若者たちにとってはもはや、敵（親・学校・世間）の打倒や障害の乗り越えを目指すことで自らを鼓舞できた時代は終わり、自由を前にした行動前提の不在が問題になっていた。同時に、彼らにはもはや「60年代的サブカルチャー」の記憶はなく、不安を無媒介に〈我々〉意識において共有することもありえなかった。したがってこの時代、〈私たち〉ではなく〈私〉の不安を馴致するツールが、さまざまなメディアで開発されたのであり、音楽の享受に見られた「〈私〉を分かってくれるのはあの人だけ」という〈相互浸透〉の形式も、少女マンガの「乙女ちっく」における「これってあたし！」と同様、その一つだけだったのである（第１章ならびに宮台・石原・

大塚［1992b］）。

短絡したニューミュージックにおけるこうした〈相互浸透〉は、分かり合いと馴れ合いの気分に満ちていた。当時のアリス、松山千春、さだまさしなどに見いだされた「日本的叙情」は、従来語られていたような音や歌詞の単独の問題としてではなく、あくまでこうしたコミュニケーションの形式――60年代末期の深夜放送にルーツを持ちつつ実際70年代半ば以降の深夜放送に大規模に再現された〈相互浸透〉形式――の問題として、解かれなければならない。

したがって、「新人類的なもの」が上昇を開始し、行動前提の不在を埋め合わせる「性と舞台装置の開発」が急速になされ、「差異化と陳腐化のめくるめくチェイス」が始まった77年以降（詳しくは第1章ならびに宮台［1990ab］）、こうした「日本的叙情」が受け手の日常的なコミュニケーションの実質とは乖離したものになり始めたのは、けだし当然だった。この乖離に棲息し、増殖を開始したものこそ、実は80年代の「音」を決定づける「ポップス」だったのである。

ポップスの誕生
【死刑！から諧謔への流れ】

「60年代的サブカルチャー」の敗北はさまざまな事後処理ツールを生み出した。その一つの方向は、『ａｎ・ａｎ』的な「一人旅」「手作り」や、「四畳半フォーク」的な「あの頃のキャンパス」「失恋」に代表されるもの、すなわち「感傷」である。この感傷は、それへの反発や無時間的な読み替えを通じて、乙女ちっくや荒井由実の源泉になったことは既に述べた通りである。ところで、これらとは異なるもう一つ別の「事後処理ツール」の方向性、それが「諧謔」だった。

そもそもパロディ文化は「60年代的サブカルチャー」の中で生まれたが、70年代にはパロディ文化の母体だったサブカルチャー自体をパロディの宛先とするという自己適用がなされ始める。象徴的なのは、前年にサブカルチャー漫画『光る風』を突然終了させてしまった漫画家山上たつひこが、74年に連載を始めた『がきデカ』である。そこではたとえば『あしたのジョー』に見られた〈課題達成〉における自己確認といったサブカルチャー的な構成が、場違いのマッチョとしてパロディ化されている。こうした自己適用は、かつての「60年代的サブカルチャー」(＝反〈世間〉)にシラケてみせる身振りによって辛うじて反〈世間〉的ノリを継続させる試みである点で、「60年代的サブカルチャー」の最後の残滓——すなわち「反サブカルチャー的サブカルチャー」であった(宮台・石原・大塚［1992b］)。

かつてのパロディが「意味」に対して「無意味」を対置させる試みだとすれば、自己適用化されたパロディは、「意味／無意味」という対立を「非意味」という第三項によって無効化する試みだった。対立を前にしてオドケてみせる——その意味でまさにそれは「諧謔」と呼ぶにふさわしい。こうした流れは、一方で「良い批評／悪い批評」という対立に「無批評」をぶつけた雑誌『ぴあ』を生み出し、他方で雑誌『ビックリハウス』を通じて70年代後半の「パロディブーム」へとつながっていった。しかし、対立があればズレてみせるという定型的身振りの延長上にあった浅田彰の『構造と力』(1983)が、「カフェバー」と同列のおしゃれアイテムとして消費されるに及び、反サブカルチャー的サブカルチャーは当初の文脈を見失って、完全に失効するにいたる。

実は音楽シーンにおいても、これと完全に並行する事態が生じた。**70年代半ばには、再び「自作自演／非自作自演」という短絡化された差異が、音楽を価値づける対立としてきわめて大規模**

に消費されていた。音楽シーンにおいてはこの対立こそが諧謔の対象になったのである。しかしながら、諧謔の担い手はきわめて少数であり、70年にURC（前述）からデビューしたはっぴいえんどのメンバーだった細野晴臣・大瀧詠一両名、ならびにその周辺のミュージシャンに限られていた。

彼らはデビュー当初から豊富な音楽知識や卓越したテクニックで知られていたが、70年代半ば以降も自作自演にこだわらず、ルンバやメレンゲなど数多くのリズムを提示し（大瀧詠一『ナイアガラムーン』〔1975〕）、価値が低いとされてきたアメリカのオールディーズを評価し（大瀧のDJ番組「GO! GO! NIAGARA」）、無国籍な音楽を試み（細野晴臣『トロピカル・ダンディー』〔1975〕『泰安洋行』〔1976〕）、クレージーキャッツ的なギャグを歌詞に盛り込んだりしていた。こうした試みの総体が、「ポップス」と呼ばれたのである。

これらはどれもニューミュージックの［自作自演／非自作自演］コードとは無関連だった。だがその無関連さが諧謔と結びついたのは、送り手にとっては好きで選んだ道というよりも「追い込まれた」結果だった。彼らの音楽的な資源は、子ども時代から思春期にかけての、他の追随を許さない豊富な音楽的体験だった。たとえば、無国籍音楽は進駐軍時代の都会を思い出させる懐かしいものだったし（竹田［1986］）、50～60年代の歌謡曲にはマンボ・ドドンパ・ツイストなどのリズムが流行したし、オールディーズやクレージーキャッツは彼らの必須アイテムだった。しかし、70年代半ばのニューミュージック全盛時代には、こうした音楽的な資源を生かした表現の授受を支えるコミュニケーションのコードがすでに見失われていた。「追い込まれた」彼らには、あえて諧謔の身振りをとる以外に道がなかったのだ。

ところがそれが、一方でニューミュージックに辟易した聴き手たちにとってまったく新しい「価値転倒」だったし、他方でマニアックな「引用先検索」の楽しみを与える結果になった。こうした「価値転倒」と「引用理解」を音楽コミュニケーションの中核としていた当時のポップスには、「〈私〉を分かってくれるのはこの人だけ」（＝ニューミュージック）といった〈相互浸透〉形式はもちろんのこと、「分かってあげられるのは〈私たち〉だけ」（＝GS）、「〈私たち〉を分かってくれるのはこの人だけ」（＝後期フォーク）といった、いかなる〈相互浸透〉形式もありえなかった。**そこで要求されていたのは、そうした全人格的な〈相互浸透〉を「恥ずかしいもの」と感じる諧謔的な感受性だけだった。**だからこそ作り手の人格とは無関連な「引用先検索」の競争が生じえたのである。

ちなみに、こうした「諧謔の共同体」的なものが、後の新人類的「オシャレ」と、オタク的「探索競争」の、双方の母体になった営みであることは、ここまでの記述から簡単に類推がつくだろう。言い換えれば、ポップスをめぐる音楽コミュニケーションこそは、70年代半ばにおける「原新人類＝原オタク的なもの」（宮台［1990ab］）を、まさに象徴する営みだったのだ。しかしながら、この「原新人類＝原オタク的なもの」としてのポップスが、ニューミュージックを駆逐してしまったわけではなかった。「原新人類＝原オタク的なもの」から「新人類的なもの」が77年以降急速に分出するのに並行するかたちで、ポップス的な「シャレ」は「オシャレ」へと変質していく。それをまさに象徴したのが、80年のＹＭＯの大ヒットだったのである。

諧謔のコード化
【シャレからオシャレに】

諧謔とは、既に述べたように、既存の対立コード――たとえば「商業的／非商業的」とか「手作り的／大量生産的」とか――を前に意識的にズレてみせる、いわば「どうでもいいじゃん」的身振りである。したがってそれ自身が、既存の対立コードと対立する新たなコードを提示するようなものでは、そもそもありえないはずだ。しかし諧謔が成立するためには、梯子外しの対象となる強力なコードが存在しなければならない。いわば「敵」あっての諧謔なのである。

「敵」の梯子外しがもはや問題にならなくなったとき、諧謔は、諧謔でないものから自らを区別するために、しばしばある種のシンボル的な短絡を示したり、それを用いた「内輪ノリ」へと閉じたりする。たとえば78年当時、ポップス歌詞の典型と考えられていたのは、次のようなものだった。

さあさ　輪になって　ワニなって
カバなって　ゾウになって　踊ろう

――大瀧詠一『LET'S ONDO AGAIN』(1978)

すなわち「ポップス＝ギャグ音楽」という把握である。実際多くのポップスは、ニューミュージック派から「真剣でない」と非難されていた。こうして70年代末には、**ポップス的諧謔は一方で、「シャレ(不真面目)／真面目」というかたちでコード化された。**むろん、こうしたことが、

『A LONG VACATION』

『ビックリハウス音頭』

『LET'S ONDO AGAIN』

大瀧詠一の諧謔はビックリハウス全盛の70年代にもほとんど理解されなかった。当時のシャレとはパンクやニューウェーブのヘタウマを賞賛することであったが、大瀧の音頭ものなどは冗談としてしか流通しえなかったからである。81年の『A LONG VACATION』は半ば引退覚悟で作られたためか、あからさまな諧謔が後退し、シャレとオシャレのないまぜになった傑作となった。

大瀧や細野のキャラクターと結びついたものだったことも、否めない。
　しかし他方で、77年以降の「新人類的なもの」の上昇——湘南ブーム、『ポパイ』、サザンオールスターズ、『ギャルズライフ』など——と並行するかたちで、**ポップスは、諧謔とは別に「オシャレである／オシャレでない」という差異に結びつけられ始める。**しかし80年頃までは、「オシャレ」のコードは「シャレ」のコードから完全には分離していない。たとえば大瀧詠一『A LONG VACATION』(1981)に見られるように、表面的には「オシャレ」な曲が、よく聴いてみるとニヤッとさせる仕掛けになっていたりした。シャレがオシャレだったというわけである。やがて「オシャレ」のコードが「シャレ」から分出し、遅くとも83年以降は、TUBEに代表されるような〝リゾートで流れる英語と日本語の混じったオシャレな曲〟（序章）がポップスだと考えられるようになった。
　こうした「シャレのオシャレ化」の背景にあったのは、ウォークマンやカーステレオといったハードの普及である。音を風景の中に個人的に持ち込むこうしたツールによって、「都市や風景を音楽によって読み替える」という新たな営みが、可能になったのである。

僕はシャレたものをつくったのではなく、つくったものをシャレたのだ

——細野晴臣『ニューミュージック・マガジン』76年10月号

こう述べた細野は、外国人の目から見たステレオタイプの日本人像——BENIHANA的エキゾチズム——をあえて演じるという「シャレ」と、ウォークマンを通じて猥雑な都市を「テクノポリス東京」として読み替える「オシャレ」とを組み合わせたYMOを結成。79年から80年にかけて「ソリッド・ステイト・サバイバー」(1979)の大ヒットを飛ばす。だがヒットを支えた聴き手にとって、諧謔はもはや意識されてはおらず、以降は短絡されたテクノブームが続く。YMOのテクノポップは「高い音楽性と国際性を持った音楽が初めてメジャー化した」といった文脈で、あらかじめそれを目指していたかのように語られることがある。だが少なくとも、当事者の意識はまったく違った。複雑で高度なテクニックを駆使しながら結局はパタン化された退屈な音づくりに終わってしまうフュージョンの行き詰まりを前に、わざと単調に演奏することで梯子を外す——その際にクラフトワークの意匠を借りながら——というあくまで諧謔の志向こそが、当事者のものだった。全米ツアーの成功は偶発的な出来事だったのである(細野・大瀧「FM東京:イマジカル・アース・ステーション:地球紀行」(1992))。

このように、「シャレからのオシャレの分出」は、送り手にとっては確かに「意図せざる結果」だった。しかしこれを単なる偶発事として片づけることはできない。その展開プロセスは、「シャレ」としての『構造と力』の「オシャレ」としてのブーム化――これも浅田の意図とは無関係に80年代の思想オタクの「文脈を欠いた浮遊する言説」の氾濫への端緒をつけた――において、完璧に再現されたのである。**こうして80年代には、「オシャレ」なポップスと「オシャレ」な思想が、都市を〝記号〟的に読み替えるための機能的に等価なツールとして、あたりかまわず氾濫することになった。**

歌謡曲こそ面白い【もう一つの諧謔】

こうして、77年から83年にかけての「新人類的なものの上昇期」（第1章）に、「分かる人にだけ分かる」諧謔としてのポップスが、「誰にでも分かる」オシャレ・ツールへと変化したのだが、ちょうどそれと入れ替わるかのように、この時期、「誰にでも分かる」歌謡曲が、「分かる人にだけ分かる」諧謔ツールへと変化していく。別の言い方をするなら、**メディア（＝ポップス）を用いて風景を読み替える若者が出てきた一方で、メディアそのもの（＝歌謡曲）を読み替える若者が出現してきたのである。**前者は「新人類的なもの」を、後者は「オタク的なもの」を象徴していた（宮台［1990ab］）。

77年より前の「誰にでも分かる」歌謡曲は、60年代にＴＶメディアの比重増大に伴うヒット曲の短周期化により、大人向けのムード歌謡・懐メロ・演歌から若者向けの青春歌謡（ＧＳやアイドルも含む）を分出したあと、70年代前半の「花の中三トリオ」「新御三家」の徒花的なブームを経て、その後の深夜放送コミュニケーションと結びついたニューミュージック・ブームの中で基本的には下降の歴史をたどることになる。その理由は明らかだった。

当時流行っていたニューミュージックは、「自作自演／非自作自演」コードを、「あの人だけが分かる〈私〉」という〈相互浸透〉形式と結合させながら一般化させていた。こうしたコードに従った当時の若者たちは、歌謡曲を、その生産システム——洋楽の先端を咀嚼したメロディと最大公約数的な歌詞を職人スタッフが作ってプロダクションのお抱え歌手に歌わせるシステム——ゆえに、当然低く見ざるを得なかった。実際、吉田拓郎が森進一に「襟裳岬」を与えるような仕事は「手作りの勝利」として称賛されたし、逆に、庄野真代が筒美京平作曲の「飛んでイスタンブール」(1978) を歌った際には、「ニューミュージックへの裏切り」と非難されたのである。

だが、こうした自作自演賛美の陰で、とりわけ78年以降、『よい子の歌謡曲』『あいどる倶楽部』『アイドルトーク』などのアイドル研究誌や、『BOMB!』や『投稿写真』などのアイドル特集雑誌が、上昇を開始するのである。これらは既存のアイドル雑誌（『明星』『平凡』など）とはまったく異質で、アイドルの生産システムや曲作りの分析など、舞台裏に焦点を合わせた「クールで分析的」（稲増［1989］）な視点に特徴があった。しかもこれは、歌謡曲の生産システムを「流行らせのメカニズム」（吉野［1978］）として批判するような疎外論的な視点からの分析とも、異質のものだった。

「アイドル論」は大テーマを持ちえない時代の、一つの知性の逃げ道であるのかもしれない。つまりは従来論ずべきテーマではなかった卑俗な対象をあえて選択し…テーマ自体に内在する問題性よりも、論者自身の過剰なまでの読み込みによって思いもかけなかった分析を展開していくという方法論である。

——稲増［1989：61-62］

稲増によれば、こうした動きが生じたのは「高級—低級という教条主義的な価値観が、評価を含まない単なる横並びの差異の分類軸に解消されてしまった」からであり、そうした横並びが生じた理由は《〔60年代の〕あの時代のエネルギーが結局不発に終わった》がゆえの《空虚感》であるという（稲増［1989：60］）。しかしこれは『朝日ジャーナル』的な感傷であり、「アイドル分析ブーム」を支えた年齢層（60年前後に生まれた「新人類世代」）を無視したものである。**消費の仕方を消費する「メタ的な消費」は、同時代に優越していた音楽コミュニケーションのコード——「自作自演こそ最高である」——に対する梯子外しだったのであり、**その意味で同時代のポップス的なものとも共振する一種の諧謔にほかならなかった。**こうした諧謔は、横並びになっていない価値があって初めて機能する。**後でもまた述べるように、すべてが横並びになったとき、むしろ諧謔は失墜を開始するのである。

しかし私たちは、同一性とともに差異にも注目しなければならない。77年から83年にかけて、なぜポップスの享受が諧謔色を薄め、歌謡曲の享受が諧謔色を逆に強めたのだろうか。おそらくそれは両者の諧謔の構造の違いに関係している。すなわち、ポップス的な諧謔は、誰も知らないもの——いわば「敷居の高いもの」——をぶつけることで梯子を外そうとしたのに対して、歌謡曲的な諧謔は、誰もが知っているもの——「敷居の低いもの」——をぶつけようとしたのである。

そもそも「原新人類＝原オタク的」な諧謔には、両方の方向が含まれていた。だが後に大規模に継承されたのは後者だけだった。これは当然だったと言えよう。たとえばポップスについて言えば、現在（とりわけ88年以降）とは違って、この頃には「オールディーズ」を聴こうにもどこにもメディアがなかったのだ。したがって、記憶を持つか持たないかによって、諧謔共同体に入れるかどうかがあらかじめ選別されてしまったのであり、しかも時代が進むにつれて若者の中に「記憶を持つ者」がいなくなっていくしかなかった。

ちなみに、今述べたような、両方の方向性の混融から後者の方向性——敷居の低いものによる諧謔——だけが分出していくプロセスは、まさに「原新人類＝原オタク的なもの」から「オタク的なもの」が分出していくプロセスに重なっており、さらに言えば「マニアックなもの／オタッキーなもの」の差異の成立にも関わっていた。実際、歌謡曲のメタ的享受の内部を見ても、当初、『ポパイ』に歌謡曲エッセイを連載して筒美京平を再評価した近田春夫や、クレージーキャッツ研究を押し進めた大瀧詠一のような「クロウト視点」は次第に退潮し、代わりに、「B級アイドル礼賛」に象徴される「価値転倒」と、「仕掛け」を楽しむ「裏目読み視点」が、もっぱら拡大していくことになったのである。

さて、83年以降になると、こうした「価値転倒」と「裏目読み視点」を、歌謡曲の生産システムの側が意図的に取り込み始め、「業界ブーム」と「素人ブーム」が仕掛けられるようになる。

こうした動きは、85年に始められた「おニャン子クラブ」において頂点に達した。さらにこの時期以降、松田聖子や中森明菜のケースに見られるように、ニューミュージックやポップスのアーティストによる歌謡曲のプロデュースが一般化する。ところが、こうした動きは、諧謔を可能にしていた既製の価値コードを、当然ながら有名無実化していくように働いた。**かくして、音楽コミュニケーションにおけるコードが空洞化し、すべてが横並びになったとき、アイドルブームはパワーを失い始める。**同時に、ニューミュージック／ポップス／歌謡曲の差異も、相対的に曖昧なものとなっていき、今日（92年）の森高千里や斉藤由貴に見るように、「アイドルの自作自演」さえ可能な状況が準備されるのである。

総ロック化する音楽状況：１９８０年代

ロックの浮上
【「分かり合い」と「メタ消費」を拒絶しろ！】

77〜83年当時、日本の「ロック」と呼ばれていた音楽も、フォークやニューミュージック同様「自作自演」だったが、やはりポップスや歌謡曲と同じく、当時のニューミュージック的な〈相互浸透〉形式——日本的叙情——に対して、意識的に背を向けていた。「分かる人だけに分かる」という自己意識の共有は、「〈私〉だけが彼を分かってあげられる」といった〈相互浸透〉とは、明らかに対立していた。しかし同時に、当時のロックの送り手も受け手も、ポップス的諧謔や歌謡曲的諧謔に見られた「メタ消費ゲーム」（前述）を極度に嫌っていたことに注意する必要がある。**今日のロック的なものにつながる直接の進化的ルーツは、今から見ると意外なことに、実はこの時期の「反〈相互浸透〉的」かつ「反諧謔的」な音楽コミュニケーショ**

ンにある。

それ以前にも確かに、村八分、頭脳警察、サンハウス、ルージュといった日本語ロックや、GSへの過度の反省から英語一辺倒になったいくつかのマイナーバンドがあった。だが70年代前半の英国ハードロックバンドの急上昇を背景に、この時期の日本のロックは結局「オリジナル（＝英国）／コピー（＝日本）」という差異化図式の中に置かれ、好むと好まざるとにかかわらず、「アングラ」の地位に甘んじざるを得ず、まったく広がりを見せなかった。「日本に本物のロックがあるハズがない」という観念の中で、RCサクセションでさえも、古井戸や泉谷しげるらの「フォーク残党」のなかに埋没していたのである。

確かに当時のニューミュージックの中には、ツイストやサザンオールスターズのようなロックバンド風のものもあったが、結局は自作自演コードを〈相互浸透〉形式と結びつけたものでしかなかった。80年代のロック的なものにつながるのは、実はこうしたものとはまったく別の流れだったと言っていい。すなわちこの時期、**一方でニューミュージック的な〈相互浸透〉を明確に拒絶しながらも、他方でポップス的な「シャレ」「オシャレ」や歌謡曲的な「価値転倒」「裏目読み」を、敷居の高い——あるいは唾棄すべき——内輪ノリと感じる若者たちが、確実に存在したのである。**そこで要求されていたのは、人格的な分かり合いを極力排した、しかしストレートな表現だった。

こうした要求に答えた当時の動きの中で現在につながる重要性を持つのは、S-KEN、フリクション、リザードなどの、「東京ロッカーズ」と呼ばれたバンド群、ならびにその周辺だろう。

彼らは、コンテスト（ヤマハ・ポプコンなど）に出るかデモ・テープを送りつける以外にデビューの術がなかったようなニューミュージック全盛状況の下で、あえてライブハウスの観客動員数の伸びだけを頼りに自主制作レコードを出し続けてメジャーデビューにこぎつけ、さらに演奏的にも同時代のニューヨークパンクやそのルーツであるグラムロックを手本としながら、当時の「今っぽい音」（フュージョン！）に逆らうチープで生々しい音を出していた。**それゆえにしばしば「反抗性」「ストリート性」「反商業主義（インディーズ性）」としてクローズアップされるが、これらはあくまで意匠に過ぎず、音楽コミュニケーションとしての中核は「反〈相互浸透〉」「反諧謔」にあったと見るべきである。**

We want Real Dream
夢をなくした奴らがウロウロ
希望さがして　深夜のスーパーマーケット
ひからびた夢カサカサ　フリーズドライ
お湯をそそいで3分待つだけ　すべてが解決!!
インスタント　ドリーム!!

——リザード「販売機で愛を買ったよ」(1980)

ここで夢を飼い馴らされた「奴ら」として非難されているのは、もちろん同時代のニューミュージックに見られる短絡された〈相互浸透〉形式——分かり合いの儀式——に取り込まれた連中である。

一応ユーミンのレコードは好きだし、持ってるよ。でも、さだまさしとかは許せない部分があったね

——ゼルダのリーダー・チホの言葉
『ON STAGE』編集部（編）［1990：47］

しかし同時に興味深いのは、彼らが、以前の「アングラ」（前述）からも距離をとろうとしていたことである。

どこかのクソMag（雑誌）に東京ロッカーズのレコード（ソニーからのオムニバス）レビューがのってた。『昔の村八分や裸のラリーズにくらべると演奏がヘタだ、ハクリョクにかける！』そんなクソみたいな発言がダラダラと書かれてあった！　そりゃそうかもしれない！　デモ、わざわざ昔のBandを引ッパリだしてきて比べるものでもないだろう！…何も知らないオレには、昔はカンケイないんだ！

——『CHANGE2000』5号（1979）読者欄より

『CHANGE2000』5号（79年）。ゼルダのチホが編集。まる文字でストリートシーンを牽引し続けたミニコミの鑑。過激さとかわいさの結合は岡崎京子に通じる。

ここに見いだされるのは、ポップス的諧謔に見られたような過去への言及や引用に基づく「メタ消費」を、積極的に忌み嫌う独特の音楽的コミュニケーションの作法である。

しかし「東京ロッカーズ」の音楽コミュニケーションに見いだされたような「反〈相互浸透〉」と「反諧謔」との意識された結合は、長くは続かず、結局、敵を「奴ら」として見いだす陥没した眼差しと、意匠的な部分（前述）ばかりが、継承されていくことになるのである。

「分かり合い」の復活と「総ロック化」

「東京ロッカーズ」とほぼ同時期、すなわち70年代末に、ARB、MODS、ROCKERSらの「めんたいビート」と呼ばれる一群の九州のバンドがメジャー化する。**だがこれらのロッカーたちは、「東京ロッカーズ」が否定したハズの「彼らだけが〈私〉を分かってくれる」という〈相互浸透〉**

の形式を、音楽コミュニケーションに取り込んでしまった。その意味でニューミュージックと類似する面もあったが、違いもまた重要である。すなわち、「めんたいビート」は、「羊のように飼い馴らされた人々／飼い馴らされない俺たち」といったコードを用いて、同世代の内部に差異化の線を引いていたのである。従ってそこにはやはり「奴ら」という形象が登場したが、「東京ロッカーズ」のような方法論的ゲリラ性による差異化とは違って、送り手の人格を中核とした〈相互浸透〉に傾いていた。アナーキーや尾崎豊は、こうした音楽コミュニケーションの系譜に連なるものである。

これらとは別に、80年代に入ると「インディーズ性」という意匠と「パンク」の音楽形式を踏襲したロックが、ナゴムやトランスなどの人気レーベルから続々と登場、それぞれが「内輪のファン」を獲得するようになってくる。ここに見いだされる音楽コミュニケーションは、「めんたい」系とは逆向きの、「〈私〉だけが彼らを分かる」（＝奴らには分からない）という〈相互浸透〉によって特徴づけられていた。これは確かに「〈私たち〉だけが彼らを分かる」といったGS的な〈相互浸透〉の形式と似ているように見える。だが前者の場合、「奴ら」は同世代の内部にも存在することになっていて、〈私たち〉の主語の複数性が無数の〈私〉の単数性へと断片化・拡散化されている点で大きな違いがある。現在この系列に連なる代表的なメジャーなアーティストは、筋肉少女帯である。

こうした一口で言えば「再〈相互浸透〉化」の動きを加速するかのように、85年にいたると、一方で、ニューミュージックとポップスをロックでパッケージングしたBOØWYが大成功し、ハウンド・ドッグがシングル「フォルティッシモ」（1985）を大ヒットさせるなど、ロックが急速にメジャーシーンに浮上した。

　歌謡曲に対して常にアンダーグラウンドに位置してきたロックバンドが、急激に音楽番組・CMといったメジャーシーンに登場し、行く先々のコンサート会場をソールドアウトにしていった。

――「変貌するジャパニーズ・ロック」『一橋マーキュリー』90年10月25日号（第30号）

　他方で、同年6月15日の国際青年年記念「ALL TOGETHER NOW」に一日だけ復活したはっぴいえんどが、ニューミュージックの終結を宣言する「はっぴいえんど宣言」なる文章を出したのを象徴的な出来事として、それ以降パッケージングを「ニューミュージック」から「ロック」に変えただけで音楽が売れるという状況が作り出されたのである。むろん「中身」は従来のニューミュージックとまったく同じで、「あの人だけが〈私〉を分かってくれる」といった〈相互浸透〉形式を中核に据えていた。結局、かつて存在したはずのニューミュージックの**〈相互浸透〉形式に対する先鋭な敵意は、80年代半ばには完全に雲散霧消していたのである。**

　当初ロック的なコミュニケーションを画していた「反〈相互浸透〉」と「反諧謔」の意識が脱落するにつれてロックは自らの境界を曖昧にし始める。椹木野衣［1991］はアーバン・ダンス・

スクワットを評して《彼らにあっては、ヒップホップ、ファンク、ヘヴィメタル、スラッシュ、ブルース、そしてプログレは、その記憶の中でまったく同一の地平に共存し、その時のリズム環境などにしたがって自在に引き出されてくる》と述べたが、これに倣えば85年以降の日本のロックは、東京ロッカーズ、アナーキー、めんたいビート、ロック風ニューミュージック、テクノポップ、歌謡曲、そして同時代のスラッシュやハードコアが、その記憶の中でまったく同一の地平に共存し、**自らがロックであることに自己言及しさえすれば、すべてが「ロック」というパッケージで流通するようになった。**

こうして、一方では、尾崎の流れを汲んだ「彼らだけが〈私〉を分かってくれる」的な音楽コミュニケーションが、結局は、「元気になろうよ！」と呼びかける「スタミナ的」な方向性に収束してゆくもの――これは「本心を見抜かれたくないコミュニケーション」である点で前章で述べた「かわいいコミュニケーション」と機能的に等価なものだった――と、「おまえらは間違っていないんだ」といったメッセージに集約されてしまう「癒し」的な方向性とに、分化・短絡していった。

他方では、「〈私〉だけが彼らを分かる」的な〈相互浸透〉の形式も上昇し続け、X（エックス）やバクチクを扱った同人誌が「ヤオイ本」化する事態を招くにいたっている。それらのほとんどは、歌詞やインタビューを元にした「お耽美」マンガとエッセイだが（『宝島』90年5月24日号）、こうした「〈私〉だけが分かる」といった自己差異化の意識は、15年以上も前に人気を博した少女マンガ――青池保子『イブの息子たち』（1976）――にその萌芽を見いだすことができる。

いずれにしても、少女マンガにおける〈萩尾領域〉的なものの「ヤオイ化」（第1章第1節、宮台・石原・大塚［1992b］）が、音楽において再現された事態であると見ることができる。

しかしこうした比較的大規模な流れとは別に、たとえば関西という文化的シェルター（宮台［1992a］）の下では、冒頭に一部言及した非常階段、ボアダムズ、少年ナイフといった、ハードコアパンクやジャンク的なものを温存したアンダーグラウンド・バンドが、長いキャリアを継続しつつあったり、[5]やはりクラブ・カルチャーをシェルターとして近田春夫率いるビブラストーンなどのラップ／ハウス系バンドが、着実に活動を続けているのも事実である。**これらは、必ずしも音楽コミュニケーションには還元できない、独自のサブカルチャー的なコミュナリティ――いわばノリの同一性――と結合しており、それゆえに一般化された〈相互浸透〉形式に頼らずに済んでいる点**が特徴だが、こうしたバンドが大規模なブームの消長とは比較的無関連に活動を継続できるかどうかに、私たちは注目しているところである。

音楽の進化は
コミュニケーション文脈の進化である

ところで、こうした「再〈相互浸透〉化」の背景にある要因を考えてみると、これらの相互浸透的な音楽コミュニケーションが、現実のコミュニケーションにおいてきわめて困難になった〈相互浸透〉を代替している側面があることは、否めない事実である。現実のコミュニケーションにおいて〈相互浸透〉が困難になった理由は、それ自体大問題であり、もはやここで述べるだけの紙数の余裕はない（素描的には宮台［1990ab］）。ところが、こうした現実のコミュニケーションにおける〈相互浸透〉の困難化は、音楽の中に、再〈相互浸透〉化とはまったく別の、もう一つの動きをもたらした。このことについてだけ、触れておくことにしよう。

もう一つの動きというのは、90年に始まる第三次カラオケブーム――カラオケボックスブーム――である。ブームの詳細については佐藤卓己［1992］などを見てもらいたいが、私たちの観点から見て重要なのは、このブームが、一方で、現実のコミュニケーションにおける〈相互浸透〉の困難化に対処するものでありながら、他方で、にもかかわらず、音楽の送り手と聴き手との間の〈相互浸透〉を再び免除するように機能したということである。

人格システムの違いによる音楽享受の差異は第2節で紹介する予定だが、私たちの調査によれば、この第三次ブームは当初、メディアにおける〈相互浸透〉的な享受――『別マ』的なもの（第1章第1節）――を嫌う非内面主義的な若者たち（オヤジギャル！）から広がっていった点に、大きな特徴がある。このことに示されているように、カラオケボックスの中で享受される音楽は、〈相互浸透〉に対する要求を免除され、「仲間と盛り上がれればいい」という一点だけを機能的な条件としている。実際カラオケボックスに行く場合、しばしば初めて紹介される友だちが混じっていたりすることもあって、自分しか知らない歌を〈相互浸透〉的なノリで歌うことは、極力避けられるのである。

その代わりに、①皆が聴いていただろう過去の歌と、②皆が知っている現在のトレンディドラマの主題歌に、要求が集中し、そのことがCDセールスの現状を大きく方向づけることになる。**覚えやすいサビに、ちょっと泣かせる歌詞がついていれば、それだけでいい――カラオケボックス的な音楽コミュニケーションにおいては、もはやミュージシャンとの間の〈相互浸透〉の必要**

は〔盛り上がりの種になる過去の〈相互浸透〉の共通記憶を除いて〕免除される。カラオケボックスのコミュニケーションでは、現実のコミュニケーションにおける〈相互浸透〉の困難さは、「歌えば拍手、歌えば拍手」という繰り返しの中での物理的な盛り上がりによって埋め合わされるのである。

最後にこの、「コード進化」分析篇を締めくくるに当たって、私たちの分析が何を明らかにしたのかを復習しておこう。それは、システム理論的には初めから明らかなことではあるが、音楽というメディア一つとってみても、その歴史的進化のメカニズムは、音楽そのものではなく音楽をめぐる「コミュニケーションの文脈」〔序章〕に照準することで、初めて明らかになるということである。「音楽史」を——より一般的には「サブカルチャー史」を——こうした観点から包括的に記述しきる試みは、実は皆無であったと言っていい[6]。次節以降では、まず、今までの分析から明らかになったような現存する各ジャンルをめぐるコミュニケーション文脈の変化に関する知識を前提として、今日における音楽の各ジャンルが、その享受形式という観点から見てどのような機能的特徴を持っているのかを明らかにし、ついで、予期理論的人格システム類型論〔宮台[1990ab]〕を用いながら、どういう種類の人格システムが、どのような理由で特定の機能的享受形式と親和的になるのかを検討していく。

(1)「非対称的」なのに「相互」浸透とはおかしな言葉だと思われるかもしれない。〈相互浸透〉interpenetration というのは、システムの構成部品が、同時作動的な別のシステムの生成物であることを意味する重要概念である。たとえば植物Aが植物Bに寄生しているとき、システムAはシステムBへと〈相互浸透〉している。〈相互浸透〉が両方向的である場合が「共生」symbiosis である。共生状態にある二つのシステムが完全に安定化して、非共生的な選択肢を消去してしまう場合、その全体を一つのシステムと見なせる。〈相互浸透〉は、人格システムのコミュニケーションにおいては、あるシステムが別のシステムの体験地平を自らの内に再現しているかのように振る舞うことを指す。たとえば「感情移入」は、一時的な〈相互浸透〉である。

(2)「障害」を愛の「深さ」と読み替える機能的了解図式は、ロマンチック・ラブ以前の18世紀の西欧恋愛文学に頻出する一般的な形式だが、日本近代においても繰り返し登場する。ちなみに最近人気の若手脚本家野島伸司は、『高校教師』(1993)を始めとする自らの作品を「障害を乗り越える純粋な愛」を描いたものだと主張している。しかし歴史の教えるところによれば「障害」は次の時代には使い古されて敷居の低いものとなり、「深さ」として読み替えるには役立たなくなるが、その場合には「障害」の無限昂進か、無障害状態における「自己準拠」(自分でマワルこと)のいずれかが生じる(宮台[1991c])。乙女ちっく的なものへの移行は、むろん後者に属する。

(3)このコードの変革が女の子にしか意味を持たないのではないかという疑問がありうる。だが、当時ジャーマンロックを聴くような若いアングラ音楽マニアの間でさえ、荒井由実は「名状しがたいもの」として高く評価されていた。アレンジの良さもさることながら、60年代的サブカルチャー色を払拭した無時間的な「〈世界〉の読み替え」が、抗しがたく新鮮だったということだろう。

(4)荒井由実や陸奥A子はかつてタイガースの大ファンだった。荒井は加橋かつみに曲を提供したし、陸奥はマンガに沢田研二をモデルとした「ホクロの男」や、「ジュリー大好き」の類の落書きをしばしば登場させた。

（5）少年ナイフやボアダムズは、まず米国で人気を博してから最近日本でメジャーデビューした（少年ナイフ、ボアダムズともに92年）。関西系アングラバンドの上昇パターンの一つである。

（6）言及しなかった重要人物も、たとえば山下達郎はシャレのないマニアックなポップス、井上陽水は諧謔に満ちたニューミュージック、という具合に、文脈の一部のみ共有したバリエーションとして把握できよう。

2 「音楽ジャンル」分析篇

85年以降の総ロック化の時代を経て
音楽「ジャンル」がもはや消滅したかのように見える現在、
ニューミュージック・ロック・ポップス・歌謡曲といったジャンルは何を意味し、
若者たちは音楽にいったい何を求めているのか。
首都圏・関西圏の大学生に対して行った大規模調査データに基づき
音楽ジャンルが今日果たしうるコミュニケーション機能を分析する
日本音楽分析史上初の試み。

音楽ジャンルが意味するもの

ジャンルは消滅したか?

前節では、ニューミュージック・ロック・ポップス・歌謡曲という四つの主要な音楽ジャンルが、70年代から80年代にかけてどのように変化してきたのかを、紹介した。その際、重要なのは、音楽ジャンルの生成消滅や変化が、音楽そのものというよりも、むしろ音楽の聴取をめぐるコミュニケーション文脈の変化として記述されることだった（図1）。

ところで、ここで当然、次のような疑問が生じる。かつてとは違い、今日では、音楽のジャンルについて語ることがいったい何を語ることを意味するのかが、自明ではなくなってきているのではないか。

前節に則して言えば、この疑問は以下のようにパラフレーズできよう。とりわけ85年以降、自らがロックであると自己言及しさえすれば何でもロックとして流通する「総ロック化の時代」が訪れ、ここにおいてロック・ポップス・ニューミュージック・歌謡曲の差異が極小化するにいたった。その意味で「音楽のヨコナラビ状況」は、稲増［1989］の言う80年代初頭の「歌謡曲の時代」にではなく、85年以降の「総ロック化の時代」においてこそ実現された。これ以降ジャンル間の差異化の運動には実質がなくなったのであり、現在ジャンルを語ることは、もはや迂遠以外の何ものでもなくなったのではないか。

> 今はもうジャンルは消滅したんじゃないかな。50年代にロックンン・ロールが出てきたとき、やっぱりロックンン・ロールってものがあったかもしれないけれど…これぞ『ロック』だっていうふうにジャンルにこだわることは、今はできないんじゃないか。
>
> ——細野晴臣［1987：57］

図1　GS以降の音楽コミュニケーション形式の変遷

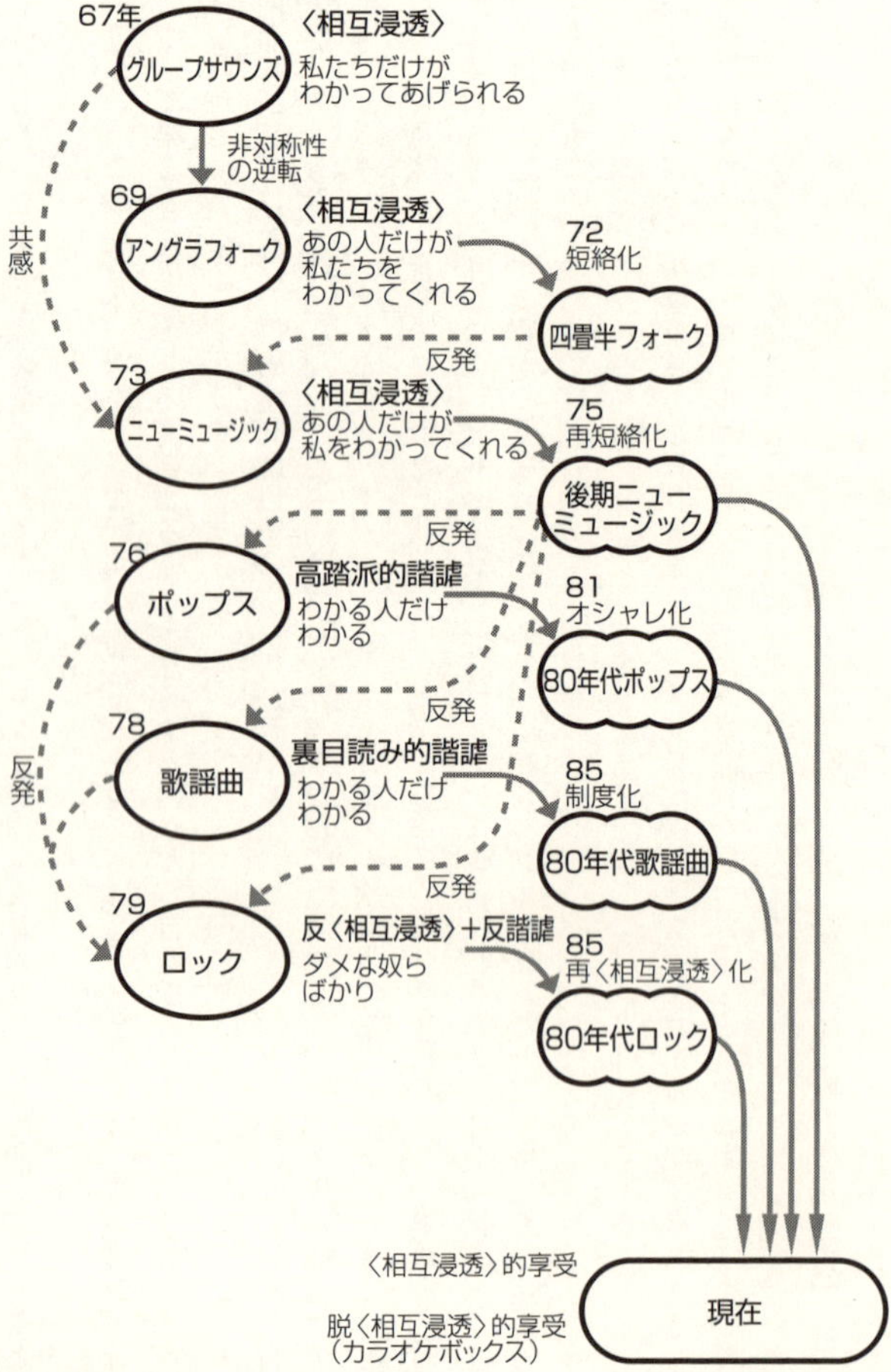
67年
グループサウンズ
〈相互浸透〉
私たちだけが
わかってあげられる
非対称性
の逆転
69
アングラフォーク
〈相互浸透〉
あの人だけが
私たちを
わかってくれる
72
短絡化
四畳半フォーク
共感
反発
73
ニューミュージック
〈相互浸透〉
あの人だけが
私をわかってくれる
75
再短絡化
後期ニュー
ミュージック
反発
76
ポップス
高踏派的諧謔
わかる人だけ
わかる
81
オシャレ化
80年代ポップス
反発
78
歌謡曲
裏目読み的諧謔
わかる人だけ
わかる
85
制度化
80年代歌謡曲
反発
反発
79
ロック
反〈相互浸透〉＋反諧謔
ダメな奴ら
ばかり
85
再〈相互浸透〉化
80年代ロック
〈相互浸透〉的享受
脱〈相互浸透〉的享受
（カラオケボックス）
現在

個々の作品の商品パッケージングとして、ジャンルがそれほど意味を持たなくなったことはおそらく事実だろう。むろんこのことは、「芸術（いい作品）はジャンルを越える」といった一般論とは水準が異なっている。**問題なのは、ある作品がたとえば「ロック」を名乗ることによって聴き手が期待しうるものが、相対的に小さくなったということなのだ。**以前ならば、商品パッケージングが「ニューミュージック」ならば「〈相互浸透〉的な分かり合い」を、「ポップス」ならば「反〈相互浸透〉的な諧謔」を、また「ロック」ならば「反〈相互浸透〉的かつ反諧謔的な直接性」を期待できる、という具合に、ジャンルの差異が、個々の作品に期待できる音楽コミュニケーションの違いを表していた。前節で紹介したのは、ジャンルによる「期待の水路づけ」の機能が、段階的に脱落していくプロセスだったとも言えるだろう。

ところがここに、これとは一見矛盾する統計結果がある。前節でも述べたように私たちはリクルートの協力を得て、90年7月、関東7都県、関西6府県在学の大学4年生全員の名簿から1万人を無作為抽出して多目的調査を実施、郵送法で1538人（データクリーニング後）の回答を得た。それによれば、①音楽ジャンルに対する好き嫌いは現在でも明確に存在し、しかも、②ジャンルに対する好き嫌いが、音楽の聴取態度ときわめて密接に結びついていたのである。

問題の統計データを一瞥してみよう。まず、音楽を18のジャンルに分けて一番好きなものを挙げてもらった結果を、累積97％まで表示したものが、前節でも紹介した図2である。回答は一部ジャンルに集中し、上位4ジャンル（ニューミュージック、ロック、ポップス、歌謡曲）だけで75・9％に達する。前節で述べた通り、ポップスやロックといってもミュージシャンの内訳は日

図2　好きな音楽ジャンル(数字は%)

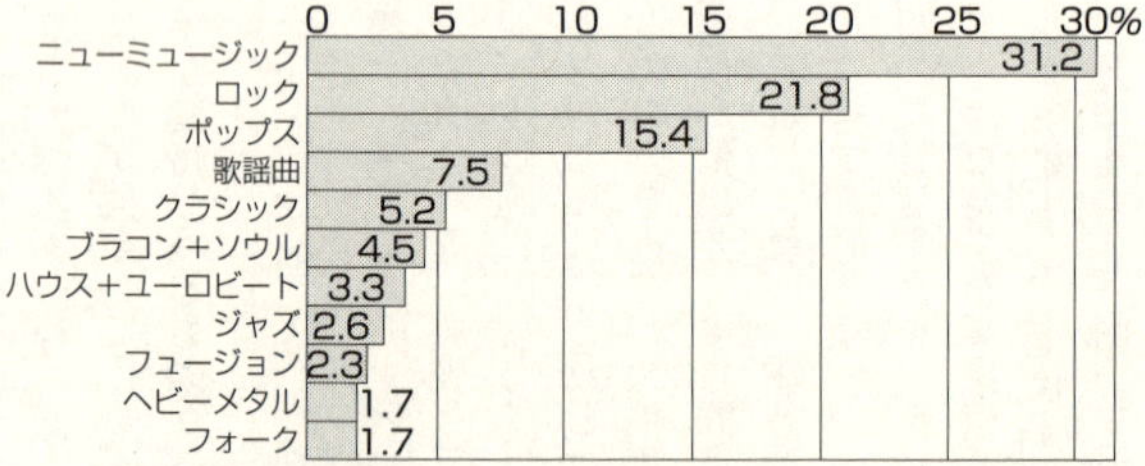

本人であり、結局4人に3人以上がニューミュージック・ロック・ポップス・歌謡曲のどれかに属する「邦楽」を好んでいる勘定になる。

次に、音楽の聴取態度を、

(a)「歌詞重視／メロディー重視」
(b)「没入する／没入しない」
(c)「現実を演出する／現実を忘却する」

という3種類の二項図式に区分した上で、上位4ジャンルを好む人々が、これらの二項図式上にどのようにマッピングされるのかを計測した結果が、図3~9である。

以上から明らかなように、上位4ジャンルに対する好き嫌いは、音楽の聴取態度ときわめて密接に関係している。これをどのように解釈するべきだろうか?

結論から述べれば、音楽ジャンルは、聴き手が「音楽コミュニケーションに何を期待するか」の違いを表現するラベルとして、今(92年現在)でも依然として有効なのである。今日でも音楽ジ

図3　最も好きなジャンル×[歌詞重視/メロディ重視]

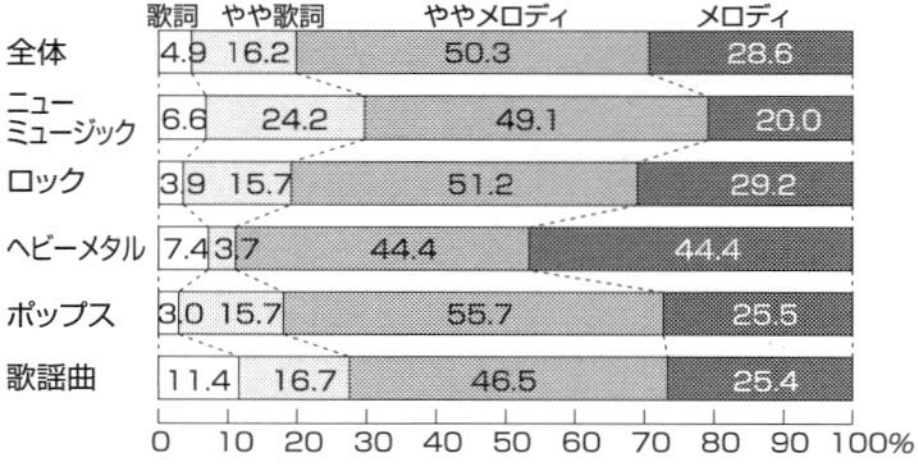

図4　最も好きなジャンル×[没入/非没入]

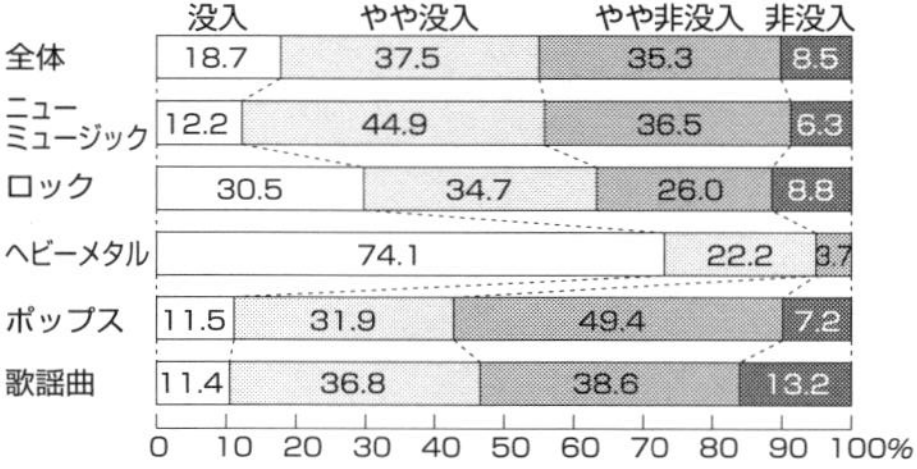

図5　最も好きなジャンル×[現実忘却/現実演出]

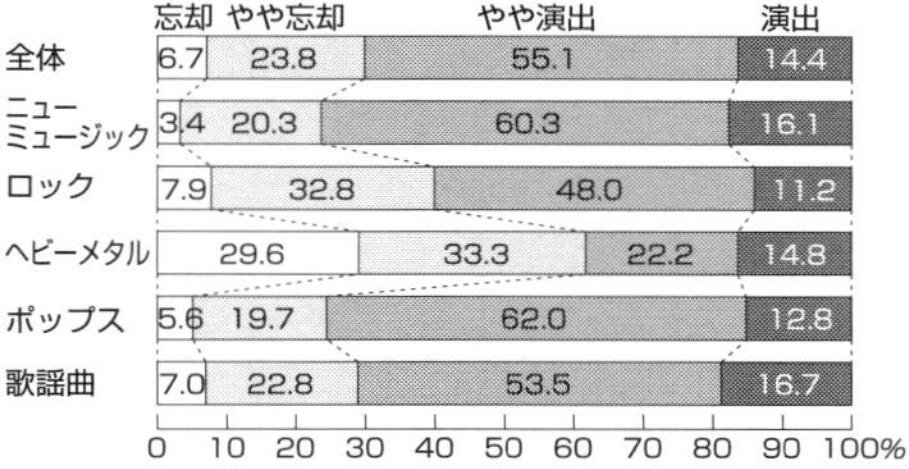

図6　好きなジャンル×各聴取態度
（比較しやすい順序に並べ替えた）

ジャンル＼態度	メロディ／歌詞	没入／非没入	演出／忘却
ニューミュージック	歌詞重視	没入的	現実演出
ポップス	メロディ重視	非没入的	現実演出
歌謡曲	歌詞重視	非没入的	――――
ロック	メロディ重視	没入的	現実忘却
ヘビメタ	メロディ重視	没入的	現実忘却

全ての反応が極端

図8　[没入/非没入]×
[現実演出/現実忘却]

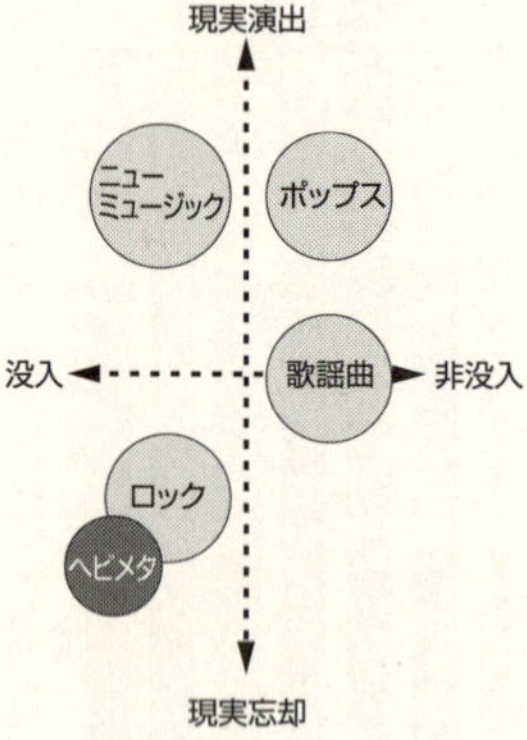

図7　[没入/非没入]×
[歌詞重視/メロディ重視]

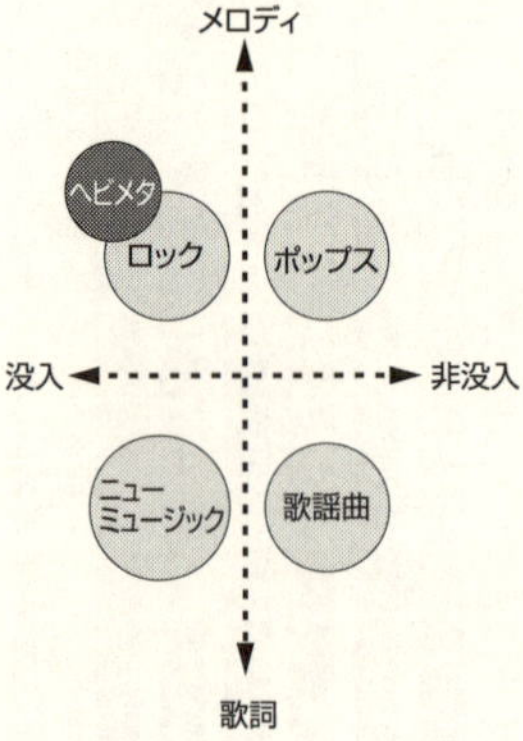

図9　[歌詞重視/メロディ重視]×
[現実演出/現実忘却]

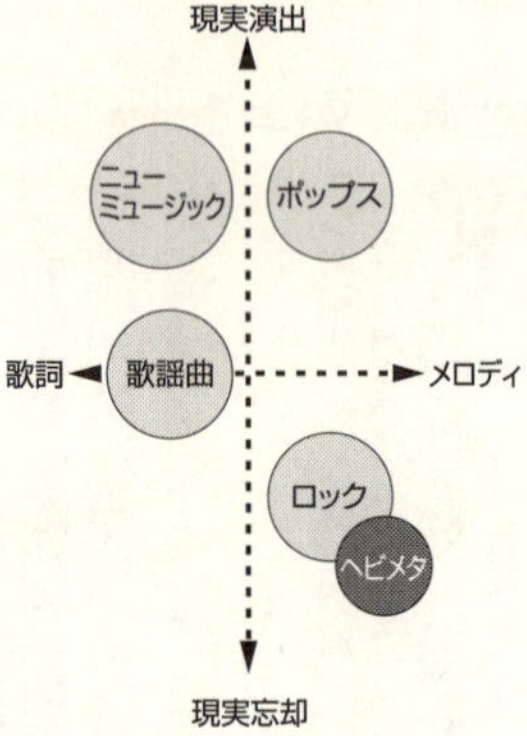

ャンルは、聴き手にとって「聴取態度の機能的なバリエーション」を表すシンボルとして機能している。あるいは、目下のところそうした機能的なバリエーションを言い表す適切なコトバがないために、音楽ジャンルの名前が代替的なラベルとして使われていると見ることもできる。

したがって、「ジャンルは消滅したか」という問いに対する答えは、二重にならざるを得ない。すなわち一方で、前節で紹介した「ジャンル変遷史」が示すように、「ジャンルによる商品パッケージング」が個々の作品への期待を方向づける度合は、とりわけ80年代後半以降急速に低下した。しかし他方で、**「ジャンルに対する好み」は、音楽の聴取形式に対する好みを表すシンボリックな形式として、未だに意味を失ってはいないのである。**

音楽聴取の機能的なバリエーション

ところで右に紹介したデータを詳しく見ると、いくつかの興味深い問題が提示されている。まず注目されるのは、「ニューミュージック派」と「ポップス派」の聴取態度の違いだ。双方とも「現実をロマンチックに演出するもの」として用いられる点では共通しているが、その方向性がまったく違う。「ポップス派」が「メロディ」を「非没入的」（BGM的）に聴取することで「現実を演出」しているのに対し、「ニューミュージック派」は「歌詞」を「没入的」に（浸りきって）聴取することで「現実を演出」している。そこでは「現実の演出」の意味が、明らかに異なっているのである。この差異は、何を意味しているのだろうか。

次に、「ニューミュージック派」と「ロック派」の聴取態度の違いも注目されよう。双方とも「没入的」に聴取される点では同じだが、やはりその方向性が違うのである。「ニューミュージック派」が「現実を演出する」ために「没入する」のに対し、「ロック派」は逆に「現実を忘れる」ために「没入する」。しかも「ニューミュージック派」が「歌詞重視」なのに対して、「ロック派」は（メタルまで含めれば）「メロディ重視」である。ここには「現実を遮蔽する〝繭〟として機能する大音響のメロディ」という独特の位相が見いだされる。なぜポップスやニューミュージックでは〝繭〟になりえないのだろうか。

さらに「歌謡曲派」には、「ニューミュージック派」「ポップス派」「ロック派」のいずれとも異なる志向が見いだされる。「歌謡曲派」は、「ポップス派」と同じく「非没入的」な聴取を行うが、「メロディ」よりも「歌詞」に享受の力点がある点で、大きく異なっている。しかし「歌詞重視」とはいっても、「ニューミュージック派」のように「現実演出」に方向づけられているわけではない。かといって、「ロック派」の「現実忘却」的な志向もない。「現実演出」とも「現実忘却」とも無縁なかたちで「歌詞」を「非没入的」に享受する——こうした「歌謡曲派」的な聴取形式は、いったいどんな内実を持っているのか？

実は、こうした差異と同一性を一挙に理解するのに役立つのが、音楽聴取の機能に関わる「四象限モデル」である（序章）。これは、音楽聴取の機能的な成分を、

(a)〈関係性提示機能〉の有／無
(b)〈シーンメイキング機能〉の有／無

図10　機能的四象限モデルと音楽ジャンル

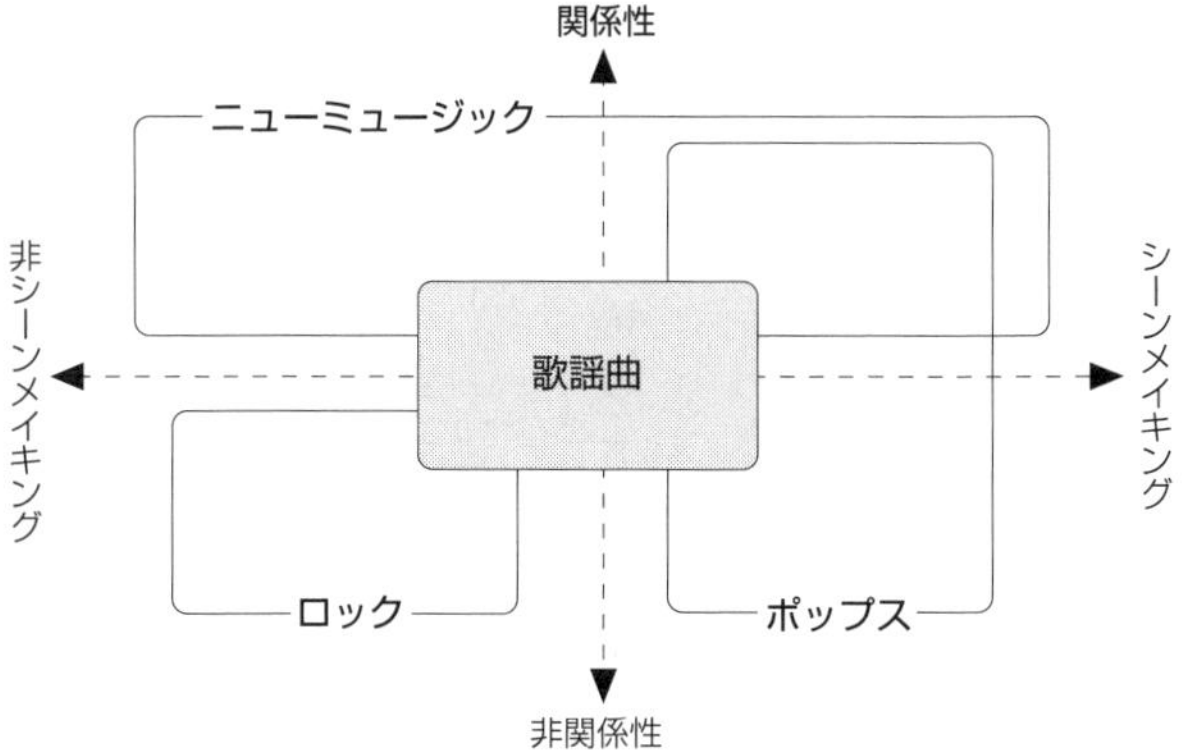

という2種類の二項図式に分解した上で、それらを掛け合わせたものである。この四象限モデルの上に、上記の4ジャンルをマッピングすると、図10のようになる。

〈関係性提示機能〉とは、第1章で紹介した少女マンガにおける「これってあたし！」的なものに相当する。すなわち、周囲の現実の〈世界〉を解釈するための〈関係性モデル〉が提示されるかどうかに関わるものである。音楽の聴取において、聴き手はしばしば、等身大の日常的関係性を描写した歌詞の中の登場人物に「これってあたし！」という具合に自分をダブらせて共感したり、自らを襲う不意の期待外れを「これってユーミンの歌と同じ！」という具合に枠づけて馴致したりする。そこでは〈関係性モデル〉が消費されているのである。

これに対して〈シーンメイキング機能〉とは、文字通り、コミュニケーションのシーン（場面）を演出する機能をいう。簡単に言えば、都会っぽい雰囲気・おしゃれっぽい雰囲気・大人っぽい雰囲気などを醸しだすためのツールとして使えるかどうかという側面に関わる。車で・リゾートで・トレンディスポットで、他者とのコミュニケーションの場面を彩るために——またそこで特定の自己イメージを提示するために——特定の音楽が用いられるのは、少しも珍しくない。これらの音楽は、「現実の享受の場所」に結びつくかたちで、〈シーンメイキング〉な享受のされ方をしているのである。

〈関係性提示機能〉と〈シーンメイキング機能〉とは、論理的な意味では独立している。後で述べるように、双方の機能を同時に充足する音楽もあれば、〈関係性提示機能〉だけに、あるいは逆に〈シーンメイキング〉機能だけに、特化した音楽もある。さらには〈関係性提示機能〉も〈シーンメイキング機能〉も持たない音楽もあるが、この場合には、音楽は独特のカタルシス機能へと特化することになる。

次項では、それぞれの機能的な成分の意味を詳細に分析しながら、なぜ音楽の主要4ジャンルが、図10に見るようなかたちでマッピングされるのかについて、説明していこう。

各ジャンルの機能的享受形式

関係性提示の音楽【ニューミュージック】

ニューミュージックが「歌詞重視的—没入的—現実演出的」（図6）に聴かれる理由は、それが〈関係性提示機能〉に傾斜した音楽だからだと言えよう。

ここでいう「現実演出」とは、もちろん〈関係性モデル〉による周囲の〈世界〉の読み替えに当たる。〈関係性モデル〉は、歌詞によって構成されたイメージ（シチュエーションやストーリー）だから、〈関係性提示機能〉に傾斜した音楽の聴き方は、「歌詞重視」にならざるを得ない。また〈関係性モデル〉による〈世界〉の読み替えは、提示されたモデルにいわば〝浸ること〟によって達成される。だから「没入的」な聴取がなされるのは当然であると言えよう。

ただしニューミュージックの〈関係性モデル〉は、荒井由実以降、時代にしたがって変化し、今日（92年現在）では、それぞれ異なる機能を果たすいくつかのパタンに分化している。後の伏線もかねて、説明を加えていくことにしよう。

デビュー当時の荒井由実が、同時代の乙女ちっくマンガと同じく、女の子たちにとっての「これってあたし！」だったことは、前節で述べた通りである。これが〈関係性モデル〉を用いた〈世界解釈〉であることは、言うを待たない。こうした「これってあたし！」的な享受が可能だったから、「〈私〉を分かるのはあの人だけ」という送り手への〈相互浸透〉（前節参照）が可能になった。また逆に、そうした〈相互浸透〉を期待できたからこそ、「これってあたし！」的な〈関係性モデル〉の享受も可能になったのだ。こうしたループは、その後のニューミュージックの変質と分化にもかかわらず、今日まで続いている（図11）。

70年代前半における荒井由実の「これってあたし！」的な〈関係性モデル〉は、乙女ちっくのそれと同じく、きわめて単純であり、「今のままの〈私〉でいいのだ」という素朴な自己肯定だけが、モデルの唯一の機能だったと言っていい。

図11　ニューミュージックの享受形式と相互浸透

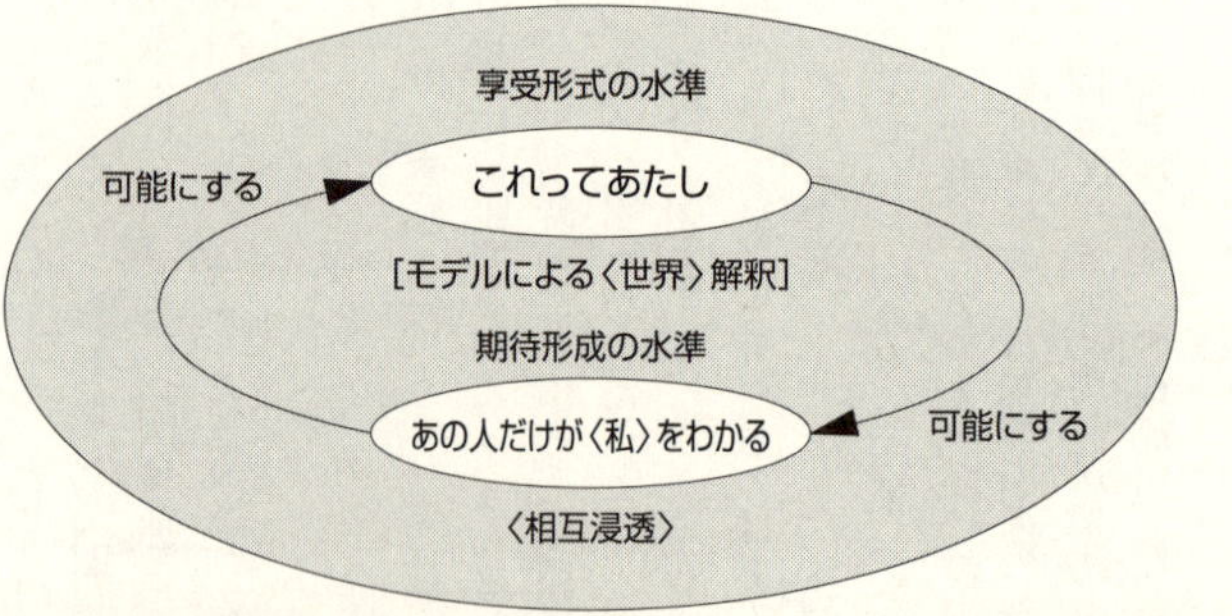

大人へのドアが　もう開いてしまったけれど
これでいいのだと思う
今日のわたしは　今日のわたしがいちばん好き
明日のわたしは　明日のわたしが
きっといちばん好きになるだろう

——荒井由実「誕生日」（1973）
アルバム『ひこうき雲』に添付された詩

しかしこの自己肯定の形式は、両者の間ではかなり違っていた。乙女ちっくの自己肯定が、周囲から取り残された「ダメな〈私〉」に向けられたのに対して、荒井由実の場合には、周囲から理解されない人並み外れた「進んだ〈私〉」という、八王子のGS追っかけ少女の自己肯定の意識だったのである。

荒井由実の「進んだ〈私〉」は、一方で同時代の「四畳半フォーク」への梯子外しとして機能した反面、彼女をニューミュージックにおける例外的な存在にしてしまった。

結局、70年代後半のニューミュージックの主流を構成したのは、「ダメな〈私〉」を肯定する「敷居の低い」ものばかりだったのである（アリス、さだまさし、松山千春など）。

ところで、荒井由実による初期ニューミュージックは、乙女ちっくと同じく、無時間化されたロマンチズムを特徴としていた。**これが70年代後半のニューミュージックになると、「ダメな〈私〉」の肯定は、〝あの頃〟に象徴される「時間性の導入」と、大正モダニズムの「ヴィーダーマイヤー」志向（川本三郎［1990：15-29］）――大逆事件後の大正文化人に代表される身辺の小物への偏愛――にもなぞらえられる「ミニマルな身辺描写」を、経由するようになるのである。**

あの頃ぼくは何のために　君と同じ朝をむかえてたんだろう
赤い電車が停まらないほどの　その小さな駅の見える部屋で
階段のぼるぼくの足音　響きはじめたとき
読みかけの本にしおりを　はさむ人もいない

――伊勢正三「冬京」（1977）

したがって、「これってあたし！」的〈関係性モデル〉には、初期の荒井由実のような無時間的なものと、70年代後半のニューミュージックの主流に見られるような時間化されたものとが存在することになる。後者の場合、〝あの頃〟に対する**現在における**回顧や後悔の眼差しが、「これってあたし！」的なものとして享受されている。同時代の中島みゆきのように、「回顧の眼差し」によらずに、「ストーリー構成の見事さ」だけを頼りに〈関係性モデル〉の時間化を達成する試みは、希有な例外だったと言えよう。

ところが、こうした70年代後半のニューミュージックの「ダメな〈私〉」に言及する「陥没した眼差し」は、80年前後になると「新人類文化の上昇」の機運との間に齟齬を来し、田中康夫［1981］や東京ロッカーズ（前節参照）の揶揄の対象になり始める。この「危機の時代」以降、ニューミュージックは数種類の型に分化して生き延びることになった。このあたりの事情を、渡辺美里・長渕剛・岡村孝子を例にとって、少し詳しく見てみよう。

77年以降、「新人類文化の上昇」と並行するかたちで、若者たちのコミュニケーションにいくつかの変化が生じた。深夜放送を支配した「あの人の前ではすべてをさらけ出そう」的なコミュニケーションは、まる文字を使った「内面を欠いたコミュニケーション」へと変質し、女の子の「かわいいカルチャー」は、〈私〉をありのまま肯定するロマンチックなナルチシズムから、本当の〈私〉同士が出会うことを回避し続けるキュートなコミュニケーションへと重心が移動した（第1章ならびに宮台［1991c］参照）。こうした変化が、少し遅れてニューミュージックにも影を落とすようになった。それが渡辺美里の「スタミナソング」である。

門限あるほど子どもじゃない　機嫌とるほど大人じゃない
キャッシュカード持つほど Rich じゃない　ごきげんな世界じゃない
魚のように泳がせて　小鳥のように歌わせて

レインドロップスのように踊らせて　河馬のように愛して

——渡辺美里「恋するパンクス」(1990)

そこでは、時間性は再び脱落し、身辺空間のミニマリズムは学校や街などの匿名的な空間の広がりへと代替されている。回顧的眼差しの消去と、空間の匿名化は、〈世界〉から内面的・個人的な色彩を、きわめて効果的に脱色する。こうして〈関係性モデル〉が「脱内面化」されたのである。

ひとりだけが苦しいんじゃない
みんなみんな苦しんでいる
話してみようよ　語りあおうよ
つもりつもった胸のうちを

これは渡辺美里の歌ではなく、かつて「うたごえ運動」で歌われた「労働歌」(伊黒昭文作詞「手のひらの歌」1956)であるが、両者の間には冗談抜きに共通性がある。愛らしさや無邪気さへの誰もが抱く共感に依拠して、内面の出会いを回避しつつ戯れ続けるのがキュートなコミュニケーションだとすれば(第1章参照)、渡辺も「労働歌」も、文脈自由に一般化された共感に依拠した、非内面的なスタミナソングである点で、機能的に同一なのだ。

これと対照的なのが、長渕剛の「癒しソング」である。

背中に東京が遠ざかり　背中に人間が遠ざかり
俺の前にはただ風が吹いている

——長渕剛「JEEP」(1990)

そこではやはり渡辺と同じく〈関係性モデル〉の空間的ミニマリズムが匿名空間の巨大な広がりへと取り替えられながらも、しかし〝お上りさんの挫折〟的な時間性が仮構されており、こうした時間性の下で〈東京〉〈世間〉といった匿名空間が〝彼〟を挫折させるものの象徴として——外部帰属化の宛先として——扱われている。〝彼〟とはむろん〈東京〉的な〈関係性〉に憧れて「夢破れた」者のことだが、こうした「期待外れ」の経験の象徴的な描写が、「これってあたし!」的な享受を可能にする仕組みになっているのである。

ところで、同じ「癒しソング」でも、長渕剛とは対照的な形式を持つものが、岡村孝子である。

夢を追いかけた瞳のその奥に　映ってる青空を確かめるように　遥か輝いた理想の大きさに
少しずつ気付くたびため息をついた

——岡村孝子「心の草原」(1990)

草原・青空・木もれ陽などのロマンチックな表象が乱舞するその歌は、完全な無時間化と空間的抽象化——とまった時間／どこにもない場所——を実現しており、初期の荒井由実への先祖返りとも見られかねない。だが、**無時間化と空間抽象化による文脈の切離しが、荒井の場合は「60年代的サブカルチャー」の残滓に向けてなされたのに対して、岡村の場合には、同時代のキュートな元気コミュニケーションに向けてなされている。**つまり岡村のロマンチックは、80年代を席巻したキュートからの「退却」を居直り的に肯定するための、「ダメな〈私〉」に向けられたモノローグ的な〈関係性〉だと言える。

いずれにしても、ニューミュージック的な享受形式とは、描かれた〈関係性モデル〉に「これってあたし！」的に反応して、〈世界〉を読み替えることである。ただ〈関係性モデル〉の機能には、今見てきたように、いくつかの下位類型が見いだされる。もちろん、これからも、新しい機能を果たす〈関係性モデル〉が登場する可能性は、いくらでもある。

シーンメイキングの音楽

【ポップス】　ポップスが「メロディ重視的—非没入的—現実演出的」（図6）に聴かれる理由は、〈シーンメイキング機能〉に傾斜しているからだと考えられる。〈シーンメイキング〉な音楽は、〈関係性モデル〉を提示するものと同じく、確かに「現実演出的」に享受されるが、「歌詞」より「メロディ」が重視され、「非没入的」に聴かれる点が異なる。これは、〈場〉を形成するための音楽が、あくまでコミュニケーションの「脇役」として機能するからだと考えればよい。すなわち、コミュニケーションという「図」に対し、〈場〉は「地」だから、「没入」の対象にはなりえないのだ。「非没入的」なのに「現実演出」が可能なのは、「歌詞」を媒介にした〈関係性モデル〉ではなく、「メロディ」を媒介にした〈場〉の形成を通じた演出がなされるからだ。それでは「メロディ」を媒介にした〈場〉の形成とは、いったいどんな内実を持つものなのか?

通常、バックグラウンド音楽やイージーリスニングと呼ばれているもの(以下単にBGM)の中には、〈シーンメイキング機能〉を持つ音楽が含まれている。だが、従来の「音楽環境論」の類は、〈シーンメイキング機能〉を見逃してきた。

「ながら聴取」に50年代大衆文化の変容の兆候を見いだしたのは加藤秀俊[1957]だったが、聴覚刺激は視覚刺激(読書など)の邪魔にならないとする「ながら聴取」の通説——「二宮金次郎」説——を否定し、BGMに特化した音楽の必要性を強調した見田宗介[1968]において、初めて本格的なBGM論が開始されたと言えるだろう。

これを受けて小川博司[1981]は、音楽の機能が、「日本人の心情の鏡」から「音による外部遮断幕」へと変化しつつあるとした。だが、これは行き届いた分析だとは言えない。70年代以降の変化を言うなら、ニューミュージックに見られる他のサブカルチャーとも連動した〈関係性提示機能〉の上昇こそを指摘すべきだという点をおくとしても、BGMであることと「遮断幕」であること——その延長上でウォークマンのようなメディアを通じた「個人化ツール」であること——は、決して同じではないからだ。あくまで「脇役」でありつつ、しかし社会的コミュニケーションの〈場〉そのものを「積極的」に形成する機能が、ある種のBGMには見いだされるのである。

示唆的なのは、78年デビューのYMOが、マーチン・デニーの「ファイアークラッカー」の引用から始まったことだろう。デニーのエキゾチックサウンドは、50年代ミュージシャンには珍しく、現実と遊離したリゾート——未開の楽園——のイメージを追っていたが、そこから「音像追求」という方法が編み出された。YMOの細野はこの方法に魅かれ（オムニ・サウンド編集委員会［1990］）、デニーが「ハワイというエキゾチックな〈場〉」を再現する音楽を作ったように、「TOKIOというエキゾチックな〈場〉」を作り出そうと試みたのである。

ところで、77年以降の「新人類文化の上昇期」にこうした〈シーンメイキング〉な音楽が上昇したのは、オシャレな場所が増えたからではない。むしろ逆に、オシャレな音楽がオシャレな場所（TOKIOや湘南）を発見していったのである。〈シーンメイキング〉な音楽——あるいはそれが演出するオシャレな〈場〉——への要求がこの時期上昇したのは、単なる偶然でない。それは、73年に始まった〈関係性モデル〉の上昇と、深い関係があったのだ。

東京をTOKIOと読み替えるような営みは「歴史の忘却」を必要とするが、こうした忘却を初めて実現したのが乙女ちっくや荒井由実の〈関係性モデル〉だったことは、既に述べたとおりである（第1章ならびに前節）。こうして、歴史的文脈から自由に〈関係性モデル〉が複雑化していくことが可能とされた一方で、モデルの複雑化は、それを〈図〉として支えるための〈地〉への要求を高めることになった。その結果、〈地〉の整備が〈図〉の複雑な展開を可能にし、複雑化した〈図〉が〈地〉の読み替えを促進する、というループが成立した（図12）。現実のハードとしての「オシャレな空間」は、このループを、あくまで後から追いかけたものに過ぎない。

図12　オシャレな空間の成立をめぐる相互可能化のループ

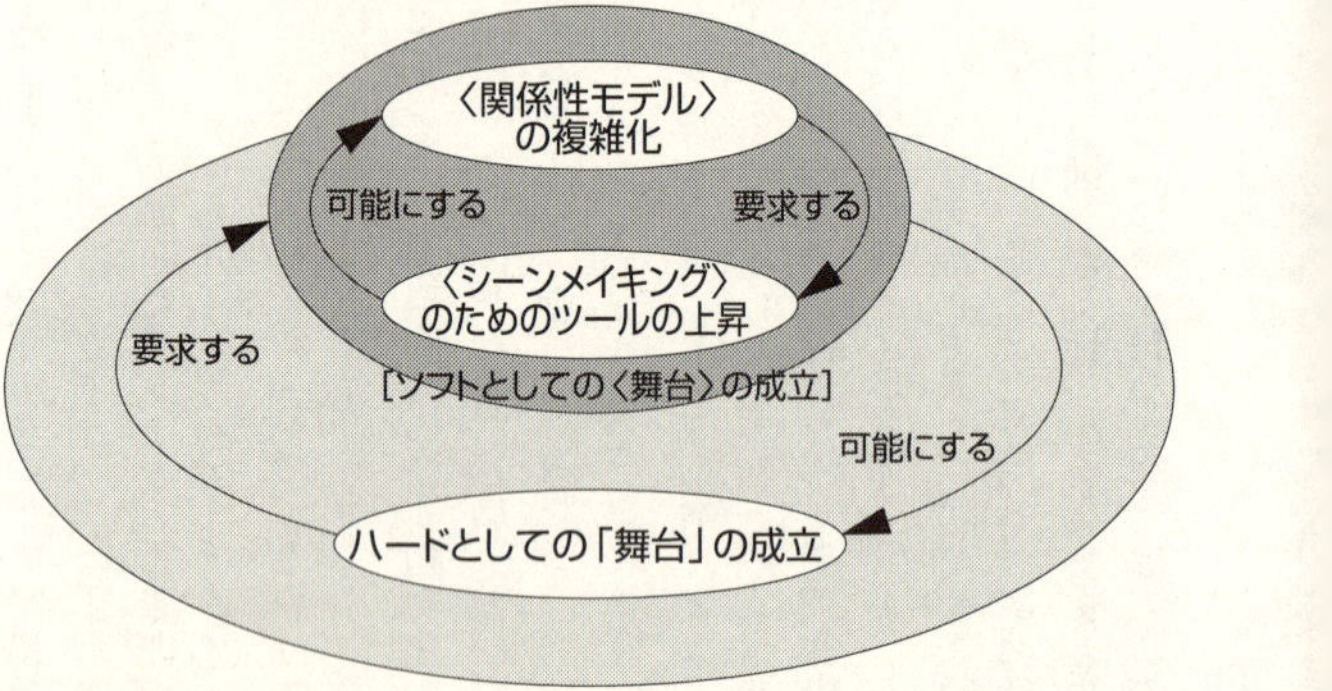

もちろんいったん作り出されたハードは、そこで展開されるソフトとしての「〈関係性モデル〉と〈場〉のループ」を、さらに要求せざるを得なくなる（再び図12）。かくして、77年から82年にかけての「性と舞台装置の上昇」（宮台［1991c］）が実現されることになったのだ。

70年代初頭には多かったはずの、フランシス・レイやミシェル・ルグランに代表されるような外国映画音楽のベストセラーが、急速に姿を消したのは、「憧れの場所」が国外から国内に移ったからだと言われている。だがそれは、国内にオシャレな場所が増えたからというよりも、むしろ現実を強引に読み替える今紹介したような「メカニズム」が、確立されたことによるのである。

ところで、ループ確立後も、〈シーンメイキング〉の方法は、若干の変化を被ることになった。そうした例は、とりわけ、70年代後半にユーミン、サザンなどを通じて上昇した「固有名詞」の扱いに見いだされよう。

確かに、海岸というより「茅ヶ崎」、レストランというより「山手のドルフィン」といったほうが有効な時代があった。それによって、恋人との実際のコミュニケーションの舞台である海を「茅ヶ崎」のように、レストランを「ドルフィン」のように、体験できたのだ。だからこの「固有名詞の時代」には、ユーミンやサザンは、〈関係性モデル〉を提示するニューミュージックであったと同時に、カーステレオで聴いて〈シーン〉の読み替えにも使えるポップスでもあったのである。

だがしかし、この方法は80年代半ばまでには廃れ、ユーミン自身も、具体的な場所をオープンにしたまま「オシャレなシチュエーション」だけを描写する方法へと変化、現在のドリームズ・カム・トゥルーなどに継承されていくことになる。ここには二つの事情があろう。第一に、かつては稀少だったハードとしてのオシャレな空間の一般化が、稀少な場所の固有名詞をわざわざ出す必要を免除したということ。第二に、固有名詞が陳腐化しやすく、ほどなくギャグネタになってしまいがちなこと（たとえばとんねるず「雨の西麻布」(1985)）。

こうした変化は、一方でユーミンやサザンを純粋なニューミュージックの方向へと押しやるが（211頁の図14参照）、それと並行して、ポップスはようやく《リゾートで流れる英語と日本語のまじったオシャレな音楽》（序章）へと「純化」することになる。これを「ニューミュージック／ポップスの完全分化」と表現できるだろう。これが、前節で紹介した初期の諧謔ポップスにおける「シャレからオシャレへ」の変化の〝完成〟と、互いに共振し合い、支え合ったのである。

こうした変化は、コミュニケーション文脈の変化に鈍感な、従来の「ながら聴取論」や「音楽環境論」では、説明できないことに注意しよう。ポップスは確かに「メロディ」優位の音楽である（図6）。だがポップスの成立プロセスは、単なる「それっぽい音」の成立という問題ではなく、コミュニケーションにおける〈関係性〉と〈場（シーン）〉の分化の問題としてしか、解けないのである。[1]

繭《ロック》としての音楽

ロックは「メロディ重視―没入的―現実忘却的」な聴かれ方をしている（図6）。ロックの一分野であるヘビーメタル（以下ヘビメタ）に限定すれば、各傾向は一段と極端になる。「総ロック化」以降のロック一般の「希釈化」を考えに入れるならば、ヘビメタにとりわけ極端な反応が集中する事情は理解できなくはないだろう。いずれにせよ、主要4ジャンルの中で「現実忘却的」な享受がなされるのは、ヘビメタを含めたロックだけである。

「現実を忘却するために聴く」という回答は、ロックが、明らかに「現実を遮断するもの」として意識されていることを意味する。「現実を演出するために聴く」ニューミュージックやポップスが「演出された現実」を享受するためのものであるのとは、著しい対照を見せている。その意味では、「外部からの遮断幕」として機能するのは、小川［1981］の言うBGMであるよりも、むしろロックなのである。〝繭〟に籠もって現実を遮蔽するための音楽としてのロック――。この遮蔽は、しかし、いかにして可能になっているのか？

ロックにしかない享受形式を探ってみるのが、一つのヒントになるだろう。かつて暴走族の集会の場で流れていたのは、MODSや矢沢永吉などのロックだった。だが「場所に」結びついた〈シーンメイキング〉な享受がなされていたわけでは、決してない。あくまでもメンバーシップの同一性や共同性の確認に結びついた——その限りでのみ「集会に」結びついた——ものだったのだ。こうした同一性の確認は、現在でもライブハウス的共同性やヘビメタ的共同性として見いだすことができる。この種の享受形式は、明らかにロックに独特のものである。

ここで、「現実の遮断」と「共同性の確認」がどのように結びつくのかを探ってみよう。結論から言えば、「遮断されるべき現実」の共有（〈奴ら〉化）を通じた「共同性」の樹立、という固有のコミュニケーション形式が認められる。

ヒステリックにざわめく風に　止まらない涙を胸に抱きしめ孤独を色どる
手首を流れる血を　おまえの体に絡みつけると　一瞬のうちに甦る記憶…
——X「WEEK END」(1990)

ロック——特にヘビメタ——には、壮麗化・誇張化・様式化・極限化という独特の物語形式が見いだされる。これは奇しくも、見田［1967→1978］がかつての大衆歌謡から抽出した物語形式と同一である。この大衆歌謡的な形式は、涙・酒場・未練・命・恨み・死んでも云々といった定型として、現在の演歌にほぼそのまま継承されている。

実際、演歌（ないし昔の大衆歌謡）とロックは、疎外や剝奪をモチーフとする点でも共通している。たとえば、ロックにおける〈奴ら〉は、演歌の〈世間〉に相当しよう。ロック集会では、「〈奴ら〉の共有」を通じていっときの共同性が醸しだされるが、これも『女のノド自慢』(日本テレビ)における「過去の苦難の共有」を通じた共同性の樹立と、機能的に等価である。「過去の苦難の共有」は、まさに「〈世間〉の共有」を含意するからである。

結局、「遮断されるべき現実」とは〈奴らの世界〉であり、遮断幕には〈奴ら〉への呪詛が描かれている。こうして「現実遮断」と「〈奴ら〉の共有による共同性の確認」とが両立することになる。むろん〈奴ら〉とは、長渕剛の〈世間〉〈東京〉と同じく、外部帰属化の宛先――いわば「ゴミ箱」――である。「臭いもの」は何でも〈奴ら〉〈世間〉〈東京〉、つまり外部のせいにすればいいのだ。ただし長渕剛の場合、主語はあくまで単数(俺)であり、Xなどが主語の複数性(俺たち)を特徴とするのと異なっている。**こうした主語の複数性は、外部の共有によって樹立される「共同性」を象徴的に示す符牒であり、ロックのコミュニケーションに固有の重要な特徴なのである。**

こうしたロックの機能に着目すれば、ロックが「非〈シーンメイキング〉―非〈関係性提示〉」のエリアにマッピングされる理由は、もはや明らかだろう。既に述べたように、ロック的な享受が、集会やコンサートやライブという「場」に強く結びついているのは、ポップスのように〈シーン〉を読み替えるからでなく、〈奴ら〉の共有による共同性を実現するためである。またロックは、ニューミュージックとは違って、〈関係性モデル〉によって自らの日常を「読む」わけではなく、逆に日常の現実から退却して、「非日常性の砦」に立て籠もるのである。

こうした日常性の遮断や共同性の獲得は、「没入する」(耽る！) 以外の手段ではとても実現できるわけがない。さらに、「ヘビメタ派」に見られる「メロディ重視」も、歌詞に展開される〈世界〉が今述べた意味で「定型的な繭」であることに関係していよう。歌詞の〈世界〉は、いわば「不動の前提」であって、差異を構成しない。だから、数あるヘビメタの中で目下のソレに「お耽美」的に浸れるかどうかの鍵は、メロディ・演奏(速弾き！)・外見を含めた意匠の差異に握られてしまう。暴力的な大音響が「没入」による「遮断」を支えているのは確かに事実だが、大音響で暴力的でありさえすればいいというわけではないのである。

遊びとしての音楽

【歌謡曲】

まず、歌謡曲が図10のように、ニューミュージック・ポップス・ロックの3領域に部分的に重なるようにマッピングされる理由を、説明しよう。

前節で紹介したように、ニューミュージックの上昇の陰で衰えていく歌謡曲に、「強い血」を導入するべく、70年代半ば頃から、ニューミュージック・ライターによる曲の提供が始まる(前述の吉田拓郎による森進一への提供など)。80年代になるとポップス・ライターの参入も急速に増え(細野晴臣や大瀧詠一による松田聖子への提供)、最近ではロック・ミュージシャンによる曲の提供も珍しくない(小室哲哉から宮沢りえへの提供など)。**その結果、現在では、ニューミュージック・ファンが、歌謡曲をニューミュージックとして、ポップス・ファンが、歌謡曲をポップスとして楽しむことも、可能になった。**今日の歌謡曲は、そうした意味でもはや混血——作り手から言えば「出稼ぎ先」——である。図10における歌謡曲の位置は、そうした事情を反映していると見ていいだろう。

しかし他方で、歌謡曲を、あくまでも「歌謡曲として」支持する「歌謡曲派」がいることも事実である。彼らは、「現実演出」とも「現実忘却」とも無縁なかたちで、「メロディ」よりも「歌詞」を、「非没入的」な享受の対象にしている（図9）。これはどのような享受形式の表れなのだろうか。いくつかの材料をもとに考察を進めてみよう。

「フリフリスカート」の10代の女の子や、ヘタクソな歌を甘いマスクで歌う男の子が、ブラウン管に華麗にデビューする、という70年代的なアイドルの制度が、現在では既に台湾・香港・韓国にその主流が移ってしまっていることは、もはや旧聞に属することだろう。

日本のアイドルブームの最後を飾った、70年代末から80年初期までの「アイドル分析雑誌」の隆盛が、ヨコナラビでない価値（自作自演こそ最高！）の一般化を前提にした、一種の「諧謔」だったこと。歌謡曲ブームがこの時期を最後に下降するのは、85年のおニャン子クラブにおける「素人性の玄人的制度化」と、85年以降の「総ロック化」とに象徴される、「価値のヨコナラビ化」のせいであること。それゆえに、「アイドル分析雑誌」を価値のヨコナラビ化の賜物だとする稲増［1989］の分析が適切なものではないこと。これらは、前節で詳しく述べたところである。

こうした下降のプロセスのなかで、「アイドル分析雑誌」の隆盛を支えていたような「作為性の楽しみ」も、当初の積極的な諧謔趣味——価値の意識的なずらし——から、自己防衛的な消極的な韜晦趣味——「どうせオイラは」的なもの——へと、変質していかざるを得なかった。実際、次節で述べるように、現在の歌謡曲の享受は、森高千里・工藤静香・中森明菜・斉藤由貴などが、「ニヒリスト」と名づけられた特定の「自己防衛的な人々」に偏って支持される、といった傾向になっているのである。

これらを材料とするならば、一方で、ニューミュージックやロックの「耽り」を、梯子を外されかねない「危険なもの」として回避し、他方で、ポップス的な高感度な「オシャレ」を「敷居の高いもの」と感じるような感受性が、歌謡曲に引きつけられるのだと予想できよう。もし前者の感受性だけだったならばポップス派になることもできたし、後者の感受性だけならばニューミュージック派やロック派にもなれたはずだ。だがしかし、両方の条件が満たされない場合には、歌謡曲しか選択の余地がなくなるのである。

実際のところ、大学生になっても歌謡曲を積極的に聴き続ける者たちの享受形式には、「耽りの危険」も「オシャレ志向」も存在しない。代わりにそこには、韜晦趣味を交えながら、アイドルが歌う歌詞と「面白感覚」で戯れる営みがある。こうした歌詞との戯れには、80年代後半以降の歌謡曲の傾向も、密接に関係しているだろう。この時期、森高・斉藤・小泉今日子らアイドル自身が、歌詞を自作自演するようになるのである。

身動きとれなくて　うんざりするわ
このままじゃいけない　誰かたすけて
ストレスが地球をだめにする　ストレスが女をだめにする

――森高千里「ストレス」(1989)

こうした詞は、むろん素人の域を出ない。だがそれが逆に、「歌謡曲生産システム」の中にいるアイドルの「素顔」を感じさせ、［生産システム／素顔］の落差が形成される。こうして「裏目読み」の手掛かりが増えて、戯れがますます容易なものとなる――。こうした「裏目読み」的な享受形式が、70年代後半から80年代初期にかけての歌謡曲の「メタ消費」ブームにルーツを持つことは、確かである。だが、もはやそこにはかつての諧謔サブカルチャーの香りはなく、「仕掛けられた落差」に「ニヒリスト」が吸引されるという「人格システム固有の事情」ばかりが目立つのだ。音楽の特定の機能的な享受形式に特定の人格システムが吸引される、という興味深い現象については、次節で詳しく論じることにする。

小括【ジャンルの機能とミュージシャン】

以上に、ニューミュージック、ポップス、ロック、歌謡曲の主要4ジャンルについて、それぞれに独特の享受形式と、機能的四象限（図10）へのマッピングを説明してきたが、その享受形式と機能との対応関係を表にまとめたものが、表1である。

このように解釈されたジャンルの上に、実際のミュージシャンがどのようにマッピングされるのか、ということも、たいへん興味深いところだ。これを探るために、90年調査（前述）では、90年1月15日号から90年調査開始直前の5月14日号までに『オリコン』週間チャートにベスト10入りした61人のミュージシャンを選び出し、その中から「最もよく聴くミュージシャン」を選択してもらった。そのうえで、回答の上位に登場する25人の主要ミュージシャンそれぞれについて、彼らを「最もよく聴くミュージシャン」として支持する人々が、「最も好きなジャンル」として

表1　享受形式/期待形成/機能の諸水準（比較のために演歌を挙げた）

水準 / ジャンル	享受形式	送り手とのコミュニケーションへの期待形成	機能
ニューミュージック	関係性の享受〔これって〈私〉〕	〈相互浸透〉〔あの人だけが〈私〉をわかる〕	〈世界〉の読み替え
ポップス	表層的な享受〔オシャレ！〕	反〈相互浸透〉	〈場〉の演出、または高踏派的な諧謔
ロック	忘我的同一化〔送り手＝〈私〉〕	〈相互浸透〉〔〈私〉だけがあの人をわかる〕〔あの人だけが〈私〉をわかる〕	象徴化・様式化による外部帰属化とカタルシス
歌謡曲	表層的な享受〔おもしろい！〕	反〈相互浸透〉	韜晦（どうせオイラは）による自己防衛
演　歌 大衆歌謡	忘我的同一化〔主人公＝〈私〉〕	非人称的	象徴化・様式化による外部帰属化とカタルシス

何を挙げるかを、クロス集計した結果が、図13である。さらにこれをもとに、図10の機能別ジャンル・マップの上に、各ミュージシャンを配置したものが、図14である。

本節では、音楽享受の機能別形式についての考察を行った。**その結果、確かに作品のパッケージングとしての役目を終えたものの、享受形式の機能的バリエーションを指示するシンボルとして、ジャンルの観念が未だに有効に機能していることが確かめられた。**加えて、そうした享受形式の機能的バリエーションの内容について、若干踏み込んだ紹介をしてきた。

しかし、こうした考察を通じて浮かび上がってきた、**新たな疑問もある。一口で言えば、どうしてそのような機能的享受形式が要求されているのかという問題である。**こうした疑問に対して、社会システム上の条件を挙げるだけでは、解答として十分ではない。いったいどういう種類の人間が、なぜ、そうした機能を持つ享受抜きではやっていけないのか――。人格システム上のファクターの詳細な分析が要求されるゆえんである。

図13 好きなミュージシャン×好きなジャンル（数字は5ジャンル内のみでの%）

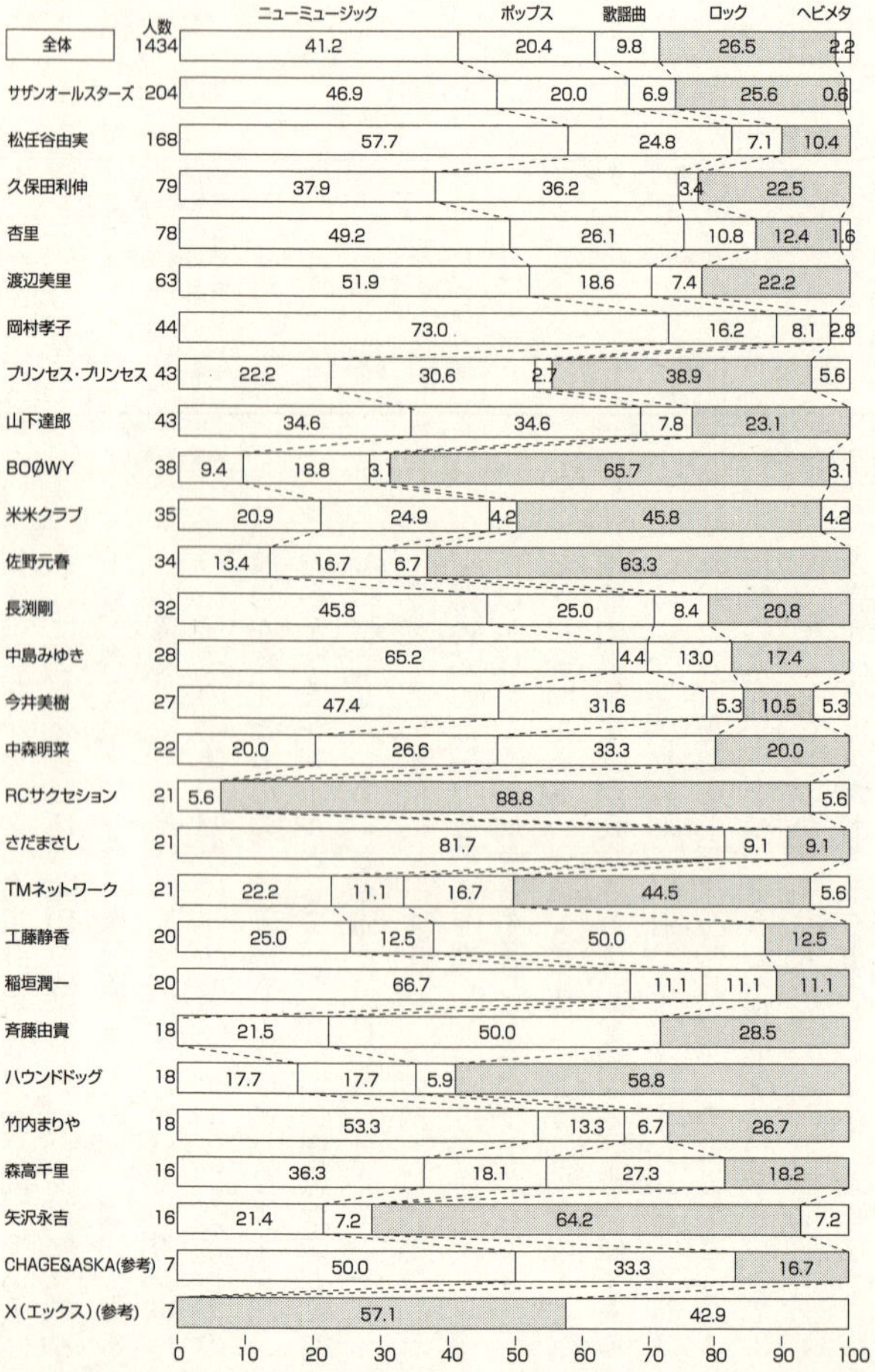
人数
ニューミュージック
ポップス
歌謡曲
ロック
ヘビメタ
全体 1434 41.2 20.4 9.8 26.5 2.2
サザンオールスターズ 204 46.9 20.0 6.9 25.6 0.6
松任谷由実 168 57.7 24.8 7.1 10.4
久保田利伸 79 37.9 36.2 3.4 22.5
杏里 78 49.2 26.1 10.8 12.4 1.6
渡辺美里 63 51.9 18.6 7.4 22.2
岡村孝子 44 73.0 16.2 8.1 2.8
プリンセス・プリンセス 43 22.2 30.6 2.7 38.9 5.6
山下達郎 43 34.6 34.6 7.8 23.1
BOØWY 38 9.4 18.8 3.1 65.7 3.1
米米クラブ 35 20.9 24.9 4.2 45.8 4.2
佐野元春 34 13.4 16.7 6.7 63.3
長渕剛 32 45.8 25.0 8.4 20.8
中島みゆき 28 65.2 4.4 13.0 17.4
今井美樹 27 47.4 31.6 5.3 10.5 5.3
中森明菜 22 20.0 26.6 33.3 20.0
RCサクセション 21 5.6 88.8 5.6
さだまさし 21 81.7 9.1 9.1
TMネットワーク 21 22.2 11.1 16.7 44.5 5.6
工藤静香 20 25.0 12.5 50.0 12.5
稲垣潤一 20 66.7 11.1 11.1 11.1
斉藤由貴 18 21.5 50.0 28.5
ハウンドドッグ 18 17.7 17.7 5.9 58.8
竹内まりや 18 53.3 13.3 6.7 26.7
森高千里 16 36.3 18.1 27.3 18.2
矢沢永吉 16 21.4 7.2 64.2 7.2
CHAGE&ASKA(参考) 7 50.0 33.3 16.7
X（エックス）(参考) 7 57.1 42.9
0 10 20 30 40 50 60 70 80 90 100

図14　主要4ジャンルとミュージシャン

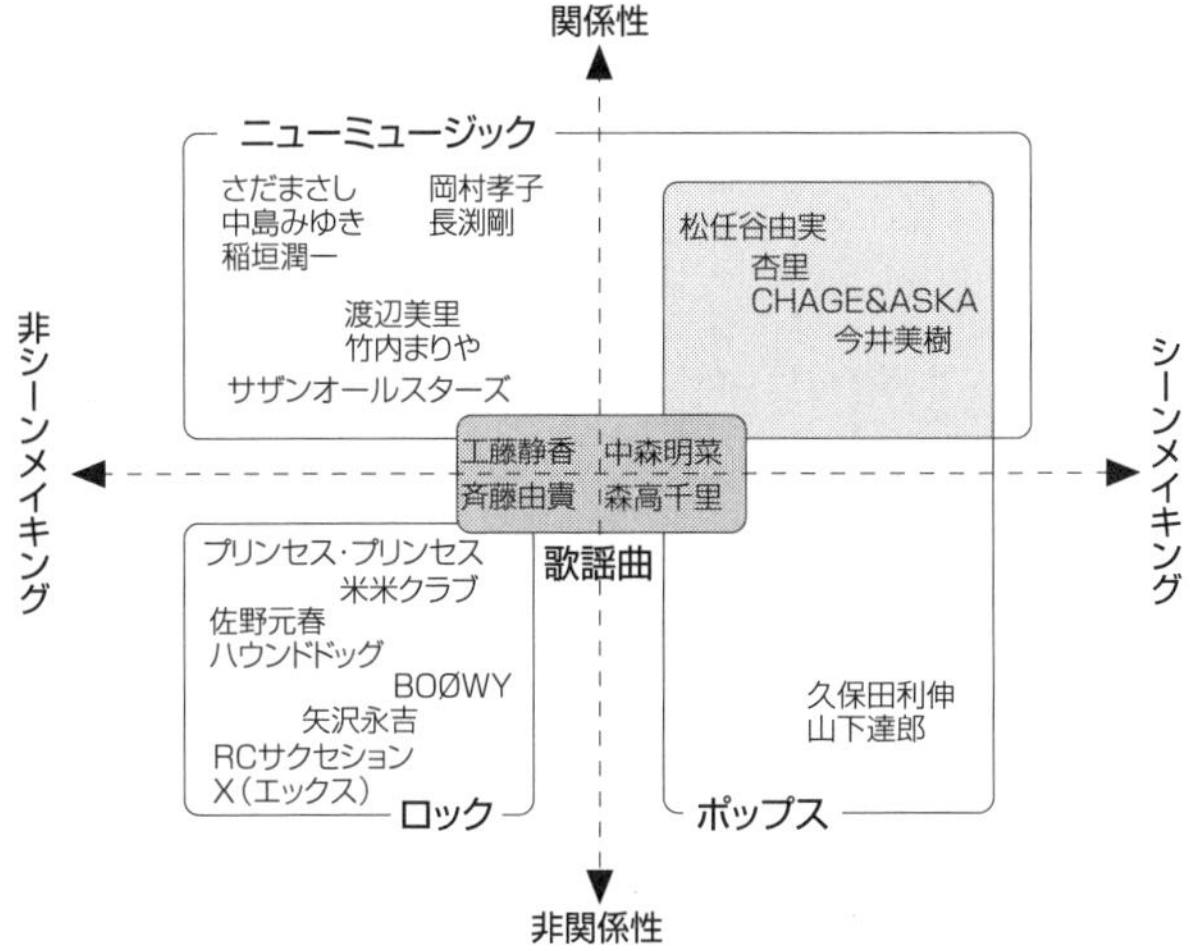

こうした要求に答えるべく、次節では、予期理論的人格システム類型論（宮台［1990ab］）を用いた詳細な分析を展開する。

（1）細川周平［1993］は、この第2章部分の連載の数カ月後に、ブラジル日系人社会での音楽享受について面白い分析を行っている。それによれば、ブラジル日系人社会では、ニューミュージックや演歌に比べて、渡辺美里やプリプリなどの「スタミナ系」やユーミンや今井美樹などの「オシャレ系」は人気がないが、それはこの社会が日本ほどストレスのたまらない対人関係や社会構造だから「スタミナ」はいらず、外車を運転し長いバカンスを楽しめるという現実が既にあって「シーンメイキング作り」が求められることもないからだという。これは「スタミナ」や「オシャレ」が、日本の特定時期のコミュニケーション文脈に結びついたものだ、というここでの私たちの主張を、間接的に傍証している。

3 「音楽聴取と人格システム」分析篇

「となりは何を聴く人ぞ」
限りなく拡散した今日の音楽状況の中で
誰が、何を、なぜ、聴いているのか
ますます見通せなくなりつつある。
首都圏・関西圏の大学生に対して行った大規模統計調査に基づき、
各種の人格類型ごとに、特定の音楽やミュージシャンが好まれる理由を
その動機の奥底にまで立ち入って分析する
人格類型と音楽聴取の関係性。

音楽聴取の男女差が意味するもの

なぜ特定の享受形式に傾くのか?

前節では、ニューミュージック・ロック・ポップス・歌謡曲という四つの主要ジャンル(「主要」である理由は前節参照)が、「ジャンルは死んだ」と言われる今日、いったいどのような意味を持つのかを、統計データをもとに考察した。それによれば、「ジャンル」の概念は、確かに個々の作品のパッケージン

図1　性別×好きなジャンル（数字は%）

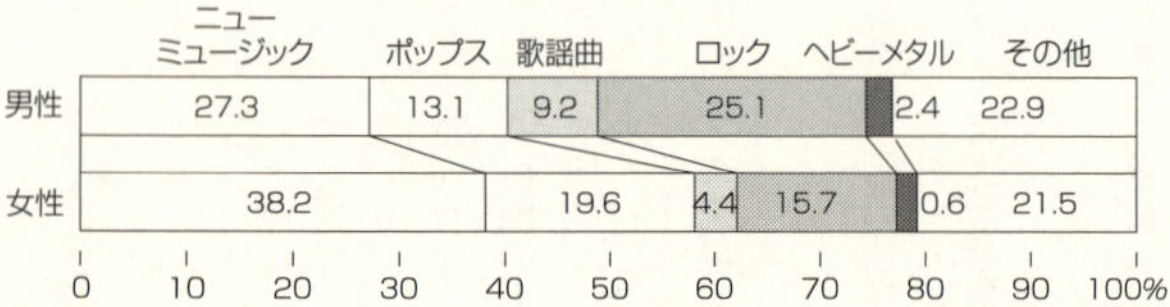

グとしての役目を終えているにもかかわらず、音楽の聴取形式の機能的なバリエーションを表すシンボルとして、今でも有効に機能している。**音楽の聴取に際して、受け手が送り手との間にどんなコミュニケーションを期待し、何を享受するのか——これが「ジャンルの好み」として表現されているのだ。**

ところで、ここで問題になるのは、どのような理由でそうした享受形式が存在するのか、言い換えれば、そのような機能的享受形式が要求される理由は何なのかということである。こうした疑問に答えるべく、**本節では、人格システムの類型ごとに音楽聴取のあり方の違いを詳細に分析し、「誰が、なぜ、そうした享受形式を必要としているのか」を明らかにしていく**ことにする。

男女間の享受形式の違い

その前に、ウォーミング・アップをも兼ねて、音楽聴取の形式が男女でどのように異なるのかを、簡単に紹介しておこう。まず、「最も好きなジャンル」の男女の違いを示したものが、図1である。

これを見ると、女性は、ニューミュージックとポップスを支持する割合が、男性に比べて断然多いことが分かる。前節で述べたように、両方のジャンルの共通項は「現実演出」機能にあった。他方、男性のほうは、ロック（ヘビメタを含む）と歌謡曲を支持する割合が、女性よりも圧倒的に高い。やはり前節で紹介したように、ロックも歌謡曲も「現実演出」には向いていない。ロックにいたっては「現実忘却」ツールでさえあった。結局、**男性よりも女性のほうが、「現実演出」ツールとして使える音楽を好む**と言えるのである。

こうした男女差にもっと詳細に踏み込むべく、さらにいくつかのデータを紹介してみよう。まず、前節の図13・図14で用いた25人の主要ミュージシャンのそれぞれについて、彼らを「最もよく聴くミュージシャン」として支持する人々の、「男女構成比」を示したものが図2である。

つぎに、それをもとにして、一元配置分散分析ならびに最小有意差法による多重比較検定を実行して、ミュージシャンを「男性がよく聴くもの／中立的なもの／女性がよく聴くもの」に分類したものが、図3である（分散分析でのF値確率は〇・〇〇〇一以下）[1]。ミュージシャンは「男性の支持者の割合」の高い順に並べられている。多重比較検定は、有意水準を〇・〇五として、有意差のあるペアを●で表示した。分類は以下のようにしてなされた。すなわち、「男性の支持者の割合」の高い順に組み合わせていって、そのすべての組み合わせに関して有意差ペアが出現しないところまでを「男性がよく聴くもの」とし、同じく「女性の支持者の割合」の高い順に組み合わせていき、そのすべての組み合わせに関して有意差ペアが出現しないところまでを「女性がよく聴くもの」とし、残りを「中立的」とした。

さらに、これをもとにして、データ分析をもとに作られた前節の図14（主要4ジャンルとミュージシャン）に、「男性がよく聴くもの／中立的なもの／女性がよく聴くもの」という情報を付

図2　最もよく聴くミュージシャン（人数）×支持者の性別（数字は%）

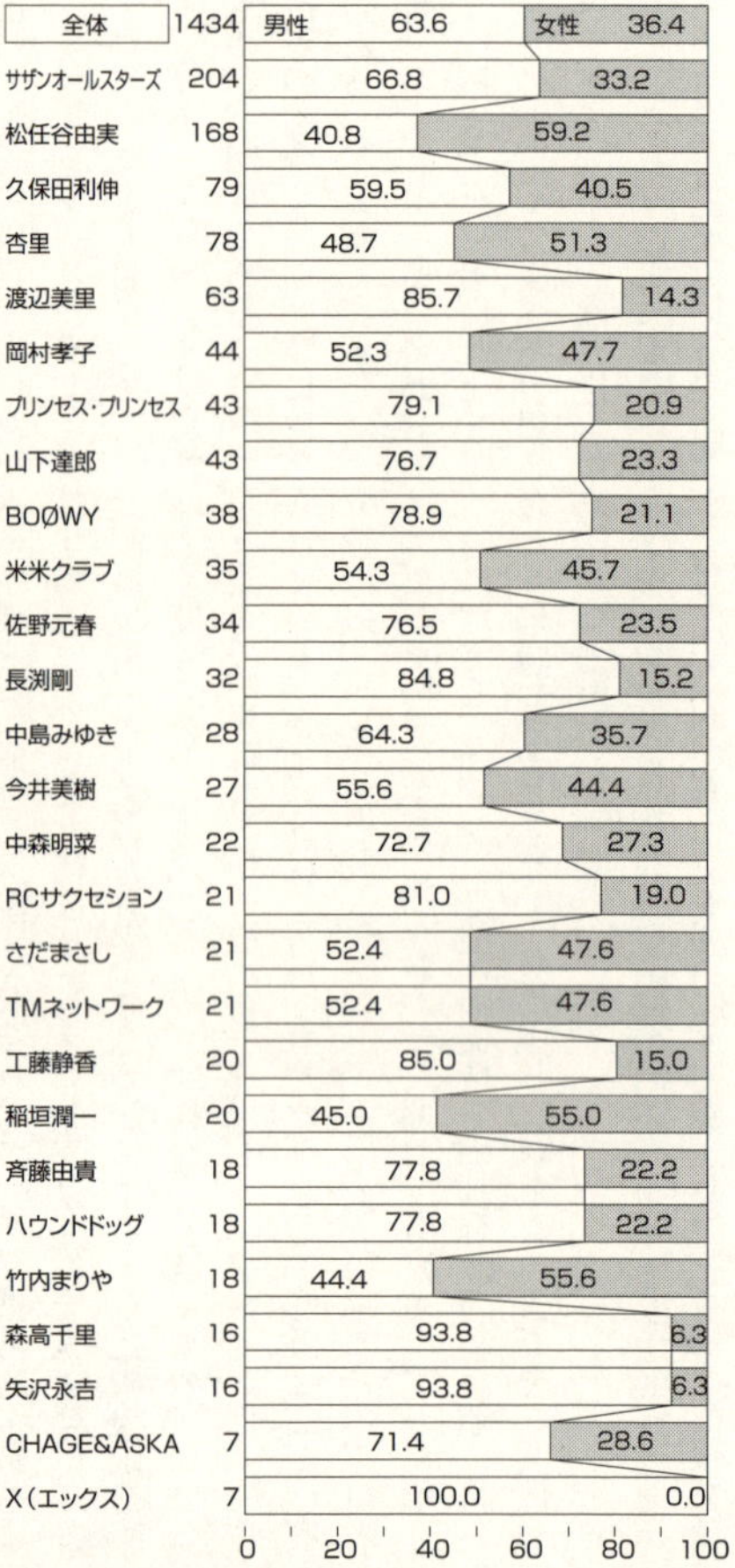

け加えたものが、図4である。全体的傾向を見ると、女性がよく聴くミュージシャンは、**〈関係性提示機能〉**が働く上半分の領域に10人中8人が集中するのに対して、男性がよく聴くミュージシャンは、**〈シーンメイキング機能〉が働かない左半分の領域に**（歌謡曲領域を除いた）7人全員が集中している。領域別に見ると、とりわけ**［〈関係性提示〉×〈シーンメイキング〉］である右上の領域に**存在するのは、4人全員が女性がよく聴くミュージシャンであるが、反対側すなわ

図3　男性のよく聴く／中立的な／女性のよく聴くミュージシャン

●有意差のあるペア（危険率0.05以下）

（網掛け凡例）：男性がよく聴くもの　：中立的なもの　：女性がよく聴くもの

数字は男1・女2とした平均値	X（エックス）	森高千里	矢沢永吉	工藤静香	長渕剛	RCサクセション	ハウンドドッグ	渡辺美里	斉藤由貴	佐野元春	BOØWY	山下達郎	プリンセス・プリンセス	中森明菜	サザンオールスターズ	中島みゆき	久保田利伸	CHAGE&ASKA	TMネットワーク	米米クラブ	今井美樹	さだまさし	岡村孝子	杏里	稲垣潤一	竹内まりや	松任谷由実
1.0000 X（エックス）												●	●	●	●	●	●	●	●	●	●	●	●	●	●	●	●
1.0625 森高千里											●	●	●	●	●	●	●	●	●	●	●	●	●	●	●	●	●
1.1176 矢沢永吉													●		●	●	●	●	●	●	●	●	●	●	●	●	●
1.1905 工藤静香															●	●	●	●	●	●	●	●	●	●	●	●	●
1.1944 長渕剛															●	●	●	●	●	●	●	●	●	●	●	●	●
1.2273 RCサクセション															●	●	●		●	●	●	●	●	●	●	●	●
1.2632 ハウンドドッグ																	●		●	●	●	●	●	●	●	●	●
1.2703 渡辺美里															●	●	●		●	●	●	●	●	●	●	●	●
1.3000 斉藤由貴																	●		●	●	●	●	●	●	●	●	●
1.3077 佐野元春															●		●		●	●	●	●	●	●	●	●	●
1.3478 BOØWY		●															●		●	●	●	●	●	●	●	●	●
1.3654 山下達郎	●	●															●		●	●	●	●	●	●	●	●	●
1.3818 プリンセスプリンセス	●	●	●														●			●	●	●	●	●	●	●	●
1.3846 中森明菜	●	●																					●	●	●	●	●
1.4713 サザンオールスターズ	●	●	●	●	●	●		●		●													●	●	●	●	●
1.4857 中島みゆき	●	●	●	●	●	●		●																●		●	●
1.5429 久保田利伸	●	●	●	●	●	●	●	●	●	●	●	●	●											●			●
1.5455 CHAGE & ASKA	●	●	●	●	●																						
1.5926 TMネットワーク	●	●	●	●	●	●	●	●	●	●	●	●															
1.5957 米米クラブ	●	●	●	●	●	●	●	●	●	●	●	●	●														
1.6053 今井美樹	●	●	●	●	●	●	●	●	●	●	●	●	●														
1.6207 さだまさし	●	●	●	●	●	●	●	●	●	●	●	●	●														
1.6462 岡村孝子	●	●	●	●	●	●	●	●	●	●	●	●	●	●	●												
1.6696 杏里	●	●	●	●	●	●	●	●	●	●	●	●	●	●	●	●	●										
1.7097 稲垣潤一	●	●	●	●	●	●	●	●	●	●	●	●	●	●	●												
1.7241 竹内まりや	●	●	●	●	●	●	●	●	●	●	●	●	●	●	●	●											
1.7305 松任谷由実	●	●	●	●	●	●	●	●	●	●	●	●	●	●	●	●	●										

図4　主要4ジャンルとミュージシャン、ならびに支持者の性別

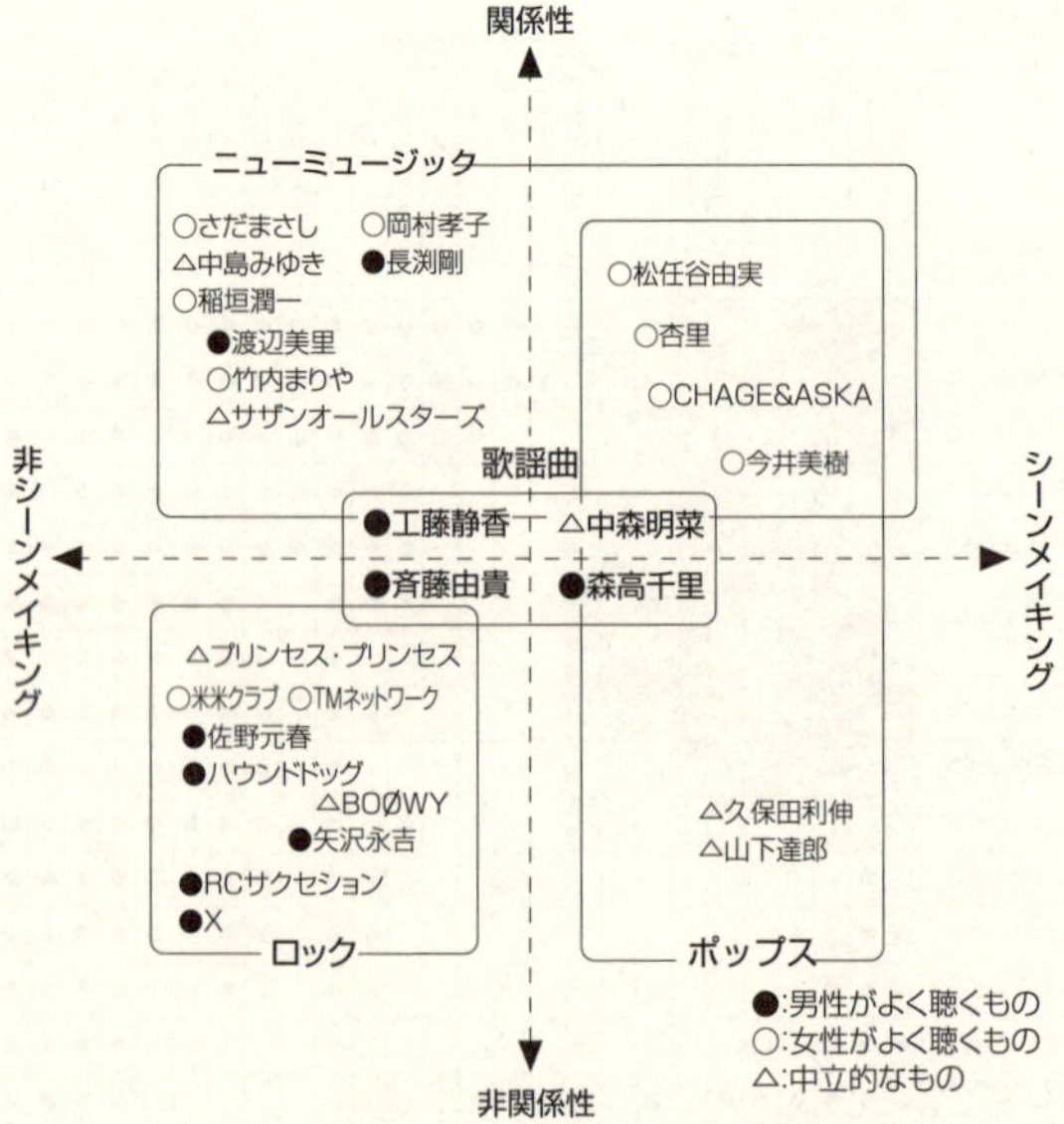

ち［非〈関係性提示〉×非〈シーンメイキング〉］的な左下の**領域**——ロック的カタルシスの領域——には、女性がよく聴くミュージシャンは8人中1人しかいないことが分かる。

こうした結果もやはり、〝女性は男性よりも、「現実演出」ツールとして使える音楽を好む〟という前述した傾向を表していると言えるだろう。なぜならば、前節に述べたように、〈関係性モデル〉の享受と、〈シーンメイキング・ツール〉の享受は、それぞれ「現実の読み替え」の二つの異なる方向だったからである。〈関係性モデル〉は、「これってあたし！」とい

う具合に自分と周囲の人々との関係を解釈するのに役立ち、〈シーンメイキング・ツール〉は、この場所をどこかのオシャレな場所のように——ただの海浜を「茅ヶ崎」のように、レストランを「山手のドルフィン」のように——彩るのに役立つ。両者の間にはさらに相互組込的な関係が予在している（前節）。

「現実演出」的なものへのこうした女性の耽溺は、私たちが幾度か紹介してきた女性サブカルチャーの歴史的な展開——少女マンガ（第１章第１節、序章）・ユーミン（宮台［1991c］）・かわいいカルチャー（第１章第２節）など——を踏まえれば、自然なものであることが分かるだろう。若い女性が、男性よりもはるかに自由に自分を読み替え、現実を読み替えること——。このことが、とりわけ80年代には、現在20歳代後半以下の年齢層（92年当時）の若者たちの「女性優位」を招き（第１章第１節）、他方で、現実をオハナシのように生きるこうした性向が、やはり80年代の少女たちのオマジナイブームや前世ブームに見られた「浮遊感覚」の源泉となったことは、すでに序章に述べたとおりである。

これと比べてみると、**男性の音楽聴取には、現実を忘れてカタルシスに浸る、さらに言えば複雑な現実から退却して自らを癒す、いわば「治療的」な傾向が見いだされる**ことが、注目に値する。ロックを好む者が、女性よりも男性に圧倒的に多いことは、前述したとおりであるが（図１参照）、このロックを好む者の聴取時間が、他のジャンルを好む者の聴取時間よりも格段に長いというデータ（図５）もまた、こうした「現実逃避的」「治療的」傾向を、間接的に傍証していると言えるだろう。

図5　好きなジャンル×聴取時間

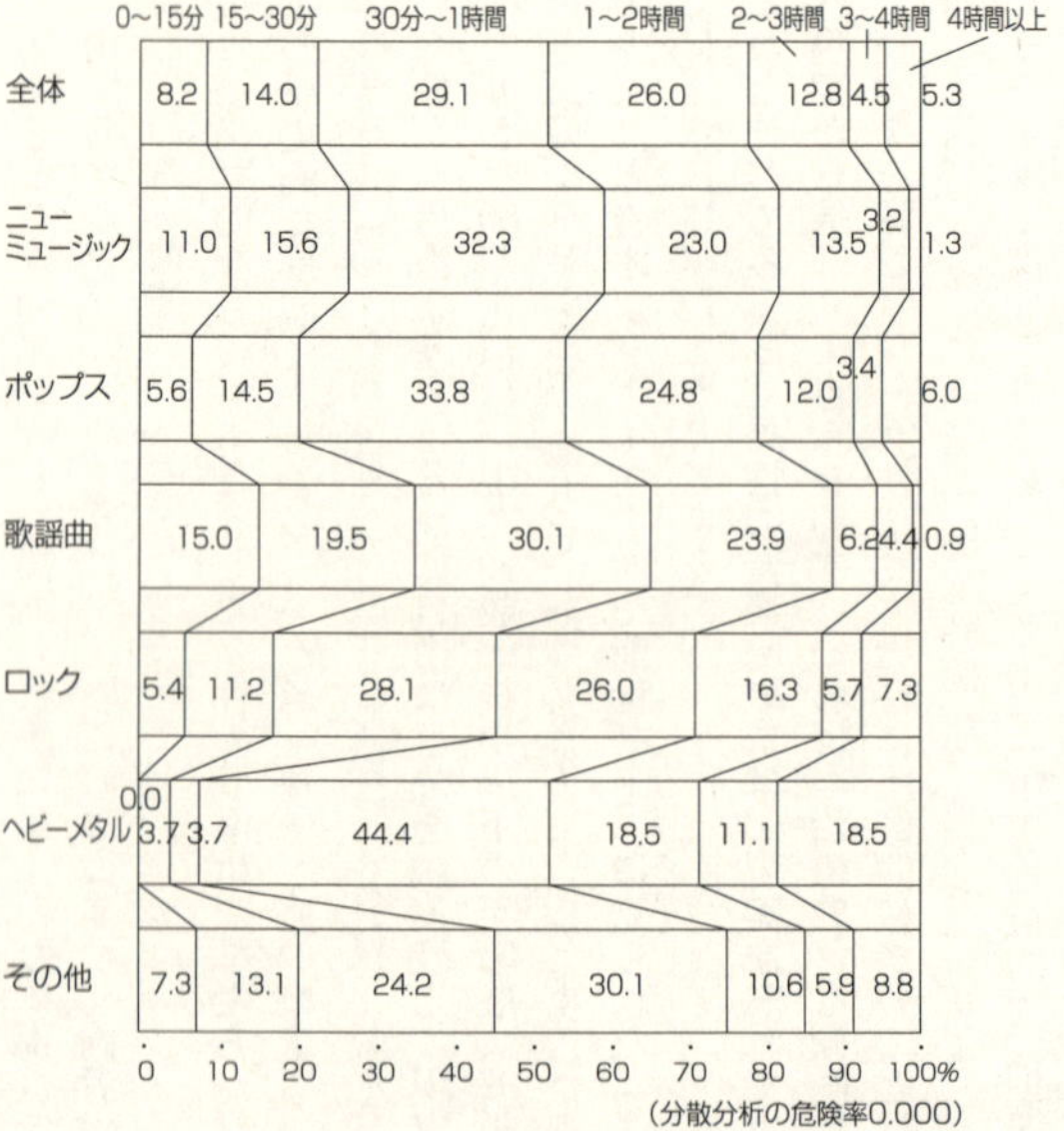

ところで、図4の歌謡曲領域に見いだされる男女差もまた興味深い。この歌謡曲領域の4人のミュージシャンのうち3人は男性によって支持されており、残り1人は中立的である。女性が支持するミュージシャンはいない。歌謡曲領域の4人ともすべて女性アイドルであることを考えれば、これは当たり前のようにも見える。だが別のデータに従えば、この因果関係は「逆向き」にもとらえられるのである。

図6は「歌謡曲のヒットで仕掛け人の存在が気になるか」という質問への、図7は「自分にはB級志向・キッチュ志向があ

図6　性別×裏目読み志向

質問:歌謡曲や商品がヒットするとき、背後にいる仕掛け人の存在が気になりますか?

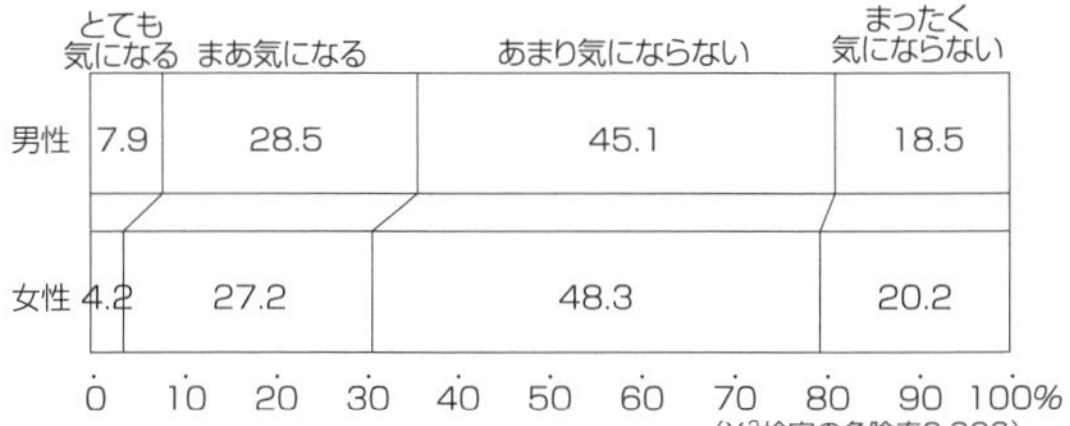

（X^2検定の危険率0.026）

図7　性別×B級志向

質問:あなたには「B級志向」「マイナー志向」「キッチュ志向」がありますか?

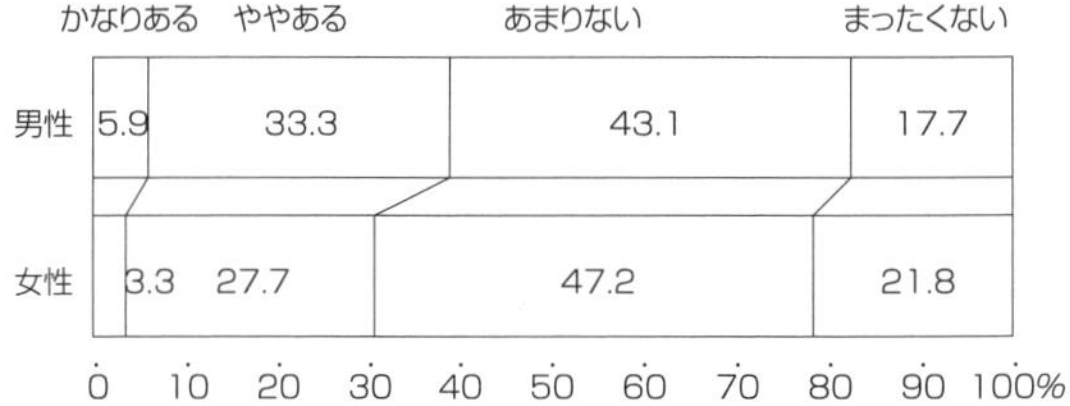

（X^2検定の危険率0.005）

るか」という質問への、男女の答え方の違いを表すものだ。これを見ると、男性は、女性よりも「裏目読み志向」が強く（カイ自乗検定の危険率〇・〇二六）、「B級志向」も強い（同〇・〇〇五）。こうした傾向を、70年代末以降の歌謡曲の展開（前節参照）と考え合わせれば、**裏目読み・B級志向の強い男性が、歌謡曲の「メタ消費化」を押し進めたからこそ、若者の聴く歌謡曲は女性アイドルばかりになったとも見られる**のである。

音楽享受において、女性のほうに「現実演出」的な志向が強く、男性のほうに「現実遮断」的な「治療的カタルシス志向」ないし「メタ消費的志向」が強いという、

図8　性別×聴取仲間

質問:あなたは音楽をだれと聴きますか?

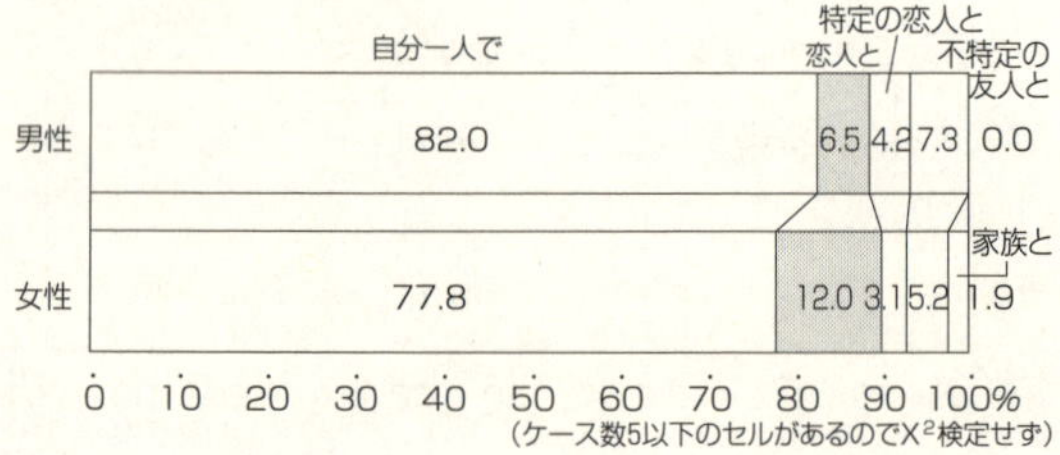

(ケース数5以下のセルがあるのでX^2検定せず)

今述べてきた傾向は、他にもいくつかのデータを用いて傍証することができる。たとえば、図8によると、男性が女性よりも「一人で聴く」ことが多く、女性が男性よりも「恋人と聴く」ことが多いという、興味深い傾向を示している。これはまさしく、これまで述べてきたような音楽聴取の男女差の必然的な帰結と考えられよう。女性は、傍らにいる恋人と自分との関係を〈関係性モデル〉によって読み替え、恋人と自分がいる場所を〈シーンメイキング・ツール〉によって彩る。音楽はそのための道具として機能する。**すなわち男性と比較した場合、女性にとっての音楽は、コミュニケーションを志向したツールとしての性格が色濃いのである。**

ミュージシャン人気投票の男女差

図9は、男女別に、「最もよく聴くミュージシャン」をベスト20まで集計した結果であるが、この順位表に見られる男女差の意味も、今まで述べてきたような分析をもとにすれば、比較的容易に解釈できるだろう。まずベスト10までを見てみると、上位に登場するサザンオールスターズ、松任谷由実、久保田利伸、杏里の4人を除いた、6人のミュージシャンのすべてが、男女で完全に入れ替

図9　男性・女性がよく聴くミュージシャン：ベスト20

凡例　●—●:男性のほうが6位以上順位が高いもの
　　　○—○:女性のほうが6位以上順位が高いもの

男性がよく聴くミュージシャン

順位		人数
1	サザンオールスターズ	137
2	松任谷由実	69
3	渡辺美里	54
4	久保田利伸	47
5	杏里	38
6	プリンセス・プリンセス	34
7	山下達郎	33
8	BOØWY	30
9	長渕剛	28
10	佐野元春	26
11	岡村孝子	23
12	米米クラブ	19
13	中島みゆき	18
14	工藤静香	17
14	RCサクセション	17
16	中森明菜	16
16	森高千里	15
16	矢沢永吉	15
16	今井美樹	15
20	斉藤由貴	14
20	ハウンドドッグ	14
20	TUBE	14
	爆風スランプ	13
	角松敏生	13
	WINK	12
	小田和正	12
	さだまさし	11
	TMネットワーク	11
	ブルーハーツ	10
	永井真理子	10
	小比類巻かほる	10
	リンドバーグ	10
	稲垣潤一	9
	井上陽水	8
	浜田麻里	8
	杉山清貴	8
	竹内まりや	8
	X（エックス）	7
	バービーボーイズ	7

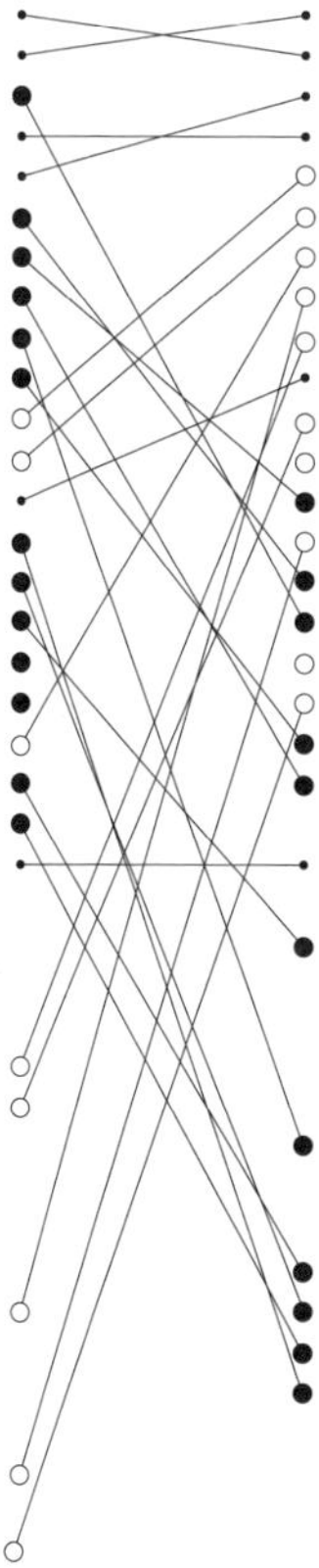

女性がよく聴くミュージシャン

順位		人数
1	松任谷由実	100
2	サザンオールスターズ	68
3	杏里	40
4	久保田利伸	32
5	岡村孝子	21
6	米米クラブ	16
7	今井美樹	12
8	稲垣潤一	11
9	さだまさし	10
9	中島みゆき	10
9	TMネットワーク	10
9	安全地帯	10
9	山下達郎	10
9	竹内まりや	10
15	プリンセス・プリンセス	9
15	渡辺美里	9
15	大江千里	9
15	バービーボーイズ	9
19	佐野元春	8
19	BOØWY	8
	爆風スランプ	7
	TUBE	7
	角松敏生	7
	中森明菜	6
	永井真理子	6
	松田聖子	5
	小田和正	5
	アルフィー	5
	長渕剛	5
	杉山清貴	5
	少年隊	4
	斉藤由貴	4
	RCサクセション	4
	ハウンドドッグ	4
	工藤静香	3
	田原俊彦	3
	小比類巻かほる	3
	聖飢魔II	3
	たま	3

わっていることが、注目される。

中でも目をひくのが、女子中高生に人気がある渡辺美里、プリンセス・プリンセス、佐野元春といった「スタミナ・ソング」(前節参照)が、大学生ではもっぱら男性によって聴かれているという事実である。これは何を意味しているのだろうか?

渡辺美里のスタミナ系ニューミュージックが端的に象徴する「一生懸命ならきっといいことあるよ」といった〈世界解釈〉は、かつての「ポジティブもの」の乙女ちっく(第1章第1節)にも似て、提示される〈関係性モデル〉がきわめて単純である。だが、乙女ちっくがまさしくそうだったように、女性の〈関係性モデル〉は、加齢とともに急速に複雑化していくことになる。したがって、「大学生にもなって、もう渡辺美里でもないよネ」といった感受性へと変化したとしても、少しも不思議ではない。ところが、女の子が中高生時代で捨て去るこの〈関係性モデル〉を、何と大学生の男が利用するのである。ここにはやはり、先に述べたような〈関係性モデル〉への習熟度の著しい男女差が表れていると見るべきだろう。

ここで注意しておきたいのは、これと似たことが、実はさまざまなメディアで反復的に生じているということである。たとえば、73年に始まる乙女ちっくは、少女マンガに展開された最初の〈関係性モデル〉だったが、これがいわゆる「ラブコメ」として少年マンガに導入されたのは、ようやく78年に入ってのことだった(柳沢きみお『翔んだカップル』など)。このラブコメに描かれる〈関係性モデル〉は、一部の稀有な例外を除いて(第3章第2節参照)、結局は「陥没した眼差し」への癒しに過ぎず、数年前の乙女ちっく以下の単純なものだったと言っていい。ところが、同じ時期に、少女メディアにおける〈関係性モデル〉は「性と舞台装置」を取り込み、もはや乙女ちっくの原型を留めないほどまでに複雑化していた（第1章第1節、序章）。このような複雑化した〈関係性モデル〉こそが、この時期以降の「新人類文化の上昇」を牽引したのである（宮台［1992b］）。なお少年マンガの展開史は第3章で詳しく取り上げる。

話を音楽に戻そう。男性側のベスト20で、女性側よりもはるかに上位に来るのは、上記の美里やプリプリに加えて、ＲＣサクセション、ハウンドドッグ、矢沢永吉といったロック的パッケージをウリにするミュージシャンと、長渕剛の「癒しの歌」である。これらの中には社会的テーマを持ち出すものもあるが、それも結局、すべての問題を放りこむ「ゴミ箱」として登場する「奴ら」という形象（前節参照）が時としてあまりに抽象的過ぎるのを、多少なりとも埋め合わせるための〝敵作り〟に過ぎず、『疑似共同体化ツール』――『宝島』のムード的原発批判に象徴されたもの――を越えない。男性に目立つ、こうしたいわゆる「奴ら化」は、〈関係性モデル〉の処理能力の低さを補完するための独特の〈世界有意味化戦略〉である、と見られよう。すなわち、女性の「現実演出」と、男性の「現実遮断」＝「奴ら化」は、〈関係性モデル〉の処理能力の高低によって条件づけられた、機能的に等価な意味処理戦略なのである。

人格類型による音楽聴取の違い

予期理論的人格類型とは何か？

音楽からジャンルが消滅したと言われて久しい。にもかかわらず、音楽聴取の機能的バリエーションのどれを選択するかが、今日でも「ジャンルへの好み」として聴き手の側で概念化されていることは、前節のデータ分析から明らかになった。それが意味するのは次のようなことである。人が違えば音楽から享受するものも違うというのは、今日では当然のことだ。しかし、音楽の享受形式に限りないバリエーションがあるというわけではない。音楽聴取の機能的なバリエーションは、実際にはきわめて少数の型に収斂してしまうのである。

こうした結果は、さらに次のような疑問に私たちを導く。この音楽聴取の少数の類型の中のどれを選ぶかは、人によって「勝手気まま」なのだろうか？　私たちの分析によれば、そうではない。先に紹介したように、たとえば男女の性別によって、音楽の享受形式が機能的に方向づけられてしまっている。こうしたことは、まったく個人的なものに見える音楽聴取の営みが、実は社会システム的な条件によって前提づけられていることを明確に示している。

しかしこれだけでは、疑問に対する解答としてまだ十分とは思われない。音楽の享受形式を方向づける人格システム的な——個人の人格特性に関わるような——条件があるのではないか？すなわち、確かに音楽聴取は今日では「人それぞれ」であるように見えるが、この「人それぞれ」の中にこそ、実は明確な構造が見いだされるのではあるまいか？　社会システムによる条件づけも、こうした人格システム的な条件に媒介されて、初めて実質的な意味を持つものになるのではないか？

こうした疑問が、音楽聴取に限らずメディア接触一般に関わってくることは明らかだが、このような一般的問題を解きあかすのに役立つのが「予期理論的人格システム類型論」である。これにしたがえば、「予期理論」と呼ばれる社会システムの一般理論を利用したモデルを用いて、被調査者を人格システムの複数の型にもれなく統計的に分類することができる。私たちは85年以来この方法を用いて、若者たちのそれぞれのタイプが、異なる〈世界解釈〉の戦略を持つことを明らかにするとともに、こうした〈世界解釈〉戦略の違いが、マンガ・アニメ・パソコン・電話・雑誌などのさまざまなメディアとの接触の仕方の違いと密接に結びつく仕方を統計的に分析し続けている（宮台・岩間［1985］、宮台［1990ab］など）。

予期理論について簡単に説明しよう。予期理論は、人が必ず一定の予期や期待を前提にして行為することに、注目する。行為の帰結は必ずしも期待どおりにはならないが、生じうる期待外れにどのように対処するかは、社会システムにとっても人格システムにとっても、大きな問題になる。ここでの私たちの関心は、もちろん人格システムにある（社会システムに関する予期理論の適用例は宮台［1989a］）。

例を挙げて説明しよう。「女を口説く」という行為に踏み切れるかどうかは、「自分は女にモテる」という自己イメージを持っているかどうかによって、大きく左右される。このように、自己イメージは一般に、行為の遂行に対して前提を与えている。しかし、「口説いた」（行為）としても「女がオチる」（行為の帰結＝体験）とは限らない。期待どおりの行為の帰結が得られれば、

図10　自己システムのループ

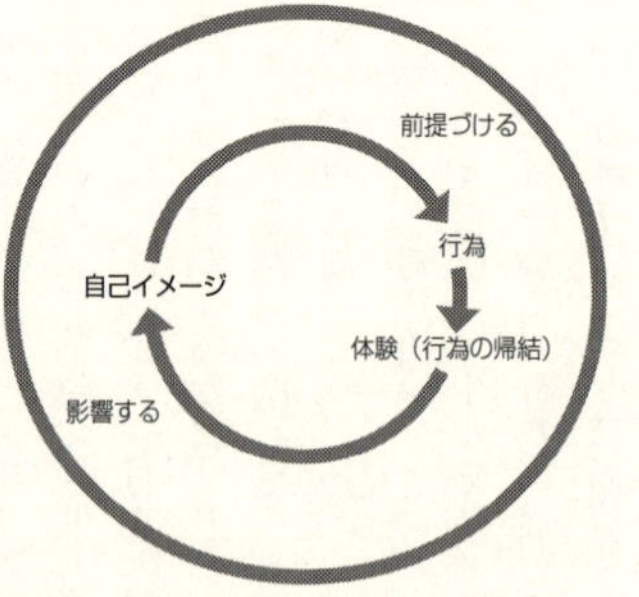

自己イメージは維持・強化される。こうしたプロセスは全体として図10のようなループを構成している（宮台［1991d］）。

ところで、「自分は女にモテる」と思って口説いたのに、うまくいかなかったりすると、既存の自己イメージは危機にさらされる。期待外れは、自己イメージを脅かす危険因子なのである。したがって、生じうる期待外れにどう対処するかは、どの人格システムにとっても大きな問題になる。そこで人格システムは一般に、生じうる期待外れへの対処戦略を、前もって定型化しておくことになる。ところで、こうした対処戦略には、実は論理的には限られた類型しかない。この類型にしたがって人格システムの分類を試みるのが、予期理論的人格システム類型論なのである。

若者の五つの人格システム類型

こうした理論モデルにしたがって組み立てられた統計手法——18の変数を用いた因子分析（主成分分解）と、それから得られる上位7因子を用いたクラスター分析（K-means法）——によって、調査対象は五つの人格システム類型に分類されることになる。時期が異なる複数の調査に用いてもほぼ同じ属性を持つ類型が得られることから、この方法の安定性は確かめられている。

まず五つの人格システム類型を紹介しよう。表1を見ていただきたい。なお百分率は、90年調査（前節）において各類型が占めた割合を表し、［　］内は、期待外れへの対処戦略につけられ

表1　5つの人格システムの類型

	人格システム	特徴	期待外れへの対処	割合
1	ミーハー自信家 [ミーハー]	高度な情報処理能力を用いて、期待水準を自在に変更する、柔らかいシステム	学習的適応戦略	23.7%
2	頭のいいニヒリスト [ニヒリスト]	期待水準を万事低めに設定することで、期待外れに対する免疫を獲得するシステム	負の先決戦略	10.9%
3	バンカラ風さわやか人間 [バンカラ]	期待水準を万事高めに設定し、期待外れには当為的・規範的に対処するシステム	正の先決戦略	24.3%
4	ネクラ的ラガード [ネクラ]	期待外れが生じうる領域――とりわけ対人領域――から退却する非活動的なシステム	退却戦略	22.9%
5	友人よりかかり人間 [よりかかり]	近隣の活動的なシステムに追随する、模倣的なシステム	模倣的戦略	18.3%

た名前である。

限られた紙幅のなかで各人格システム類型のイメージを抱いてもらうために、ここでは80年代の若者論を席巻した「新人類」と「オタク」という二つのキーワードとの関わりを紹介してみることにしよう。

86年調査によれば（詳細は宮台［1990ab］）、この時期に「新人類的なもの」すなわち差異に敏感な〝記号〟的消費に相対的にコミットしていたのは、「ミーハー自信家」と「友人よりかかり人間」だった。ただし、ミーハーが自分の好みを信頼した「主体的」な選択を行うのに対して、よりかかりは周囲を模倣する傾向が強いという違いがあった。その意味で、**ミーハーは「新人類リーダー」、よりかかりは「新人類フォロワー」**だった。さらに注目されたのは、ミーハーが〝記号〟的消費を対人関係と結合させていたということである。自分がつきあう相手を、どんなファッションを身にまとい、何に乗り、どんな店を行きつけにするかによって、選別する

――。こうしたいわば〝記号〟的対人関係に関わっていたのは、ミーハーだけだったのである。

次に、90年調査によれば（詳細は宮台［1992a］）、この頃に話題になっていた「オタク的なもの」を象徴する「モノローグ・メディア」――ビデオゲーム・テレビ・マンガ・パソコン通信など――への強いコミットメントを示していたのは、「頭のいいニヒリスト」だけである。ところが「自分をオタクだと思う」比率は、むしろ「ネクラ的ラガード」において突出していた。対人領域から疎外され、自由になるものといえばメディア世界しかないというこの人格類型の消極性が、こうした自己意識として表現されるものと推測された。ニヒリストが、確信犯的・主体的にモノローグ・メディアにコミットするのに対して、ネクラは、既に流通しているソフトを受け身に消費する――。その意味で、**ニヒリストは「オタク・リーダー」的、ネクラは「オタク・フォロワー」的だと言えよう。**

こうした「新人類」的な動きにも「オタク」的な動きにも比較的無関連だったのが、「バンカラ風さわやか人間」である。私たちはこの人格システム類型を、しばしば「森田健作風パーソナリティ」というふうにプレゼンテーションしてきた。いわば「朝から体操」的な体育会ノリのパーソナリティであり、情報への鈍感さと強い規範的志向――たとえば「人間というものは〜であらねばならない」といったもの――を特徴としている。バンカラの情報への鈍感さは、「新人類」的なものから彼らを遠ざけ、強い規範的志向は、「オタク」的な耽溺をあるべからざることとして拒絶させるのだと思われる。

図11　男性人格システム×最も好きなジャンル

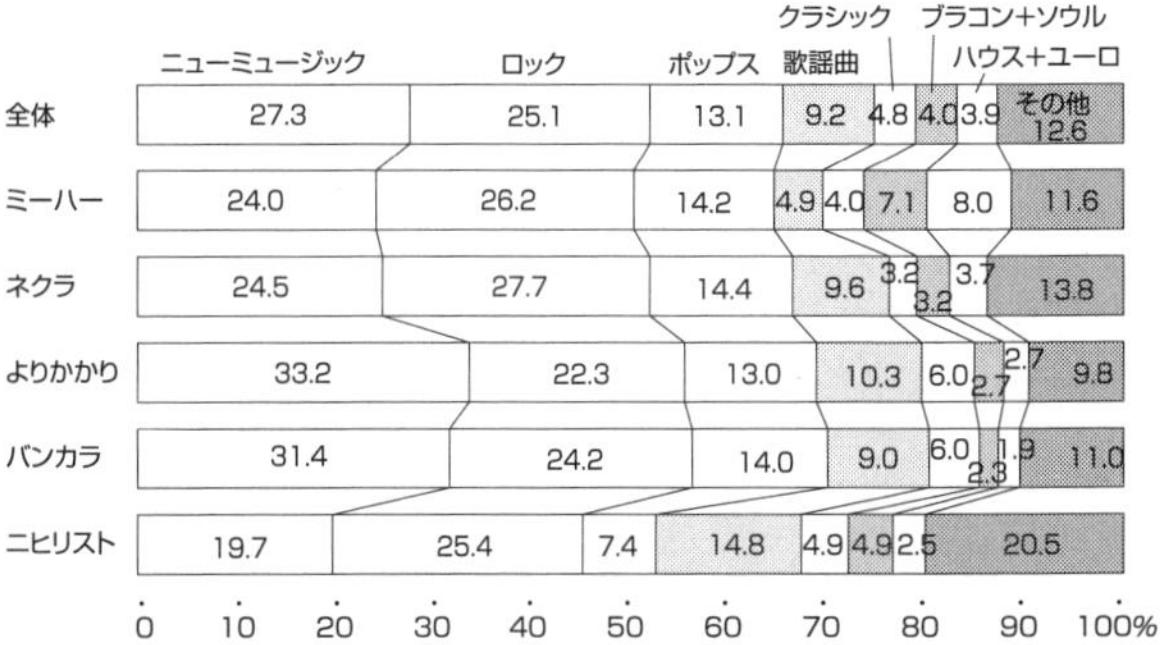

各人格システムの音楽聴取の実態

私たちの手元には、人格システム類型ごとの音楽の享受形式の違いを示すさまざまなデータが集められている。しかし紙幅の制約もあるので、ここでは90年調査から、「最も好きなジャンル」と「最もよく聴くミュージシャン」に対する回答の仕方の違いを示すデータだけを紹介し、そこに見いだされる差異がいったい何を意味しているのかを順次考察していくことで、当座の要求を満たすことにしよう。

まず、**「最も好きなジャンル」が、人格システムの違いによってどのように異なるのか**を、男性に関して示したものが、図11。それをもとに、上位5ジャンルごとに、各男性人格システム類型の内部での支持者（＝最も好きなジャンルとして挙げる者）の割合をランキング化したものが、図12である。女性について同様にして得られたデータが、図13と図14である。集計を男女別に行ったのは、人格システムによる差異と、性別による差異との干渉を、避けるためである。

図12① 男性の各人格類型内でニューミュージックを支持する割合

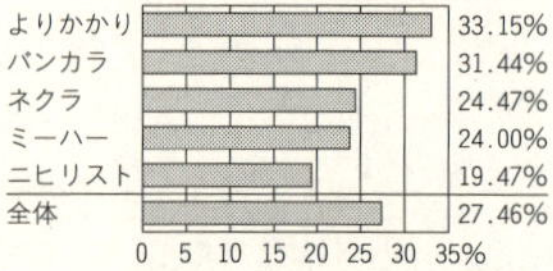

図12② 男性の各人格類型内でロックを支持する割合

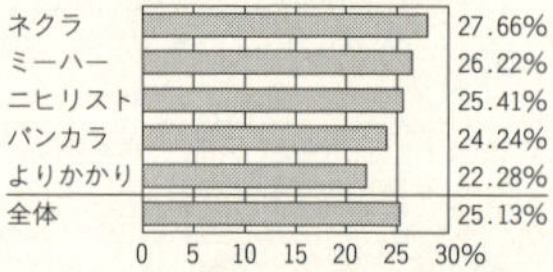

図12③ 男性の各人格類型内でポップスを支持する割合

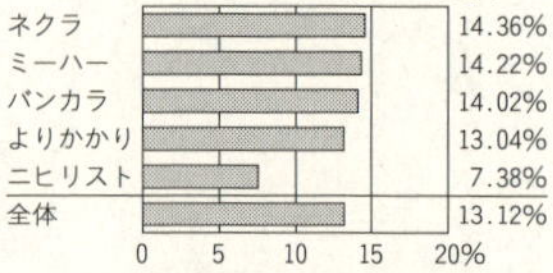

図12④ 男性の各人格類型内で歌謡曲を支持する割合

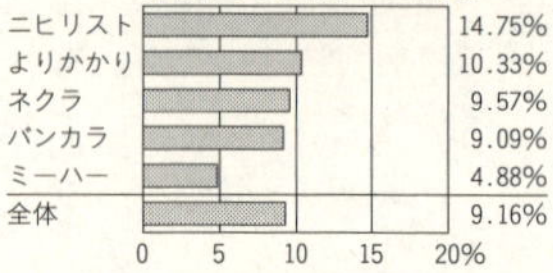

図12⑤ 男性の各人格類型内でクラシックを支持する割合

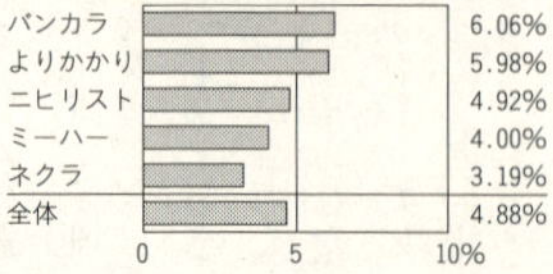

　次に、**人格システムごとに「最もよく聴くミュージシャン」がどのように違うのか**を、男性について示したものが図15、女性について示したものが図16である。これらのデータは、「最もよく聴くミュージシャン」を順序をつけて2人まで（バンドは1人として数える）選んでもらった回答をもとに、それぞれ男女別の各人格システム類型ごとに、各ミュージシャンの1位支持者と2位支持者の割合を「単純合計」して、上位7ミュージシャンまで表示している（単純合計した理由は、1位支持者だけで集計すると、各ミュージシャンの支持者割合が小さすぎ、統計的に有意なデータが得られないからである）。

　これらのデータを一見すると明らかなように、人格システムの違いによって、音楽聴取の仕方は大きく異なっている。ここでは、前節ならびに本節の前半の記述との兼ね合いを考慮して、主

図13　女性人格システム×最も好きなジャンル

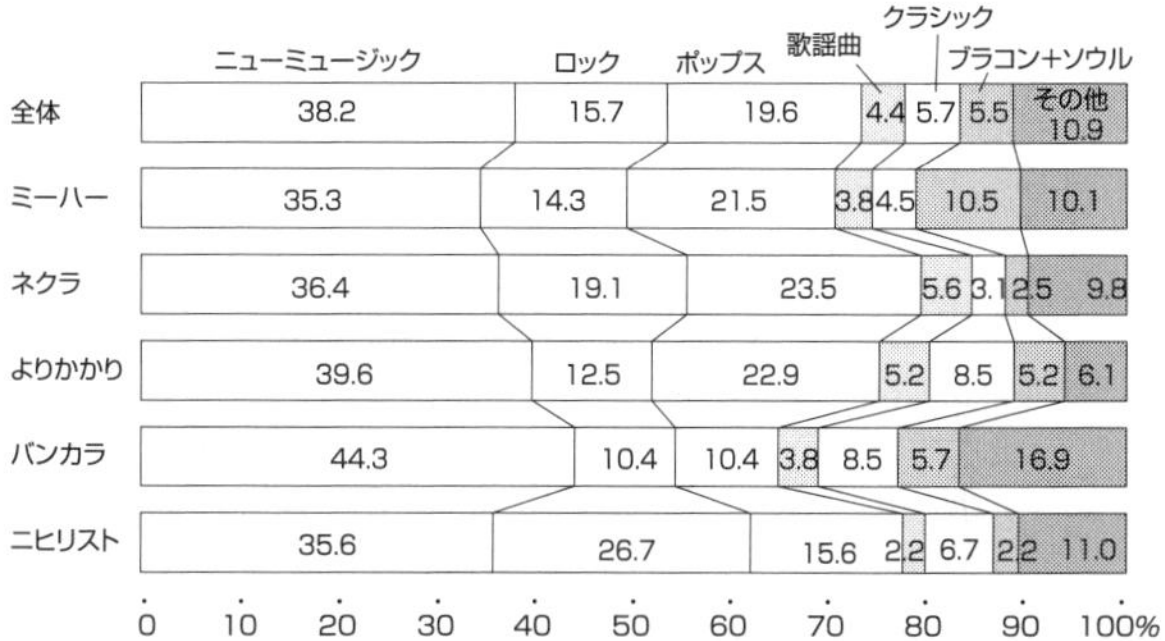

要4ジャンルに焦点を合わせて、どんな人格システムがいかなる享受を行っているのかを紹介していくことにしよう。なお記述の便宜上、相対的に単純に解釈できる順、すなわち、歌謡曲・ニューミュージック・ロック・ポップスの順で、扱っていくことにしたい。

歌謡曲を聴く男性

図12④〔男性の各人格類型内で歌謡曲を支持する割合〕を見ると、歌謡曲を圧倒的に支持しているのは男性ニヒリストである。そして男性よりかかり・男性ネクラ・男性バンカラを間にはさんで、男性ミーハーが大きく不支持に回っている。図15〔各男性人格類型がよく聴くミュージシャン〕を見ても、「よく聴くミュージシャン」として工藤静香や森高千里といった歌謡アイドルを挙げているのは、男性ニヒリストだけである。こうした男性ニヒリストの歌謡曲好きには、どのような背景があるのだろうか？

ここで、前節の記述を思いだそう。80年代前半以降、歌謡曲的なものが下火に向かう中で、80年前後の「アイドル分析誌」の隆盛を支えていた「作為性の楽しみ」は、当初の原新人類＝原オタク的な諧謔趣味——価値の意識的なずらし——から、自己防衛的で消極的な韜晦趣味——「どうせオイラは」的なもの——へと、変質していくことになった。「アイドル分析」的なものから「パンチラ」的なものへのこうした変化の中で、歌謡曲支持は、サブカルチャー的な共同性のシェルターを失うのと引き換えに、特定の人格システム類型に基盤を見いだすようになったと考えられるのである。

表1に示されるように、「頭のいいニヒリスト」は、何事につけ期待水準をあらかじめ下げておいて、期待外れの危険から自らを免疫化する人格システムである。梯子を外される前に、自らの梯子を外してしまう、「どうせオイラは」的な韜晦。定義からして、まさにニヒリストこそが、

図14①　女性の各人格類型内でニューミュージックを支持する割合

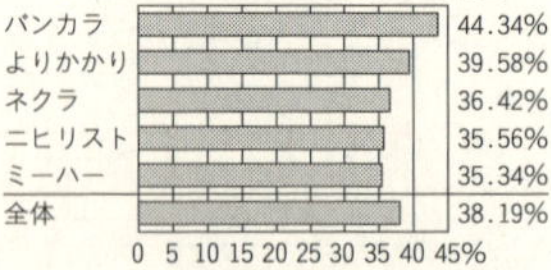

図14②　女性の各人格類型内でロックを支持する割合

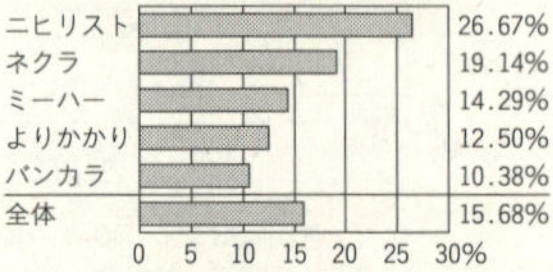

図14③　女性の各人格類型内でポップスを支持する割合

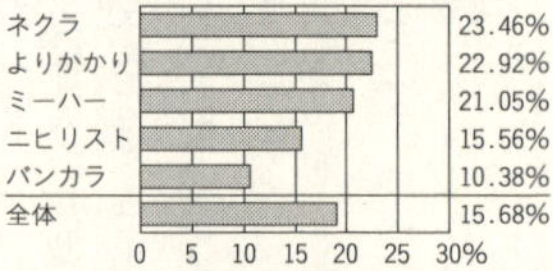

図14④　女性の各人格類型内で歌謡曲を支持する割合

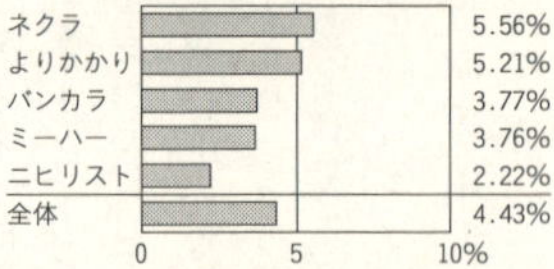

図14⑤　女性の各人格類型内でクラシックを支持する割合

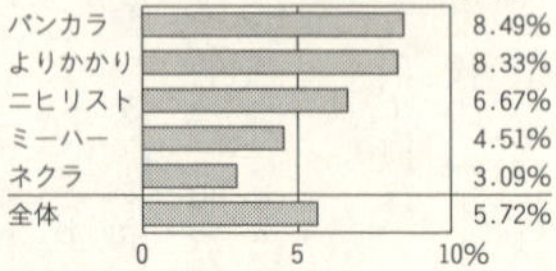

図16① 女性ミーハーがよく聴くミュージシャン

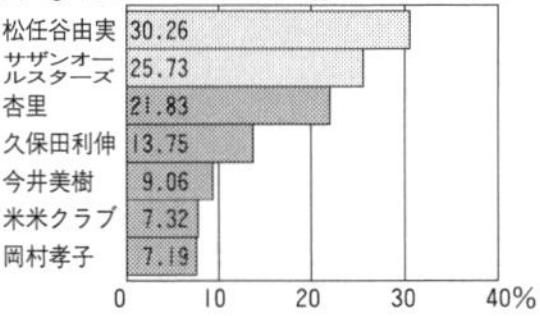

図16② 女性ニヒリストがよく聴くミュージシャン

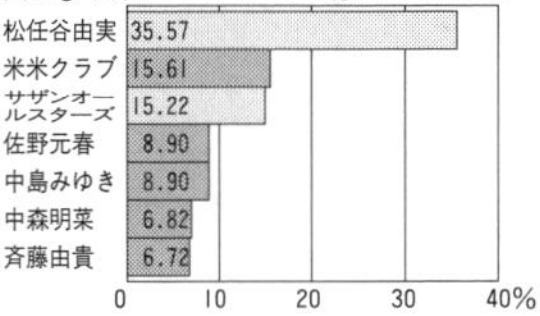

図16③ 女性バンカラがよく聴くミュージシャン

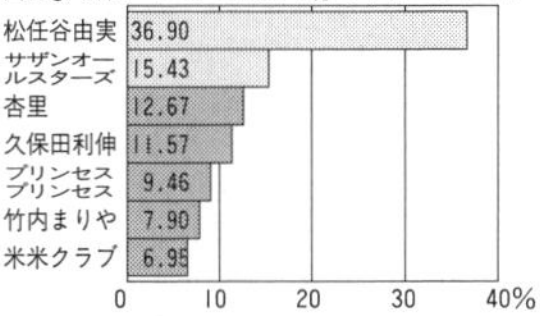

図16④ 女性ネクラがよく聴くミュージシャン

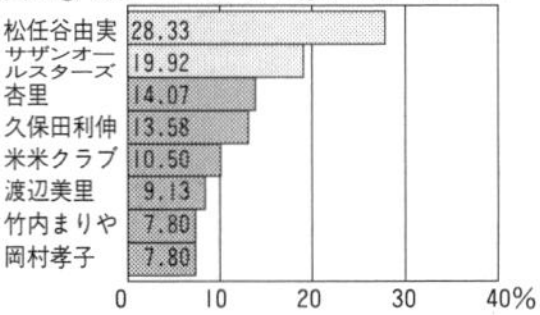

図16⑤ 女性よりかかりがよく聴くミュージシャン

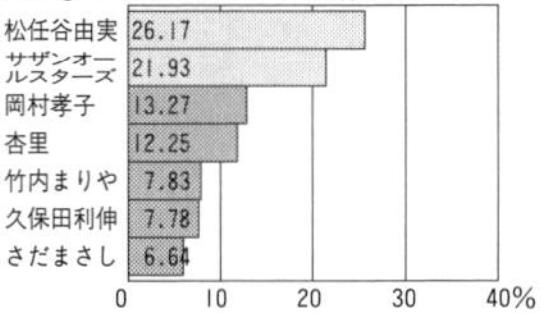

図15① 男性ミーハーがよく聴くミュージシャン

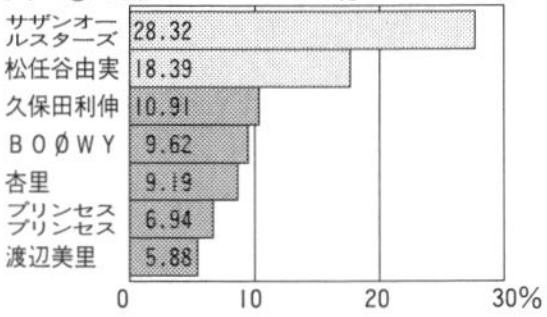

図15② 男性ニヒリストがよく聴くミュージシャン

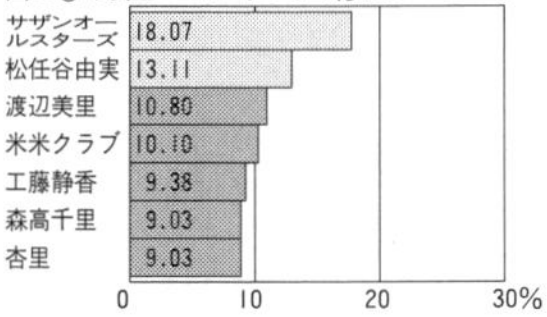

図15③ 男性バンカラがよく聴くミュージシャン

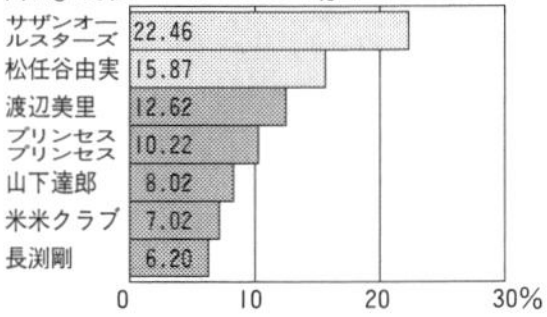

図15④ 男性ネクラがよく聴くミュージシャン

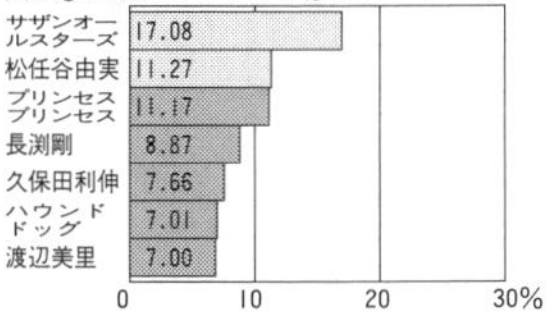

図15⑤ 男性よりかかりがよく聴くミュージシャン

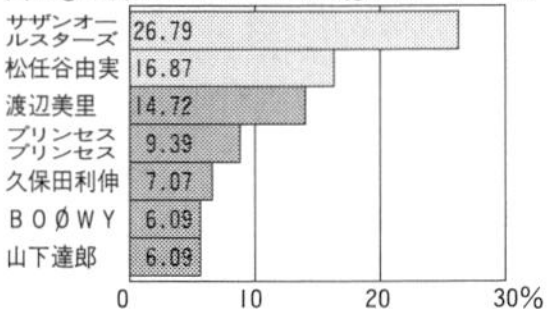

そうした韜晦の身振りを一般化している人格システムなのである。したがって、ニヒリストが、こうした自己防衛的な韜晦趣味の一環として、一見「敷居の低い」歌謡曲にあえてコミットしてみせるのは、ある意味で自然なことだと言わなければならない。

実際、韜晦趣味がなければ、歌謡曲は単なる「敷居の低い音楽」に過ぎない。だから、先端志向や上昇志向が強ければ強いほど、歌謡曲は「フツーの音楽」として嫌われることになる。実際にミーハーの歌謡曲嫌いは、そうした事情を反映していると言えよう。

歌謡曲を聴く女性

ところで、男性の場合とは対照的に、女性ニヒリストは歌謡曲を支持しない。歌謡曲を支持するのは、女性ネクラと女性よりかかりであり、中間に女性バンカラと女性ミーハーがはさまれるかたちになる（図14④〔女性の各人格類型内で歌謡曲を支持する者の割合〕）。しかし、図16〔女性の各人格類型がよく聴くミュージシャン〕を見ると、歌謡曲を支持しないはずの女性ニヒリストが、「よく聴くミュージシャン」として斉藤由貴と中森明菜を挙げている。これは、どういうことなのだろうか？

ここに示されているのは、女性ニヒリストが斉藤由貴や中森明菜を「よく聴く」理由は、韜晦趣味に基づいた歌謡曲支持にはない、ということである。後に詳しく述べるが、**男性ニヒリストの「どうせオイラは」的な韜晦の代わりに、女性ニヒリストにあるのは「私ってちょっと変」的な屈折した上昇志向である**と言っていい。彼女たちは、「どうせ変な私」と「ちょっと違う私」とを、状況次第でうまく使い分ける。まさにそうした「ちょっと違う私」の投影先として、斉藤由貴の『月刊カドカワ』的マルチぶりや中森明菜の「私はフツーじゃ終わらない」的な〝アイドルの役割を越えた過剰さ〟が、役立っているのだと考えられる。

前述のように、韜晦趣味のない人間にとって、歌謡曲は「フツーの音楽」に過ぎない。韜晦趣味のない女性ニヒリストが聴く場合には、歌謡曲であることには関係のない「特殊な文脈」——斉藤由貴に見られるクリエイター的上昇志向など——が見いだされたのである。こうした**「フツーの音楽」としての歌謡曲を、女性ネクラと女性よりかかりが支持するのは、自然である。というのは、ネクラもよりかかりも、もともと、過激・難解を好まず、敷居の低いものに魅かれるからである**（宮台［1990ab］［1992a］）。実際、男性の場合でも、ニヒリストに続いて歌謡曲を支持するのは、男性よりかかりと男性ネクラなのだ（図12④）。

結局、歌謡曲に対する支持は、男女をとりまぜて言えば、①韜晦趣味による支持（男性ニヒリスト）と、②敷居の低さによる支持（女性ネクラ・女性よりかかり）とに、鋭く分化していると言える。韜晦趣味がもともと存在しない女性ニヒリストは、②に反発して、男性の場合とは逆に歌謡曲不支持に回る。この反発には、女性ニヒリストの屈折した上昇志向（後述）もあずかっていると思われる。いずれにしても、**問題の背景には、女性サブカルチャー史の伝統に「どうせオイラは」的な韜晦趣味の系譜が欠落していることがあるだろう。**

ニューミュージックを聴く男性

図12①（男性の各人格類型内でニューミュージックを支持する割合）を見ると、ニューミュージックを圧倒的に支持しているのは、男性よりかかりと男性バンカラであり、男性ネクラと男性ミーハーを間にはさんで、男性ニヒリストが不支持に回っている。こうした分布の意味は、さらに図15（男性の各人格類型がよく聴く

ミュージシャン」を見ると明らかになる。象徴的なのは、渡辺美里の聴かれ方だ。男性の場合、すべての人格類型で、1位がサザンオールスターズ（以下サザンと略）、2位が松任谷由実（以下ユーミン）なのだが、男性よりかかりと男性バンカラでは、渡辺美里が続いて3位に登場する。これが男性ミーハーや男性ネクラでは辛うじて7位に過ぎない。また、美里とよく似たニューミュージック的スタミナ機能を果たすプリンセス・プリンセス（以下プリプリ）を見ても、男性バンカラと男性よりかかりに限り、美里に次いで4位に登場するのである。

バンカラとよりかかりは、そもそも、対人志向と社交性の高さにおいて共通した人格システムだった（宮台［1990ab］［1992a］）。ただし、バンカラが対人関係を重視するのは、「正の先決戦略」の一環としての「規範的ヒューマニズム」によるところが大きいのに対して、よりかかりの場合は、自らの振る舞いに方向づけを与える「模倣の宛先」として対人領域が重視される、という違いがある。だが、いずれにしても、「元気を出そう、きっとやっていけるよ」といった類のスタミナメッセージを要求しているのが情報感度の低い人間関係万能主義的な人格システムに限定されているというのは、単なる偶然とは考えられない。ここには、**スタミナソングのような人為的ツールなしでは、対人領域への大きなコミットメントはもはや維持できない**、という今日的な事情があるように思われる（詳しくは後述。前節注(1)も参照）。

ところで、プリプリがスタミナ系ニューミュージックとして機能していると述べたが、これには当然疑問がありえよう。プリプリはロックバンドではないのか、と。確かにプリプリはそのようにパッケージングされている。だがここで、前節でジャンルについて明らかにした事実を今一度想起したい。すなわち、今日においてジャンルは、個々の音楽のパッケージングとしてよりも、むしろ音楽の享受形式の機能的なバリエーションを表すシンボルとして機能している。したがって、同一作品が、人によって、ロックとして機能したりニューミュージックとして機能したりすることがありうるのだ。

このことは、男性ネクラが、男性バンカラ・男性よりかかりと同様に、プリプリを4位に挙げる理由を考える際にも、重要になってくる。最もロック志向の強い人格システムである男性ネクラ（図12②）にとって、プリプリは、スタミナ系ニューミュージックというより、むしろロックなのではないかと考えられる。私たちの統計によれば「ネクラ的ラガード」は一般に、自分を〝カワイイ＝カワイイソウな存在〟として把握している（宮台・石原・大塚［1992a］）。プリプリは女の子だけのバンドだが、男性ネクラは〝カワイイ女の子が一緒になって頑張っている〟というケナゲさに、自分を投射して同一化するのだろう。ここには、**歌われた関係性に自己投射するニューミュージック的享受形式とは違って、あくまで歌い手に自己投射するロック的享受形式**（前節参照）が見いだされるのだ。

ニューミュージックを聴く女性

図14①〔女性の各人格類型内でニューミュージックを支持する割合〕を見ると、女性の場合も、順位的には男性の場合とよく似ていることが分かる。まず、ニューミュージックを圧倒的に支持しているのが女性バンカラであり、それに女性よりかかりが続き、さらに下って、女性ネクラ・女性ニヒリスト・女性ミーハーの間には大きな差がないというかたちになっている。

女性バンカラのニューミュージック支持の中身は、さらに図16〔女性の各人格類型がよく聴くミュージシャン〕を見ると明らかになる。女性の場合、ニヒリスト以外のすべての人格システムで、ユーミン・サザン・杏里・久保田がこの順で1～6位を占めているが、女性バンカラに限ってその後にプリプリが出現するのである。他の人格システムではプリプリは一切登場しない。おそらく、**女性バンカラにとってのプリプリは、男性にとっての渡辺美里と機能的にまったく等価な、典型的なニューミュージック的スタミナソングなのだろう**。確かに美里の〈関係性モデル〉は、既に述べたように敷居が低すぎて幼稚であり、だからこそ男性ニヒリストの韜晦的＝居直り的な支持対象にもなる（図15②）。しかし、プリプリならばちょっとオシャレで、女性が聴いても言い訳できる――。実際、プリプリは、「先端好み」の男性ミーハーにも、よく聴かれているのだ（図15①）。

だが、ここで別の要素にも注目しておきたい。ニューミュージックの支持者割合が大きいのは、男女ともにバンカラとよりかかりであることを述べたが（図12①・図14①）、実は、クラシックの支持者割合が大きいのも、男女ともにバンカラとよりかかりである（図12⑤・図14⑤）。おそらく偶然の一致ではないだろう。私たちの90年調査によれば、バンカラとよりかかりは、社交性の高さにおいてのみならず、「家族関係・家庭環境の良さ」においても共通している。そうした家族関係・家庭環境の良さと高度な社交性との間には、何らかの関係があると見ることもできなくはない。だとすると、音楽への反応に見られるバンカラとよりかかりの共通した傾向もまた、そうした家族環境から来る中庸さの表れだとは考えられないだろうか。歌謡曲ほど「低俗」でなく、ロックほど「過激」でなく、ポップスほど「先端」でない――。つまり、**クラシックと同じく「基本型」であり、「大過ない選択」だからこそ、ニューミュージック的な聴取が支持されているという可能性**も、見逃すことができないのである。

ロックを聴く男性

図12②〈男性の各人格類型内でロックを支持する割合〉を見ると、ロック支持者の割合は男性ネクラがトップであるが、あとは男性ミーハー・男性ニヒリスト・男性バンカラ・男性よりかかりの順になだらかに続いている。男性ネクラのロック傾倒ぶりは、図15〈男性の各人格類型がよく聴くミュージシャン〉にも表れている。既に述べたように、男性のすべての人格システム類型で、サザン1位、ユーミン2位となるが、男性ネクラではその後に、プリプリ、長渕剛、（1人おいて）ハウンドドッグと続くのである。

プリプリが、男性ネクラにとっては、ニューミュージック的スタミナソングというよりもむしろロックバンドとして機能している可能性は、述べたとおりだ。長渕剛も、ニューミュージックでありながら、ロック的な〈奴ら〉表象を用いている。ハウンドドッグは、ときには社会派的な〝敵作り〟（管理教育批判！）までも行いつつ、ロックパッケージを強調したものだ。これらの享受には、「忘我的同一化」――長渕剛を除けばさらに「忘我的共同体化」――という同一の機能的な焦点が見いだされる。

期待外れに脅え、人づきあいを苦手とする、いわば「大人しい」ネクラ的ラガードの、ロック好き。これは一見、意外な感じを与えるかもしれない（第2章第1節「コード進化」分析篇の冒頭を参照）。だが理論的に考えると、これには一定の必然性が見いだせる。先に男女差を比較した際に詳しく述べたが、「〈奴ら〉化」を伴った「現実遮断」は、〈関係性モデル〉を駆使した「現実演出」の能力の欠落を埋め合わせる機能を持つ、一種の「世界有意味化」戦略である。言ってみれば、**ロックは、「陥没した眼差し」に対してある種の疑似的な「視界」を与えるためのツールなのだ。**だとすれば、そうした「現実演出」能力に裏打ちされた自在な対人関係から最も遠いところにいるネクラが、ロック的ツールに傾きやすいのは、確かに自然なことだろう。

こうして、今日ロックに耽溺しやすいのが、女性よりも男性であり、また男性でもとりわけネクラ的ラガードであるという事実は、〃対人能力を欠いた者ほどロック的な享受に耽りやすい〃という傾向を示唆すると同時に、そうした傾向を支える要因を探っていけば、**今日の若者の対人能力が「現実演出」的な〈関係性モデル〉への習熟度と深く関わっているという現代的な問題に突き当たらざるを得ない**のである。

ロックを聴く女性

図14②〔女性の各人格類型内でロックを支持する割合〕を見ると、ロックを圧倒的なトップで支持しているのは、女性ニヒリストである。女性ネクラのロック支持も平均よりはかなり上だが、2位に甘んじている。そのあとに、女性ミーハーを中間にはさんで、女性よりかかりと女性バンカラにはロック支持者が少ないというかたちになっている。男性の場合とは違って、女性ニヒリストがこれほどまでにロックを支持するのは、なぜなのだろうか？　それを解くヒントは、やはり図16〔各女性人格類型がよく聴くミュージシャン〕に見つかる。女性ニヒリストの回答には、他のすべての女性人格システムに登場している杏里や久保田利伸に代わって、佐野元春が上位に来ているのである。

佐野の「社会派」ぶりは一見したところ、ニヒリストにとって「梯子外し」の対象になるしかないように見える。しかし、女性ニヒリストの回答に斉藤由貴・中島みゆきが登場していることも考え合わせると、『月刊カドカワ』的な文脈を補うことでこの疑問もまた解けるのである。そこで求められているのは、女性ニヒリストに固有の屈折した上昇志向（ちょっと違う私！）に基づく差異化ツールなのだ。**斉藤由貴の「多芸多才」・中島みゆきの「芸術的知性」・佐野元春の「反原発」——これらは、女性ニヒリストにとって、自らの上昇志向（フツーじゃ終わらないわ！）を幻想的に代替するための、「ワンランク上」的なシンボルなのだと考えられる**（ちなみに私たちの統計によれば、90年当時の『マリ・クレール』——蓮實重彥や吉本隆明が常連だった——を読むのは圧倒的に女性ニヒリストだった）。

したがって、女性ニヒリストが、男性ニヒリストと違って「ロック支持」に回る理由は、男性ニヒリストが女性ニヒリストと違って「歌謡曲支持」に回る理由の、ちょうど裏返しだと言えるだろう。ニヒリストの「負の先決戦略」は、男性では「どうせオイラは」的な〝韜晦志向〟の形式をとるのに対し、女性の場合は「私って変」的な〝屈折的上昇志向〟というかたちをとるということだ。**男性ニヒリストは、低いモノ（歌謡曲）の「裏目読み」によって自らの〝韜晦志向〟を満たすのに対して、女性ニヒリストは、ロックに「社会派」の幻影を見て〝屈折的上昇志向〟を満たす——。両方とも、「負の先決戦略」に親和する意味処理であるという点では機能的に等価だと言えよう。**

他方、女性よりかかりと女性バンカラがともにロック不支持に回る理由も、両者のニューミュージック支持の理由（前述）を、裏返すことによって理解できるだろう。まず第一に、ニューミュージックに歌い込まれた〈関係性モデル〉に自己同一化して「現実演出」ができるならば、ロックのようにミュージシャンに忘我的に同一化して「現実忘却」を図る必要はなくなるということ。第二に、「中庸を愛する家族関係の良い子」は、ニューミュージックやクラシックは聴いても、「過激」なロックは聴かないということである。

ポップスを聴く男性

図12③〈男性の各人格類型内でポップスを支持する割合〉を見て分かるように、男性ニヒリストが極端なポップス不支持であることを除けば、残りの類型の支持割合にはそれほど大きな違いはない。

問題は、男性ニヒリストがポップスを支持しない理由である。既に述べたように、男性ニヒリストは圧倒的な歌謡曲支持を特徴とするが、図11からも分かるように、この歌謡曲支持はポップス支持を「食う」かたちで実現されている。すなわち、**男性ニヒリストの歌謡曲支持を支える「どうせオイラは」的な韜晦志向は、関係性志向（ニューミュージック）や忘我的同一化志向（ロック）とよりも、むしろオシャレ志向（ポップス）と両立困難なのである。**これはどうしてだろうか？

結論から言えば、これはニヒリスト的な韜晦志向が「差異化に対する自己防衛」であることと、密接に関係しているだろう。前節で述べたように、今日の歌謡曲の韜晦的な享受のルーツは、70年代半ば以降の諧謔コミュニケーションに遡る。そもそも諧謔とは、既成の対立——それはしばしば政治的な様相を帯びる——を前にズレてみせる、いわば「どうでもいいじゃん」的な身振りだが、ニューミュージック全盛のこの時期、周囲を席巻する「自作自演讃歌」に対する一種の諧謔こそが、歌謡曲の「メタ消費」のルーツになったのであった。

ところが、この諧謔が「負の先決戦略」（期待水準の切下げ）による自己防衛と結びつくとき、韜晦への変化が始まる。前述のように、歌謡曲の「メタ消費」は、83年頃には「諧謔」から「韜晦」へと――「アイドル分析誌」的なものから「パンチラ投稿誌」的なものへと――変化し始めていた。この頃日本経済は円高不況を脱し、プラザ合意に象徴されるように、高度消費社会の急速な上昇が始まる。77年頃から始まった「差異化と陳腐化のめくるめくチェイス」（宮台[1990ab]）が、一部の先端のみならず、若者全体を巻き込むようになるのだ。まさにそうした時期に、「差異化競争」からの「あらかじめのイチ抜けた宣言」による自己防衛、すなわち韜晦が、一つのメディア享受のスタイルとして制度化されるにいたるのである。

一部で「オタク差別」が始まるこの83年は、「オタク的なもの」がその発生母体たる「新人類的なもの」からの完全な分出を達成する時期としても、記憶されている（宮台[1990ab]）。それを象徴する出来事の一つが「諧謔」から「韜晦」への変化だった。すなわち**「韜晦」はまさしく、「新人類的なもの」の席巻に対する自己防衛的なスタンスとして要求されたものだった。今日の男性ニヒリストにおける「韜晦志向」と「オシャレ志向」との非両立性は、こうしたサブカルチャー史にこそ、そのルーツを持っている。**ここには、社会システムの時間性（歴史）が、過去の文脈が脱落した後でも人格システムの振る舞いに刻印され続けるという、きわめて興味深い事例を見いだせる。

図14③〔女性の各人格類型内でポップスを支持する割合〕を見ると、女性バンカラが極端なポップス不支持であるのが、際立っている。これに続いて、女性ニヒリストがやや不支持の姿勢を見せ、残りの人格システム、すなわち女性ネクラ・女性よりかかり・女性ミーハーの間にはあまり大きな差がないというかたちになる。男性バンカラと違って、女性バンカラだけが極端なポップス不支持に回るのは、なぜか。これを理解するためには、女性バンカラの人格システムと、ニューミュージック的な〈関係性モデル〉との関わりを、見直す必要がある。

ポップスを聴く女性

女性バンカラと男性バンカラの一つの違いは、ニューミュージックに対する支持割合である。もともとニューミュージックに対する支持率は、女性（38・2％）が男性（27・3％）を大きく上回る（図1）。さらに女性の中でも、女性バンカラはニューミュージック支持に大きく偏るために（44・3％）、男性で2番目にニューミュージックを支持する男性バンカラ（31・4％）との間に、支持率の大きな違いを生むことになっているのである。

若い女性が、そのサブカルチャー史を背景として、平均して男性よりも〈関係性モデル〉にははるかに習熟していることは、既に何回か述べた。しかし、女性バンカラと男性バンカラのニューミュージック支持割合の違いは、残りの人格システムにおける男女のニューミュージック支持割合の違いより、かなり大きい。前述のように、女性バンカラと男性バンカラは、統計的にはまったく同一の先決戦略を採用する者として選び出されている。したがって右に述べた差異は、女性バンカラが、男性バンカラと同じ「正の先決戦略」を採用しようとすれば、今日ではより多くのニューミュージックを消費しなければならないこと、言い換えれば、〈関係性モデル〉に習熟した者が「正の先決戦略」を採用する場合、そうでない者が採用する場合よりも〈関係性モデル〉への需要が極端に高まるという興味深い事態を、意味していよう。

一般に、「誰でも本当は善人だ」といった類の〈関係性モデル〉を広汎に利用して複雑な人間関係にコミットすればするほど、モデルからの逸脱による「期待外れ」の可能性もまた高まる。したがって、期待外れに先行して、あらかじめ肯定的な意味処理の枠組を先決しておこうとすれば、そのためのスタミナツール――尻拭い機能を果たす〈関係性モデル〉――への需要も、当然高まることになる。ここには、**正の先決戦略を前提とするとき、〈関係性モデル〉への習熟がより多くの二次的な〈関係性モデル〉を要求せざるを得なくなる、という一種の自己触媒的な構造が見いだされよう。**

既に述べたように、〈関係性モデル〉の上昇は、関係が成り立つ環境（オシャレな場所）を整えるための〈シーンメイキング・ツール〉（すなわちポップス）の上昇を、歴史的に伴っていた。ところで、システムは自分が生み出す問題に自分で対処することに労力を使うようになればなるほど環境からの無関連化の度合を高める――それがシステム理論の考え方である。とすれば、〈関係性モデル〉が可能にした複雑な対人関係がもたらす問題を「尻拭い」するために増殖した二次的な〈関係性モデル〉は、「オシャレな場所」やそれを演出する〈シーンメイキング・ツール〉の必要を、むしろ免除することになるだろう。**〈関係性モデル〉への習熟者の「正の先決戦略」を支援するために増殖した二次的な〈関係性ツール〉は、〈シーンメイキング〉への需要を**

低下させることになるのである。こうして、女性バンカラの〈関係性モデル〉は、「オシャレ」とは無関連なものになる――。彼女たちのポップス不支持の背景には、こうした事情があるものと思われる。

小括【人格システムとの結びつきは普遍的か】

以上に述べてきたように、音楽聴取の形式が人格システム類型によって大きく異なっていることが、明らかになった。また、人格システム類型ごとの独特の享受形式も、かなり具体的に見えてきた。しかし、ここで私たちは、音楽が人格システム類型と密接に結びつくということ自体がきわめて歴史的な現象であることに、注意しなければならない。言い換えれば、**音楽の享受形式が人格システム的な条件と強く結びつくのは、必ずしも普遍的なことではない**ということである。

たとえば、ロックは、かつては［若者／大人］［反体制／体制］といったコードと結びついた世代的なサブカルチャーだったものが、今日では、陥没した眼差しを有した人格システム（＝ネクラ的ラガード）に独特の「忘我的同一化」のツールに「なった」のであり、同じように、ポップスや歌謡曲も、高偏差値高校生的な「反サブカルチャー的サブカルチャー」としての諧謔だったものが、一方は、ミーハー自信家的な「オシャレ」ツールに、もう一方はニヒリスト的な「韜晦」ツールに、「なった」のである。すなわち、幾度か前述したように、**かつては世代的なサブカルチャーに――したがって社会システムに――支えを見いだしていた音楽の享受形式が、とりわけ80年代的な状況の下で、それぞれ異なった人格システムの型に支えを見いだすようになったのだ。**

こうした変化は、実は音楽だけを襲ったものではなかった。たとえば、別の場所で述べたように、80年代における「新人類的なもの」と「オタク的なもの」の分化の背景にも、サブカルチャー的な支えが人格システム的な支えに代替されていくというプロセスがあったのであり、そこにこそ83年以降の「オタク差別」の原因があった（宮台［1990ab］）。このような一般的な変化の背景にあるものの探索は、それ自体が大きなテーマである。ここではそれを論じるいとまはないが、予備的な議論としては宮台［1992b］を見ていただきたい。

システム理論が明らかにするもの

本節では、前半において性別による音楽聴取の違いを、後半において人格システム類型による音楽聴取の違いを見てきた。その結果、音楽の享受形式が、社会システムならびに人格システムによって方向づけを与えられる様子が、具体的に描き出された。さらに、前節の「音楽ジャンル」分析篇では、既に消滅してしまったように見える音楽ジャンルが、実際には現在でも音楽の享受形式のバリエーションを表すシンボルとして機能している様子を、示すことができた。これに第2章第1節「コード進化」分析篇を加えれば、私たちの音楽コミュニケーションを貫通している通時的な構造と、共時的な構造とが、ともにかなりの程度見通しうるようになる。かくして、歴史的内容分析とデータ分析とを、システム理論的な方法と組み合わせることによって、一見とらえどころがなく拡散しているように見える音楽状況にも、きわめて明確な構造が見いだされるのである。

ただし、データ分析について言えば、私たちの調査対象が大学生に限定されていたことにより、分析主題が限定される結果になったことも、告白しておかなければならない。一例を挙げれば、「大学生的なもの／専門学校生的なもの／女子高校生的なもの／ワーカー的なもの…」といった差異も、私たちをきわめて重要な発見に導くはずである。たとえば、人格システム論に則して言うならば、大学生に比べると、ワーカーにはニヒリストの比率が増え、専門学校生ではミーハーの比率が増える、といった差異が既に見つかっている。それぞれのコミュニケーションはある程度閉じた領域でなされているから、こうした差異が大きなサブカルチャーの違いに結びついている可能性を、否定できないのである。実際に研究を進めるにあたっては、サンプリングの客観性を確保することの困難（典型的には完備した名簿の入手困難）などがあるが、こうした分析は私たちの今後の課題として残されている。

ところで、今日の音楽コミュニケーションをめぐるこうした総体的な分析の試みは、今まで一切なされたことがなかった。これには理由があるように思われる。音楽をめぐる言説は、従来、時代と共振する「煽りのコトバ」であり、自由にならない現実の中で自らの願望を投射した、いわば「自己鼓舞のツール」に過ぎなかった。多くの人々が、音楽を表現だと感じており、表現や表現者に各人固有の思い入れや記憶を結びつけている以上、それもいたし方のないことなのかもしれない。

しかし第2章第1節でも一部論じたように、何かを表現として受け取ったり、それに自由や不自由を感じ取ったりするのは、システム理論的には聴き手の自己投射に過ぎない。したがって、そうした聴き手の自己投射を方向づける潜在的な条件がさらに問われうるのであり、私たちの分析は、まさにそうした条件を把握するための試みだったのである。そうした条件が、ここでは「システム」と呼ばれているものだと考えて差し支えない。私たちは、「表現」ではなく、「システム」を分析しているのである。たとえば、表現は主体に帰属するのかしないのかといった今や懐かしい議論も、それ自体、やはりシステム理論的に言えば、自己投射を支えるシステムの相関物に過ぎない――といった具合に。

もちろんこのような言い方は、分析する側のコトバ自体にも跳ね返ってくる。しかし、それでかまわないのである。分析者のコトバもまた、分析されなければならない。実際、私たちのような分析が出現する背景には、先に述べたような「自己鼓舞のツール」がもはや、音楽の送り手や受け手を鼓舞しえなくなったという、一般的な事情がある。[2] 私たちの分析――とりわけ「コード進化」分析篇――は、こうした事情にいたらざるを得なかったシステム史的な文脈にこそ、照準していると言っていい。結局、要求されているのは、コミュニケーションの文脈の変化に対する、洗練された敏感さなのだ。そうした敏感さを欠く場合、「感覚解放論」的なコトバが実際に感覚を解放しうると信じたり、「表現者」を勇気づけると勝手に思い込みながら論者自身の「自己鼓舞」だけに終わるといった、現在私たちの周囲にありがちな〝空回り〟が、延々と演じられることになるのである。

（1）平均値の差のT検定が、観察された2グループ間の差異を検定するのに対し、分散分析は、観測された三つ以上のグループの間の平均値の差異が偶然によるものかどうかを検定する（私たちの分析では、各ミュージシャンごとの支持者グループの間での男女構成の差異が偶然によるものかどうかを検定している）。F値確率は、グループ間差異が単なる偶然によるもので実際には母集団間に差異がない可能性＝危険率を表している（私たちの場合は〇・〇〇〇一以下）。また、多重比較検定は、この三つ以上のグループのどのペアで母集団の平均値が互いに異なるのかを、決定する手続きである（たとえばA、B、Cという3グループがあるとき、AB、BC、CAという三つのペアが同時に調べ上げられる）。

(2) こうした私たちの状況認識は、私たちの音楽連載第1回（第2章第1節）を読んだ巻上公一氏（ヒカシューのリーダーとして先鋭的な音楽活動を展開している）とのパソコン通信でのやり取りによって、ますます確からしいものとなった。

Column

早川義夫のようなプロデューサーが今必要だ——三浦光紀インタビュー

聴き手が多様化したと言われ、他方カラオケボックスで歌われることを計算したようなシングルヒットやタイアップばかりが目立つ現在。こうした状況を送り手はどう受け入れているのか？　過去20年以上もの間、日本のポピュラー音楽シーンの節目のほとんどすべてに関わった高名な音楽プロデューサーに話をうかがうことにした。

三浦《みうら》光紀《こうき》：元ベルウッド・レコード制作部長。１９４４年生まれ。山形県出身。早大教育学部卒。68年キングレコード入社。当時のインディーズＵＲＣの影響を強く受ける。72年ベルウッド・レコードレーベル設立にあたって「ニューミュージック」という言葉を業界で初めて使う。細野晴臣と小室等をメインに、あがた森魚、ザ・ディランII、南正人、はちみつぱい等の名盤を多数残す。75年日本フォノグラムへ移籍、矢野顕子や喜納昌吉をプロデュース。80年ジャパンレコード設立。現在徳間ジャパンコミュニケーションズ常務取締役、株式会社ズームリパブリックネットワーク社長。

場と出口を与える

Q　最近、ズームリパブリックという新会社を作られた理由は？

三浦　このごろカラオケで歌えそうな曲ばかり好まれるとかインディーズは潰れたとか言われてるけど、僕は違うと思う。こちらが売り出したいし聴き手も実は欲しい音楽の、場と出口がないだけなんです。で、まず、20人くらいのこぢんまりした会社で、「物をつくる」という雰囲気を持った場を作ろうと思った。もう一つはまったく新しい試みをしたかった。これからは、音をパッケージにつめこんでいくという商売だけでなくて、サテライトとかISDNとか、音をダイレクトに家庭とか個人に届ける時代になると思う。そうなったときに、パッケージ権しかない従来の会社では対応できない。インディーズが何で駄目になったかというと、レコード会社が青田刈りをしたということもあるけど、制作の場が脆弱過ぎたことが大きい。僕は一方でタイアップとかもどんどんして大きく利益を出すけど、もう一方でそのお金で自分の作りたいものを売る。そうしたバランスが必要だと思う。それもスポンサーからお金借りるんじゃなくて、全部自分のお金でね。高田渡とか加川良とか、自分の作りたいものを売るためには、人のお金に頼ってちゃだめなんですよ。

出口の問題ですが、たとえば外国資本のHMVとかヴァージンメガストアとかのレコード店売上げでヒット曲に頼ってる割合は25%くらい、あとは店独自の品揃えですが、日本のレコード店は80%もヒット曲に頼っている。そういうレコード業界の姿勢が問題です。サラリーマンが会社終わったあと買いにいっても店は開いていない、地方の10万人都市にレコード店が一、二軒しかない、とか。そこでズームでは、CDの自動販売機を来年から設置しようとしています。三洋電機の機械に、伊藤忠のサテライトを受信する受像機をつけて、24時間音楽を流す。たとえば2台並べて、1台にはヒット曲、もう1台にはインディーズ系を入れる。そうして将来的には自分たちの作りたいものを売れるというところまでもっていく。

Q　サテライトからはどんなプログラムを流すんですか?

三浦　伊藤忠の音楽専門チャンネル「スペースシャワー」という、MTVの日本版です。とりあえずはCATVを通じて見せていくかたちをとりたい。あとFM東京と組んで、PCM放送でアメリカのカレッジチャートを朝から晩まで流そうかと。そういうところで聴き手の意識を変えていこうと思っています。今の若いミュージシャンは洋楽を聴かないんだよね。洋楽コンプレックスがないのは良いといえば良いんだけれど、世界の音楽状況から見て決して望ましいことではないと思う。しかしそのためにも、まず媒体（レコード店も媒体の一種だけど）がきちっと目覚める必要がある。

早川義夫と長戸大幸

Q　今大人気の「ビーイング」（B'zやT－BOLANなどをプロデュース。93年オリコンシングルチャートの上位を独占）のシングル先行の売り方をどう思われますか。

三浦　僕は、早川義夫君（元ジャックスのメンバー）のURCでの仕事が、実質的に日本で最初のプロデューサー業だったと思う。自分のやりたい質の高い音楽だけを、ポリシーを持ってプロデュースしていた。僕は早川君の真似をしただけです。早川君や僕は、シングルはアーティストを大きくしていく手段としか考えてなかった。それとは対照的に、ビーイングの長戸大幸君はシングルヒットが目的になってしまっている。あれをつきつめていくとアーティストはまったく育たなくなる。彼のような人がいるのは少しも悪くないけど、レコード業界がみんな彼に右へならえしてしまうのは、どうかと思います。

環境音楽とアニメーション

Q 80年代に、『風の谷のナウシカ』『天使のたまご』など今日名作と言われるアニメーション制作にかかわったのは、なぜですか？

三浦 75年にベルウッドをやめたあと、カウアイ島でぶらぶらしてた。そこで知り合った奴がカナダでNARADAっていう環境音楽レーベルを始めたので、契約して日本で出した。そこで環境音楽を広める媒体としてアニメーションがぴったりだと思ったんですよ。久石譲などがご存じのように有名になったよね。僕はマイナーなものが好きだけど、マイナーなままでいいという姿勢は嫌なんです。そのためにいろんな媒体を作りだしたいと思ってやってきた。でもスポンサーから金もらったり国が援助しろなんていう発想は、嫌いです。

良質のメッセージと情報を

Q 今の大学生くらいの人には、最近のロックの短絡的なメッセージソングには満足していない連中が結構います。

三浦　僕も、フォークゲリラみたいなあまりにも説教くさいメッセージフォークは嫌いで、だからこそURCは好きだったが、ベルウッドは、URCとはちょっと違った、言葉だけではなくサウンド自体もメッセージとなるような音作りを目指そうとしました。そのために、今まで社内のスタッフがやっていたジャケットデザインを外部のプロにまかせるとか、制作者の名前をジャケットに載せるとか、社外エンジニアを使うとか、当時のレコード会社の慣習にことごとく逆らうことになりました。レコードのカッティングにまでこだわったけど、それは大瀧（詠一）君とか細野（晴臣）君の影響だよね。彼らは、ビートルズのああいう音はどうやって出してるのかとか、深夜のスタジオでソファー叩いたり、いろんなことしていたから。本当に徹底してましたね。

評論家の佐高信は高校時代からの親友なんだけど、ちょうどPKO論議が盛んな頃、TBSの「ニュース23」のエンディングテーマで加川良の「教訓I」を流すように彼が動いてくれてね。結局は実現しなかったけど、ああいう、本物のメッセージソングはどんどん流していきたいな。

Q　今の大学生たちは、はっぴいえんどなんかが登場した頃の音楽状況をよく知らないんです。そういう情報があれば将来の潜在的な作り手たちもずっと勇気が出るのに。そうした情報提供にも応えうる新メディアを期待します。

三浦　そうそう。高田渡と大瀧詠一の繋がりなんて想像もしないでしょ。大瀧君は高田渡こそ日本一のブルースシンガーだと言ってるのに。フォークとかロックとかのジャンルがまだ混沌としていた時期が70年代初期にあったことを、今の聴き手にきちんと伝える必要が確かにあるね。サテライトではテレビで見られる音楽なんて流す必要はない。メディアにはいつでもアンチが必要だから、傍流でもいいから必要なアンチの出口をこちらで作って、それを通じて良質なユーザーを創り出したい。一般的なユーザーに合わせていたら尻すぼみだよね。

（93年7月15日、西麻布、ズームリパブリックネットワークにて）

第3章　青少年マンガのコミュニケーション

1 「コード進化」分析篇

日本の誇るサブカルチャーの雄として熱く支持され続けながら、有害コミック問題などなにかと議論の絶えない青少年マンガに、男（の子）たちは何を期待し、何を得てきたのか。日本のマンガ発展史をコミュニケーションシステムの進化という観点から再検討し、「汎マンガ化現象」の背後にある若者コミュニケーションの現在に迫る。

「汎マンガ化」現象の意味するもの

私たちの周囲にマンガが溢れるようになって久しい。実際、マンガ雑誌やコミック本の流通量は、一般書籍に比べて桁違いである。外国人は未だに驚くようだが、電車の中で大人がマンガ雑誌に読み耽る光景にもとうに違和感がなくなっているし、経済学やコンピュータの入門書や日本史をマンガで学習しても目くじらをたてる人はいない。その一方で、マンガが「青少年」に与える悪影響が、実証的な根拠をまったく欠いたまま「有害コミック」問題として憂慮されている。

こうした「汎マンガ化」――マンガやマンガをめぐるコミュニケーションの増大――は、いったい何を意味しているのだろうか？

確かに、熱心な読み手だった団塊世代が成人して以降、マンガは「子どものメディア」ではなくなった。そのことが「大人の堕落」を意味するのかどうかが繰り返し争われてきたし、いわゆる「戦後マンガ論」が、従来どうでもいいものと考えられてきたマンガに「正当な位置」を与えることに腐心してきたことも知られている。私たちが以前批判した80年代的な「少女論」（第1章参照）も、そうした「価値逆転」論の延長にあると見ることができるだろう。ところが、80年代的な「少女論」が「少女的なもの」を少女という「対象」に属する性質だと見なすことでコミュニケーション・システムの重要な変化を覆い隠したように、「汎マンガ化」をめぐる［読者の堕落か／作品自体の向上か］といった問題設定も、読者や作品といったいわば目に見える「対象」にこだわりすぎるために、やはりコミュニケーション文脈の変化を隠蔽してしまう。

繰り返しになるが、本書は、各種サブカルチャーの歴史分析・内容分析・統計分析・理論分析を通じて、人々の〈世界解釈〉とコミュニケーションのあり方の変化を探る試みであるが、**その方法の特徴は、「対象」に帰属されてきた秘蹟を、「文脈」であるコミュニケーション・システムに差し戻す点にある。**したがって、サブカルチャー論がしばしば興味を抱いてきた「作品に表現されたイデオロギー」の分析（最近では佐藤健志［1992］）には、私たちはまったく関心がない。私たちにとっての問題は、そうしたイデオロギーの成り立ち自体を可能にしている前提――やはりコミュニケーション・システム――なのである。

こうした観点から見た場合、二つの意味で、マンガはとりわけ重要な意味を持ってくる。第一に、マンガは、戦前から一貫して若者たちにとって重要な位置を占め続けてきたほとんど唯一のメディアであるために、その内容の歴史的分析によって、現在の若者の〈世界解釈〉の形式の特殊性とそれを支える社会システムの様相を、浮き彫りにしやすいこと。第二に、マンガは、およそすべての若者が一度は熱心な読者となる、やはりほとんど唯一のメディアであるために、マンガをめぐる個人史や接触様式の差異を比べることで、人格システムによって異なる〈世界解釈〉の特色を、浮き彫りにしやすいこと。

そこで、本章のマンガ分析では、この二つの側面に焦点を合わせながら、戦前から現在にいたるまでのマンガに見いだされる〈世界解釈〉のあり方のダイナミックな変容と、それが意味する社会システム全域に及ぶコミュニケーション文脈の変化を、とりわけ70年代末以降は人格システムの違いによる〈世界解釈〉戦略の分化に注目しながら、検討していくことにしよう。なお、少女マンガについては既に触れているので（第1章第1節、序章）、少年・青年マンガを中心に取り上げることにしたい。

〈少年〉の活躍と〈秩序〉への信頼：戦前〜1950年代

少年小説から継承した物語形式

「戦後マンガ」は手塚治虫によって創られた、としばしば言われる。コマで割った絵によってストーリーを展開するマンガ自体は、戦前からあった。だが、それらは主としてコトバ遊びや勘違いをめぐる「オチ」をネタにしたも

手塚治虫『ジャングル大帝』（50年）手塚はマンガに映画的手法を取り入れ、躍動する画面を作り出した。

ので、「滑稽表現」の伝統的な系譜にまっすぐ連なっていた。たとえば、大正末期から昭和初期にかけて一世を風靡した、宮尾しげを『武者修行団子串助漫遊記』、樺島勝一『正チャンの冒険』、田河水泡『のらくろ』、島田啓三『冒険ダン吉』、坂本牙城『タンク・タンクロー』などである。こうしたマンガを変革して、現在の「ストーリーマンガ」を誕生させたのは、確かに手塚の功績だった。「ハリウッドの映画的手法の導入」と呼ばれたその転換のポイントは、①息の長いストーリーと、②動きのある絵、にあったと言える。

しかし、**先に紹介した意味論的な観点から見た場合、断絶よりも、連続のほうがむしろ重要である。**戦後から昭和30年代にかけては、大正末期以来の「子供文化」からの連続性が強固に見られたのである。終戦直後、少年雑誌・少女雑誌の中心は、小説――空想科学小説・冒険活劇小説・時代小説・探偵小説・母子ものなど――であり、江戸川乱歩・高垣眸・海野十三・山中峯太郎・吉屋信子などの戦前からの代表作家が、引き続き活躍を続けていた。これらの小説は、舞台や筋書きはさまざまに見えても、ほぼすべてに共通する物語の構造を持っていた。

少年小説は、両親の謀殺、気違い科学者による発明の悪用、スパイの陰謀、火星人や海底人の来襲、怪盗による殺人や盗難などといった〈秩序侵犯〉に始まり、主人公の〈少年〉が「強く正しく明るく」という〈理想〉に即して活躍することによって〈秩序回復〉がなされて終わる。少女小説のほうも、母の死・一家の没落・生き別れ・意地悪な旧友によって引き裂かれた友情といった〈秩序侵犯〉に始まって、それを主人公である〈少女〉が「清く正しく美しく」という〈理想〉に即して耐えることで、最後には何らかのかたちで〈秩序回復〉がなされた。一口で言えば、**戦前から終戦直後までの少年・少女小説は、「〈理想〉の実現を媒介とする〈秩序回復〉」という同一の物語構造を持っていたのである。**

ここで回復が目指された〈秩序〉は、明治末から大正期にかけて日本近代社会において確立した、家父長制的な〈イエ〉から〈世間〉そして〈国家〉へとなだらかに連続する「近代天皇制」的な〈秩序〉のあり方に、まさに直結していた。この〈秩序〉の中で、将来の日本男児・良妻賢母の予備軍は、「強く正しく明るく」「清く正しく美しく」という〈理想〉を目指すべき〈少年〉〈少女〉として、社会的に規定されていたのである。したがって、**彼らが体現していた〈理想〉は、少年・少女たちに固有のものというよりも、まさに大人たちを含めた全社会的な〈理想〉だったのだ**（宮台・石原・大塚［1992b］）。

戦後も変わらなかった物語構造

戦後の少年小説・少女小説では、回復が目指されるべき〈秩序〉――社会の正義――が「大日本帝国」から「世界平和」に変わったことはあっても、先に紹介した書き手の連続性にもうかがえるように、「〈理想〉の実現を媒介とする〈秩序回復〉」という物語構造には、まったく変化がなかった。確かに、現象的に見る限りは、小説の中で挿絵の比重が高まり、福島鉄次・山川惣治・小松崎茂らの「長編絵物語」が盛んになるなど、戦後の子供文化の目ざましい「ビジュアル化」が見られたが、そこでも上に述べたような物語構造が失われることはまったくなかったのである。

たとえば、福島鉄次による無国籍の冒険活劇絵物語『砂漠の魔王』(1949)は、アメリカン・コミックス直輸入の新しい手法を用いたものだったが、同時に、戦前のものといっても違和感のない次のような序がつけられていた。

どんな時も元気で、何事にも負けない少年、
いつも明るく、正しい道を進んでいく少年、
このような少年が今の日本には必要なのです

――『別冊太陽』[1987]

手塚治虫による映画的手法の導入によって成立したストーリーマンガは、こうした一連の「ビジュアル化」の流れの一つの頂点だったと言える。彼がマンガに取り入れた息の長いストーリーは、それまで小説が書いてきた内容をマンガに取り込むことを可能にした。この変革の結果、ベビーブームに生まれた団塊世代(1947〜49年生まれ)が読み手として登場してくる昭和30年代――とりわけ1958年(昭和33年)以降――になると、小説に代わってマンガが子供文化の中心になった。その担い手となったのが『少年クラブ』『漫画少年』『冒険王』『少女クラブ』

武内つなよし『赤胴鈴之助』（54年・アース出版局漫画名作館）。「心が正しければ最後には勝つ」というモチーフは、戦後も相変らず引き継がれていた。

『りぼん』『なかよし』といった「フロク付き月刊誌」であり、手塚の他にも福井英一・武内つなよし『赤胴鈴之助』(1954)、桑田次郎『まぼろし探偵』(1957)などの話題作が掲載された。同様に、少女マンガのほうでも、牧美也子、わたなべまさこ、高橋真琴などが、バレエやパリといった新たな道具立てを取り入れつつも、少女小説から直線的に継承した「母子もの」を描いていたのである。

結局、戦後初期のストーリーマンガとは、戦前からの「〈理想〉の実現を媒介とする〈秩序回復〉」という物語構造を維持しながら、表現手法のレベルで映画的なビジュアル化を遂げたものだ、ととらえられる[1]。この連続性は、1959年の『少年マガジン』『少年サンデー』創刊以降の「週刊マンガ」時代においても、しばらくの間は破られなかった。たとえば、昭和30年代の『少年マガジン』に掲載された作品には、次のようなものがある（講談社コミックス編［1992］より。強調は引用者）。

江戸川博士の13番目の発明品——巨大ロボット13号を使って、江戸川博士の息子京太郎が**次々に現れる怪物や怪人と戦う**

——高野よしてる『13号発進せよ』

行方不明になった兄を探す竜崎勇は、白蠟紳士の要塞鬼岩城に兄が捕まっていることを知り……帆船『はやぶさ号』で鬼岩城に向かう

——遠藤政治『冒険船長』

中学生の島田秀樹は**両親を亡くして**叔父の家で暮らしていた。叔父は科学者で、秘密兵器の研究をしていたが、ある日、その秘密を狙って進入《ママ》してきた賊と秀樹が格闘し、危機に陥った

——山田えいじ『疾風十字星』

大西巨人——もと海軍大尉で、いまは世界探偵局の日本局長。白石一郎少年とともに、**世界征服を企む秘密結社**…などと戦う

——福田としかね『大西巨人』

この時代の少年マンガについて、大塚英志は次のように述べている。

昭和30年代の〈少年まんが〉の主人公は『鉄人28号』の正太郎君に象徴されるように〈子供〉であった。彼は小学生なのにもかかわらずピストルを携帯し、事件がおこれば大人の警察官とともにパトカーで現場に駆けつける。このような主人公の姿は今ではパロディの対象

にしかならないが、当時は誰も不自然に思わなかった。この時代の〈少年まんが〉には作品のタイトルに〈少年〉の2文字を誇らし気に冠するものが多かった…。

——大塚英志［1990：30］

〈少年〉が大人として活躍する——その意味は私たちが述べてきたところから既に明らかだろう。それは、〈少年〉が体現したのが、少年だけが抱く（べき）〈理想〉というよりも、大人を含めた社会全体が抱く（べき）〈理想〉だったということなのだ。つまり、**読み手の少年から見て、〈少年〉は、大人とは違った少年としての少年では決してなく、〈理想〉とされる社会それ自体を体現していたということである。**こうして結局、戦後から昭和30年代にかけてのマンガは、アメリカ的なものの移入による表現手法上の変革にもかかわらず、物語構造的には戦前からの完全な延長上にあった。すなわちそこでは、**個人が社会の「外部」にある（あるいは社会が個人の「外部」にある）とは考えられていないのだ。**(2)

「相対的な社会」と「小さな個人」の発見：1960年代

人間社会への根本的な疑い

ところが、こうした戦前から連続する物語構造は、1960年頃を境に次第に消失し始め、異なる物語構造にとって代わられるようになる。その先駆けが手塚治虫であった。

前節で、映画的手法の導入によってマンガに戦前的な物語構造を取り入れたのが手塚だったと述べたが、実は彼の業績はこのことに尽きなかった。彼はまた、従来なかった新たな物語構造の先駆的な導入者でもあったのである。そのことは、『リボンの騎士』(1954)を代表とする、古い型の物語構造を持った夥しい作品群とほぼ同じ時期に描かれていた、SFもの――『ロストワールド』(1948)、『メトロポリス』(1949)、『来るべき世界』(1951)の三部作や、『ロック冒険記』(1952)、および『ジャングル大帝』(1950)などの作品――にうかがうことができる。

もちろんそれまでも、空想科学小説・空想科学マンガは、海野十三をはじめとしてきわめて盛んだった。しかしながら、そこに見いだされる「SF的なもの」は、「〈理想〉の実現を媒介とする〈秩序回復〉という物語を彩る定型化された意匠――気違い博士の発明や火星人の侵略の類――に過ぎなかった。たとえば終戦直後の代表的な空想科学マンガとされる横井福次郎『ふしぎの国のプッチャー』(1948)は、《月から火星へ着陸する少年の驚きと冒険がこまかく描かれており、気密服、宇宙船、電波グツといった科学的な機械類が楽しませた》のではあるが、やはり《悪者退治がお話の中心だった》(石子[1978：48])ことに変わりはなかったのである。

ところが、右に紹介した手塚の作品群は、こうしたものとはまったく違った要素を含んでいた。それは、次のような台詞に象徴的に表れている。

> いつかは、人間も、発達しすぎた科学のために、かえって自分をほろぼしてしまうのではないだろうか？
>
> ――『メトロポリス』(1949)

ああ…人間のきずいた文化なんてものは、大自然の力が、たった数分のうちにけむりにしてしまうのだ。／いつかは、人間以上のものが、人間を征服する…これは、しぜんの法則です

——『来るべき世界』(1951)

そりゃあ、わたしたちだって、いきていくためにたべあいはするけれど、人間はね、もっとひどいのよ、わけもなにもなしに、ころしあったり、戦争ってものもあるのよ

——『ジャングル大帝』(1950)

これらの台詞が含まれた手塚のSF三部作について、山根貞男は次のように述べている。

この三部作にみられるドラマ設定を支えている〝思想〟がいかなるものであるかといえば、それは、地球そのものを相対化する〝思想〟とでもいえるものである。地球を全人類あるいは人間とおきかえてもいい。…全宇宙の自然史における人類の位置をはかってみれば、地球なる星にある期間棲息した生物として、人類そのものの生命も絶対的なものではなく、相対化されたきわめて有期限的なものにおしとどめられてしまう。

——山根［1983：7］

手塚のこうした一連の作品に見られる新しさ――それは〈秩序〉の自明性が失われてしまっているということである。戦前から昭和30年代にいたるまでの少年メディアの中で疑われることのなかった〈秩序〉の絶対性は、その中に愚劣さや悲惨さを含むものとして反省され、最終的に〈支配〉の無根拠性を隠蔽するものとしてとらえ返されている。この変化が、「大日本帝国」から「戦後民主主義」への無節操な秩序転換を多感な時期にくぐり抜けた手塚自身の経験を前提にしていることは、疑えないだろう。いずれにしても、このようにして、「歴史の時間」という非等身大的な領域性（第1章第1節）の中で相対化される社会秩序という意味論が、初めてマンガに導入されたのである。

こうして導入された非等身大的な領域性はその後、手塚自身の『火の鳥』（1954〜）や、彼を直線的に継承するSFマンガにおいて継承・発展させられていく。

少年マンガの進化は…SFに意識的な作家達によって、より壮大で重いテーマを持った作品を送り出させることになる。人類の運命を握る戦いは『エリート』を経て、無との戦いという『幻魔大戦』へ至り、その石ノ森章太郎は『ミュータントサブ』で精神的世界、アウトサイダーの孤独といったものまでを描こうとしていた。空想科学マンガ、科学探偵マンガからSFマンガへ、年少読者を楽しませる一方でそれは戦いの物語を神話的な世界へと推し進め、神とは、宇宙とは、人間とは、といった哲学的なテーマにまで分け入ろうと目論んでいたのである。

——『別冊太陽』［1990：51］

ところで、非等身大的な領域性の中での社会秩序の相対化は、まさにその「相対的なものに過ぎない社会」によって抑圧され翻弄されるしかない「小さな個人」という観念を、いわば連鎖的に生み落とすことになった。こうして導入された「社会／個人」というコミュニケーション・コード——「相対的な社会」と「小さな個人」という互いに結合した意味論——は、戦記もの・忍者ものに始まる「歴史マンガ」を生み出し、白土三平の一連の作品において一つの頂点に達した。たとえば白土三平の描く登場人物たちは、まさにそのような「大きな全体性の中の小さな存在」である。尾崎秀樹は、大正期の立川文庫的な忍者と白土のそれを比較して、次のように述べている。

忍者を自立営業の職業としてみる大正期の認識に対して、戦後の理解は組織の中の人間観が圧倒的に強い。…白土三平の忍者ものの特質は、忍者をスターあつかいせず、政治社会の全体像のなかで、一つの歯車として描いているところにあるのではないか

——尾崎［1972：111］

社会に翻弄される個人と抵抗

マンガにおけるこうした新しい動きは、実はより大きな変化と連動するものだった。一般に60年頃の大衆文化には、「歴史の時間」の中で相対化される「社会」と、その「相対的な社会」に

よって翻弄される「小さな個人」という観念とを、同時に導入するという展開が見られたのである。具体的には、五味康祐や司馬遼太郎による歴史小説の変革、松本清張による社会派推理小説の誕生である。これらには共通して、歴史や社会という全体的な流れや状況を背景とした出来事の記述が――いわば「高所からの視点」が――見られたと同時に、「不透明な視界」の中で弄ばれる主人公が、読者の「高所から見た視界の透明さ」とは対比されるかたちで強調されたのである。(3)

「小さな個人」という観念が、「歴史の時間」という非等身大的な領域性における「社会」の相対化に伴うかたちで見いだされたことは、次のような白土自身の言葉にもうかがえる。

まずしい社会においては、小さな夢のために、大きなことをしなければならない。我々の祖先も、そして、現代の我々もそのまずしい社会にいきている。そして、この物語の主人公…カムイ、正助、竜之進らも、結局、小さなことのために、大きなことをしてきえていったのである。しかし、人びとのあとには、人びとがつづき、そして、今、我々があるのである。

――『カムイ伝』(1965)

こうした「小さな個人」は、当然のことながら、もはやそれまでの主人公たちのような〈理想〉化された身体ではありえない。赤胴鈴之助は、〈少年〉でありながらも一人で悪を倒していく超人的な剣士だったが、60年頃に流行した忍者ものの主人公は、きわめて苦しい「訓練」を経て、「科学」的に忍術を身につけていくことになる(4)。

立川文庫によって生を受けた忍者は、戦後マンガの中でも人気者だったが、当初それは巻物くわえてデレレンの忍術使いというスタイルだった。…それに変化が起こるのは、山田風太郎の忍者小説に影響を受けた白土三平によって新たな忍者像が描かれるようになってからだ。…白土三平は忍術を科学的な目で捉え直す。超人的な力は訓練によって得たものであり、忍術は科学を応用した目くらましである。

――『別冊太陽』[1990：31]

《社会においては、小さな夢のために、大きなことをしなければならない》と白土は言う。にもかかわらず、個人はあまりにも小さい。「小さな個人」が大きなことをしようと思えば、超人的なまでの「訓練」と、豊富な「科学」的知識が必要になる――。白土三平のいわゆる「リアリズム」としての忍術は、「小さな個人」が社会や組織の中で「最大限の機能を果たす」という観念が、いわば必然的に要求したものだったと考えなければならない。

こうした変化は、実は、忍者ものに限られなかった。たとえば、同じく十五年戦争を時代的背景としていても、山中峯太郎の少年小説では、主人公の〈少年〉が単身で反日秘密結社のアジトに乗り込んでいくのに対し、やはり60年頃に流行した戦記もの（ちばてつや『紫電改のタカ』など）の主人公は、軍隊の正規の一員として、細部まで正確に描かれた戦闘機を操りつつ戦う。総体として、60年代のマンガは、主人公が〈理想〉としての身体であることをやめて、「相対的な社会」に翻弄される「小さな個人」へと変化するのに連動して、「小さな個人」がそれなりの力を発揮するのに必要な――すなわち社会と個人との間の距離を縮めるための――道具・知識・訓練を描き込む「リアリズム表現」を急速に発展させていった。

このように、戦前から受け継がれた、〈秩序〉への絶対的信頼の具現としての「正しく明るく強い〈少年〉」「清く正しく美しい〈少女〉」といった〈理想〉と、それへの一体化要求は、マンガの中で徐々に希薄化していき、最終的にはほぼ消失するにいたった。代わりに物語構造を規定し始めた、［社会／個人］コードに基づく意味論は、マンガが以前よりも高年齢の読者を取り込んでいくことに、大いに貢献することになった。他方で〈秩序回復〉の物語は、大人の中で自在に活躍する〈少年〉ではなく、ウルトラマンの怪獣退治に見られるように文字通りの「超人」によって担われるようになり、60年代半ばには、「幼児向けの娯楽ツール」へと完全に特化したのだった。

〈疎外〉図式の進化：「60年代的サブカルチャー」とその余韻
「社会的上昇」から〈課題達成〉へ

前節で紹介したような、「相対的な社会」と「小さな個人」という〈世界解釈〉のあり方――「社会／個人」コードに基づく意味論――は、基本的には現在にいたるまで続いている。しかしながら、その内実やそれに対する評価は、あまたの歴史的な変化をくぐり抜けてきている。中でも大きなエポックとしては、60

年代の「小さな個人」という意識が痛切な〈疎外〉感や〈解放〉への希求に彩られたものだったのに対して、とりわけ73年以降のそれが基本的に現状肯定的な色合いに変わったことが、挙げられるだろう。

60年代に、「個人」を疎外する「社会」への否定的な意識が前面に押し出されていた背景には、都市と農村の格差や、都市における階層格差を、はっきり目に見えるかたちで意識せざるを得なかった当時の社会状況がある。実際、〈疎外〉意識を明確に抱えた主人公が最初に現れたのは、都市下層労働者——その中核が地方出身の集団就職者だったことは言うまでもない——を主要な受け手としていた昭和30年代の「貸本劇画」においてだった。主人公の多くは、当時まだ根強かった「強く正しく明るく」といった〈理想〉を体現する者からは程遠く、何らかの仕方で〈疎外〉され、悩み苦しむ者であり、だからこそ読み手が自己を重ね得たのである。たとえば、父を射殺した警官に復讐しようとするある主人公は、次のように叫ばないではいられない。

たかがっ…たかが白タクの運転手と思って親父を！　親父を射ちやがったに違いないんだっ！／権力をカサにきやがってっ！／友達の車を借りて細々と白タク運転で生計を立てていた家庭の幸せをブッこわしてひどい事じゃないというのかっ！

——影丸譲也『電話が鳴る時』(1964)

あるいは、母に孤児院に捨てられた過去を持つ殺し屋は、次のように言う。

あらゆる悪業をかさね、虚偽と欺瞞をかさねてきた犯罪者であっても…自分の母親だけは信じる…と言う…。だが…その母親でさえも信じられない…としたらどうなる／あんたが死ぬかわたしが死ぬかその二つに一つを選べと言われたらわたしはちゅうちょなく前者を選ぶことだろう。

——佐藤まさあき『みなごろしの歌』(1963)

石川球太「闘犬アラシ丸」(63年・講談社)。50年代に全盛を迎えた貸本劇画には、「社会／個人」「上層／下層」「強者／弱者」といったコードが現れ、それはしばらくして少年週刊誌にも取り入れられた。

このように貸本劇画は、もともとは復讐や犯罪といった非日常的物語（絵空事）を通じて、読者に〈代理体験〉のカタルシスをもたらす娯楽だったが、つげ義春の「沼」(1966) 以降、『ガロ』や『COM』を中心として、〈疎外〉された者自身の「自己表現」として読まれうるマンガが出現するようになる。代表的な作家には、つげ義春の他に、弟のつげ忠男、林静一、滝田ゆうなどがいたが、彼らは、モノローグ（！）の手法を使いながら、微細に描写された日常性の中を生きる自己の内面——一見すると非日常的なものでも、あくまで日常生活者が抱く幻想として描かれた——への沈潜を目指した点で、共通していた。

同時代の音楽におけるアングラフォークの流れ（第2章第1節）とも共振したこうした動きを、73年以降の少女メディアで広汎に上昇を開始することになる「これってあたし！」的な〈関係性モデル〉（第1章第1節参照）の、一種の先駆けと見ることもできよう。だがこの時期、こうした「自己表現」としてのマンガの読み手は、全体の中のごく一部に過ぎなかったことに注意しなければならない。それはあくまで「萌芽」に過ぎなかったのである。

その頃（60年代後半）、マンガの主流は、梶原一騎のスポ根ものを代表とするドラマ性の強い作品群に移っていたが、これらはある意味で、貸本劇画の自然な延長線上にあった。主人公は、ほぼ例外なく下層ないし地方の出身者であり、何らかの〈課題達成〉を通じて、〈疎外〉された状況の克服を目指したからである。ただし、〈課題〉が復讐や犯罪といった「反社会的行為」によって達成されるのではなく、「社会的上昇」によって果たされるようになった点に、新たな展開があった。**「社会」が、底無しの否定性としてではなく、「個人」に一定の果実をもたらすかもしれないものとして、描かれ始めたのである。**

たとえば、『巨人の星』（1966）の星一徹は、元巨人軍選手から転落して下町に住む肉体労働者であり、その息子の飛雄馬は、父に言われて「名門」巨人軍の星を目指す。『男一匹ガキ大将』（1968）の万吉は、漁師の父を失って関西の貧しい母子家庭で育ち、《でっかいりっぱな男になる》ために上京する途中で、次のように言う。

こじきはあかん！　こじきはやっぱりカスじゃ／わっ…わいはこじきにはならへん。しかし他人へのみえをすてたこじきの精神をわすれず…ほんものの…日本一の大金持ちになった る！

――本宮ひろ志『男一匹ガキ大将』(1968)

こうした作品群は、「〈疎外〉された主人公が何らかの〈課題達成〉を通じて真の〈男〉を目指す」という、同一の物語構造を持っていた。従来のような侵犯された社会秩序の回復ではなく、「巨人軍の星になる」「番長になる」などといった個人的な〈課題達成〉が目標として描かれ、根性ドラマが展開される。こうして初めて、マンガに個人の成長や上昇の観念が持ち込まれ――ライフヒストリーの発見――、マンガが個々人の「人生の指針」の一つとなり得る可能性が開かれたのである。

ところで、右にあげた『巨人の星』や『男一匹ガキ大将』に典型的に見られたように、**当初は、「真の〈男〉になること」が、「社会的上昇を果たすこと」に結びつけられていた。これは、「社会」を前にした「個人」の〈疎外〉という観念が、目に見える階層的・地域的な差異にいまだに縛りつけられていたことを意味していた。**だが、70年代が近づくにしたがって、〈疎外〉と「階層的差異」との結びつきは次第に希薄になっていく。代わりに〈疎外〉は、新たな着地場所――〈若者〉であること――を見いだし始める。

このことは、一つには確かに、「階層的差異」による社会のまだら模様が、実際に目に見えにくいものになっていったことに関係しよう。だが、より直接的に作用したのは、60年代半ば以降、

高森朝雄＋ちばてつや『あしたのジョー』（68年初出・講談社89年版より）。

〈若者〉という世代的自己把握を基礎とした「60年代的サブカルチャー」が明確なかたちを取り始めたこと、言い換えれば**「若者／大人」という共通コードに基づくコミュニケーションが一般化したこと**（宮台［1990ab］）である。すなわち、「手にはジャーナル、心にマガジン」を持った「中産階級」出身の文化的リーダーたちが、そもそもは「東京／地方」「上層／下層」といった「経済的―物質的差異」と結合していたはずの〈疎外〉を、初期マルクスの疎外論を哲学的な支えとしたりしつつ、「大人／若者」もしくは「非本質／本質」などといった「文化的―精神的差異」と結合したもっと抽象化された観念へと〝洗練〟させていったのである。

抽象的に表現すると次のようになる。「社会／個人」という既に一般化していたコードは、当初「都会／田舎」「上層／下層」「強者／弱者」といったコードと重ね焼きにされていた。「社会的上昇」とは、田舎出身の「個人」が都会で成り上がり、下層から上層へと這い登り、弱者から強者へと成長し、最後は「社会」を制覇するという、コード内部の「逆転の物語」だった。**ところがこの重ね焼きが放棄され、「社会（悪）／個人（善）」という共通コードが、「大人（悪）／若者（善）」「非本質（悪）／本質（善）」という新たに一般化されたコードに結びつき始めるのである。**主人公である「個人」は〈若者〉であるがゆえに「本質的」であり、そのために無理解な大人たちの社会から〈疎外〉されざるを得ない…云々。

こうした変化の一環として、マンガの中の〈課題達成〉は「社会的上昇」という要素を欠落させ、大人や〈世間〉から見れば無意味に見えかねないような〈課題〉を目指すことそれ自体が——何かに「命をかける」こと自体が——自己目的化されるようになる。その典型が『あしたのジョー』(1968〜73)だった。**〈世間〉から見ればバカげた個人的な〈課題達成〉のために自らを燃焼させること。そのことにおいて、激烈な敵同士であるはずの矢吹丈と力石徹が、逆説的に一つの〈共同性〉を生き得る。**そこでは、もはや勝負に勝つことよりも、そうした〈共同性〉を生き得ることとそれ自体が「自己実現」であると観念されている。こうした物語は、この時代の〈若者〉が目指す生き方と共振しており、それゆえ彼らは、「わが内なる下層」たる主人公に強く自己同一化した。よど号ハイジャックの犯人の一人が「われわれは明日のジョーである」[6]と言ったことは象徴的だった。

〈課題達成〉から〈純愛〉へ

しかし、自己目的的な〈課題達成〉を永久に追い続けることは難しい。〈若者〉らしい〈共同性〉を追い求めるといった類の「抽象的な熱情」が長く続くことは、そもそもありえないからだ。矢吹丈も最後には真っ白に燃え尽きてしまう。**こうした困難さから、70年代に入ると、〈疎外〉からの〈解放〉を媒介するものとして、〈課題達成〉にかわって〈純愛〉が前面に出てくるようになる。言ってみれば、〈課題達成〉の動機の抽象性という空虚を、「愛の情熱」の具体性が埋め合わせるように機能したのである。**それと入れ替わりに、そもそも「個人」に〈疎外〉をもたらしていたはずの当の「社会」という観念は、ますます抽象化し、ほとんど内実を失うことになった。

こうした真の〈純愛〉への希求は、実は貸本劇画の時代から見られた。

今の人間が失いかけている人間本来の姿を持ち続けている女性、それが彼の理想の恋人なのだ。

——石川フミヤス『青い海』(1966)

前述の『みなごろしの歌』の主人公である殺し屋が、女に次のように言うのも、この希求が痛切なものであったことの裏返しである。

結婚…という約束手形をとりかわしてそれが果して何になる。それはなにも2人の上に永遠の愛と平和を保証することにはならないのだ。

——佐藤まさあき『みなごろしの歌』(1963)

しかし、こうした〈純愛〉追求の物語だけに徹底的に純化したマンガは、梶原一騎の『愛と誠』(1973)が最初だった。《世間の人間がまず自分を守ろうとする常識の外に生まれた天使》と評される大ブルジョア令嬢の早乙女愛を愛する岩清水弘——ちなみに両者とも中学生という設定(!)——は、次のように言う。

人が人を愛することはきびしいことなのだよ　早乙女くん！　それは戦いでさえある！／おたがいあらゆるくるしみに耐え試練をのりこえみがきあい成長していくもの！／早乙女愛よ岩清水弘はきみのためなら死ねる！

早乙女愛は、こうした岩清水を《りっぱだわ　メガネをかけていて青白くても　男らしい男だわ！》と評しつつも、昔自分がケガをさせたために破滅に追いやられて不良になった――つまり〈疎外〉に陥ったわけだが理由がまったく「偶発的」であることに注意せよ――太賀誠に、次のようなセリフで〈純愛〉を捧げ続ける。

梶原一騎＋ながやす巧『愛と誠』（73年初出・講談社74年版より）。この台詞を言うのが中学生。しかし当時は違和感がまったくなかった。

た…たとえ　いまの彼がどうであろうと　あのときの　男らしいほこりたかい　そう…わたしの白馬の騎士と別人ではないのだわ！／きっと　きっと　あのときの太賀誠は　いまの彼の中のどこかにすんでいる／あの　永遠の像を愛しつづけつぐないつづければいいのだわ！／ど…どんなに苦しい　きびしい愛であり　つ

ぐないであろうと　あの永遠の像のためなら　死ねるのだから…

ここで重要なのは、犠牲的な〈純愛〉を捧げているのが、主人公（太賀誠）ではなく、その恋人（早乙女愛）であることだ。確かに〈純愛〉が〈疎外〉からの〈解放〉を導くのだとしても、そこには「他力本願化」とでもいうべき変化も、また生じていた。すなわち、抽象化し形骸化した「社会」観念と連動するように、［社会（大人）＝非本質］vs［本人（若者）＝本質］という従来の対立にかわって、［恋人＝本質］vs［本人＝非本質］という対立が、より重要なものとして持ち込まれたのである。非本質的な状態に（どういうわけだか）陥った主人公が、恋人の本質的な〈愛〉によって「救済」されるというわけだ。

〈純愛〉から
〈自然〉〈土俗〉へ

しかし、容易に分かることだが、〈純愛〉は、自己目的化した〈課題達成〉同様もしくはそれ以上に、期待困難である。平穏だが些細なトラブルに満ちた恋愛関係や結婚生活の日常性の中で、こうした非日常的な〈純愛〉を保ち続けられるものではない。再び「熱情は長続きしない」のである。こうした〈純愛〉の物語は、読み手も永久に「中学生」以下であることによってのみ維持できるようなもので、読者の加齢による風化に耐えうるものではなかった。ただし、倦怠期の夫婦がラブホテルの非日常空間で盛り上がれるのと同じように、恋人（＝女性）による「救済」という図式は、松本零士の70年代後半の一連の作品に見るように、舞台装置をSF的な非日常的空間に置き換えることで、ギャグ的に短絡されながらもしばらくは生き延び、80年代的オタクマンガに一つの伏線を提供することになったの

である。(7)

いずれにせよ、「60年代的サブカルチャー」に通底する、〈疎外〉からの〈解放〉への希求は、こうして再び壁に突き当たった。ではこの希求は、最終的にはいったいどこに着地したのだろうか？

明らかなことは、最も大きな影響力を持ったのが、70年代の成年誌で前面に出てきた、〈自然〉および〈土俗〉の物語だったということだ。厳しい山河や風雨の力との直面を描いたり、昔ながらの素朴で自由な庶民の生き方を肯定する作品群——矢島正雄の一連の作品、青柳裕介『土佐の一本釣り』(1978)、はるき悦巳『じゃりン子チエ』(1978)、長谷川法世『博多っ子純情』(1976) など。**これらは〈疎外〉のモチーフを、読み手の多くを取り巻く〈都市〉がもたらす具体的な疎外感へと読み替えた上で、それからの〈解放〉を、〈都市〉の外部として描かれた〈自然〉や〈土俗〉に託したものだった。**

こうして、前代の［社会／個人］コードを利用し、それにいくつかの新たなコードを重ね焼きすることで成立した「60年代的サブカルチャー」における、〈疎外〉からの〈解放〉というモチーフ——それは「真の男」の探究でもあったのだが——は、〈社会的上昇〉から自己目的化した〈課題達成〉へと変じ、さらに〈課題達成〉から〈純愛〉を経て、〈自然〉と〈土俗〉に、一つの着地点を見いだすことになった。団塊世代のオデッセイはここに終わり、かくして、たまの休暇になると子供をオフロード4WDでキャンプに連れ出したがるお父さんたちが大量に生み出された。しかし、付け加えておくが、成年誌に〈自然〉〈土俗〉ものがメジャーな位置を占めるのはせいぜい82年までであり、次節で述べるように、83年以降の主流は、少女マンガにルーツを持つまったく別の流れに取って代わられるようになった。

〈外部〉の消去に向けた助走：1973〜77年

日常性の中の微細な差異の導入

72年の連合赤軍事件は「60年代的サブカルチャー」の挫折が明確に意識される一つの重要なエポックだったが、これ以降「60年代的サブカルチャー」は伝承線を見失い、無害化された「団塊世代的サブカルチャー」として若者文化の前面から退いていく。こうした中で、〈イエ〉や〈体制〉といった外的な拘束への対抗に支えられた「〈若者〉としての〈我々〉」という「世代への帰属意識」も伝承されにくくなり、かわって「唯一性としての〈私〉」「私だけが分かる〈私〉」が問題化し始める。それに対応して、この時期の少女マンガに「乙女ちっく」に代表される〈関係性モデル〉が出現し、その後の少女マンガを決定的に方向づけることになった。この間の事情は既に詳述した（第1章）。

ところで、少年マンガにおいては、「60年代的サブカルチャー」の退潮が、異なるかたちで現れることになった。それを最初に、しかも最も先鋭な仕方で表現したのが、山上たつひこ『がきデカ』（1974）だった。

『がきデカ』がマンガ史上の画期をなす作品であることは、既に呉智英［1990］が指摘している。彼によると、その画期性は、「良識への挑戦」すなわちブラックユーモア性に見いだされるという。『がきデカ』は確かに、「良識」を徹底的にあざ笑うような「常識破り」のマンガだった。

> 日本マンガ史上、ブラックユーモア作品を初めて本格的に描きはじめた作家は、山上たつひこである。…ブラックユーモアとは、良識への挑戦の笑いのことである。それは強い毒を持った、きわめて攻撃的、破壊的な笑いである。現代では絶対的な公理のようになっている人間性なるものの、その底に隠れている不条理な心理を解き放つような笑いであることが多い。…ほのぼのとしたユーモアなどいささかも描かれないことといい、欲望は人一倍強いくせにからきし意気地がないという普通なら嫌悪の対象にしかならない主人公が活躍することといい、たちまち流行語になった『死刑！』に代表されるほとんど意味のない超ナンセンスな言葉が乱発されることといい、衝撃的な登場であった。
>
> ——呉［1990：225］

山上たつひこ『がきデカ』（74年初出・秋田書店89年版より）。「中産階級的な日常性」を取り込んだ諧謔。80年代を先取りする多量のブランド情報に注目。

しかし『がきデカ』には、もっと決定的な新しさがあった。それは、一見呉智英が述べたことと矛盾するようだが、『がきデカ』が従来なかったほどの「常識性」を備えたマンガだったということである。ブラックユーモアは、この「常識性」を前提にして初めて成り立つものだった。

60年代に人気を博した赤塚不二夫のギャグマンガの登場人物は、六つ子やおフランス帰りの大金持ちだったり（『おそ松くん』）、ギャングの住む町内で幽霊になったお父さんと一緒に八百屋をやっている小学生だったり（『もーれつア太郎』）、赤ちゃん天才を息子に持つ馬鹿親父だったりした（『天才バカボン』）。つまり実際にはありえない「非常識」な設定だった。

それに対して『がきデカ』の主人公こまわり君は、生命保険会社の係長を父に持ち、練馬区大泉学園付近の一戸建てに住む、中流階層の子供である。毎日ちゃんと小学校に通い、テストの点が悪いのに傷ついて、《きみはテストのホームラン王、ぼくはテストのらくだい王／しょせんきみなんかにぼくの気持ちがわかってたまるかっ》と叫び、東大合格者が3人出たという進学塾に通う（実はイヌが先生の「イヌ・ネコ進学塾」ではあるが）。また、2年間お金を貯めてステレオを買い、友達の家でフェラーリを買ったのを羨むスーパーカー・ファンであり、性的な好奇心がとても強い。つまり当時の小学生の平均像とも言える、たいへん「常識的」な設定なのである。周囲の友達や家族や先生の設定にしても同様だった。

こうした設定の「常識性」は、細部にまでこだわったリアルな絵(8)――電柱には「山内ガラス」といった広告や「南大泉325」などという番地がちゃんと描いてあった――とあいまって、作品全体のトーンにきわめて強固な日常性を与えた。『がきデカ』の笑いは、こうしたデフォルメされていない日常性に支えられた上で、日常的に予期され期待される役割や状況規範を唐突に越境してみせることによって成り立っている。たとえば、時ならぬ場面で中年男や芸者やヤクザといった役割を微細に模倣してなりきってしまう、「ごっこ遊び」のエスカレート。真面目な反応が期待される場面で《あふりか象が好きっ》《八丈島のキョン》《金のないのがシロクマで、金のあるのがクロクマで〜》といったワケの分からない言葉を発して、踊りながらごまかしてしまうこと。

さらに、かの「練馬変態クラブ」である。そこでは確かに東京周辺の固有名が用いられている。だが60年代とは違い、[都市／田舎］というコードと結びついた「眩しい場所」としての「東京」ではなく、「練馬」というコトバが醸しだす平凡な日常性が踏まえられている。そしてその日常性が、「変態」という侵犯によってもう一度飛び越えられる。こうした二重の意味で、それは真に衝撃的な言語的創造だったのだ。

『がきデカ』は、「日常性の中の微細な差異」に対する感受性に支えられた笑いを初めて創出した。その意味で、明らかに80年代の「アニパロ・マンガ」や「不条理マンガ」の先駆となっている。当時においても、小学生の間に「死刑！」ごっこを流行らせただけでなく、文化的リーダー層の動向とも共振して有形無形の大きな影響を与え、70年代後半から80年前後にかけて上昇する『ビックリハウス』的なパロディブームの引き金を引くことになった。

閉じた日常性とコミュニケーションの危機

『がきデカ』に始まった「日常性の中の微細な差異」の発見は、80年代が近づくにつれてますます加速されていった。たとえば『がきデカ』に続いて『少年チャンピオン』の黄金時代をつくった鴨川つばめ『マカロニほうれん荘』(1977)では、パンク少年/メルヘン少女/…など、若者たちの間にもいろいろな趣味の差異があることが細かく描き分けられ、それを強調的にズラシてみせることで笑いをとっていた。

きんどー:こちらは青森県上北郡下田町におすまいの平尾由香さん 主婦の方のおハガキでございます

ひざかた:ではご希望曲ヴァン・ヘイレンのユー・リアリー・ガット・ミー早速おかけしましょう

きんどー:最近農家のみなさんに爆発的にうけてる曲でございますわねぇ

このような「日常性の中の微細な差異」への注目は、一方で、自分の周囲に「理解できない変なヤツ」をも含めた多様な「他者の発見」を促した。**こうして、世代内に引かれた多様な差異の線分に対する研ぎ澄まされた感受性が養われ、60年代には可能だった「〈若者〉としての〈我々〉」という世代的同一性の意識が、徹底的に掘り崩されることになった。**他方で、こうした日常性に向けられた意識の増殖は、「真の男」「まことの愛」といった「ここにはない非日常的な輝かしさ」に自らを委ねるような構え——いわば〈外部〉への信頼——をも、たとえばそうした構えの持ち主をギャクの標的にするというかたちで、完全に相対化したのである。

かくして79年になると、次のような言明によって、「60年代的サブカルチャー」に最終的な引導が渡されるにいたる。

朝鮮半島では1人の大統領が射たれて民主主義が謳われ、イランでは1人の首相が辞めて民主主義がややこしくなり、アフガンでは戦車が山を越えて民主主義の山がアナアナになった。忘れてならないのはトルコとマダガスカルだが、ここの民主主義はずいぶん前からてんやわんやだったし、植木等がこれで日本も安心だと歌ったので民主主義はますます恥ずかしくなった。…好むと好まざるとにかかわらずこれが、一九七九年12月現在のわれわれの世界だった。大切なのは、人はパンと民主主義のみによって生きるにあらずということだ。米だって食うし酒も飲むし、渡哲也以外のたいていの男は女がいないと生きていけない。流れ者だって生きるには洗面用具が要る。

——矢作俊彦・大友克洋『気分はもう戦争』(1979)

鴨川つばめ『マカロニほうれん荘』(77年初出・秋田書店88年版より)。「中産階級的な日常性」を前提としつつも、異様な情報量がサブカルチャーネタ中心のものであった点が、「がきデカ」とは違う新しさである。

強調部は引用者

もはや、自分（たち）を最終的に〈解放〉してくれるような輝かしい〈外部〉はない。たとえ戦争が始まろうと世界が廃墟になろうと、衣食住や個人的なトラウマや些細な対人関係のトラブルといった日常性が、いつまでも続く[9]――。**実は、80年代から現在にいたるまでのマンガに通底しているのは、こうした「閉じた日常性」の意識である。**こうした意識の下では、コミュニケーションに関して、60年代よりも遥かに洗練された感受性が要求されてくる。

愛は負けても、親切はきっと勝つ

――矢作俊彦［1991］

すなわち、「熱情は長続きしない」ことがもはや自明になり、「信顧しうる〈外部〉」が消滅し、急速な差異化の中で誰もが依拠する共通コードの存在が当てにならなくなると、コミュニケーションの複雑性と危険は、当然のことながら急激に増大することになる（宮台［1990ab］）。既に70年代末から、少女マンガの成果を吸収するかたちで新しいジャンルとして台頭してきていた「ラブコメ」と「異世界もの」は、こうした複雑性に対処するために人格システムが利用可能なツールとして、それぞれ違った仕方で機能することになった。次節以降では、70年代末期以降のマンガの変遷とその機能の詳細について、こうした分化に即して考察しよう。

(1)手塚のデビュー作『新宝島』の「映画的手法」はしばしば喧伝されるが、実はこの評価は、後年の全集収録にあたっての全面的改版に拠るもので、原本は「オーソドックスすぎるほどの古典的マンガ」(真崎守)だった(本江邦夫［1990］)。呉智英［1990］もこのことを指摘している。

(2)社会(科)学の伝統的な思考は、個人と社会との間のこうした埋めがたい溝がいまだ問題化していない時代に形作られたため、「社会は個人を要素として作られている」とか「社会の内部に個人がある」といった思考図式によって覆われている。こうした思考図式の背景にある社会的リアリティは、ヨーロッパでは早くも19世紀末に、日本ではとりわけ戦後10年を過ぎると急速に変化し始めるが、社会(科)学的思考の大方は依然として「鉄人28号の金田正太郎」的リアリティの段階に留まったままである。社会システム理論のここ20年の発展の中ではこうした思考図式は真っ向から否定され、個人と社会とはいかなる意味でも「部分と全体」の関係に立つことのない別種のシステムとして把握されるにいたった。しかし理論社会学の研究者の中でさえ、こうした図式転換の意義に気づく敏感さを持った者は少ない。

(3)「司馬遼太郎が歴史文学についておもしろいことを書いていた。…高所から眺めると、往き来する人や車は、一望のうちに掌中のものとなることは明らかだ。しかも地上を歩く人には、その全体像がわかっていない。作者は作中人物のわからない原因と結果を知ったうえで、自由に駒をうごかすことができるというのである」(尾崎［1972：105］)。まずこうして、個人から見た社会の不透明性が意識され、ついでしばらく経つと、社会から見た個人の不透明性が意識されるようになる。現在の社会システム理論は、こうした相互不透明化のリアリティを文脈としたものである。

（4）《忍法において 猿飛の術とは 空間 地上をとわず そのときどきの 変化に応じて 自在に身をうつしうる 体術のことをいう 木から木へ 自由自在にうつる猿よりも 早く移動し たえず 猿を攻撃できる位置に 自分をおくことができるようにならなければ この術を えとくしたとは いえない》（白土三平『四貫目』（1970）より）。マンガの随所に挿入される忍法解説は白土の十八番。特に『サスケ』の忍法解説は子供たちに大人気だった。宮台も詳細な「忍術ノート」をつけていた。

（5）ジャケットを林静一が描き、詞が永島慎二に捧げられたはっぴいえんどのデビューLP『はっぴいえんど』も、当時はほとんど売れなかった。

（6）彼らが新聞社に送付した声明文は「明日のジョー」となっているが、むろん『あしたのジョー』が正しい。

（7）たとえば、松本零士『銀河鉄道999』（1977）における、メーテルと鉄郎とのマザコン的関係。

（8）呉智英［1990：180］も、『がきデカ』に《それまでギャグには不向きだと思われていた細かい描線》が現れることを指摘している。沢田康彦も、山上自身の言葉を引きつつ述べている。《あなたの描く腐乱死体が好きです、というと、彼（山上）は『他のことはようわからんが、ぼくは手塚治虫、白土三平と並んで、水死体の描ける日本3大漫画家の1人です』と胸をはった》《何て完璧な動物画！ ぼくはこれほど正確無比に描かれた動物たちを見たことがなかった。ディズニーも、チャールズ・シュルツも、赤塚不二夫も、藤子不二雄も、すべての漫画家のキャラクター化された動物たちは、彼によって完全にくつがえされたのだ》（『GAKIDEKA』解説より）。しかしいずれにせよ、描線の詳細化の意味論的な成果について、十分な考察がなされているとは言いがたい。

（9）《人はパンと民主主義のみによって生きるにあらず》という矢作・大友『気分はもう戦争』のマニフェスト

は、田中康夫『なんとなく、クリスタル』を2年先取りしていた。

2 「恋愛マンガ」分析篇

前節では、戦前から70年代までの青少年マンガを検証し、
〈秩序回復〉の冒険物から、〈疎外〉図式の浮上、
60年代的サブカルチャーの洗礼を経て、
『がきデカ』『マカロニほうれん荘』にいたるまでの、
コミュニケーション・コードの複雑化の過程を紹介した。
本節では、70年代末から現在までのマンガ史を、
そこに描かれている男女関係の質という観点から追尾しよう。
いかにして「ラブコメ」は『東京ラブストーリー』へと変化したのか。
キーワードは『翔んだカップル』…

「70年代的なもの」から「80年代的なもの」へ：「社会的文脈の消去」と「少年ジャンプ化」

前節で述べたように、70年代は、マンガにとって——ひいては若者文化全体にとって——大き

な変異の時代だった。一方で、「60年代的サブカルチャー」を通底していた「ここにはない輝かしき〈外部〉」が、『愛と誠』(1973)に見るような〈純愛〉として、さらには70年代後半の青年誌に描かれた〈自然〉〈土俗〉として、残存し続けた。他方、とりわけ『がきデカ』(1974)から『マカロニほうれん荘』(1977)への流れに見いだされるように、「閉じた日常性の中の微細な差異」への意識が上昇し続け、これが80年代の青少年マンガの基本的な流れを作り出すことになった。

こうした展開の中で注目するべきなのは、「60年代的サブカルチャー」的なものが、単に衰微したわけではないことだ。これらは、大きな進化的変容を被りつつも、新たなコミュニケーション形式に対する前提を提供することになった。すなわち、**60年代には「若者／大人」ないし「社会／個人」といった共有されたコードと結びついていた〈理想〉〈上昇〉〈達成〉などといった諸形式が、コードとの結合を解かれるかたちで、いわば「一人歩き」を始めるのである。**

たとえば「真の男の追求」という〈課題達成〉も、「社会」という一般的背景を消失するかわりに「運動部」や「極道集団」といった限定された文脈へと置き直されることで、「シラケの時代」の批判的な視線をかわす方向へと展開した。野球マンガを例にとるなら、実在する社会背景の中で長島・王・川上といった実在の人物に混じって主人公がありそうもない魔球を投げるという『巨人の星』(1966)的な形式は、70年代初期には姿を消し、かわりにきわめて短絡された背景の中で「ありそうもない上昇」が描かれたり(遠崎史朗・中島徳博『アストロ球団』(1972))、球場やサッカー場が社会的文脈をひたすら消去した「小世界」として描かれ始めるのである(ちばあきお『キャプテン』(1973)や幾多の「甲子園もの」)。

さらに〈課題達成〉の中身にも変化が生じた。これは「個人化」と「形式化」として押さえることができよう。すなわち、70年代末になると、「学校の運動部」に舞台背景を限定してさえ、もはや「真の男になる」という類の共有された〈理想〉を持ち出すことは困難になり、かわりに「夢の実現」や「成長」へと〈課題達成〉が「個人化」されたのである。**〈若者〉の〈理想〉から、個人化された「夢」へ。こうして〈課題達成〉は、[若者/大人][個人/社会]といったコードとの結びつきを完全に絶たれるかわりに、誰もが文脈自由に称賛するしかない「努力・勝利」という形式と結びつき始める。**この変化は、山奥に住む野生の少年と周囲の人々との齟齬を主題として始まった『俺は鉄兵』(1973)が、結局は、ひたすら明るい剣道少年がより強いライバルを倒す物語へと変化していくプロセスに、象徴的に見いだされる。さらに80年代になると、『キャプテン翼』(1981)を典型とするように、これに〈無害な共同性〉——友情——が追加されることになる(後述)。

ちなみに〈純愛〉に関して言えば、『愛と誠』のように実際の社会に舞台を設定したものは風化を免れなかったが、たとえばフランス革命を背景とした池田理代子『ベルサイユのばら』(1972)のように、歴史的な大舞台——宝塚的なもの——を持ち出すことで、やはり批判的な視線を回避することができた。歴史的大舞台を背景とした〈純愛〉という形式は、細川知栄子『王家の紋章』(1977)を始めとして、今日でも少女マンガに盛んに描かれ続けている。

いずれにしても、こうした「社会的文脈の消去」によって、〈課題達成〉や〈純愛〉をモチーフとするマンガは、60年代とは違って、実人生における〈理想〉を提示する機能を失い、サスペンスとカタルシスの反復というドラマツルギーへと〈純化〉ないし〈短絡化〉することになった。こうして、「私たちは明日のジョーである」というハイジャック犯のセリフに見られるような「20歳過ぎての本気のコミットメント」は、到底あり得ないものになり、読み手は笑いながらそれらをやりすごすようになった。このことは、60年代末期にいったん上昇した読者の年齢層の、「再―低年齢化」を引き起こすことになる。

こうして、「60年代的サブカルチャー」を象徴した〈課題達成〉マンガは、社会的文脈を脱落させることで、70年代末期以降の「友情・努力・勝利」（少年ジャンプのキャッチフレーズ）の直接的ルーツになった。他方で、「60年代的サブカルチャー」とは完全に異質なものとして70年代半ば以降に上昇を開始する「閉じた日常性」の意識の、延長線上に展開されたのが、80年代的「ラブコメ」に代表される恋愛マンガの系列と、「異世界もの」に代表されるオタクマンガの系列だった。これら二系列の展開にこそ、青少年マンガにおける「80年代的なもの」のルーツを探ることができるのである。

『翔んだカップル』の暗黒面：酷薄な〈関係の偶発性〉の上昇

『翔んだカップル』前夜

78年の柳沢きみおの『翔んだカップル』の連載開始は、80年代の青少年マンガの展開を方向づける決定的な出来事だった。私たちは既に、73年以降の少女マンガにおいて、従来の波瀾万丈の絵空事的ドラマから、「これってあたし！」

的な〈関係性モデル〉を提示するものへと、主流の変化が生じたことを述べたが（第1章第1節、序章）、これと同種の変化が78年の少年マンガを襲ったのである。柳沢自身が告白するように、『翔んだカップル』は、少女マンガ的モチーフを意識的に少年マンガに移植したものだったが（柳沢［1986］）、それ以降「ラブコメ」的なものが青少年マンガを席巻し、結果的に80年代初頭のヤング誌創刊ラッシュ（『ヤングジャンプ』や『ビッグコミック・スピリッツ』）の引き金を引くことになる[1]。

もちろん従来の論者も、こうした新たな動きを、「等身大の学園マンガの成立」とか「恋愛マンガの隆盛」と呼んで、注目してきた。

> ヤング誌の掲載作品の中心となるのは、当然、大学生を主人公にしたマンガである。その中で、一群を成すのが、学園ラブコメである。これは文字通り学園を舞台にした恋愛をコメディタッチで描いたものである。…このことは、文化的エネルギーのベクトルが出口を見いだしえない状況、流行語で言えば**軽薄短小の風潮と、マンガの描写力のみが独立して向上し**それが成年誌では生活感重視のマンガの盛行となったことと関係している。いずれの作品も、若者たちの強迫観念的な恋愛願望を満たすような設定である。
>
> ——呉［1990：196］　強調は引用者

しかし、《軽薄短小の風潮》とか《描写力のみが独立して向上した》云々といった指摘によっては、この時期に青少年マンガに起きた変化の意味――それを支えた現実のコミュニケーション文脈の変化――を明らかにすることはできない。80年代初頭の青少年マンガには、「ラブコメ」と同時に、「異世界もの」マンガ――鳥山明『Dr.スランプ』(1980)、高橋留美子『うる星やつら』(1978) など――もまた急激に上昇するのだが、従来の認識では、この両者の密接な連関の意味が解き明かされないまま放置されてしまうのだ。**問題を解く鍵は〈関係の偶発性〉の上昇にある。**順を追って説明しよう。

『翔んだカップル』以降を分析する前に、少女マンガによって引かれていた伏線を追尾しておかなければならない。恋愛を主題とするという意味での「恋愛マンガ」は、少女マンガには60年代からあった。初めて日本の高校生を主人公とした学園マンガである西谷祥子『レモンとサクランボ』(1966) や、70年前後の『セブンティーン』に掲載された一連の「性愛マンガ」は、この時期の「60年代的サブカルチャー」を背景とした〈若者〉の〈純愛〉を描いていたし、さらに同じ頃には、ハリウッドの恋愛映画を下敷きとした「ロマコメ」(水野英子『ハニーハニーのすてきな冒険』(1966)) や、アメリカの高校生を主人公にした「ラブコメ」(本村三四子『おくさまは18歳』(1969)) が、人気を博した。

これらの少女マンガでは、愛する当事者たちはあくまで、万人に愛されるべき肯定的な資質を持つ存在として描かれていた。欧米に舞台を設定した「ロマコメ」「ラブコメ」では、主人公は (少なくとも当時の平均的日本人から見れば) お金持ちのお嬢さんだった。ふだんはじゃじゃ馬でも、相手役がケガをすると泣きだしたり――「へぇ、きみって案外かわいいところもあるんだね」――、見かけは不美人でもメガネを取ってドレスを着ると美人だったりして――「これがわたし?」――、お金持ちの主人公が本当は「かわいい」のである。この「誰にでも好かれる」主人公が、「誰もが憧れる」相手役――「お金持ちのハンサム」だったり、ただの本の虫に見えても実は「世界的発明家」だったり――と結ばれる。ここには「なぜ、その相手なのか?」という疑問が入り込む余地はない。

さらに、これらの少女マンガでは、愛・性・結婚が、未分化なものとして描かれていたことにも注意しなければならない。「ロマコメ」や「ラブコメ」では、自由恋愛の完成は、誤解やスレ違いによるドタバタを乗り越えての結婚であり、性がこれらと切り離されて描かれることはあり得なかった。先に述べた少女マンガにおける〈純愛〉ものにしても、舞台が現実的になるのに並行して、障害が「誤解によるドタバタ」から「大人の世界との衝突」へと変化しはしたが、愛の完成は結婚であり、性は愛に従属するもの――「愛さえあれば許される」――として描かれていた。愛と結婚の間や愛と性の間に生じうる偶発的な関係が、意識されることは、結局なかったのである。

〈関係の偶発性〉の上昇が最初に見いだされたのは、73年以降に登場する「乙女ちっく」マンガだった。そこでは、外的な障害――「物分かりの悪い大人」――の消滅と入れ替わりに、主人公の「自分は本当に愛してもらえるのか」という不安が登場する(宮台[1991c])。主人公の女の子が「愛されるべき属性」を持つかどうかは、もはや自明ではなくなった。主人公は美人ではなく、そそっかしく、内気で、周囲にうまく馴染めず、だからこそ「かわいくてやさしいもの」に満たされた世界を自分の中に抱えて生きるしかないロマンチックな少女である。読者はそれを、連帯する〈若者〉ではなく、「私だけが分かる〈私〉」を描いたものとして、受けとめた。

この〈関係の偶発性〉は、主人公が最後に、大好きな彼に「ありのままの君がスキだよ」と言われることで、予定調和的に吸収された。そこには「あなたらしさを失わずに、人にやさしく、一生懸命に頑張り、心から好きになれば、きっと愛してもらえる」というメッセージがあった。これらのマンガは、読者が自分と〈世界〉との現実的な関係を解釈するための〈関係性モデル〉として機能していたのである。この種のモデルは、低年齢向け（『りぼん』『なかよし』）、ないし恋愛未経験者向け（『別冊マーガレット』のいくえみ綾や宮川匡代）の先行学習ツールとして、現在まで途切れなく続いている。

しかし、読み手が加齢し、現実の恋愛関係に巻き込まれるようになると、こうした予定調和的なモデルは役に立たなくなってくる。**自由恋愛が実際に普及してくると、「性の抑圧」を「愛の障害」として把握するという60年代的な等式が崩れ、かわりに、性と愛の間の〈関係の偶発性〉が前面に登場してくるのである。**「愛なき性」があり得ること。「性の男女差」や「個人差」が巨大であること。愛が「性の一致」を保証しないこと。こうしたことが意識されざるを得なくなるのだ。

こうして77年以降になると、「自分は性的におかしいのではないか?」「男の子にとっての性とは、どんなものなのだろう?」といった性的なモチーフが、少女マンガに——より広く女性メディアに——上昇し始める。それに伴って、「彼」は、「よく分からない〈他者〉」として描かれるようになる。彼の目に映る自分と、自分としての自分の乖離が、鋭く意識されるようになり、〈関係の再帰性〉——彼が私をどう見ていると、私が思っていると、彼は思っているのか……——が急激に上昇する。**『翔んだカップル』（1978）前夜の少女マンガに描かれた〈関係の偶発性〉は、こうして性の問題と結合するかたちで上昇していたのである。**

『翔んだカップル』
【偶発性の噴出と唯一性の問題化】

当初、青少年マンガにおける恋愛は、たとえば『愛と誠』（1973）に見られたように、「疎外された日常」における「非日常的な救済」——輝かしい〈外部〉——であり、少女マンガと異なるかたちをとってはいたが、やはり「60年代的サブカルチャー」のコードと結びついた単なる観念に過ぎなかった。**恋愛がありふれた日常の一コマとして描かれ始めるのは、少女マンガから四、五年遅れた77年のことである。**この変化はたとえば石井いさみ『７５０ライダー』（1975）に見いだせる。バイクに「命をかけ」、既存の社会からはみ出て「勝負」を繰り返すという自己目的化した〈課題達成〉を主題とする、あしたのジョー的「60年代的サブカルチャー」マンガだったこの作品も、この時期から、明らかに写真を材料として用いたリアルで微細な日常的背景描写が増え、こうした「日常性」を背景とした光（主人公）と委員長の恋模様が中心的に描かれるようになる。

この直後、最初から恋愛を中心においた「ラブコメ」が、少年マンガに初めて出現した。柳沢きみお『翔んだカップル』（1978）である。ところが、伝統的な「ラブコメ」モチーフを主軸としていたこの作品も、連載開始から数カ月経つと、まったく別のモチーフに移行してしまう。すなわち、〈関係の偶発性〉を主題とするようになるのである。ここに、77年以降の「新人類文化上昇期」に生じたコミュニケーション文脈の重大な変化を見いだすことができる。詳しく見てみることにしよう。

『翔んだカップル』は当初、「誤解ドタバタもの」のモチーフを「同居人もの」という設定を用いて展開した、少女マンガ的な伝統ラブコメだった。男女を同居させてしまえば誤解ドタバタが描きやすい――70年代初期の青池保子の作品などにも見られるこのパターンは、柳沢以降も、『陽当たり良好！』(1979)『みゆき』(1980)『ラフ』(1987)といったあだち充の作品群、ラブコメの最大人気作である高橋留美子『めぞん一刻』(1980)から、最近人気の鈴木祐美子『うめモモさくら』(1990)にいたるまで、男女メディアの区別なく継承されてきている。

石井いさみ『750ライダー』(秋田書店)の初期(左・75年)と最終回(右・84年)の驚くべき落差。望月三起也(『ワイルド7』)→石井いさみ→あだち充という師弟関係は、バイクサブカルチャーのものからラブコメへの鮮やかな軌跡を描いている。

実際当初の『翔んだカップル』は、目が星になったりバッテンになったりといった絵柄にいたるまで伝統ラブコメ的だった。これが第2巻(講談社86年新装版コミックス全13巻)の中ほどから、急激に変化する。この変化は、一つにはモノローグの多用として現れた。それまでは《あの男好き〜〜　もうあんなのとくっついちゃって》《チェッなんで〜〜　女ってどうしてああ意味もなく笑いやがるんで〜》(第2巻29頁)といった類の、誤解に基づく不平不満のブツブツに過ぎなかった「独り

柳沢きみお『翔んだカップル』（78年初出・講談社86年版より）。男女が同居しておこるドタバタを描くラブコメは、あだち充の作品にも多用される伝統的パターン。

言」が、次のような内面的モノローグに変化するのである。

おれはいま杉村のことで頭がいっぱいなのかもしれない。だから圭には前ほどへんな意識をしなくてすむようになったのでは…（第2巻62頁）

不自然な出会いによる不自然なつきあい…。そしてわけがわからないうちにわかれ…。勇介くんもわたしも自分を見うしなっていたんじゃ…。（第3巻80頁）

そこでは、伝統的な「同居人もの」という設定が「不自然な出会い」の契機として再解釈され、「喜劇」だった設定が、見通しがたい問題を孕む「悲劇」として読み替えられている。つまり、このマンガの出発点自体が自己否定されたのである。ガリベン女が眼鏡を外すと美人だったという伝統ラブコメのパターンも、異様に上昇した偶発性を象徴するものとして読み替えられる。勇介をめぐる三角関係を担う一人「杉村さん」は、眼鏡を外すや、破壊された家庭環境で育ったにもかかわらず成績抜群で思慮深く、しかも性的にはきわめて奔放な女として――つまり主人公勇介から見た完全な〈他者〉として――立ち現れ、同時に〈関係の再帰性〉――相手には自分がどう見えると相手は思っているのだろうかと自分が思う云々――が急速な高まりを見せ始めるのだ。

ここでは、性と結びついた〈他者〉性という吉田まゆみの少女マンガによって若干先行されたモチーフは、もはや中心ではなくなっている。実際、勇介は杉村さんや恵理ちゃんとエッチしまくるのであり、性の意味づけに困惑してしまうような視線とは完全に無縁である。そこに描かれる〈関係の偶発性〉は、明らかに新たな段階へと進化しているのだ。この変化は、たとえば「東京」的なものの描かれ方に象徴されている。

『翔んだカップル』より。主人公たちの「内面」がシリアスなモノローグによって描かれ始め、相互の関係が際限なく反省され、〈関係の偶発性〉の意識が上昇していく。

> こんな学園生活をしたくて東京にきたのじゃないのに。（第3巻116頁）

> かえろう。東京に出てきたのがまちがいだったんだわ。（第4巻150頁）

一見するとここには、都会に憧

れて東京に出てきたものの期待外れに打ちのめされて［田舎＝家郷］を望郷するといった類の、60年代的な［都市／田舎］コードが、したがって演歌的一代記とも共通するような「時間性優位」の物語の名残が、認められるように見える。しかし、同時代の青年誌の〈自然〉〈土俗〉ものに見られた「退却」とは異なり、『翔んだカップル』における東京は、〈関係の偶発性〉が上昇する場所として、「空間性優位＝関係性優位」に読み替えられていることに、注意しなければならない。

いや、大人になればなるほど流されて生きてしまうものさ／目の前を歩いている人間たちを見ろよ〔夜の都会の風景〕。流されずにしっかり生きとる人間なんていないさ／…凡人には、流されずに生きる方法はだな、人間がだれもいない所に住むしかないだろーな。（第8巻128〜129頁）

こうした中で、〈関係の偶発性〉は、もはや「愛と性の結びつきの偶発性」ではなく、〝なぜ、自分が手にしているのが、他ではなくこの関係なのか〟という「関係それ自体が別様でありうる可能性」へと高められている。

人間なんて、ちょっとしたことで、まるで別の世界にいるもんだなァ／つまり百の偶然と千の偶然が重なりあって、いまのこの生活があるんだ。考えれば考えるほど、なんてすごいこ

となんだろう。そう思うだろう、だれだって。(第8巻38頁)

先に述べた〈関係の再帰性〉は、このような関係それ自体の偶発性に対する意識の極度の高まりを背景として、従来にないほど増殖することになる。不透明な〈他者〉の内面を忖度する作業(これはモノローグによって表現される)を通じて、二人の関係が永久に反芻の対象となる――。こうして奇形的なまでに拡大した二人の間の関係意識が、その二人の関係を他とは代替のきかない「唯一的なもの」とするにいたる。**こうした〈関係の唯一性〉が、「東京」における〈関係の偶発性〉の意識の高まりを背景にしてのみ可能であるがゆえに、「東京」は肯定の対象になりこそすれ、〈疎外〉論的に否定されることはありえないのである。**

こうした〈関係の唯一性〉は、もちろん、動かしがたい基礎(たとえば誰もが認める肯定的な属性)に支えられた関係の自明性とは対極的なものだ。**〈関係の唯一性〉は、自らの再帰的なプロセスだけを支えとする自己準拠的なもの――それゆえいかなる基礎も持たず、絶えざる偶発性へと開かれたもの――へと変貌している。**こうした自己準拠的なフレームワークが、同時代の読者にとって自らの周囲を解釈するための図式として――すなわち〈関係性モデル〉として――機能したのである。ここに、新人類文化上昇期であるこの時代に固有のコミュニケーション文脈の変化を見通すことができよう。

上昇する〈関係の偶発性〉の危険

こうした現実のコミュニケーション文脈に由来する社会的引力によって、『翔んだカップル』の他にも多くの連載マンガが、当初の構想からは(おそらく作者自身にとっても)予想もつかないような変化を被ることになった。

たとえば、『スピリッツ』に連載された『ぼっけもん』(1980)も、連載当初は、同時代の青年誌の〈自然〉〈土俗〉ものと共振した、[都会/田舎]コードを軸とする「時間性優位」の「都会における期待外れの物語」だったが、ほどなくこのコードが後退。かわりに男女間の見通しがたい〈関係の偶発性〉が主軸に据えられるようになる。矢野健太郎『ネコじゃないモン!』(1982)も、当初は「愛による暗い過去の乗りこえ」を描いたが、やがて「愛し合っているのに一緒にいても幸せじゃない」といったような、酷薄な偶発性を伴う関係性を描くものへと変化するのだ。

さらに同時期の少女マンガにも、同じような変化が生じている。この時期、最も高度な〈関係性モデル〉の一つだった吉田まゆみ『アイドルを探せ』(1984)の主人公チカは、自分がつきあっている岩田くんと寝たという女の子の出現に動揺し、もう別れたはずの永江くんと初体験してしまう。

結婚は2番目に好きな人とするほうがいいって、なんかの週刊誌に書いてあったっけ。じゃあ、初体験はどうなんだろう。なんだか、よくわからない…/福岡のお父さんお母さん。あなたの娘は今日、女になってしまいました。相手は…中学のときサッカー部のエースだった永江淳一くん。…中学のときメチャメチャ好きだったの。その人とこうして結ばれるなんて。
あたしって、なんてしあわせなんでしょう。（第3巻153〜155頁）

最後の《なんてしあわせなんでしょう》はむろん反語だ。憧れのキャプテンと結ばれるという、「乙女ちっく」マンガであれば「完全なる関係性」の象徴だったような事態の中で、チカは、自分がどんな気持ちなのか、誰を好きなのか、これからどうなっていくのかも、まったく分からない。確かに、以前の吉田まゆみと同じく、性の位置づけの偶発性が恋人を〈他者〉として意識するきっかけになっているが、この〈他者〉意識は、〈関係の偶発性〉の中で不透明なまま流されていく自分自身にも向けられている。**「乙女ちっく」の「私だけが分かる〈私〉」は、〈関係の偶発性〉の異様な高まりの中で、「私にも分からない〈私〉」へと変容してしまったのだ。**この変容は、柳沢きみおと奇しくも完全に共振している。

前の男と別れたばかりなのに、もう次の男！　そうか、あたしって、そういう女だったのか
――『アイドルを探せ』第3巻36頁

自分でもよくわからないんです。その…いつのまにかこうなっているっていうか、まったくなさけないとよく思います
――『翔んだカップル』第8巻128頁

いずれにしても、このように、77年から80年代前半にいたる時期の青少年マンガや少女マンガには、①〈関係の偶発性〉の意識の上昇、②〈他者〉性の意識の上昇、③〈関係の再帰性〉の上昇、④〈関係の唯一性〉への敏感さの上昇、といったような特筆するべき変化が生じたのである。そこで描かれる〈関係性モデル〉は、異性・同性を問わず、あらゆる対人関係に適用可能なほど高度化・複雑化を遂げることになった。

しかしながら、そもそも現実のコミュニケーションの「危険」に前もって身構える「先行学習機能」を果たすはずの〈関係性モデル〉が、これほどまでに偶発性に対して開かれるとなると、こうしたメディアを経験すること自体がきわめて「危険」で「敷居の高い」ものにならざるを得なくなる。実際、すべての人が夏目漱石（！）であるわけではない。多くの人々は、関係性の過剰な複雑性には耐えられない。その意味でこのような〈関係性モデル〉は、過去の「乙女ちっく」とは違って、すべての少年少女に対して開かれたものだとは言えない。(2)

こうしたメディア経験自体がもたらし得る危険に対処して、80年代には二つの無害化の方向性が生じた。一つは、読み手自身を取り囲む現実の日常性を背景とした〈関係性モデル〉を、それ自体として〈短絡化〉させる方向。もう一つは、読み手が置かれた現実から、完全に切り離された「異世界」に関係性を囲い込む〈異世界化〉の方向。こうした分化が、「原新人類＝原オタク」的な複雑性から「新人類的なもの」と「オタク的なもの」が分出してくるプロセス（宮台[1990ab]）ときわめて密接に関わっていることは、もはや多言を要しないだろう。

「新人類的なもの」の短絡化：新たな「読み替え」戦略へ

後者（異世界もの）については次節に譲り、ここでは80年代に見いだされた前者の無害化の動きを、簡単に振り返っておくことにしよう。

偶発性を吸収する〈無害な共同性〉

80年代半ば以降に一世を風靡した——映画化やテレビ化までされた——恋愛マンガの作者に、原秀則と柴門ふみがいる。この両者は共通して、柳沢きみお＝吉田まゆみラインからの、明確な〈短絡化〉を示している点が、きわめて注目される。短絡化はいくつかの側面で指摘できるが、ここでは後段との兼ね合いから、共同性というキーワードを軸にして考えてみることにしたい。

原秀則『冬物語』（86年初出・小学館第7巻87年版より）。叙情的で感傷的な細密描写は「それっぽいシーン」を演出して酔わせるが、しかしそこでは、相手自身やその相手との〈関係の偶発性〉に焦点が当てられることはない。「無害な共同性」とあいまって「偶発性」が遮断されているのである。

原秀則『冬物語』（1986）は、『ヤングサンデー』御用達の「予備校生もの」の恋愛マンガである。主人公の冴えない浪人生光くん、恋人のいる東大を目指す予備校一番の美人しおりちゃん、破壊された親子関係を生きる医者一家の末娘で慶応医学部を目指す奈緒子ちゃんの三角関係。それに、しおりちゃんの恋人で同棲相手の東大生圭一くん、奈緒子ちゃんに愛を捧げるひょうきん者の淳くんが絡んで、一見したところかなり複雑な関係性が描きこまれていそうに見える。しかし、後のトレンディドラマと同じで、読み手は柳沢きみお＝吉田まゆみを読むときのような苦しさをまったく感じないで済む。それはなぜか。

理由は明白だ。〈無害な共同性〉が描かれているからである。この5人は、いろいろあるにもかかわらず、なぜか仲良し共同体を生きる。どんなに三角関係・四角関係・五角関係が進行しようと、この共同性が決して壊れないことが、なぜか先取りされている。だから読み手は安心して身をまかせていられる。これは、人気TVドラマの原作『東京ラブストーリー』(1989)で有名になった柴門ふみの作品にも一貫した傾向であり、さらには、そもそもトレンディドラマの先駆けとなった『金曜日の妻たちへIII』(85年放映)や、それ以降のトレンディドラマにも一般的に見いだされる、特異な傾向だ。

これはもちろん絵空事だ。しかしこの先取りされた共同性の中で、あり得べき〈関係の偶発性〉が無害化される。とりわけ柴門ふみの場合、〈関係の偶発性〉の吸収装置としての〈無害な共同性〉という図式は、あからさますぎるほどである。本来ならば、偶発性からくる期待外れに打ちのめされるはずの――実際柳沢きみおならばそのように描くはずの――人間たちは、必ず〈無害な共同性〉の中に逃げ込み、癒される。『同級生』(1986)では大学時代の同級生仲良しグループであり、『東京ラブストーリー』では高校時代の仲良しグループだった。彼女の作品は『P.S.元気です、俊平』(1979)から『あすなろ白書』(1991)まで、まったく同じパターンを反復している。

確かにそこには、「これってある！」的な〈関係性モデル〉が描かれてはいる。しかしそれは、**関係性それ自体というより、むしろ〝記号〟化された（つまりカッコいいソレっぽい）シチュエーションや、〝記号〟化されたコトバへと〈短絡化〉されている。**

京子：掛居くんは間抜けで、優しそうで／でも、本当はやっぱり優しくて／人一倍傷つきやすくて、そのくせ人一倍幸せになりたがってて…／京子さんは掛居くんのことなんでもわかるの。
掛居：僕はあなたが好きだ／わかってたでしょ？　だってあなたは、僕のこと、なんでもわかるんだから。
京子：それだけはわからなかったの／どうしてだろ、それだけがわからなくて、不安で、どうしようもなくて、さみしくて。

——柴門ふみ『あすなろ白書』（1991）

ここには、かつての柳沢きみお＝吉田まゆみに見いだされたような〈関係の偶発性〉の酷薄さは微塵も見られず、かわりにあるのは、偶発性をその反対物に転化させるための「ソレっぽいコトバ」によるパッケージングだ。いわばカラオケボックスの人気曲の歌詞のような、誰にとっても無害で安心できる〝記号〟性——実際それは、女一人に男二人というそれ自体暗示的な構成をとった、女子高校生に絶大なる人気を誇るドリームズ・カム・トゥルーの、一連のシチュエーション・ソング（第2章第2節を参照）とも完全に対応した、「それってある！」的な共同性なのだ。**そこでは〈関係の唯一性〉よりは、むしろ平坦化されてどこにでもあるように見えるがゆえに安心できる〝記号〟性だけが、もっぱら追求されている**(3)。

77年から82年にかけての「新人類文化上昇期」には、現実のコミュニケーションにおける複雑性が過剰に増大した。その意味で、この時代は「差異化」の時代であると同時に、「人間関係化」の時代だったと言えるだろう。しかし、上昇した複雑性をそのままメディアの中にモデル化することは、メディア自体を受け手にとって危険なものにする。そこで、**83年以降の「新人類文化安定期」には、ある程度複雑性の上昇した〈関係性モデル〉を、〈無害な共同性〉という吸収装置と併存させることで、受け手にとって偶発性が過剰に上昇するのをくい止める動きが、急速に一般化することになった。**〈無害な共同性〉は、上昇した〈関係の偶発性〉の危険を無害化するための機能的ツールだったのである。

ちなみに、この無害化のプロセスの進行は、83年以降の「新人類的コミュニケーション」が、「オタク的コミュニケーション」と等価な〈島宇宙化〉（宮台［1990b］）に見舞われていくプロセスと、完全に並行している。実際、「新人類的コミュニケーション」の中では、そもそもは差異化ツールだったはずの〝記号〟性が、内部同一性の確認のためのツールとして読み替えられることになった（宮台［1990ab］）。すなわち**［外部無関連化＝内部同一化］**の動きである。こうした〈無害な共同性〉へと向かう動きは、次節で詳しく述べるように、オタクマンガ、ひいては「オ

表1　青少年マンガに見る「無害な共同性」の類型

名称	内容	流れ
①60年代的共同性	サブカルチャー的共同性	中村雅俊青春ドラマ⇨柴門ふみ的なもの④
②70年代的共同性	異世界的共同性	『がきデカ』⇨高橋留美子的なもの
③80年代的共同性	終末論的共同性	松本零士⇨大友克洋的なもの

タク的コミュニケーション」一般の中核でもあったのである。

ここで次節の伏線も兼ねて言うならば、青少年マンガに描かれる〈無害な共同性〉には、基本的なルーツの違いによって、三種類を区別できる（表1）。

80年代トレンディドラマの「アレコレあっても、みんな仲間」といった文化祭実行委員会的な共同性——男や女を取った取られたといっても結局はサークルの仲間内のエピソードの域を出ない——は、もちろん①「60年代的共同性」に含まれる。「60年代的」といっても、その時代にしかなかったという意味ではない。社会的文脈を取り替えた上で今日でも残っている、というよりむしろきわめて隆盛なのだ。文脈の取り替えとは、世代内的共同性から島宇宙的共同性への「範囲」の変化であることは言うまでもない。これを、「学校的なものの上昇」——闘争の思い出を代替する学校の思い出——と表現してもいいかもしれない。

結局、皮肉なことではあるが、「新人類的なものの上昇」が、70年代後半から80年代前半にかけてもたらした〈関係の偶発性〉への先鋭な敏感さは、それが伴わざるを得なかった危険によって、自らがいったんは断絶したはずの「60年代的サブカルチャー」の残滓を、衣装替えして持ち込むことになった。これが「新人類的なものの短絡」の本質である。これは、現実の関係の複雑性から「退却する」というよりも、むしろ、短絡的な加工によって現実の複雑性を

「耐えうるものにする」という方向を向いている点が注目されよう。

他方、問題の危険に対して、短絡ならざる退却によって対処する場合に用いられるツールが、②「70年代的共同性」（異世界的共同性）と③「80年代的共同性」（終末論的共同性）である。80年代初頭までは②「異世界的共同性」が優位だったが、80年代中頃からこれに③「終末論的共同性」が並行することになった。特に後者は同時代以降の宗教ブームとも共振し合っているが、次節の「オタク系マンガ」系列の分析では、②と③について集中的な考察を行うことにする。

「救済者」としての「ぷっつん女」

ところで、「やさしい骨のない男」（鈴木慶一『SUZUKI白書』（1991））が誰からも愛されるという設定は、少年ラブコメの黄金パターンである。青少年マンガでは、「愛されること」に不自由しない主人公という設定は、柳沢きみお以降の恋愛マンガにおいても——三浦みつる『The かぼちゃワイン』（1981）やちば拓『キックオフ』（1982）といった極度に短絡した「イチャイチャもの」は別にしたとしても——高橋留美子『めぞん一刻』（1980）、あだち充『みゆき』（1980）『タッチ』（1981）、細野不二彦『ママ』（1987）、星里もちる『りびんぐゲーム』（1991）など、枚挙にいとまがない。

これは、少女向け恋愛マンガに頻出する「乙女ちっく」的な設定——「愛してもらえるかどうかわからない」——と比べると、際立った対照であると言えよう。ここには、伝統的な青少年マンガの「ヒーローは誰からも愛される」というパターンの影響もあったかもしれない。だが、おそらくもっと重要なのは、男性側では「選ぶ側の迷い」を、女性側では「選ばれる側の不安」を主題化しやすいという、現実の性的コミュニケーションやそれに関わる〈理想〉の著しい非対称性だろう。これは現在にも通底している一つの地平である。

　柳沢きみおのマンガも明らかにこうした前提に乗っている。しかしながら、**柳沢きみお等を少数の例外として、どの少年ラブコメも、「愛されること」に不自由しない男を持ち出してはいても、「愛すること」の不自由を〈関係の唯一性〉に関わる問題にまで高めるにはいたらなかった。**「愛すること」の不自由は、意思疎通の困難から来る「じらし」の水準に留められ、したがって、「最後にはお似合いの人と結ばれる」という予定調和的な予感が逆に読者を支配してしまうのである。こうして結局は「僕の思いはいつになったら届くのか」といった「乙女ちっく」的に陥没した眼差しが優位となってしまう。こうして〈関係の偶発性〉は、柳沢によって高められた〈関係の唯一性〉をめぐるものから、凡庸な、機会の不充足をめぐるゴタゴタ——欲求不満と疎外に関わるもの（予備校生もの！）——へと、一挙に後退してしまうことになった。

　たとえば、先に述べた原秀則『冬物語』の主人公光も、最初は好いてくれる女の子もいたのに、「思いを届かせる」ことに失敗して、すべての女の子から見放されてしまう。しかし最後には「乙女ちっく」マンガと同じように、女の子が彼氏を振ってまで自分の元にやってきて救済してくれる。このような予定調和性を前もって予期できるので、やはり前もって担保された〈無害な共同性〉とあいまって、読み手にとっての〈関係の偶発性〉は著しく低下したままである。たえず外部から予期せぬ人間が割り込み、予期せぬ人間が離脱する、その意味で〈関係の偶発性〉に完全に開かれた柳沢きみおの作品とは、そこが正反対なのである。

　ところで、**ここで私たちが注目しておきたいのは、そこで救済者として現れる女の子が、主人**

公から見ればまったく〈他者〉にしか見えない奔放な「ぷっつん女」だということである。ところがこれまた、トレンディドラマに基本的なパターンを提供した柴門ふみの一連の作品――『東京ラブストーリー』の赤名リカは有名――と共通している。もちろん、突然夜中に振られた男の家に押しかけてドアをドンドン叩くような女（『東京ラブストーリー』のリカ）や、びくつく男を無理に映画館にひっぱり込むような女（『冬物語』の奈緒子）はめったにいないし、ましてそれによって救済される男（光、俊平、カンチ…）の存在など、単なる絵空事にしか過ぎない。

〈疎外〉された男が最後は女性によって理由なく救済されるというのは、「60年代的サブカルチャー」の物語パターンの名残であり、たとえば女性を無際限に「母性」と同一視する松本零士の70年代のマンガ作品群に典型的に見いだされるものだ（前節参照）。さらにまた、救済者が〈他者〉としての女性である――しかもその〈他者〉性が「性への過剰なコミットメント」（娼婦！）として描かれる――という設定も「60年代的サブカルチャー」には少しも珍しくない。ただし、かつてあったのは、［観念としての男／動物としての女］というそれ自体きわめて観念的なコードであり、女性が観念の〈外部〉であるがゆえに観念的存在である男性を救済できるというまったくありそうもない設定であった。(5)

80年代の恋愛マンガには、「観念存在の救済」といった「60年代的サブカルチャー」色は、もちろん残っていない。しかしながら、女性の〈他者〉性が、「性に過剰にコミットする女」として描かれるという点は、かつての設定を継承している。実はここには［観念存在＝男／動物存在＝女］というかつてのコードに代わって、［不自由＝男／自由＝女］という複合コード（宮台

［1989b］）**が新たに出現しているのである**。すなわち、83年以降の「新人類文化安定期」には、女性のほうが性的関係を含めた対人関係を自由自在に処理できるという感覚が、かなり広範に一般化した（第1章第1節）。救済者としての「ぷっつん女」という設定は、80年代を通じて一般化した新たな複合コードを象徴しているのである。「新人類文化安定期」（83～88年）に一般化したこうした新たな意識は、同時代の「オタク的なもの」の内容に、ロリコン化を始めとする一定の方向づけを与えることになった（次節）。

ところで、89年以降の「新人類文化の下降期」にあたる現在（93年現在）、「〈他者〉としての性的な女」に関わる新たな読み替えが生じてきつつあることにも注目しておこう。すなわち、かつての「救済者としてのぷっつん女」という表現に見いだされるような「性的な存在＝自由な存在」という象徴化がもはや不可能になり、**性的なものの端的な不透明化に対応するかのように、「性的な過剰さ」が「ぷっつん女」の女性にではなく、「清純系」の女性に読み込まれるようになってきているのである**。そのような表現は実際『ヤングサンデー』を中心に頻出しつつあるが、詳細は第4章「性的コミュニケーションの現在」第3節で扱う。

小括
【もう一つの偶発性吸収デバイス】

77～82年の「新人類文化上昇期」に異様なほどまで高まった現実のコミュニケーションの複雑性は、青少年マンガに、少女マンガから5年遅れで「これってあたし！」的な恋愛マンガをもたらすと同時に、偶発性に対して際限なく開かれた関係性を持ち込むことになり、この時期、一時的にではあるが青少年マンガは少女マンガに一挙に追いついた。しかし、そもそも現実の複雑性に対して身構える

山本英夫『のぞき屋』(92年『ヤングサンデー』初出・小学館93年版より)。この後主人公は自分の恋人が英語の勉強のために(!)外国人とSEXしているのを目撃、ニヒル化する。

ための「先行学習ツール」だったメディアが、それ自体過剰な偶発性を取り込み始めることによって、今度はメディアそれ自体がきわめて「危険」なものとなり始める。こうした状況は、ほどなくメディア内部で自覚されるにいたり、高まった偶発性を吸収するデバイスが出現してくることになったのだ。

それは、前述したように、およそ二つの方向を取ることになる。一つは、読み手を取り囲む現実の日常性を背景とした〈関係性モデル〉それ自体を直接的に短絡させ、現実を「耐えうるもの」として読み替える〈短絡化〉。もう一つは、読み手が置かれた現実から完全に切り離された「異世界」に関係性を囲い込み、偶発性を一挙に遮断する〈異世界化〉。言い換えれば［現実演出的方向／現実逃避的方向］の差異(第2章第2節を参照)である。

本節では、前者を「新人類的なものの短絡」として扱ったが、次節では後者、すなわち「オタク的なものへの逃避」について——すなわち今日の青少年マンガ(ならびに少女マンガ)の主流に連なる流れについて——詳しく述べることにする。その作業は、私たちが現在置かれているコミュニケーション文脈の総体を照らし出すものとなるはずである。

(1) なお、男女メディアにおける時間差の意味については、第1章第1節を見よ。

(2) 『翔んだカップル』が伝統的ラブコメパターンを逸脱するにつれて、読者は急速に振るい落とされていく。こうして振るい落とされた読者を救済した80年前後の短絡ラブコメに対して、柳沢自身は新装版『翔んだカップル』(1986) の「ベチ先生のひとり言」で、ある種の怒りを吐露することになる。実際柳沢は86年以降、『妻をめとらば』と並行して『続・翔んだカップル』全9巻を描くが、もはや連載不可能で「描き下ろし」になっている。そのあまりにクライ内容を知っている人が、いったいどれだけいるだろうか?

(3) たとえば原秀則『冬物語』(1986) における叙情的な細密描写は驚くほどのものだが、そうであればあるほど「シーンに浸れさえすれば相手はほんとうは誰でもいい」といった具合に、「唯一性」の反対物が持ち込まれてしまう。あるいは柴門ふみは、ほとんど格言的とも言える「キメ台詞」で有名だが、やはりセリフが決まれば決まるほど、浮気も悩みも〝記号〟化されたコトバで事後的に正当化できれば勝ちだ、といった「教訓話」になってしまう。

(4) 中村雅俊主演の一連の「俺たちシリーズ」(1975) は、もちろん70年代のものだ。しかしそこに描かれているのは「60年代的共同性」——若者の共同性——である。私たちの聞き取り調査によれば、TVドラマでマンガの「70年代的共同性」——めぞん一刻的なもの——に相当するのは、松田優作主演『探偵物語』(79〜80年放映) である。

(5) ちなみに、村上龍が某「ぷっつん女優」を、《彼女こそ柄谷行人のいう〈他者〉だ!》などと称賛したような短絡的な「他者論」が持ち出すのが、ここで私たちが紹介している類の〈他者〉である。実際、多くの「他者論」が、このような「複雑な関係性を前に陥没する男性当事者的な眼差し」に過ぎないことは、大いに注目しておくべきかもしれない。

3 「異世界マンガ」分析篇

77～82年の「新人類文化上昇期」、「性と舞台装置」をめぐる〈関係性モデル〉の異様な高まりから来る危険を吸収するべく、青少年マンガは二つの方向に分岐し始める。

一つはモデル自体を短絡させ、現実を「耐えうるもの」として強引に読み替える新人類系「恋愛マンガ」の進化方向。

そしてもう一つが、現実から隔離された領域へとありうる関係性を遮断してしまうオタク系「異世界マンガ」の進化方向。

そこに描かれた「異世界」は、いつ、なぜ、いかにして今日見られるような内容を持つにいたったのか。徹底的に分析する。

「異世界マンガ」の初期条件：世代間伝承を巡る変化

はじめに前節の話を復習しよう。77～82年の「新人類文化上昇期」に青少年マンガに初めて「ラブコメ」が現れた。ここにおいて、70年代前半に見られたような、〈疎外〉からの救済ツールとしての、非日常性な輝かしさに彩られた「純愛」（『愛と誠』！）が背後に押しやられ、かわりに、どこにでもある（と見える）「これってあたし！」的な〈関係性モデル〉が少女マンガから5年遅れで導入され、上昇を開始した。

「新人類文化上昇期」は、「60年代的サブカルチャー」の残滓の一層の退潮を背景として、現実のコミュニケーションにおいて「性と舞台装置」をめぐる激烈な差異化競争が開始された時期だった。その中で生じうる不安――酷薄な「恋愛ゲーム」に投げ込まれて果たして自分は大丈夫か――に対処できる「免疫化ツール」として、同時代の少女マンガを凌ぐほどの複雑な〈関係性モデル〉が、青少年マンガにも導入されることになったのだった。

しかし〈関係性モデル〉の過剰な複雑化は、今度はメディア自体を「敷居の高い」ものにした。複雑な現実が複雑なマニュアルを必要としたのに、複雑すぎるマニュアルはかえって人を不安にする――こうした問題に対処して青少年マンガは二つの方向に分岐した。一つは、現実解釈のツールとしての〈関係性モデル〉自体を短絡させ、現実を「耐えうるもの」として読み替える〈短絡化〉。これは、80年代に広範に一般化する、柴門ふみのマンガを始めとする新人類的「恋愛マンガ」の方向である。ここまでは前節で述べたとおりだ。

異世界マンガ【オタク的対処戦略の出現】

さて、この節で詳しく紹介するのは、〈短絡化〉とは別の、もう一つの方向、すなわち現実から完全に隔離された「異世界」に関係性を囲い込んで偶発性を遮断してしまう〈異世界化〉についてである。こうした方向性のマンガを一括して「異世界マンガ」と呼んでおく。

【概説】「異世界マンガ」の四象限

「異世界」を描くマンガにも、もちろんさまざまな種類がある。それらを分類するために、まず一方に、私たちの周囲にありそうな日常性を取り込んでいるか否かという差異、すなわち【日常性に言及／非日常性のみ】という軸を、もう一方に、人類・地球・宿命・宇宙といった大きな世界への言及を伴っているかどうかという差異、すなわち【大世界に言及／小世界のみ】という軸を取ろう。これら二種類の座標軸を組み合わせると、四つの象限が得られる。それを青少年マンガ／少女マンガの別に表示しよう（図1、図2）。なお各象限には、それが上昇し始める時間的な順序に応じて、（Ⅰ）～（Ⅳ）の番号をつけてある。これらは、マンガ内の〈世界〉形式の分類であるのみならず、実は作品と読者の関わり——コミュニケーション形式——の差異にも結びついている。

青少年マンガを中心として、各領域の簡単な紹介をしておこう。まず、手塚治虫や横山光輝らから継承されたSFマンガの形式を母体としつつ、77年頃から上昇を開始したのが、（Ⅰ）［非日常性＋大世界］領域である。そこでは、戦争・秩序破壊といった「非日常性」が、宇宙大・歴史大の「大世界」を背景にロマンチックに描かれる。そこには「人類存亡の危機」「超人の苦しみ」「旅する男」「母なる女」などの一連の大時代的な形象が登場する。そこで、この領域に属するマンガを〈サブライム（崇高）〉ものと呼ぼう。『少年ジャンプ』で繰り返される低年齢向け

図1　青少年系異世界マンガの四象限

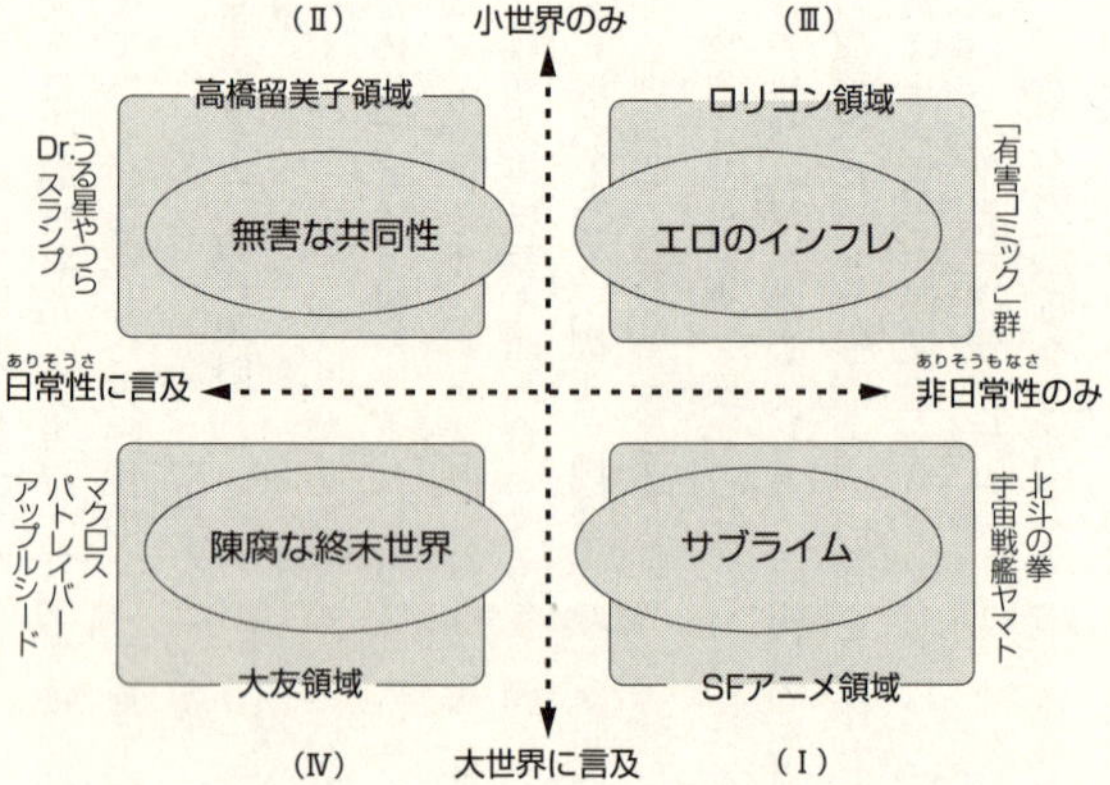

図2　少女系異世界マンガの四象限

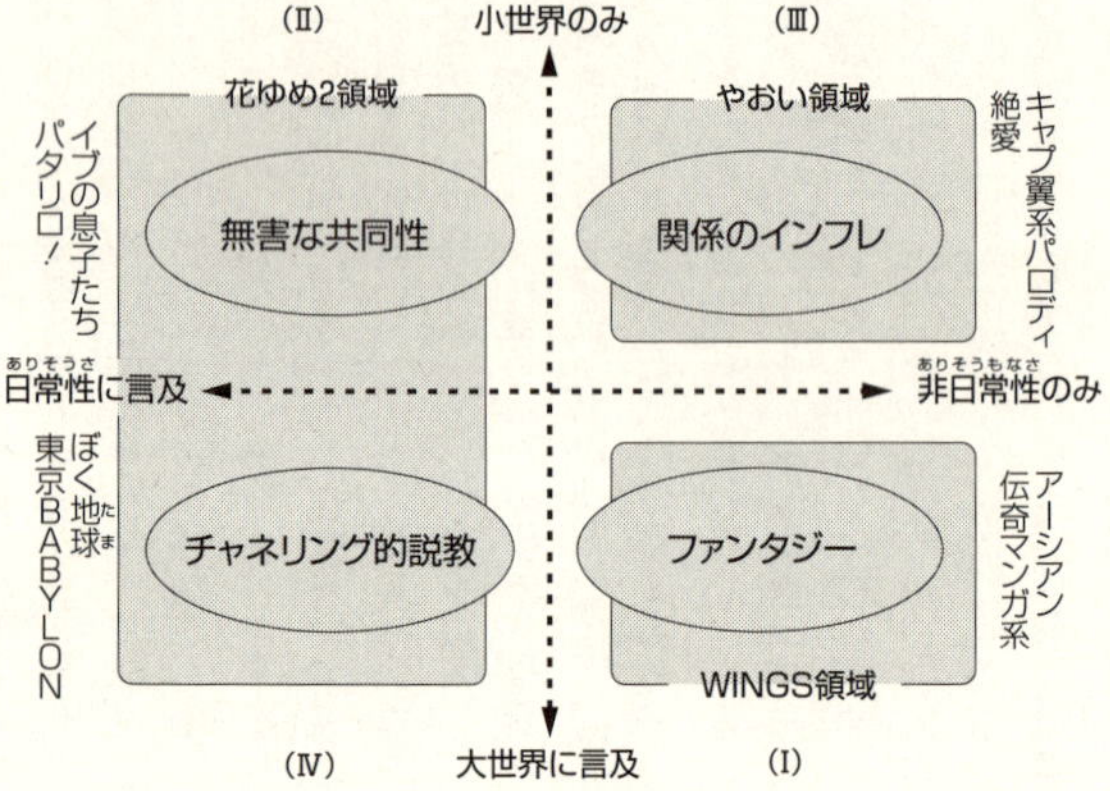

異世界マンガ（『北斗の拳』『聖闘士星矢』やRPGマンガ）、77年の劇場版『宇宙戦艦ヤマト』ブーム以降隆盛を誇ったSFアニメとそれに触発された伝奇マンガ（『サイレントメビウス』『BASTARD!!』）、物語的な構築度の高さを売り物にする未来世界もの（『風の谷のナウシカ』『ファイブスター物語』）などが、これに当たる。なお少女マンガでこれに対応するのは、『WINGS』系の一連のファンタジーもの（『アーシアン』など）である。

「新人類文化伏流期」（73～76年）における「諧謔カルチャー」をルーツとして、70年代末期になって上昇するのが、（Ⅱ）［日常性＋小世界］領域である。そこでは、囲い込まれた「小世界」の中での「日常的」な仲間うちのドタバタが、延々と反復される。後述する事情から、**この領域に属するマンガを〈無害な共同性〉ものと呼ぶ。**この領域のマンガに道を開いたのは、「諧謔カルチャー」とも密接に共振する『がきデカ』である。ただし、〈無害な共同性〉もの第一号は、高橋留美子『うる星やつら』に設定される（理由は後述）。なお少女マンガにも、『パタリロ！』から『動物のお医者さん』にいたる、青少年マンガに完全に対応する〈無害な共同性〉ものの系譜が見いだされる。[1]

武論尊＋原哲夫『北斗の拳』（83年）。「お前はすでに死んでいる」「ひでぶっ」などの台詞が流行。〈サブライム〉マンガはパロディになりやすい。

さらに80年頃、「新人類的なもの」と「オタク的なもの」の既に始まっていた分化を前提として、同人誌コミュニケーションの浮上と軌を一にしつつ、（Ⅲ）［非日常性＋小世界］

高橋留美子『うる星やつら』（78年初出・小学館84年版より）。あたるとラムちゃんを中心とするお馴染みのメンバーが、異次元とつながる友引町で永遠にドタバタを続ける。この作品が確立した「閉じた世界のなかでの無害な戯れ」は、例えばゆうきまさみ『究極超人あ〜る』などに引き継がれた。

領域が上昇する。具体的には、80年前後に急浮上するロリコン系コミックや、特に89年以降隆盛になってバッシングの対象とされた一群の「有害コミック」が、この領域に属している。そこでは、現実から切り離された「小世界」における「非日常」的な性的妄想が、幼い美少女という無害な存在を中心としてひたすら増殖させられる。**この領域に属するマンガを〈エロのインフレ〉ものと呼ぶ**ゆえんである。なお少女マンガでこの領域に対応するのは、やはり現実から切り離された無害な関係妄想の異様なまでの増殖が見られる、「やおいマンガ」を中心とした〈関係のインフレ〉ものである。

同人誌におけるロリコン系コミックの上昇を追いかけるように、80年代に入ると、大友克洋の一連の作品（『気分はもう戦争』『童夢』）を嚆矢としつつ、（Ⅳ）「日常性＋大世界」領域が上昇する。この領域こそが、昨今のオタクマンガの、あるいは少女マンガも含めたマンガ全体の「主流」である。そこでは、最終戦争後の殺伐とした「大世界」を舞台に、あくまで陳腐であり続ける「日常性」が描かれる。あるいは殺伐とした伝奇的輪廻の「大世界」を背景に、あくまで平凡であり続けるラブコメ的「日常性」が描かれる。そこで、**これら一連のマンガを〈陳腐な終末世界〉ものと呼ぶ**。この流れは、80年代前半に『うる星やつら2 ビューティフルドリーマー』

『超時空要塞マクロス』といったアニメを通じてまず上昇。『ＡＫＩＲＡ』『機動警察パトレイバー』あるいは伝奇的な背景を持ち込んだ『３×３ＥＹＥＳ』にいたる、今日の大ヒットマンガの系譜を形づくる。[2] 少女マンガでこれに対応するのは、「大世界」での因縁を背景に、現実の「日常的」な関係性に関わる〝教訓〟が引き出される、〈チャネリング説教〉もの（『東京ＢＡＢＹＬＯＮ』『ぼくの地球を守って』——通称「ぼく地球《たま》」——など）である。[3]

こうした「異世界マンガ」の、青少年マンガと少女マンガに共通する形式的バリエーションの存在と、その歴史的展開の経緯は、決して偶然とは言えない。77年以降の「恋愛マンガ」に、まず〈関係の偶発性〉の上昇、ついで関係性の〝記号〟的短絡化という歴史的展開があり、それがやはり偶然ではなかったこと（前節）とも、密接に結びついている。これらの歴史的展開を導いた社会的引力を解析することで、私たちは、現実に生じたコミュニケーション・システムの変化を詳細に跡づけられる。そこには、①新人類的「恋愛マンガ」とオタク的「異世界マンガ」とを共通に浸すコミュニケーション文脈と、②両者の差異を方向づけたそれぞれ異なるコミュニケーション文脈との、両方を見いだせるのである。

以下では「異世界マンガ」の各領域ごとに展開の経緯を見ていくが、**そこでキーになっているのが、50年代後**

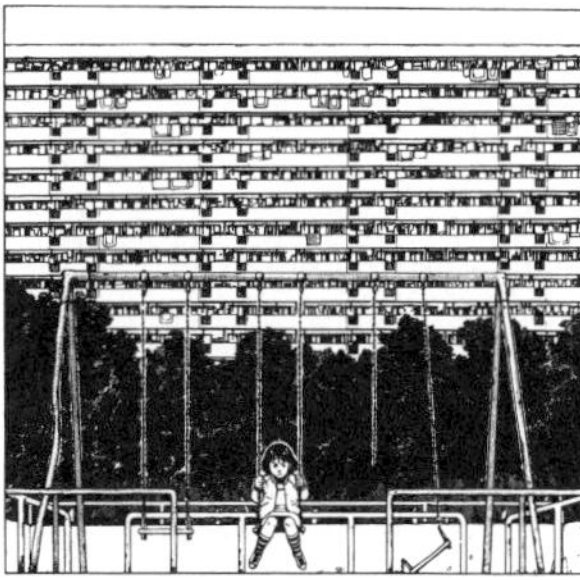

大友克洋『童夢』(79年)。団地や破壊描写の異様な緻密さが「すべての世界に共通する陳腐さ」を逆説的に浮き彫りにする。

半から60年までに生まれた世代――「原新人類世代」と呼ぶ――である。彼らが「原新人類世代」と呼ばれるべき理由、そして彼らが70年代半ば――「新人類文化伏流期」(73〜76年)――に行った中高生時代のコミュニケーションの中で、後に80年代を席巻した「新人類的なもの」と「オタク的なもの」のリソースが、混融したかたちで醸成された事情は、以前述べた(宮台[1990ab])。とりわけ「異世界マンガ」にとって重要なのは、「新人類的なもの」と「オタク的なもの」が急速に分化する70年代後半――「新人類文化上昇期」(77〜82年)――のプロセスである。**この時期、「原新人類世代」の手から、少し下の「後期新人類世代」(61年生まれ以降)の手へと各種のリソースが受け渡された際に、見逃しえない変化が生じた。この変化が直接、上述した四つの領域の発生・分化・展開に関わっているのである。**

この「見逃しえない変化」のイメージを捉えるために、ここでワンクッション置いて、70年代のSF同好会の動きを見ておきたい。このSF同好会から70年代末に分出したアニメ同好会が、80年代の「異世界マンガ」を大きく方向づけることになった。このSF同好会の展開ないし分解のプロセスに、「団塊世代的なもの／原新人類的なもの／後期新人類的なもの」の差異と、その時間的な相互関係が如実に表現されているのである。

SF同好会からアニメ同好会へ

70年代前半、とりわけ東京近辺の進学高校のSF同好会は、新人類文化の発祥の場の一つだった。そこでは、**先に述べた「原新人類世代」が、「他人が褒めればけなし、けなせば褒める」「ああ言えばこう言う」といった類の、差異化へと強烈に方向づけられたコミュニケーションを行っていた。**この種の「コンニャク的蘊蓄野郎」は、むろん同世代の先端ジャズファンやプログレファンにもたくさんいたのだが、こうした雰囲気の中で、「古典ＳＦ」（50年代ＳＦ）と「前衛ＳＦ」（スペキュレーティブ・フィクション）と「Ｂ級ＳＦ」（スペースオペラ）と「ハードＳＦ」（理科系ＳＦ）を横並びに評価するという「諧謔」が行われていたのだった。

この「諧謔」の背景には、「原新人類世代」の、団塊世代に対する世代的な反発――あるいは彼らと同じ対象に憧れてもどうせ模倣にしかならないという諦め――があった。バラードやオールディスらの「前衛ＳＦ」（ＳＦをスペキュレーティブ・フィクション〔思弁小説〕と読ませた）の日本における70年代前半の上昇は、そもそも「70年安保敗北」を経た団塊世代のニヒリスティックな自己防衛に彩られていた。そこでは、自己同一的な内面を否定して環境との相互作用による生成物を重視するバラードの「内宇宙論」や、80年代を先取りするその「終末論」が、「主体をめぐる自意識の病理」を中和するのに役立てられていた。にもかかわらず、「純文学／ＳＦ」＝「保守反動／進歩革新」といった「60年代的サブカルチャー」のコードもいまだに保持され、山野浩一らによる真摯な創作ワークショップが開催されたりしていた。

ところが「原新人類世代」の目には「終末論」という名のユートピズムに耽る「団塊世代の真面目さ」は、梯子を外されかねない危険なものと映った。「古典ＳＦ」や「スペースオペラ」を、「主体についての正しい理解に役立たない」などと批判することは、あまりに陳腐だと思われたのだ。したがって彼らは、バローズの「火星シリーズ」などの「スペースオペラ」と同列に褒めるという諧謔の中でしか「前衛ＳＦ」を褒めることができなかったし、逆に言えば「スペースオペラ」を読む場合にも「スペキュレーティブ・フィクションもいいと思うんだけどネ」というエクスキューズをしばしばつけることになった。

ところが、「後期新人類世代」（61年生まれ以降）の中高生になると、諧謔を欠いたままで何の後ろめたさもなく「スペースオペラ」（「ペリー・ローダン・シリーズ」やハワード・スミス）に傾倒することが可能になった。さらに、松本零士の一連のマンガによって「模倣」されることになるマイケル・ムーアコック——そこには「理由なき救済者」たる崇高な〈母性〉としての女性がしばしば描かれた——も、「原新人類世代」では既存のジャンルを無化する新種の「諧謔」に過ぎなかったが、少し後の世代になると本気で耽溺する者が現れるようになった。彼らは、劇場版ヤマトブーム（77年）こそ「追っかけカルチャー」的な敷居の低さから否定しても、松本零士の作品に漂っていた「社会的文脈を欠いた〈疎外〉感覚」——四畳半の下宿人の孤独をコックピットの宇宙飛行士の孤独と同一視するような——に共振し、TV版ヤマト（75年）には強い共感を寄せたのである。

ところで、SF同好会の周辺に生じたもう一つの動きを見ておこう。それは「ファンタジー派」の質的変化である。「新人類世代」では、ファンタジー派とSF派との間に一部でかなりの重なりを生じていた。彼らはブラッドベリやバラードを読むだけでなく、マンガではまず『ガロ』『COM』系を愛し、ついで（男性でも）「24年組」の少女マンガ——とりわけ萩尾望都——にも愛着を寄せた。**これが下の世代になると、ファンタジー派がSF派との重なりを失い、徐々に「純粋ファンタジー派」化するのである。**これを象徴したのが、70年代末期の早川ファンタジーブームや『指輪物語』ブームだった。ちなみにこの時期、ハードＳＦ派は『ガンダム』以下のサンライズ系アニメを褒めるようになっていた。

こうした変化は、一方で、以前のようなビジュアル化に対する抵抗（想像力を妨げる云々）が失われていくプロセスと並行していた。むしろ、ビジュアル化が強く志向されるようになるのである。彼ら純粋ファンタジー派は、『ヤマト』をこそ過剰な短絡ゆえに退けていたが、『ガンダム』を始めとする「物語的な構築度の高いアニメ」を熱烈に支持し、後の『ナウシカ』以降の宮崎駿の浮上を準備することになった。70年代末期になると、「純粋ファンタジー派」は既にＳＦ同好会の枠をはるかに越えて拡大しており、それを母体にして、この時期にＳＦ同好会からアニメ同好会が続々と分出することになるのである。

一方、**ファンタジー派とSF派との分離とほぼ並行するかたちで、SF同好会に存在した、差異化志向に基づくジャンル横断的な「諧謔」も、次第に内閉した「ギャグ」や「高踏」へと変化した。**スペキュレーティブ派の中に、吾妻ひでおの「ロリコンＳＦ」や、アリス出版的な「左翼アングラ出版系エロス」（宮台［1990ab］）へと向かう動き――女性で言えば『ＪＵＮＥ』派――が出てきたことは注目される。やがてロリコン的なものの〈短絡化〉（後述）につれて、吾妻ひでおへの熱狂は失われ、その一部は80年代の哲学思想（ポストモダニズムやヴィトゲンシュタイン）や神秘思想（ニューエイジ）に流れた。こうしたスペキュレーティブ派の「フィクション」から「思想」への移行は、80年代前半のニューアカブームを支える母体の一つを提供した。

なおＳＦ同好会に残ったハードＳＦ派は、80年代に入ってサイバーパンクの初期の母体となるが、やがてそれがポストモダニズムとして再発見された後は、「ポストモダニズムとしてのサイバーパンク」は、小説よりもむしろ「異世界マンガ」において太い幹を形成するようになった(後述)。

かくしてSF同好会は事実上輪郭を失った。SF同好会死して、アニメと「異世界マンガ」とポストモダニズムが残ったのである。結局、SF同好会に見られた「原新人類的なもの」から「後期新人類的なもの」へのこうした変化は、一口で言えば、混融した空間における激烈な「差異化的コミュニケーション」から、安定的に分化した「同一化的コミュニケーション」への変化として、まとめられよう。

ただし、右に見たのはあくまで東京近辺の進学校の風景である。実際には、世代差のみならず地域差や偏差値の違いによっても、異なるコミュニケーション状況が見いだされる。たとえば松本零士や『ヤマト』の受けとり方などを見る限り、77年頃に高校を卒業する地方の「原新人類世代」は、むしろ、同じ頃に中学を卒業する東京の「後期新人類世代」と共振するメディア経験を持っていることが分かる。しかしいずれにしても、これから詳しく述べる「異世界マンガ」の各領域の分化の裏には、「原新人類世代」から「後期新人類世代」への文化的リソースの受け渡しをめぐっての急速な離合集散のプロセスがあったのである。

「異世界マンガ」の進化：〈関係偶発性〉の遮断へ

地球規模・宇宙規模の「大世界」と、秩序破壊という「非日常」とをモチーフとするマンガは、古くからある。正義を愛する少年が火星人相手に大活躍――といった類のＳＦマンガは、戦前の少年小説からの流れを受け継いで、戦後間もなく描かれ始めた。ところが60年代に入ると、手塚作品の一部から白土三平にいたる流れの中で、「歴史大の時間の中で相対化された社会」と「その中で翻弄される小さな個人」が主題化され始める。確かに「大世界」と「非日常」という設定が引き継がれてはいたが、もはや〈秩序回復〉は問題ではなく、**〈疎外〉モチーフを軸とした「リアリズム」が基調となっていた。**こうして、団塊世代を中核としてマンガ読者の年齢層が押し上げられる一方、〈秩序回復〉ものは低年齢向け娯楽ツールへと周辺化したのだった（第３章第１節）。

劇場版ヤマト以降

【〈秩序回復〉マンガの奇妙な復活】

ところが、77年の劇場版公開に伴う『宇宙戦艦ヤマト』（松本零士原作）のブーム以降、いったんは低年齢化したＳＦ仕立ての〈秩序回復〉の物語が、急激に青年層の一部を吸引し始める。詳しく見ると、そこには少なくとも二つの支持母体があることが分かる。一つは、劇場版公開以前の70年代半ばから松本零士ＳＦやＴＶ版『ヤマト』を熱烈に支持していた「後期新人類世代」であり、もう一つは、劇場版『ヤマト』に初めて触発された「追っかけ」的消費者である。前者が劇場版『ヤマト』やその支持層を徹底的に無視したことにも表れているように、両者は異なるものであり、その各々が、〈サブライム〉ものの享受に関わる独持の系譜をなして今日にいたるのである。

まず前者から説明すると、とりわけ「後期新人類世代」(61年生まれ以降)の当時の中学生の一部にとって、劇場版に先立って放映されたTV版シリーズは、思春期の感受性(後述)にマッチした例外的なアニメだった。浅羽通明[1989]が、橋本治に倣って「80年安保」と呼ぶメディア経験の中核に、呉智英[1979]の言う「四畳半とコックピットの同一視」を見いだすとき、実はこの支持層が念頭に置かれている。

こうした熱烈な支持の背景には、松本零士の作品が、「60年代的サブカルチャー」流の〈疎外〉モチーフを、社会的文脈(貧乏/地方性/若者らしさ…)を脱落させつつ温存させていたことがあるだろう。**そこでは、理由なき〈疎外〉——勉強部屋の孤独——が、無際限に〈母性〉と同一視された女性の手による「理由なき救済」と結合させられる。**これはまさに思春期の感受性というほかないが、実はこうした享受形式が、これ以降〈サブライム〉ものの一つのポイントになるのである。実際この種のサブカルチャー的な「マザコン」表象や「純愛」表象——愛のためなら死ねる!——は、今日でも登場し続けている(『ファイブスター物語』『サイレントメビウス』など)。

だが、今日の〈サブライム〉の享受状況を見るとき、後者(劇場版以降の系譜)も、きわめて重要である。いわゆるヤマトブームは、より低年齢の、必ずしもアニメやSFの知識がない若者たちが、ある日突然、劇場版『ヤマト』をめぐる熱狂に雪崩込むことによって始まった。男女を問わず、富山敬や麻上洋子ら声優の「追っかけ」をし、それまでタダだったのにアニメファンの激増で販売物となったセル画や関連グッズの収集がなされ、ファンクラブが林立した。前者(コックピット派！）に見られたような物語世界への同一化や、「新人類世代」のマニアに見られた技術的関心は、どこへやら。**ピンクレディーや後の光GENJIなどのアイドルと等価な熱狂の対象として、『ヤマト』が見いだされたというわけである。**10年後に『サムライトルーパー』の声優イベントで失神する女の子の系譜——これは『アーシアン』を始めとする少女マンガをも覆った——は、実はここに始まるのである。

しかし、なぜ『ヤマト』だったのか。あるいは、「追っかけ」的な消費が、それ以降〈サブライム〉ものを中心としたアニメーションー般に多く見られるようになったのは、どうしてなのか。一つには、アニメーションが、アイドル消費と似て、セル画・声優・サウンドトラック・劇場空間・TVなどを巻き込んだメディアミックス的構造を持つことが挙げられよう。**だがそれに加えて重要なのは、現実と完全に切り離された「無害な異世界性」であり、そこに展開される「愛」「純粋」「絆」「救済」といった類の「誰も反論しようのない形象」と結びついたカタルシスである。**この点にもやはり光GENJI的なアイドル消費と類似した様相が見られる。

以降、〈サブライム〉ものの上昇の中からは、排除された超能力者の苦しみやハイテクノロジーの歪みといった〈疎外〉表象を主軸にすえながらも、予定調和的な〈秩序回復〉や〈母性〉の出現を（程度問題ではあるが）回避することで、物語の構築度を高めた作品（『ガンダム』『イデオン』『ボトムズ』などのサンライズ系アニメや関連マンガ）や、技術と演出のマニアックな洗練度を誇る宮崎駿の作品（『ナウシカ』『ラピュタ』などのアニメや関連マンガ）も出現し、前述した「ハードSF派」や「純粋ファンタジー派」を吸引することに成功したりもした。しかし、他の大部分の〈サブライム〉ものは、相も変わらぬ無害なカタルシスを反復し続けているのである。

『うる星やつら』以降【現実侵犯から〈無害な共同性〉へ】

ところで、70年代半ばのSF同好会は、都会の進学校に特有の場だった。SFマニアが教室に二、三人はいないと同好会が成り立たないという事情もあるが、もっと重要なのは、当時のそうした学校の一部に激烈な差異化競争を生きる若者たちが集まっていて、SF、マンガ、音楽、エロその他さまざまなメディアを横断しながら新たな動向を観察し合っていたことである。こうした環境があって初めて、SF同好会が「ああ言えばこう言う」的にズレてみせる「諧謔コミュニケーション」の巣窟たり得たのだ。

むろん、SF同好会はもっぱら「男性サブカルチャー」だった。だが男性サブカルチャーに限定しても、一歩地方に出れば、SF同好会を持たない学校がほとんどだった。そうした場所では若いSF読者が孤立し、独力で「中央の動向」を追いかけることを余儀なくされていた。こうした分散したコミュニケーション環境の中では、諧謔派／SF派／ファンタジー派は、互いに分裂しがちになる。また、同じ都会でも女性となると、同じ理由からこうした分裂傾向を孕まざるを得なかった。こうした分化したコミュニケーション空間では、諧謔派は「差異化競争に耽るメディア横断者」というより「単なるギャグマニア」になり、ファンタジー派は最初から「純粋ファンタジー派」であらざるを得なくなる。

このことに、先に述べた世代間落差が加わって、次のような状況がもたらされた。すなわち、60年までに生まれた「原新人類世代」においては東京の進学校の一部に「凝集」していた差異化志向的な「横断的」諧謔カルチャーが、下の世代になると（東京の進学校も含めて）全国規模に「拡散」したギャグ志向に見られる「非横断的」諧謔カルチャーへと変化したのである。「閉じた」**担い手による「開かれた」諧謔から、「開かれた」担い手による「閉じた」諧謔へ。実はこれこそが、これから紹介する〈無害な共同性〉ものの母体となるコミュニケーション空間だったのだ。**

第3章第1節で述べたように、74年連載開始の『がきデカ』は、都市中産階級の日常における微細な差異を詳細に描き込んだ、マンガ史上画期的な作品だった。それは、「真の男」を目指した〈課題達成〉や「純愛」による〈疎外回復〉といった、「60年代的サブカルチャー」流の設定に対する、徹底した梯子外しを狙っていた（序章）。だが、他方でそれは、既にメインカルチャー化した過去のサブカルチャーにシラケてみせることで、ある種の反〈世間〉ノリを継続させるという、それ自体「60年代的サブカルチャー」流の身振りを伴っていた。いわば「反サブカルチャー的サブカルチャー」という逆説。すなわち**『がきデカ』に見られたのは、〈世間〉や社会に対する見通しの利いた眼差しに支えられた「開かれた」諧謔だったのである。**

この『がきデカ』なくしては、77年に連載が始まる『マカロニほうれん荘』があり得なかったことは、確かである。どちらの世界も「なんでもあり」に見えながら、同時に執拗な「日常的」描写に溢れていた（第3章第1節）。こまわり君はお茶漬けを食い、台所のママにちょっかいを出す。ひざかたさんは隣の女性のトイレに突っ込み、CFソングに合わせて踊る。しかし実はここに、大きな差異もまた存在していた。それはたとえば、『がきデカ』による引用が人気アイドルや動物だったのに対して、『マカロニ』の引用がデビューしたてのヴァン・ヘイレンやセックス・ピストルズだったことに象徴されている。すなわち『マカロニ』においては、誰にも共通す**る「開かれた」日常性の「侵犯」**[4]**よりもむしろ、分かるヤツにだけ分かる「閉じた」日常性の「擁護」が志向されていたのである。**

「中産階級的な日常性」を細部にわたって描き込むマンガの系譜はそれ以降も続くが、78年初出の『うる星やつら』には、「閉じ」へと向かう更なるステップが見いだされる。そこでは、脳天気で浮気性の主人公あたると、その横にビキニ姿でふわふわ浮かぶ鬼娘ラムちゃんという絶妙な設定が、『がきデカ』や『マカロニ』のような読み手の現実に言及してくるギャグのアナーキーさを整理し、境界が明確で安定した「日常的な異世界」を樹立させている。**ここにおいて、「異世界マンガ」における「日常性＋小世界」領域という新たな系譜——完全なる〈無害な共同性〉もの——がまさに誕生したのである。**

実際、『うる星』の友引町も、『Dr.スランプ』のペンギン村も、『パタリロ！』のマリネラ宮も、現実の私たちの世界を揺るがすアナーキズムを少しも持たない「異世界」である。『がきデカ』に見いだされた「現実社会へと開かれた悪意」(ブラックユーモア)は、「小世界の内部で閉じたイタズラ」(ギャグ)へと変化してしまっている。こうした「異世界としての日常的小世界」がいったん成立すると、登場するキャラクターはすべて「小世界内に登録」され、皆が「馴染みの仲間」と化し、その行動すべてが「仲間内での無害なドタバタ」以上のものではなくなる。そこには「仲良し」と戯れ続ける〈無害な共同性〉だけが残る。

前節で述べたように、この時期のスポーツマンガでは〈課題達成〉が個人化され、友情という名の〈無害な共同性〉が急上昇する動きがあった（『キャプテン翼』など）。「異世界マンガ」における〈無害な共同性〉ものの上昇が、これと軌を一にすることは確かである。もちろん、『少年ジャンプ』的スポーツマンガが、60年代的な〈課題達成〉の物語から「60年代的サブカルチャー」の文脈が脱落するという経緯を踏んでいるのに対して、「異世界マンガ」の〈無害な共同性〉ものは、「反サブカルチャー的サブカルチャー」としての諧謔ものから「60年代的サブカルチャー」の文脈が脱落することで成立しており、その系譜は異なる。しかし、**いずれの流れにおいても、「60年代的サブカルチャー」の文脈が消されることで〈無害な共同性〉を持ち込む可能性が開かれた点には、注意しなければならない。**

ところで描き手にとっては、同時代の〈サブライム〉の「60年代的サブカルチャー」流の大仰さ（愛だの疎外だの究極だの）に反発したことが、〈無害な共同性〉ものを描く動機だったという（高橋留美子など）。こうして、〈サブライム〉的「大世界」の対極としての「小世界」が、あるいは〈サブライム〉的「非日常性」の対極としての「日常性」が、あえて描かれるようになる。〈サブライム〉ものの上昇の次に、その対角領域に位置する〈無害な共同性〉ものが上昇するのは、偶然ではなかったということだ。それは「60年代的サブカルチャー」の残滓への反発だったのである。ところが、そうした描写が、読者の側に「僕たちの欲しかった等身大の世界がここにはある」という感慨を呼び起こすことになった。それには次のような理由がある。

たとえばこの時期、「60年代的サブカルチャー」流の〈疎外〉モチーフを引きずる〈自然〉

〈土着〉ものが支配的だった青年誌において、デビューしたばかりの柴門ふみの「恋愛マンガ」（『P.S.元気です、俊平』）が、「自分たちと等身大のマンガ」として上昇しつつあった。これは、やはり「60年代的サブカルチャー」の大仰さを引きずった〈サブライム〉ものの席巻の中で、高橋留美子の〈無害な共同性〉ものが「自分たちと等身大のマンガ」として受容されるプロセスと、文脈を共有している。読者の側にも、「60年代的サブカルチャー」の大仰さを否定して等身大の日常性に着地しようとする共通の志向があったのだ。

ところが読者の中には、とりわけ性的コミュニケーションの「現実」をそのまま持ち込んだ（ように見える）「恋愛マンガ」の増殖に、敷居の高さや不安を感じる「低年齢層」や「対人関係不得意人間」がいた。彼らは、同じ等身大とはいっても、「恋愛マンガ」ではなく、「現実」から完全に遮断された「異世界」の中で〈関係の偶発性〉が完全に排除された〈無害な共同性〉ものだけを受容した。こうした展開は、77年以降にメディアの表層を急速に席巻する「新人類的なもの」――前節で述べた「恋愛マンガ」もその一つ――と、シェルターとしての「オタク的なもの」との間の、分化と並行するものである。

したがって、こうした〈無害な共同性〉は、77年当初には、現実にはありえない絵空事だった。**ところが、ファン層の拡大につれて、こうした〈無害な共同性〉にコミットしていること自体が一種の即自的な自己提示となり、そこに新たな現実のコミュニケーション可能性が開かれることになった。**すなわち、「新人類的なもの」の上昇を背景とした対人関係の見通しがたい複雑性のもとで、こうしたコミュニケーション自体が、現実に〈無害な共同性〉を実現させる手段になっ

白夜書房『漫画ブリッコ』83年9月号。同世代漫画の無害なギャグ的パロディあり、アニパロ経由のゲロゲロのエロ（ひろもりしのぶ）あり、同世代批評ありといった内容は、まさにセルフ出版的なカオスである。また中森明夫が初めて「おたく」という命名を行った。

たのである。こうして80年代前半、コミケット的なコミュニケーションが急速に上昇することになった。拡大を始めた新たなコミュニケーションを観察した中森明夫は、83年に「おたく」というコトバを発明した。かくして、最初はマンガの中にだけ描かれた「70年代的共同性」――「関係の積み重ね」に基づく「友情」ではなく「偶然の同居人」の「希薄な共同性」――が、80年代になると図らずも現実のものとなったのである。

『気分はもう戦争』以降
【終末世界という自己正当化】

《人はパンと民主主義のみによって生きるにあらず》というマニフェストを79年に打ち出した大友克洋（第3章第1節）は、70年代後半を通じて、松本零士『男おいどん』に見られるような「60年代的サブカルチャー」への口当たりの良いノスタルジーを否定し、サブカルチャー的なものの陳腐さを曇りなく描くアンチ・ノスタルジー路線をとっていたが、矢作俊彦×大友克洋『気分はもう戦争』(1979) における前述のマニフェストの後、その延長線上に「終末世界における陳腐な日常性」を描き始める。大友の『童夢』や『ＡＫＩＲＡ』における淡々としたアンチ・ロマンチックな廃墟描写は、多くの読者に新鮮な衝撃を与えた。

ところで、70年代後半に即自的に獲得された〈無害な共同性〉も、しばらくすると、現実世界の偶発性に背を向けたその退行的な姿勢が問題視され始める。ところがそれに対して、大友克洋の「終末世界の陳腐な日常性」という観念が、絶好のエクスキューズの手掛かりを与えた。大友の世界観を、〈無害な共同性〉に戯れる者たちの自己弁護へと展開させたのは、『うる星やつら2 ビューティフルドリーマー』で一躍人気アニメ監督となった押井守だった。祭り（60年代の喧騒）に遅れてきた僕たちは、もはや何も変えられない。とすれば、平凡な日常を仲間と戯れつつ生き続けるしかない。こうしたメッセージは、現実に〈無害な共同性〉を生きる若者を共感させた。**こうして『うる星』的な〈無害な共同性〉は対自化され、「終末後の陳腐な日常性」という観念によって正当化された。こうして自己言及化された〈無害な共同性〉を「80年代的共同性」（前節）と呼ぶ。**

「小世界」内部での無害な戯れが「大世界」への言及によって正当化されるという構造。そこに見られる「小世界／大世界」という二重性は、「歴史の流れの中での社会の相対性」と「相対的に過ぎない社会に翻弄される小さな個人」という、手塚治虫のSFマンガや白土三平の忍者マンガに見られた60年代的設定（第3章第1節）を確かに髣髴させる。しかし、描かれる「大世界」の表象は、「流転する歴史」から「停滞する歴史」へと転換している。「流転する歴史」は個人を翻弄し〈疎外〉するが、「停滞する歴史」は人を〈戯れ〉へと導く。すなわち、そこでは、「大世界」はもはや「小世界」を翻弄・否定するものとしてではなく、むしろ「小世界」を担保・肯定するものとして描かれているのである。

大友克洋以降、「大世界」を経由しつつ「日常性」を肯定するという宗教的形式（序章）は、

80年代の「異世界マンガ」の主流になる。実際に「異世界マンガ」の読者の多くが、先行していた〈サブライム〉もの（SFアニメ領域）や〈無害な共同性〉もの（高橋留美子領域）から、この第三の領域である〈陳腐な終末世界〉もの（大友克洋領域）へと引き寄せられたのである。そこに働いた力の違いによって、この［日常性＋大世界］領域のマンガは、さらにいくつかのバリエーションに分けられる。その一つが、**もはや時間の止まった「大世界」を背景に、恐ろしく小さく陳腐な「関係性」が重ねて描き込まれる**という、最初に浮上した押井守的な方向である。これは前述のように、〈無害な共同性〉ものが自己正当化的な世界観を獲得したものだと見ていい。これは、『うる星やつら2』（前述）から『パトレイバー』へと続く、アニメからマンガに跨がる太い流れを形成している。

これとは別に、『超時空要塞マクロス』から、最近女性読者も含めて大人気の『3×3EYES』にいたる別の流れも、この［日常性＋大世界］領域に属する。これらのマンガには、**殺伐とした（しばしば猟奇オドロ的な）「大世界」を背景に、おシャマな少女と純朴な少年とのラブコメ的な等身大の関係が織りなす「小世界」が描かれる。**しかしそこで描かれる関係性は、新人類的な「恋愛マンガ」とは違って、現実解釈にはまったく役立たない。むしろ、現実に踏み出すことを不要にしてしまうような、現実の性的関係の絵空事的な代償物が提示されている。ここに見いだされるような、「非日常」的背景におけるありふれた「日常性」という設定は、確かに大友を経ずしてはあり得なかっただろう。だが、前述の押井的な流れが〈無害な共同性〉ものに出自するとすれば、こちらは〈サブライム〉ものに出自する。すなわち〈サブライム〉ものが「ラブコ

士郎正宗『アップルシード』（85年初出・青心社89年版より）。兵器や治安対策などに関するマニアックな描き込みは、モデルガン雑誌や航空雑誌を思わせる。

メ」的設定を取り込んだものだ。これは、「人間関係化の時代」——人によっては「女性化の時代」と呼ぶかもしれない——である80年代（前節）の、強力な社会的引力を反映したものだと言っていい。実際、少女マンガの場合には、この［日常性＋大世界］領域のほとんどが、この系統に属しているのである（図2参照）。

さて、これらとはまた別の流れに属しているのが、『攻殻機動隊』『アップルシード』などの、士郎正宗の一連の作品である。またしても大友克洋の大きな影響を受けたものだが、**そこに描かれた「小世界」は、人間関係——ましてや性的な関係——ではなく、むしろガジェット的なメカが詰め込まれた小部屋のようなものだ。**これは、後にサイバーパンクとして見いだされることになった大友克洋の、背景描写へのマニアックなこだわりを継承している。メカ・マニア的という意味では、むしろ大友以前の松本零士との連続性を想起する向きもあるかもしれない。しかし士郎の描く世界は反〈サブライム〉的アンチ・ロマンであり、松本零士のロマンチックなメカ幻想よりも明らかに大友克洋の廃墟描写に類似する。その意味では、ハードSF派から分化した初期のサイバーパンク派の感受性に近い。「ポストモダン」「反物語」といった能書きがつくゆえんだが、にもかかわらず——というか当然の帰結として——これまた現実の〈関係の偶発性〉を遮断した、居心地のよい空間を構成している。

いずれにしても、**総じてこの［日常性＋大世界］領域は、言い訳に満ち満ちた臆病な空間である。**そこでは、単なる〈無害な共同性〉への退却が「もはや変わり得ぬ終末世界」という観念によって正当化され（押井守的なもの）、短絡的イチャイチャものへの退行が「伝奇小説的な設定の魅力」という言い訳によって正当化され（高田裕三的なもの）、単なるガジェット的小部屋への退却が「ポストモダン」の能書きによって正当化される（士郎正宗的なもの）。**80年代から今日まで通じたこの領域の爆発的上昇は、こうしたシェルターへと追い込まれざるを得ないほどの現実の〈関係偶発性〉の圧力の高さを示して余りあると同時に、そうした逃避を自ら逃避として意識せざるを得ない程度には上昇した関係意識という「不幸なジレンマ」を示すものであると言えよう。**

ロリコン同人誌以降【妄想の終着駅】

いましがた紹介したような［日常性＋大世界］領域のマンガが、現実逃避のカムフラージュとして機能する付加価値を合わせ持ち、それゆえに「設定の複雑さ」「構成の卓抜さ」「描き込みの質の高さ」をセールスポイントにできたとすれば、80年前後から「ロリコン同人」を中心に急激に増殖した一連の〈エロのインフレ〉ものは、それとは対照的な位置（図１で言えば対角位置）を占め、一種の開き直りとも言える妄想世界への耽溺によって、「質の低さ」や「有害さ」を周囲に強烈に印象づけることになった。これは、90年以降浮上するいわゆる「有害コミック問題」につながる一連のマンガの流れを形成している。

先に述べたように、70年代後半に入ると、諧謔的なSF同好会の一部でも、吾妻ひでおの「ロリコンSF」マンガが密かなブームになっていた。**そこでは、「異世界」の美少女への耽溺が、プロレスやアイドルの「追っかけ」と同等の一種の「B級指向」として自負されていた。**この間の事情は、『よい子の歌謡曲』(これはプログレ・マニアが編集していた)のノリで富沢雅彦が書きまくった諸ミニコミに典型的にうかがえる。

ところが、こうした「諧謔スタンス」は、新人類的なものとオタク的なものの分化が進行していく「新人類文化上昇期」(77~82年)に――とりわけ80年前後から――急速に失われる。この頃から、コミケットの同人活動を中心に、ロリコン系マンガから「諧謔」の姿勢が捨て去られ、自分が性的に傷つくことのないオナニズムとしての性的妄想が前面に押し出されてきた。**そこでは、無風地帯的な「小世界」における絵空事的な「非日常」が設定され、現実の性的コミュニケーションを浸している〈関係の偶発性〉が見事に遮断される。こうして、「異世界マンガ」の[非日常性+小世界]領域――〈エロのインフレ〉もの――が誕生した。**

高橋留美子的な[日常性+小世界]領域(〈無害な共同性〉)を支点として見ると、その後に誕生した大友克洋的な[日常性+大世界]領域(〈陳腐な終末世界〉)が、「新人類的なもの」の圧力の上昇に対する「屈折した対処方法」を示していたとすれば、このロリコン的な[非日常性+小世界]領域(〈エロのインフレ〉)は、問題に完全に背を向けた「さらなる奥地への逃走」だった。

ロリコン系マンガからの「諧謔」スタンスの喪失は、既に述べたように、「新人類文化上昇期」

（77〜82年）における「新人類的なもの」と「オタク的なもの」との分化に基づいている。強烈な差異化志向に基づいてジャンル横断的に飛び回る「諧謔コミュニケーション」は、60年までに生まれた「原新人類世代」──それも都会中心──を中心としていた。ところが、これより下の世代（あるいはそれと共振した地方の「原新人類世代」）では、「諧謔」は単なる「ギャグ」となり、高橋留美子的な〈無害な共同性〉ものへと──したがって「オタク的なもの」の一部へと──吸収されてしまったのである。

これと比較して言えば、〈無害な共同性〉ものを支点として見たときの、「エクスキューズ方向」（〈陳腐な終末世界〉と「短絡化方向」（〈エロのインフレ〉）への上述したような分化は、今度は「オタク的なもの」の内部での人格類型の分化と結びついていた。すなわち、斜に構えながら自らの位置をエクスキューズしようとする──別の言い方をすれば「新人類的なもの」への未練を屈折的に表現する──「頭のいいニヒリスト」と、その周辺の「ネクラ的ラガード」からなるフォロワーの混合体が、「エクスキューズ方向」の読者層を構成したのに対して、「短絡化方向」のほうには、現実の性的コミュニケーションから圧倒的に疎隔された──いわば「現実」を完全に諦めた──陥没した眼差しの「ネクラ的ラガード」がもっぱら吸引されたと推定される（人格類型のシステム理論的分類は、第2章第3節を参照）。

こうした変化の渦中にあった80年前後のロリコン系同人誌周辺の状況を一瞥しておくと、79年には蛭子神《ひるこがみ》建『ロリータ』が既にコミケットに登場しており、吾妻ひでおや高橋留美子の描くキャラが「美少女マンガ」への渇望を高めていた。これを下敷きにして、80年に入るとロリコン同人誌『シベール』ブームが過熱。『クラリスマガジン』（さえぐさじゅんの宮崎駿アニメのパロディ）、『人形姫』（サーカスマットカプセル、千之ナイフ、破李拳竜）、81年には吾妻ひでおの『ミャアちゃん官能写真集』が大人気を博することになる。さらに同じ年には『うる星やつら』や一連の「魔女っ子もの」のアニメ系サークルが登場。『シベール』以外のロリコン系同人誌が増加した（米沢［1992］）。

こうした一連の動きに象徴されるコミケットの制度化や『漫画ブリッコ』の投稿欄でのコミュニケーションを通じた「仲間の可視化」（ボクは孤独じゃない！）が、ロリコン系マンガへの耽溺をますます「敷居の低い」ものにしたことは疑いない。すなわち、**ここに見いだされるのは、「新人類的なもの」と「オタク的なもの」とのコミュニケーションの分化が進行すればするほど、「一般的な他者」の視点を取る必要が免除され、「新人類的なもの」の圧力をやりすごせるようになる、というコミュニケーション・システムにおける一般的メカニズムである。**ロリコンブームそのものは、83〜84年にかけての「ロリコン・バッシング」（第4章第2節参照）を一つの契機として急速に退潮するが、今述べたような「分化によるシェルター」を前提にして、〈エロのインフレ〉ものはさらなる多様化と増殖を続けている。

ロリコン＝少女のくびきから逃れた男性たちは、アニパロと重なりながら、新たなかたちの『エロマンガ』へと向かい始めていた。メカと少女、SF、ホラー、スプラッター、SM、Dカップ、レズ、猟奇…より妄想は、拡大していき、85年頃より商業誌に登場した美少女コ

ミック誌（ロリコンとは違う）とリンクし…89年、幕張メッセに移ったコミケットによって
いっきに爆発することになっていく。

――米沢［1992］

この傾向は、90年以来の「有害コミック」規制運動や、91年の「ワイセツ物販売目的所持」容疑による書店や同人誌サークルの書類送検といった一連の事件を招き寄せる。しかし、〈エロのインフレ〉そのものは、青少年マンガのコミュニケーションにおいて絶えることなく続き、今日の状況にいたるのである。

*

以上に述べてきた「異世界マンガ」の進化的展開を、簡単に図示しよう（図3）。注目しておきたいのは、**いずれの領域も、例外なく「新人類文化上昇期」**（77〜82年）**に誕生している**ということだ。このことが示すのは、これらの領域がすべて、この時期に問題化した〈関係の偶発性〉の上昇から来る圧力に対処するための、機能的に等価なツールとして進化を遂げたものだという事実である。すなわち、いずれの領域も、さまざまなシェルターや言い訳ツールを用いながら、現実の〈関係の偶発性〉を遮断し、代替的な〈世界〉への耽溺を可能ならしめるように機能する。その意味で、前節で扱った短絡的「恋愛マンガ」とはまさに対極的な〈異世界化〉の方向性を示すものだと言えよう。(5)

図3　各領域間の歴史的遷移関係（数字は継起順序）

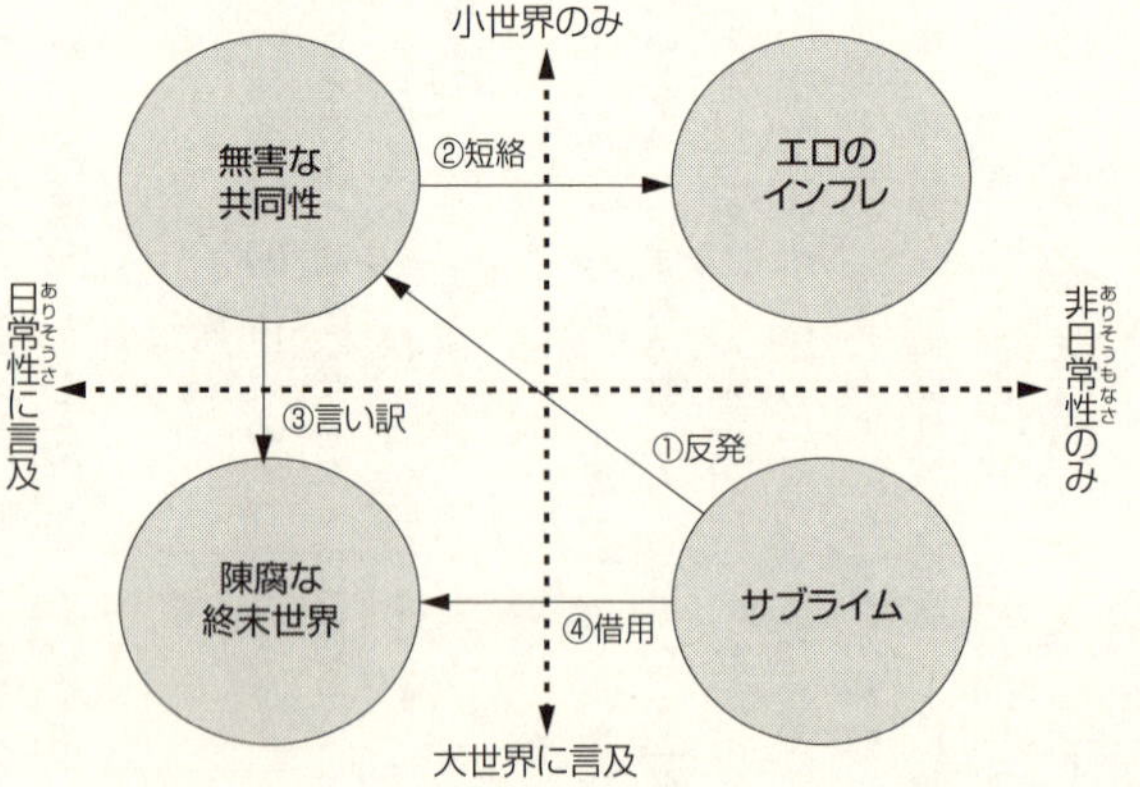

総括：〈関係の偶発性〉の行く末

「青少年マンガのコミュニケーション」の分析全体を通じて浮かび上がってきたのは、70年代後半から80年代を通じた、若い世代のコミュニケーションにおける最大の問題が、対人領域における複雑性の増大による〈関係の偶発性〉の上昇だったということである。そうしたコミュニケーション文脈を抜きにしては、青少年マンガの進化的展開は理解できないし、あるいは逆に、青少年マンガの進化的展開に関する知見は、そうしたコミュニケーション文脈の変化を理解するための資料として役立つのである。

上昇した〈関係の偶発性〉というこの同一の文脈は、青少年マンガのみならず、別のさまざまなメディアや、コミュニケーションの下位領域にも、当然のことながら及んでいる。その結果、青少年マンガの分析から得られた知見が、他のさまざまなメディア現象を理解するのに役立つことになる。

たとえば、〈関係の偶発性〉という問題に絡めて青少年マンガの展開を把握することは、80年代に上昇する宗教ブームを理解するのにきわめて有効である。なぜならば、80年代的な宗教――新新宗教――もまた、上昇した〈関係の偶発性〉という同一の問題によって強く方向づけられていたからである。実際、80年代の宗教は、従来の「外的問題」（貧・病・争）の主題化にかわって、自己イメージ・性・出会い・性格といった類の、コミュニケーションに関わる「内的問題」を急浮上させたのだった（宮台［1992c］、宮台・石原・大塚［1992b］）。

80年代の青少年マンガを見ると、たとえば新人類系の「恋愛マンガ」（第3章第2節）には、過剰な〈関係の偶発性〉にもかかわらずコミュニケーションに踏みだす場合に利用可能な、複雑性処理装置のバリエーションが見いだされ（あるある！）、またオタク系の「異世界マンガ」（本節）には、過剰な〈関係の偶発性〉から退却する場合に必要となる、再帰的な自己把握の諸形式（言い訳！）を見いだせる。**これらはいずれも、コミュニケーションの成功や失敗の体験によって練り上げられた、人格システムの自己操縦に関わる、相当に安定した戦略のタイプを示している。**本書では詳述しないが、それらの戦略はそれぞれ、宗教的コミュニケーションの中にもその対応物を持っているのである（予備的な議論は宮台［1992c］、序章）。

いずれにしても、過剰に上昇した〈関係の偶発性〉という問題は、「80年代的なものの終焉」が語られる今日でも（92年現在）まったく変わらずに続いている。その意味ではまさに現在の、私たち自身の問題でもある。**一見すると表舞台から立ち去ったように見える「80年代的な表象」の数々も、背後に継続するこうした問題に対処するために、実際には次々と代替物へとバトンタ**

ッチされただけの話である。現実のコミュニケーション文脈をつぶさに分析する緻密な実証的・理論的な手続きを伴わない限り、何が終わり、何が始まったかといった類の議論は、またぞろ文脈に対する敏感さを欠いた言説の反復を招き続けるだろう。

(1) 魔夜峰央『パタリロ!』(1978) を嚆矢として、最近の『花とゆめ』の連載には、佐々木倫子『動物のお医者さん』、那州雪絵『ここはグリーンウッド』、山田南平『130センチのダンディ』など、「異世界」描写に踏み込まないにせよ、〈無害な共同性〉ものが集中している。

(2) 三段変形メカ「バルキリー」が米国アニメ技術者の間でもゴジラ並の人気になった、松崎健一原作『超時空要塞マクロス』(82年テレビ放映開始) は、他方で三角関係の執拗な日常性描写によって一種異様とも言える雰囲気を醸し出し、少女たちをも吸引した。

(3) この［日常性＋大世界］領域は、今日の少女マンガにおいても「主流」を形成している。たとえばCLAMP『東京BABYLON』(1990) は、日本の歴史を蔭から支える少年陰陽師たちが、「歴史」と「前世」を経由した説教によって、些細な日常性の生き難さを読者に引き受けさせる機能を果たしている。日渡早紀『ぼくの地球を守って』も類似の効果を与えるが、私たちの調査では「東バビ／ぼく地球」の読者層の分離は、「年齢が低い／高い」「偏差値が低い／偏差値が高い」という相対的な分離に対応している。その理由は、別途考察を要求している。

(4) さらに『マカロニ』には、「乙女ちっく」にしばしば見られた、読者へのパーソナルな伝言のカタカナ書き (…KUN、OTEGAMI、ARIGATO!! など) が頻出する。同時期には、エロマンガへも少女マンガが導入される（中島史雄の「幼女と少女がもんちっち」（1979）が、山岸凉子を「改釈」して描かれたのは有名）。つまり77年以降には、ギャグやエロにさえも少女マンガの浸透が見られたのである。

（5）少女系「異世界マンガ」は、青少年系のそれに比べると微妙な差異と同一性があるが、紙幅の関係で省略する。なお、図2「少女系異世界マンガの四象限」をよく眺めていただければ、この領域に詳しい方々なら私たちの分析のアウトラインを摑めるはずである。

言及したマンガとアニメの正式名と初出年

「アーシアン」高河ゆん（1987）
「愛と誠」梶原一騎＋ながやす巧（1973）
「AKIRA」大友克洋（1984）
「アップルシード」士郎正宗（1985）
「1・2の三四郎」小林まこと（1978）
「宇宙戦艦ヤマト」（TV）松本零士原作（1974）
「宇宙戦艦ヤマト」（劇場版）舛田利雄監督（1977）
「うる星やつら」高橋留美子（1978）
「男おいどん」松本零士（1971）
「がきデカ」山上たつひこ（1974）
「風の谷のナウシカ」宮崎駿監督（1984）
「機動警察パトレイバー」ゆうきまさみ（1988）
「機動戦士ガンダム」富野由悠季原作（1979）
「気分はもう戦争」矢作俊彦＋大友克洋（1979）
「キャプテン翼」高橋陽一（1981）
「クラリスマガジン」さえぐさじゅん（1980）
「攻殻機動隊」士郎正宗（1989）
「サイレントメビウス」麻宮騎亜（1988）
「3×3EYES」高田裕三（1987）
「すすめ!! パイレーツ」江口寿史（1977）
「聖闘士星矢」車田正美（1986）
「絶愛」尾崎南（1990）
「装甲騎兵ボトムズ」高橋良輔原作（1983）
「超時空要塞マクロス」松崎健一原作（1982）
「地球（テラ）へ」竹宮恵子（1977）
「天空の城ラピュタ」宮崎駿監督（1986）
「伝説巨神イデオン」富野由悠季原作（1980）
「東京BABYLON」CLAMP（1990）
「Dr.スランプ」鳥山明（1980）
「童夢」大友克洋（1980）
「人形姫」サーカスマットカプセル、千之ナイフ、破李拳竜（1980）
「BASTARD!!」萩原一至（1988）
「パタリロ!」魔夜峰央（1978）
「P.S.元気です、俊平」柴門ふみ（1979）
「ファイブスター物語」永野護（1986）
「北斗の拳」武論尊＋原哲夫（1983）
「ぼくの地球を守って」日渡早紀（1987）
「マカロニほうれん荘」鴨川つばめ（1977）
「ミャアちゃん官能写真集」吾妻ひでお（1981）
「未来少年コナン」宮崎駿演出（1977）
「鎧伝サムライトルーパー」矢立肇原作（1988）
「ロリータ」蛭子神建（1979）

Column

アニメと〈関係性〉とは背反するか――スタジオジブリ・インタビュー

宮崎駿率いるアニメ工房スタジオジブリの『海がきこえる』（93年5月5日NTV系放映）は、異色作である。宮崎駿・高畑勲というビッグネームがタッチせず、ジブリ得意のエンターテインメント性もないからだ。私たちにとっては、この作品がアニメとしてはほとんど初めて少女マンガの高度な関係性を描いたこと（しかもそれが途中から少年マンガの短絡的関係性に変質してしまうこと）のほうが興味深い。その辺の事情を制作者側にインタビューした。

監督の望月智充氏は58年生まれ。『魔法の天使クリィミーマミ』などの魔法少女ものの演出で注目される。作画監督・キャラクターデザインの近藤勝也氏は63年生まれ。『魔女の宅急便』で名をあげた実力派アニメーターで現在はフリー。プロデューサーの高橋望氏は60年生まれ。若手製作者集団である。

原作は氷室冴子。山田詠美の諸作品同様、〈岩館領域〉の最良の部分の小説版。高知の高校に転入してきた里伽子と、彼女に振り回された拓の回想と現在を描いている。

『海がきこえる』©1993 氷室冴子・GN

映像のリアルさ

Q　「実写でできるものをなんでわざわざアニメに」という評価がありますが。

望月　実写とはかなり違うんですが。キャラクターは本当の人間の体型で描いてませんし。ただ、動きとか背景の美術とかと合わせたときに出てくるリアル感は狙っていました。普通の商業アニメでは止めのスチールを見ると「あっこれはリアルだ」となるけど、『海』はむしろスチールでは単純に見えます。

Q　確かに近藤さんの絵は、他のアニメと比べても一見シンプルですよね。

近藤　マンガマンガした絵だよね。でもシンプル・イズ・ベスト。『北斗の拳』なんかの描き込みがリアルだという人もいるけど、線をいっぱい描いて影をつければリアルだなんて僕には理解できない。単純な線でもアウトライン（目とか鼻とか輪郭とかが相互に関係し合って面を表現したもの）がリアルなのが、僕にとってのリアルです。そうした、抽象的だけれどもリアルな絵をベースに、アニメーションを感じさせないようにするというのが目標だった。「実写でできる」という錯覚を持たれることを実は期待していたんです。

Q　望月さん、近藤さんが目指しているのは、アメリカのアニメとも違いますね。

望月　向こうじゃ実写でできるかなんて議論されません。フライシャーとかアヴェリーとかディズニーとかことごとく見ていますが、僕は好きじゃないな。

近藤　ディズニーの表現はアメリカ人の感情表現の幅を出ないよね。背中を向けてブツブツ文句をいうとかの、僕の描く怒り方なんかは、彼らには描けない（笑）。

望月　『海』は、日本人の動きをよく観察したアニメなんですよ。

関係性のリアルさ

Q　ところで、望月さんは、少年マンガと少女マンガとを、明確に区別していますか。

望月　最近はあまり読まないけれど、昔は少年マンガと少女マンガを区別せずに読んでいた（星里もちる『わずかいっちょまえ』がお気に入り）。『きまぐれオレンジ☆ロード あの日にかえりたい』など過去に監督した少年ラブコメ作品と、今回の『海』には、僕自身は連続性があると思っています。かけたお金は違いますが。

Q　実は私たちは、少年マンガと少女マンガの似て非なる部分に注目しているんです。そうした観点から見ると、『海』アニメが後半で独自に加えた部分では、絵柄はリアルなままでも原作の世界描写のリアルさが急に失われている気がします。氷室さん原作の少女マンガ的な高度な〈関係性〉描写が、アニメ独自に追加された部分で、ラブコメ的な男性版センチメンタリズムに変質してしまっているようにお見受けしますが。

望月　映画のラストシーンはむつかしい。高畑勲さんの『おもひでぽろぽろ』でも大議論になりましたけどね。今回のアニメ独自の変更も、原作に沿ったつもりだったんですが…。

宮崎駿はこの作品をどう見たか

高橋　この作品について宮崎さんともいろいろ話をしました。彼の意見を僕なりに解釈すると、①青春はこう「です」、恋愛とはこう「です」という写実の映画は、作っても仕方がない。恋愛はかくある「べし」を提起していない。②あまりに男女関係がさらっとしている。最初からハッキリ拓が里伽子を好きだと分かるようにしておかないと、ドラマにならない、などといった点が不満だということのようです。

近藤　宮崎さんの作家としての作法ですね。でも『海』でやるべきかどうか。宮崎さんは、里伽子に象徴される女の人の現実のリアルな気持ちには歩み寄る気がないということかも。

望月　女の人の中には、宮崎さんの女性像に反発する人もいます。

Q　近藤さんのキャラは、確かに微妙なニュアンスに溢れていますね。

近藤　宮崎作品の作画監督（原画を修正統一する人）をやってたから、宮崎さんよりも神経質な絵柄になったのでは（笑）。

この作品の成果はどこへ向かうか？

Q　制作技術上、今までと異なる点があれば。

近藤　多くの背景を写真から起こしています。これは単純な模写とは違う。背景美術にも力がなければやれない方法です。

高橋　だから、こういう成功作（視聴率は関東で17・4％）の後なのに類似企画が皆無。

技術的にジブリにしかできないと思われたようです。ところが金銭的にはジブリでも再び作れるかどうか。これでも予算もスケジュール上もかなり妥協した上で制作されていますが、ミドルリスク・ミドルリターンの作品の採算をとるにはビデオ流通や局側の意識が改革されねば。

Q　少女マンガの最良の部分をアニメにトレースするこの試みは「偉大な先達」の隙をつきましたね。

近藤　ある種の優れた少女マンガとの関係で捉えてくれたのは、とてもうれしい。僕の絵がそういう表現に向いていて、『海』ではそれが結構うまくいった。人と人との対人関係が大切な時代ですし。今度は、アニメ版『海』にさらに少女マンガの良質な部分をプラスしたものに留まらず、どうせなら漱石なんかまで行ってみたい。

望月　「実写でできるのに何でアニメでやるんだ」と言われる作品をまた作りたい（笑）。

（93年7月9日：東小金井、スタジオジブリにて）

宮崎や高畑は、誰も気にとめない些細な振る舞い――煙草を吸うとき窓を開けるなど――を敏感に観察して描くのを「リアルさ」と見なすが、『海』はそうしたやり方をとらず、類型的ともいえる背景描写――石膏像のある美術室、尾道風の坂の上にある家など――に徹する。これは一見「リアルさ」から遠ざかると見えて、ちょうどシンプルなボードの上でのチェスの駒の複雑なやりとりと同じで、関係性の描写にはかえって効果的だ。

望月監督たちが目指したのはそうした関係性の描き込みの「リアルさ」であり、ムダや突出のないナチュラルな原画や背景美術の流れは、そのための縁の下の力持ちに徹している。

だがせっかく積み上げた微妙な関係性は後半部で突然色褪せてしまう。筋の通ったクールさを持つ里伽子は「カワイイ子」になり、緊張した友人関係は「仲良し共同体」へと弛緩する。たとえば、大学生になって東京に戻った里伽子が高知の友人に「東京にね、わたし会いたい人がいるんだ。その人はね、お風呂で寝る人なんだよ」と告白するシーン。高校時代、偶然里伽子と同じ部屋で泊まることになった拓が風呂で寝たという純情話が伏線になっているが、こんなセンチメンタルなセリフは原作にはない。こうした男性ラブコメ的とも言える「甘さ」が後半オリジナル部に散見され、トーンを下げているのは惜しい。

さて一方の宮崎駿は、望月監督らが格闘した微細な関係性を、アニメの「リアルさ」にとっての「邪魔もの」と考えているようだ。この対立は本質的なものである。今回なされたジブリの「実験」が単発で終わってしまうのかどうかに、私たちは注目している。

第4章　性的コミュニケーションの現在

1 「コード進化」分析篇

アダルトビデオ、宮沢りえ、アラーキー、氷の微笑、マドンナ…

私たちをとりまくメディアのセックス表現は
今日ますます開放的になり、その過激さは増すばかりだ。

そしてメディアのみならず、私たち自身——男も女も——性に対する意識が大きく揺れ動いている時代。

本章のテーマは、メディアの性的コミュニケーション。

戦後から現在まで疾走しつづけるポルノグラフィーはどのようなコミュニケーションと結びついていたのか。

まずこの節では、戦後から70年代中頃までを論じる。

性的メディア
今日の性的コミュニケーションと
メディアの性表現の現状と問題設定

91年10月13日の朝刊を見た人は、誰しも少なからぬ衝撃を受けただろう。そこには「あの宮沢りえの」ヌードが全面で掲載されていた。しかし強い不快感や怒りを表明する向きは稀だった。大方は「こういうこともあるのだろう」「時代が変わったのだろう」という具合に受けとめたようである。また『an・an』92年10月2日号には、オーディションを経た19人の「素人ヌード」が掲載されたが、これには1600人を超える応募があったという。誌面に自分の友人の姿を発見した人も少なくなかっただろうが、そこに示されたのは驚きよりも、むしろ羨望か、さもなければ無視だった。他方、黒木香に端を発する一流大在学のインテリAVギャルも、6年目でとうとう東大生の登場とあいなった。執筆陣周辺でも友人関係を少したどれば容易にAVギャルに突き当たる。しかし、引き起こされる感慨は「やっぱりねえ」という程度のものだ。

何かが変わったのだ。**気がついてみると、性的コミュニケーションに関して「何でもあり」に近い状況が出現している。**いつからこうなったのか。20年前、いや10年前だって、随分状況は違った。ごく短い間に、性的コミュニケーションは一つの極から別の極に一挙に転換してしまったかのようだ。しかしこの変化にもしかるべきステップがあったはずだ。そのステップを探る方法はいくらも考えられるが、本章では、**メディアに現れた性的表現、中でもビジュアルな表現を中心的に扱いながら、その表現の授受をめぐるコミュニケーション文脈の変化をたどってみることにした。**

分析の特質ならびに分析開始時期

このような方法に意味があるのは、**メディアの変化が、とりも直さず、私たちの現実の体験様式や行為様式の変化を意味する**という関係があるからだ。私たちはこれまでの記述を通じて、少女メディア、音楽、青少年マンガなどに題材を取りつつ、メディアの内容や形式の変化を手掛かりに、コミュニケーション・システムの進化史を詳細に跡づけてきた。そこでは「コミュニケーション・コード」「相互浸透」「関係の偶発性」「短絡化」などの概念が、共通に用いられてきた。これら一連の試みの延長線上に本章の分析がなされるのだが、新たな要素も加わっている。すなわち、これまでの記述はメディア形式ごとの固有の文脈にかなり方向づけられていたが、今度は多くのメディアにまたがる共通の内容――すなわち性――に注目している。「性表現」はマンガにも音楽にも映画にも見いだせるということだ。その意味で、異なるメディアの間を橋渡しする試みでもある。

分析は、1945年の敗戦から始められるが、このことは、それまでが「性の暗黒時代」だったことを意味しない。むしろ戦後10年間よりも大正・昭和のモダニズムの時代のほうが、青少年の性は遥かに解放されていたというデータを掲げる論者もいるほどで、[1] いつの時代をとっても性に関するエピソードには事欠かない。しかし、私たちが今日関心を寄せる「性」「メディア」「若者」という三つの柱が同時に揃うのは、後に示すように、戦後しばらく待たなければならない。このような新しい事態の成立を支えた前提条件を探るには、分析を終戦直後から始めるのが適当なのだ。**今日では、「性」「メディア」「若者」の関係は、以前よりも遥かに自明ではなくなっている。「若者」（主格）が「メディア」（道具格）を使って「性」欲を満たす（目的格）といったような安定した格関係が、既に崩れているのだ。**私たちが注目したいのは、こうした状況がいかにしてもたらされたのか、ということである。

本音から建前へ：戦後〜1945年

土俗的本音の噴出

1945年の敗戦は、後に「戦後混乱期」と呼ばれることになるような「無重力状態」をもたらす。闇市、配給物資横流し、米兵相手のパンパン、といった具合に、経済的な混乱は「建前だけでは生きていけない」状況を一般化し[2]、世の中は「一億総犯罪者」という様相を呈した。**メディアにおいては「抑圧された本音の噴出」が見られた。**雨後の竹の子のように創刊された大衆雑誌は、用紙事情の逼迫で「三号（合）でつぶれる」ところから「カストリ（密造酒）雑誌」と呼ばれたが、ルポあり小説あり読み物ありという、今日の週刊誌の原型を提供した。これらの雑誌の中で、「性風俗」を内容としないものは一つもなく、そこから「カストリ＝エロ」という通念も生まれた。

実際、同時代には、戦中は抑圧されていた「性的なもの」が、社会のいたるところに噴出していた。

> 進駐軍の占領とともに、決しておおげさな言い方ではなしに、日本中の街が基地とパンパンの街と化していく
>
> ――石川［1990：75］

日本で初めての「接吻映画」には満場がどよめき（46年：幾野道子主演『はたちの青春』[3]）、今日のストリップの源流とされる「額縁ショー」が大入りとなる（47年、新宿帝都座5階での最初

新宿帝都座の「額縁ショー」（写真提供・毎日新聞社）

の出し物『ビーナスの誕生』）。カストリ雑誌の連載小説には「軍人の夫人や未亡人を主人公にした姦通もの」が全盛を極め（47年、「H大佐夫人」を掲載した『猟奇』が警視庁押収処分）、「純文学」にも性が開花する（46年、永井荷風『踊子』発表）。

こうした状況は、「戦時中」から見れば——従って昭和一桁世代にとっては——むろん画期的だったが、大正一桁生まれ以前の「モダニズム世代」はこれを「戦前の復活」として歓迎した。しかし、これは多分に「戦時中のコミットメント」を無化するための自己正当化であった。というのは、実際そこには「市民生活」的な通常性が回復していなかったからである。[4] 言い換えれば、**［近代的建前／土俗的本音］という日本のモダニズムに固有の二重性**（後述）**は未だに復活しておらず、**噴出した本音が社会の全域を覆い尽くしていた。後との兼ね合いで言えば、［オーバーグラウンド／アンダーグラウンド］の分化を可能にするような「市民生活」的な建前が、まだ回復していなかったということである。

戦後最初のブルーフィルムと映倫の成立

こうした雰囲気の中で、48年、京都の元カメラマンが、戦後最初のブルーフィルム『情慾』を撮影する。戦後のビジュアル・メディアにおける最初の「エロ」だったが、これを追いかけるかのように、49年、映画倫理規程管理委員会が設置される。倫理規程の「風俗」の条項は次のようなものだ。

(1)猥褻な言語、動作、衣装、歌謡、洒落などは、それが仮に一部の観客のみに理解されるものであっても取り扱わない。
(2)舞踊及び寝室場の取扱いは観客の劣情を刺激しないよう充分に注意する。

50年代末の売春防止法施行・赤線廃止の直後に数倍に拡大される「性及び風俗」という規程に比べると、その数は少なく、表現も抽象的である。性に関わる規制よりもむしろ、同じ時期の人事院規則（公務員政治活動制限）の制定や教員レッドパージなどと軌を一にした「思想管理」のほうが、重要だったのである。この49年には中華人民共和国が成立。前年に朝鮮民主主義人民共和国が成立し、翌年には朝鮮戦争勃発を控えた時期だった。

「建前」と「本音」の分化と、軋轢の上昇

50年の朝鮮戦争勃発を境として、急速に「戦後混乱期」からの離脱が始まるが、それを象徴するかのように、メディアにおける猥褻規制の強化がなされ始める。言い換えれば、**性に関わる「土俗的本音」の部分を囲い込み、メディアの表層から隠蔽しようとする動きが活発化するのである。**同年、『東京十夜』が「風俗条項」違反で映倫からNGをくらい、ノーマン・メイラー『裸者と死者』、引き続いてロレンス『チャタレー夫人の恋人』が摘発を受ける。

52年には講和条約が発効し、ＧＨＱが解散される。53年には最初のテレビ放送が開始される。カストリ雑誌は一般週刊誌に取って代わられようとしていた（51年に『週刊読売』と『週刊サン

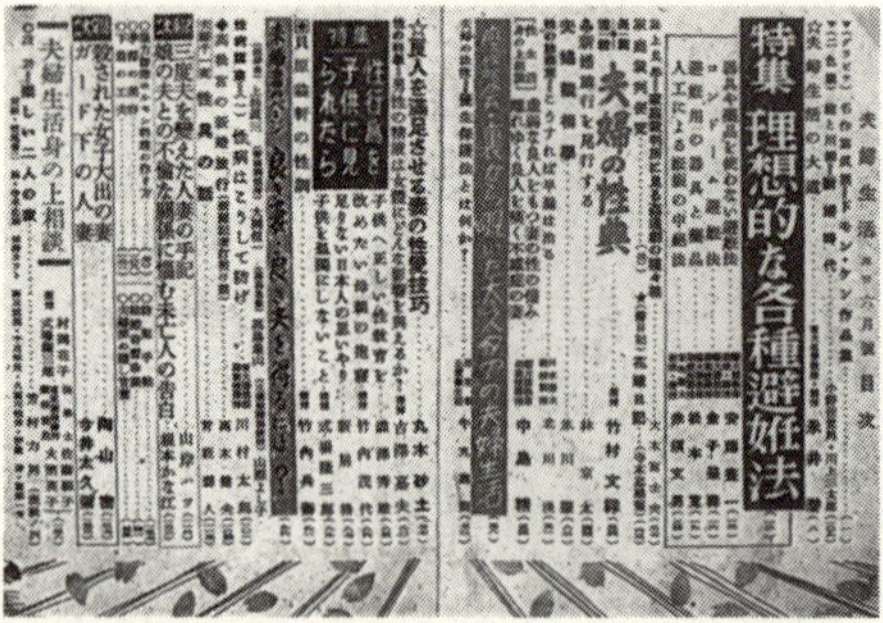
特集 理想的な各種避妊法

夫婦の性典

子供に見られたら

夫婦生活身の上相談

『夫婦生活』49年6月創刊号目次（夫婦生活社）より。性技マニュアル、スターの私生活拝見といった構成は、まさに70年代女性週刊誌の源流。

ケイ』創刊、第一次週刊誌創刊ブーム）。すなわち、メディアにおいても、「戦後混乱期的なもの」から「市民生活的なもの」への移行が急速に進みつつあったのだ。しかしこの急激な変化は、社会にある種の二重性を持ち込んだ。すなわち［市民生活的なもの／戦後混乱期的なもの」という差異である。「戦後混乱期的なもの」は地下に潜ることを余儀なくされる――というよりその限りにおいて許容された――と同時に、カサブタのように固まりつつあった「市民生活的建前」との境界領域に、しばしばせめぎあいと軋轢を生んだ。**かくして［オーバーグラウンド（建前）／アンダーグラウンド（本音）」というコミュニケーション・コードが、メディアを覆うことになるのである。**

この変化は、たとえば49年に創刊されて一大ブームを博した『夫婦生活』に見て取れる。すなわち、50年代に入ってしばらくすると、それまでもっぱらだった「性愛の奥義」「解剖学的ウンチク」記事に加えて、「地下売春組織の実態」の類の社会風俗ネタが増加してくるが、そこには「市民生活には表と裏がある」という先鋭な感覚の上昇を見いだすことができる。**こうした二重性は、一方で、急速に強化されるメディアの性表現規制**

と、それにもかかわらず合法的なままであった売春によって、象徴されていた。そこには、当時の男性たちの性欲処理がもっぱら買春や芸者遊びの「直接交渉」であり、メディアを用いた間接的な性欲処理が周辺的なものに過ぎなかった事情も関わっている。だからこそ、売買春を許容しながら大衆メディアを規制するという二重性があり得た。[5]しかし、性的コミュニケーションを特徴づける戦前以来のこうした二重性を要求する、もっと積極的な条件に注意する必要があろう。

二重性の意味を解読する

「猥褻」という観念を機能主義的に理解するならば、社会の中の非性的な役割関係を、身体の間にアドホックに働き得る性的な牽引力から保護するものである（橋爪［1982］）。そのような意味での「猥褻」の観念を持たない社会は一つも存在しない。限定された発情期を持たない人間たちは、そのような観念を保有した場合にだけ社会システムを生き延びさせることができたということだ。こうした「猥褻」観念は、原初的な社会では、もっぱら「対象規制」（インセストタブー）と「時間規制」（祭礼時の無礼講と通常時の区別など）に結びついていたが、近代的な社会システムは、「対象規制」を「行為規制」（愛ある行為／愛なき行為の区別）に、「時間規制」をもっぱら「空間規制」（遊廓地域への囲い込みと保護）に、置き換えていく。

ところが、**「上からの近代化」を急ぐ社会では、「法的規定としての猥褻」が、以前から存在していた「習俗としての猥褻」よりも遥かに「猥褻」の範囲を拡大する。**文脈自由な通用力を確保する必要がある政治権力にとって、その効力を弱めうる共同体的な文脈が大きな障害として見いだされるからである。日本も例外ではなかった。不平等条約改正を急ぐ明治政府にとって、文化的後進性とも受け取られかねない土俗的な性風習を、目につきやすい場所から除去し、あたかも「市民社会」が既に成立しているかのような「建前」を整えることが急務だったのである。「戦後処理」から「戦後復興」へと向かいつつあった50年代以降の政治権力にとっても、基本的な課題は反復された。**重要なことは、市民社会の表舞台に――とりわけメディアに――「性」が露出することを極力排除し、市民社会に政治権力が均等に行き渡っているという予期（イメージ）を作り出すことだった。**(6) これは逆に、表舞台にシャシャリ出てこない限りは、性＝土俗を許容するということでもあった。管理の行き届いた場所に性＝土俗が囲い込まれている限り、政治権力にとってさしあたりの問題はなくなるからである。映画や小説における「猥褻」の摘発ラッシュにもかかわらず、また売春防止法の成立（56年）と施行（58年）にもかかわらず、婦人議員らの運動が実るまで「赤線廃止」（59年）が実現しなかった背景には、(7) そうした事情があったのだ。

好事家向け「芸術表現」
としてのアングラ

こうした極端な二重性の中で、性のビジュアル・メディアは、「アングラ化」して生き延びることになった。ところが、**市民社会的な表層の裏側へと押しやられた性表現の「アングラ性」が、かえって「好事家」向けの「芸術的表現」をもたらす。**たとえば、ブルーフィルム界にその名を残すクロサワアキラが51年に製作した『風立ちぬ』『柚子《ゆず》ッ娘《こ》』は、当時の粋人画家山口玄珠をして《人間の美しさ、力強さを見事な映画技術を駆使してとらえた人間讃歌の芸術》と言わしめ、その女性モデルは野坂昭如によって《日本のブルーフィルムに登場した最高の美人》と絶賛される（桑原

［1991］）。

それと教養やね。賢いおなごは表情が豊かで、感度もええのが多いんですわ。その点、バカはあかんよ。男がせっせと励んでおるのに、ただドテーッと寝ちょる。

――クロサワの発言：桑原［1991］

（©日活）

小沢昭一・坂本スミ子主演『「エロ事師たち」より 人類学入門』（今村昌平・沼田幸二脚本／今村昌平監督　66年）クロサワアキラら通称「土佐グループ」がモデルとされる。

ここには、ブルーフィルムが「好事家的な鑑識眼」を信頼して作られたものであることが示されている。しかしむろん《タテマエは芸術でもホンネはスケベ》（斉田［1992a］）が正直なところだろう。そこには、「ロリータ・ブーム」以前の70年代末までの少女ヌード写真が「芸術的少女写真」という意匠をまとったのに似た、ある種の「言い訳」を見いだせる。しかし逆に言えば、そうした言い訳を要求せざるを得ない「建前」が、既に一般化していたということでもある。他方でこれらの作品に出演していたのは、彼自身がスカウトした娼婦・仲居・人妻・未亡人・ホステスたちだった。この頃までは一家の稼ぎ手を失った家庭婦人が水商売や売春に流れることが珍しくなかったが、こうした出演者の内訳に見るように、**この時期の「アングラ・エロス」は、表層で上昇しつつあった「市民社会的なもの」も、一皮向けばそこに「戦後混乱期的なもの」が満ち満ちていることを、象徴していた。**

この時期の「建前」と「本音」の二重性は、次のようなところにも現れている。たとえば、49年にカストリ雑誌の最後の雄[8]『夫婦生活』(前述)が創刊され、その後『夫婦××』と題したいわゆる「夫婦雑誌」群が陸続と登場する。これらには確かに肉体の構造に関する啓蒙的医学記事が満載されていた。しかし医学的な知識への渇望がこれらのメディアを要求したわけではないし、必ずしも夫婦が——ましてや夫婦で——読んでいたというわけでもなかった。メディアにおける性的コミュニケーションが、そのような「建前」を要求していたに過ぎないのである。

好事家から社会派へ：1955〜63年

「戦後市民社会」の確立と、コードの転換

55年の「神武景気」以降、社会は急速に豊かさに包まれ始める。電気洗濯機がブームになり、「三種の神器」(洗濯機・冷蔵庫・掃除機)が各家庭に急速に普及、家電時代が始まる。同じ年、保守合同によって自由民主党が結成され、「55年体制」が成立する。翌56年には、経済白書の「もはや戦後ではない」という言葉が流行する。ちなみに、カストリ雑誌の名残を感じさせる「戦後混乱期的なもの」の象徴『夫婦生活』が廃刊されたのは、55年のことである。かくして、**社会のいたる所に影を落としていた「戦後混乱期的なもの」は最終的に後退、「戦後市民社会」が全域を覆い尽く**

す。「団地族」が話題となった58年の翌年は「岩戸景気」に沸いた。「皇太子御成婚」が白黒テレビの普及率を一挙に押し上げ、吹き替え版テレビドラマを通じてアメリカ的文化生活への憧れはいや増すことになる。

こうした動きと並行して、性をめぐるコミュニケーションも、急速に変化する。56年に売春防止法制定、58年に同施行、59年には赤線廃止という具合に、「戦後混乱期的なもの」と結びつくかたちで残存していた性は、駆逐され始める。それに伴って、**メディアにおける性的コミュニケーションのコードも、「オーバーグラウンド／アンダーグラウンド」から「保守／革新」へと代替されていく**。性的表現は、「好事家向けアングラ」から「左翼的抵抗」へと意味を変え、性＝土俗は、「戦後混乱期のシンボル」としてよりも、むしろ「〈疎外〉からの解放のシンボル」として機能し始めるのである。そこでは、「市民社会」（建前）と「その外部」（土俗的本音）という対立――というより共存――はもはや問題でなく、「市民社会」というオーバーグラウンドな地平上でのコミュニケーションの差異が――従ってより先鋭な対立が――焦点になっていた。

そうした中で、**戦後混乱期的なものと結びついた「好事家的なもの」を象徴する「アングラ」は、「プロレタリア」的なものへと意味を転じる**。さまざまなメディアにおいて、「都市／地方」［上層／下層］コードに基づいた〈疎外〉図式が機能し始める。「建前」と「本音」が共存するモダニズムの空間――大正的なもの――は、本質的な意味で「昭和的なもの」への移行を遂げたのである。

ブルーフィルムから、左翼系ピンク映画へ

こうした変化と連動するように、性表現は、ブルーフィルムから左翼的な劇場公開映画へと舞台を移動し、当局との攻防も政治的色彩を帯び始める。59年公開のルイ・マル『恋人たち』が東京税関でカット、国会で論議になる。60年代に入ると、61年、ナチスの残虐を描いた『夜と霧』が税関で56秒間のカットを命じられ、物議を醸す。5社(6社)体制への反発から独立プロが林立、その一部はピンク映画プロダクション(通称エロダクション)へと流れる。

こうして62年、最初のピンク映画『肉体の市場』(小林悟監督)が公開され、ただちに警視庁からのクレームで自主カットと相成った。以降ピンク映画の製作本数は、年3倍ペースで推移する(63年・20本、64年・60本、65年・200本)。こうした大ヒットの牽引役となったのが、武智鉄二監督の一連の作品『白日夢』『紅閨夢』(1964)、『黒い雪』(1965)だった。特に『黒い雪』では武智が猥褻容疑で逮捕され、マスコミで「猥褻か、芸術か」論争が取り沙汰される。(9)

この映画[黒い雪]は基地の町の性風景の荒廃を描いているのだが、その歪んだ人間関係は、アメリカ軍の占領というもっと大きく歪んだ政治的風土がもたらしたものだというテーマを打ち出している。…金網をめぐらした基地は、日本人の象徴であり、その基地の周辺に春を売るパンパンたちはアメリカの富に尻尾を振る哀れな日本人そのものである。当然の結果として、犬のように侮蔑され、非人間的な扱いをされる

——猪俣[1974:217]

そこに見いだされるのは、〔都会／地方〕〔上層／下層〕〔アメリカ／日本〕——一口で言えば〔強者／弱者〕——というコードを用いた〈疎外〉図式である。同じ頃（65年前後）には若松孝二・向井寛・山本晋也らがデビューするが、彼らは60年代後半に入ると、急速に若者——予備校生や大学生——を吸引し始め（後述）、ピンク映画の黄金時代をもたらす（ちなみにこうした過程は同時代のヤクザ映画ブームとも連動していた）。しかし60年代前半にはまだ、次代を画すはずの〔大人／若者〕コードは、上述した一連のコードの中に埋没し、独自の「積極性」を発揮するまでにいたっていない。**いずれにしてもこの時期、ビジュアル・エロスは、「左翼的概念図式」の鎧を借りつつ、曲がりなりにもオーバーグラウンド化することになったのだ。**

「健康なお色気」
というウソ

こうした性表現のオーバーグラウンド化には、58年の売春防止法施行、59年の赤線の廃止などによって、男性の性欲処理が買春による「直接処理」からメディアを通じた「間接処理」へと移行せざるを得なかった事情も、一役買っている。そのことは雑誌における「ピンナップガール」の登場によっても象徴されている。**そこには、確立したばかりの「戦後市民社会」におけるメジャーな性の扱い——「左翼的概念図式」とはまた別のやはり一種の「概念」——を見ることができる。**

　用紙の逼迫がそれほどでもなくなった51年の第一次週刊誌ブームを経て、神武景気の続く56年には第二次週刊誌ブームが訪れる。これらの雑誌のグラビアを、しばしばピンナップが飾った。アメリカにおいてピンナップが大々的に登場するのは第一次大戦後であり、20年代のガーリー・

マガジンを経て、33年には『エスクワイア』が登場。新人女優の宣伝材料として修正技巧を凝らしたピンナップを掲載した。修正技師からはイラストレーターのジョージ・ペティーが現れ、第二次大戦の出征兵士向けに『エスクワイア』が掲載したアルベルト・ヴァルガスのセクシーイラストとともに、当時の米軍爆撃機の頭部を飾る。こうして根づいたピンナップカルチャーの延長上に、53年ヒュー・ヘフナーが『プレイボーイ』創刊。素人モデルの「プレイメイト」導入（55年）により、50万部を突破する――。

しかし同時代の日本では、こうしたピンナップカルチャーはそのままでは流通できなかった。素人モデルはおろか、女優の水着姿の「セクシー・ポーズ」以上のものが掲載されることはなく、またそれにさえ「健康なお色気」という欺瞞的なラベルが用いられた。「健康さ」「天真爛漫さ」**「恥じらい」といったラベルが象徴するのは、他者（男）の視線の前にはセクシーな存在として現れているのに、本人には「自分はセクシーだ」という自己意識が存在しないという、ありそうもない非対称性である。**確立した、「戦後市民社会」の通常的なコミュニケーションが、とりわけ「期待される女性像」において、「戦中・戦前的なもの」を――近代家父長制的なものを――そのまま引きずっていたことが分かる。

「若者的なもの」のコード化不全

ところで55年といえば、石原慎太郎『太陽の季節』に湘南の別荘で一夏を過ごす無軌道な若者たちの姿が描かれた年でもあり、翌年にはこれが長門裕之の主演で映画化されて「太陽族」なる流行語も生まれた[10]。同じ頃に劇場公開されたポーランド映画『灰とダイヤモンド』（1958）は「政治青年の方向の定まらない苛立ち」

を描いて、人々に鮮烈な印象を与えた。つまり、この頃、史上初めて〈若者〉が誕生したのである。

そこに見られる「暴走する若者」「無軌道な若者」といった形象は、当時の〈若者〉が、まず〈大人〉〈世間〉に対する「否定性」として把握されたことを物語っている。「暴走」するのは昭和10年前後生まれの「疎開世代」だったが、終戦直後の「墨塗り」における大人世代の豹変ぶりを目の当たりにした彼らならではのコミュニケーションだったと言えよう。しかしながら、**確かにこうして「大人／若者」というコミュニケーション・コードが誕生したが、たとえば「ペニスで障子を突き破る」といった類の描写**（『太陽の季節』）**も、大人が期待する「若者らしさ」に対する「否定性」という域を出ず、結局は「〈若者〉らしい性」の新しい積極的な範型が提示されるまでにいたらなかった。**

なるほど、57年にはロックンロール・ブームが輸入され、58年にはロカビリーが大流行する。これらも「大人／若者」コードの成立を前提にしていたが、やはり「若者らしさ＝カッコよさ」という域を越えなかった（第2章第1節参照）。そこにあるのは「ロックンロールで歌えば、若い女がしびれるぜ！」といった類の、きわめて単純なコミュニケーションに過ぎなかったのである。その意味で、**性的コミュニケーションに関して言えば、この時代には〈若者〉の誕生はいまだしであった。**こうした状況は、60年代半ばを過ぎるまで継続する。

階層コードから世代コードへ：1964〜72年

「消費する若者」の出現とシンボリズムの二重性

こうして50年代半ばに浮上した「暴走する若者」「無軌道な若者」は、50年代末には単なる「日活映画」的な素材へと陳腐化する。それを追いかけるように、**60年安保の頃から「物分かりのいい大人」が出現。「暴走」や「錯乱」の否定性は、無害なものへと馴致されてしまう。**たとえば、60年代前半にブームになった石坂洋次郎や富島健夫の「ジュニア小説」には「青春の過ち」という表象が持ち込まれ、「若い頃には誰もが一度は…」といった形容が、「理由なき反抗」や「無軌道な青春」の先鋭さを中和していた。こうしたメディアに接触したのは、当時思春期を迎えつつあった団塊世代だったが、数年後の「母親的なものへの反抗＝物分かりのいい大人への反抗」の伏線が、既にここに見いだせる。

ところで、「団塊世代」よりも上で「疎開世代」よりも下の昭和10年代後半生まれの世代が「若者」を代表する時期——それが60年代半ばだ。彼らは終戦時にまだ物心がついておらず、「戦中」を知らない初めての世代だった。その意味では彼らをこそ、本質的な意味での「戦後派第一世代」と呼べるだろう。彼らは「疎開世代」と「団塊世代」に挟まれた——したがって60年安保には若すぎ、70年安保には年長すぎた——「空白の世代」であり、一見したところ何も「文化遺産」を残していない。しかしながら実は、**60年代半ばに20歳代を迎えるこの世代こそが、アイビールックやミニスカートを立ち上げた。**すなわちこの時期、**一種脳天気とも言える「消費する若者」が出現したのである。**

それまでの若者の服は、大人向けと同じデザインの中での「派手目の色柄もの」といった程度であり、学生なら日常生活全般で学生服を着ているのが当たり前だった。不良っぽさを演出したい場合には、衿のホックを外し、帽子をアミダにかぶる。女子ならば、セーラー服のスカーフの結び目を変える。つまり着こなしの工夫によって「らしさ」を演出していた。ところがそこに、まったく純粋な若者向けアイテムとして、64年に「アイビールック」が流行。アイビーは単なる服装を越えて、ライフスタイルや精神論まで含めた流行現象となった。ここに初めて、単なる「否定性」を越えた「若者らしさ」という範型のポジティブな打ち出しが図られた。これらは、〈疎外〉図式に回収できない「肯定性」であるという意味で、今日的なものの萌芽だったとも言えよう。

しかし、にもかかわらず、この「空白の世代」においては、「若者らしさ」のシンボリズムは不安定だった。「若者らしさ」が未だに両義的だったのだ。この両義性は、とりわけ性的コミュニケーションをめぐって現れた。それを理解するのに絶好の材料が、映画『若大将』シリーズ（61～71年）である。「空白の世代」ど真ん中の加山雄三が慶応大生を思わせるさわやかな大学生を演ずるこの映画の見どころは、この主人公「若大将」と脇役「青大将」の対比だ。アイビー・アイテムで身を固め、外車を乗り回す、女たらしの社長御曹司「青大将」。これが当時の若者的なものの「最先端」を表象していたとすれば、「明るく強く正しい」スポーツマンの「若大将」は、戦前から引き継がれた古典的な若者像（第３章第１節）の表象だった。その「若大将」が、女をナンパする「青大将」を、《やめろよ青大将、ぼくらは大学生じゃないか》（！）と諫める

（『アルプスの若大将』66年）。しかし、その「若大将」がアイビーを身につけ、エレキを引きながら歌う――。

ここには、明らかに、シンボリズムの混乱が見られる。「清く正しい」のが若者らしさか、「お洒落で奔放」なのが若者らしさか。この対立は、その後の「60年代的サブカルチャー」における「社会正義と性欲の統合」にいたるまで、尾を引くことになる。ところで、「若大将映画」では、女の子は後者（青大将）に引かれつつも、結局は前者（若大将）に軍配を挙げる。しかし、歴史は後者（青大将）に軍配を挙げた。それが明らかになるのは70年代になってからだが、歴史的に見ればこの映画の「主役」は「青大将」だった、ということになる。ちなみに、この映画において、「女性が若大将に軍配を挙げる」という振る舞いにリアリティを与えていたのは、50年代後半からなおも引き続いて「健康なお色気」という形象を可能にしていた、「女性に対する家父長制的な期待」（前述）だった。その意味で、前時代的な「女性への役割期待」の継続が、いったんは産み出されたシンボリズムの「離陸」の、障害になっていたとも見られよう。

〈相互浸透〉に支えられた「奔放さ」へ

〈若者〉的なものが誕生しながらも、〈若者〉独自の性的コミュニケーションのコードが不在のままという状況は、「若大将映画」にだけ現れたわけではない。たとえば64年には、週刊誌メディアにも初めて〈若者〉向けが登場する。『平凡パンチ』創刊である。創刊号の表紙には、確かにアイビールックの若者たちの群像が描かれている。だが、表紙をめくってみると、私たちが期待するような露出のあるピンナップ写真はごくわずかであることに気づく。アン・マーグレットの顔だけのポートレートと、大竹省二撮影の金髪女性のごくおとなしいヌードとの二葉。それに加賀まりこの仕事場や街でのスナップショットが数頁掲載されているだけ。こうした雰囲気は、この後もしばらくは続く。**ここには、「エロは下品」という前代の「階層コード」が完全に持ち越されているのが見て取れる。「左翼的概念図式」によって下層と上層の価値逆転を図るのでない限り（前述）、エロをオーバーグラウンド化することは困難だったのだ。**

当時、エロ雑誌は、ザラ紙に活字中心の実話雑誌、グラビア印刷のヌード写真誌、週刊誌スタイルの、ヌードと実話とエロ劇画が入ったエロ総合誌、SM専門誌、フクロモノの、六つに大別されていた。そして、そのすべてが想定している読者は、ドカタだったのである。

——末井［1982→1984：59］

こうした両義性が急速に解体するのは、67年頃のことだ。65年に初めて登場したミニスカートは、この年になって大ブームとなり、サイケデリック・アート、フラワー・ムーブメントが輸入される。「学費値上げ」をめぐり、「ベトナム反戦」をめぐり、「佐藤訪米」をめぐり、「沖縄返還」をめぐり、学校で、家庭で、〈大人〉と〈若者〉は具体的な対立課題を共有し始める。政治に関心はなくても、若い工員と職長の間で、BGと課長の間で、それぞれの対立が見られた。こうして、〈大人〉とは異なる独自の文化を享受していることが〈若者〉らしさだ、とする観念が上昇。「秩序破壊」「新しい芸術」「既成観念の打破」といった「〈若者〉らしい概念」の中で、エロやヌードが正当化され始める。

こうした変化を象徴するのが、たとえば当時のピンク映画における若松孝二ブームである。〈疎外〉と結合した女体のアレゴリー化という手法が、武智鉄二において既に利用されていたことは述べた。だが、武智のシンボリズムが［アメリカ／日本］［本土／沖縄］といった具体的な［強者／弱者］関係だったのに対し、若松においては、女体と〈母性〉との抽象的な等置が行われている。そこには〈母性〉的なものへの反発と愛着のアンビバレンツが見いだされる。主人公はしばしば予備校生や大学生であり、観客もまた、現実にやり場のないイライラを抱えた予備校生や大学生たちだった[11]。ちなみに、80年代後半以降に上昇する『ヤングサンデー』的なもの——予備校生もの——のルーツを、ここに見つけることができる。いずれにせよ、**こうしたシンボリズムの転換によって、ピンク映画は「ドカタのもの」（階層コード）から「若者のもの」（世代コード）へと転換し、黄金時代を迎えることになったのである。**

〈疎外〉図式の「階層コード」から「世代コード」への移行は、同時代の青少年マンガのコミュニケーションにも見いだされた（第3章第1節）。また、**若松映画の享受をめぐっては、「彼だけが〈我々〉を分かってくれる」という最初の〈相互浸透〉が見られたが、**これもその直後のアングラフォークやそれ以降の音楽コミュニケーションと共振するコミュニケーション形式だった（第2章第1節）。奇妙なことに、ピンク映画やロマンポルノに出演する女優たち（白川和子や田中真理ら）までもが〈相互浸透〉の対象となった。女優側の出演動機が「手っとり早く女優になれる」「金のため」ということであっても、享受する側からは「我々の同志」といった片思い的な連帯表明がなされたのである――たまにオッチョコチョイの女優（田中真理など）が両思いコールをすることもあったが――。全共闘系の男たちの間では、どの女優は革マル的で、どれは中核的だ、などという議論がなされたりもした。

　こうした〈相互浸透〉に支えられるかたちで、ヌードに対して「奔放に脱ぐ」という形容が与えられ始める。これは、それまでの「天真爛漫に」とか「恥じらいながら」といった形容に代わるものだ。すなわち、**「健康なお色気」という観念は、「解放としてのエロス」という観念――やはり観念であることに注目――に代替されたのである。**こうした「60年代的サブカルチャー」の文脈の中で、加納典明や篠山紀信らといった今日の人気写真家がデビューするが、結局のところ当時のヌードは、「観念としての裸」「観念としての女」に過ぎなかったのである（次節）。

　こうした「エロ」と「解放的関心」との結合、それが「ポルノ」だった。言い換えれば「ポルノ」という概念は、「60年代的サブカルチャー」に独特の「世代的な観念（解放！）」を保護膜としつつ、エロから「階層コード」が脱落することによって成立した。したがって「ポルノ」の成立には、「社会」ないし〈若者〉という観念が不可欠である。69年にはスウェーデンとデンマークで「ポルノ解禁」となり、日本では71年の『私は好奇心の強い女』以降、洋画ポルノ攻勢が始まる。この頃、「㊙レポート」シリーズを始めとする「学術ポルノ」シリーズがヒットするが、このブームは「性の直視＝社会への関心」というロマンが信じられた時代を、いくぶん滑稽なかたちで象徴している。いずれにせよ、**こうした「解放的関心」「社会的関心」といった「60年代的サブカルチャー」のシェルターに護られるかたちで「エロのオーバーグラウンド化」が新たに**

担保され、[12]「〈若者〉らしい性」の上昇が可能になった——ただし男性側にとって——ということだ。実はこのことが、70年代以降の性的コミュニケーションの展開に大きな影を落とすことになるのである。

「不潔だわ!」の意味するもの
【性への関心の逆説的表現】

ところで、映画や写真といったこれらのメディアも、そこに提示された「観念」も、明らかに男性優位だった。同時代の若い女の子向けのメディアはどうだったのか。この点について見ておこう。

当時のハイティーン向け女性雑誌『セブンティーン』には、いくつかの象徴的な動きが見いだされる。創刊号(68年6月11日号)の目次は次のようなものだ。

合格すればぼくの奥様になれるよ(タイガース特集)
この愛の十字架(わたなべまさこ)
友情なんて…もう何も信じない(読者実話)
若い人の交際(石坂洋次郎)

しかし、その数号後には「若者を子供扱いしている」という読者の批判が投稿され、石坂洋次郎的な「愛というもの」「友情というもの」(第1章第1節)は創刊号だけで打ち止めになってしまう。「ジュニア小説」的な「大人から見た〈若者〉らしさ」に対して、強烈な反発が起こったのだ。同時代の「60年代的サブカルチャー」における「母親的なもの」(キャラメル・ママ!)への反発」とも、軌を一にした動きだった。

　確かに、68年から71年頃までの『セブンティーン』に共通するキーワードは、「真剣な愛」である。しかしそれを担うのは、石坂洋次郎的な「物分かりのいい大人」の御託宣ではなく、同世代の作者によるストーリー・マンガだった。そこには、同世代内部でしか支えられない性愛に関するコミュニケーションが見いだされる。明らかに「世代コード」によって支えられた「〈若者〉らしい性」が上昇しているのだ。**しかし、コミュニケーションの具体的な内容を見ると、意外なことにきわめて強烈な「性の否定の身振り」によって覆い尽くされている。**「好きだった男の子があんなにエッチだったなんて、もうイヤ！」云々。一見したところ、同時代のサブカルチャーとも、「性＝愛＝結婚」の三位一体の主張とも、ほど遠いのだ。ちなみに、『セブンティーン』誌での「高校生妊娠もの」の上昇は、72年以降まで待たなければならなかった。

　同時代の日本映画でも青春テレビドラマでも、若い女性が、男性に「不潔だわ！」としばしば叫んだ。それは、彼女たちが、男性の性的な視線を目ざとく発見したときに、すかさず投げかけられるものだ。その意味は何だろう。大事なことは、これを戦中・戦前的な家父長制規範――清く正しく美しく――の単なる継続と見るわけにはいかないということだ。50年代半ばから60年代半ばの「若大将映画」の時代まで引き継がれた「健康なお色気」は、確かにそうした戦中・戦前的なものだった。そこに見いだされるのは、性的な視点に晒されながらも本人に自己意識が存在しないという、ありそうもない構図だ。しかし、上述の過剰な否定の身振りに見いだされるのは、その反対物である。それが表示しているのは、**性的な視線への過剰な敏感さ**なのだ。

意味に関するシステム理論は、否定された項目は、否定の意識が強ければ強いほど、意識地平における自らの存在を主張してしまう、という事実を明らかにしてくれる。そこには〝否定が関心を呼び、関心が否定を呼ぶ〟という自己強化的循環が見いだされる。その結果、皮肉なことに〝関心も、最初の一歩は否定から〟ということが生じ得る。むろん、これを「イヤよイヤよもスキのうち」という通俗的な観念と混同してはならない。そうではなく、「強い否定」が積極的関心への第一歩を記しうること、ならびに、強い関心なくしては「強い否定」もありえないという論理関係だけが、問題なのだ。実際、この「強い否定」の時代の直後には、まるで逆さまに、性に関する「強い肯定」(愛があれば許される――高校生妊娠もの!)が接続されるのである。

世代コードから個人コードへ:1973年~76年
世代コードの崩壊と、性の全方位化

「60年代的サブカルチャー」を特徴づけた「世代コード」――「大人/若者」という対立――は、若者というだけで〈疎外〉とそれからの〈解放〉が期待されるようなコミュニケーション文脈を用意し、そうした「解放的関心」をシェルターとして、エロが正当化されてポルノとなったことを述べた。ところが、70年代に入るや、こうした文脈が音を立てるように急速に陳腐化し始める。この時期は「シラケの時代」と呼ばれているが、これは「世代コード」が失効したがゆえの「空白の時代」だと見ることができる。この時期を経て、メディアに見られる性的コミュニケーションも、〈我々〉から〈私〉へと「個人化」を遂げる。しかしこの移行は、一足飛びに行われたわけではなかった。この間の

いささか複合的な事情を示すのが、「アイドルの系譜」である。この時期の若者向けの雑誌を見ると、「かわいい」要素を持ったモデルのピンナップが急増している。具体的には、［酒井和歌子→岡崎友紀→天地真理］という系列である。

「かわいい」という言葉がメディアに反復され始める年代は、正確に特定できる。63年5月「母と娘の情操教育雑誌」として創刊された『週刊マーガレット』の、付録の広告コピー（第1章第2節）あたりから急浮上しているのである。**そこに見られるのは「かわいい」＝「皆に愛される」という「戦後民主主義的な理想」であり、「物分かりのいい大人は、誰からも愛される子供を育てる」というこの時期の「団地の母娘」イメージだ**[13]。この当時小学生だった少女たちがハイティーンになる頃に読まれたのが『セブンティーン』。そして同じ頃に流行したのが岡崎友紀主演のTVドラマ『おくさまは18歳』（1970）だった。そこで、身体的に成熟したハイティーンに初めて「かわいい」が用いられる（第1章第2節）。この直前までは、そうした使われ方はあり得なかった。たとえば、酒井和歌子は、不正を働く街の顔役や陰険な教頭という「敵」と渡り合う「我らがマドンナ」という役どころを演じていた。そこには［大人＝不純／若者＝純粋］というコード化が明瞭に見てとれるし、前述した「不潔だわ！」も頻出するが、「かわいい」がうまくはまる文脈もセリフもないのである。

　こうした状況が60年代末期には急速に変化し、岡崎友紀の登場となる。『おくさまは18歳』は、教師と女子高生との結婚生活をモチーフとした「幼な妻」ものだ。まわりは幸せな結婚生活を脅かす「敵」だらけ。それと正面きって戦うというよりは、知恵と機転で切り抜けるという、穏やかな設定だった。ここで注目されるのは、「かわいい」概念の新たな展開である。そこでは「かわいい」という概念が、単なる子供に対する形容詞ではなく、「子供のままで性的になること」を——「大人だけれど〈大人〉じゃない＝〈若者〉である」ことを——表示する「60年代的サブカルチャー」流のシンボルとなっている。［大人／若者］という対立コードと「現実に成熟する身体」とが交叉するところに成立した、ティーンエイジャーのシンボル。それがここでの「かわいい」なのだ。

しかし、ここで前提になっていた対立コードは、70年代に入ると急速に陳腐化する。その頃『時間ですよ！』(1970) でデビューしたのが、「かわいい」天地真理である。たわいもない内容の楽曲と素人並の歌唱力がウリの、この最初の歌謡アイドルは、もはや誰とも敵対しない「みんなの真理ちゃん」として親しまれた。彼女の「かわいい」には、既に「60年代的サブカルチャー」の文脈はまったく見いだせなくなっている。結局、60年代半ばには子どもにだけ適用された「皆に好かれる」という意味での「かわいい」は、60年代末期には「60年代的サブカルチャー」の文脈の助けを借りて「成熟した性的身体」に適用可能になり、70年代に入ってこの文脈が脱落した後は、「成熟した性的身体」に適用可能でありつつ「全方位的」で文脈自由な「皆に好かれる」へと、進化を遂げたのだ。ここには、性的コミュニケーションからの「世代コード」の脱落と、それに基づく「全方位性」の獲得の経路が見いだせる。

全方位性を支えるコードの未熟

【「冒険ショット」】

71年に始まる日活ロマンポルノにおいても、白川和子、片桐夕子、田中真理らとは異質な、「60年代的サブカルチャー」のイメージとは無縁な「かわいい」女優たちの系譜が生まれる。原悦子、寺島まゆみ、美保純らだが、彼女たちの全方位性は、ロマンポルノと並行して、あるいは引退後に、別のエリアで活動できたことにも示されている。しかし、少し考えれば分かるように、**「性的身体」であることと「皆に愛される」こととは本来無関係であるばかりか、現実の性的コミュニケーションの私秘性に鑑みれば、この両者の結合はありそうにない。**実際、その結合は、「空白の時代」であるがゆえに成立しえた、きわめて不安定なものだった。しかし、ここに束の間に獲得された「全方位性」が、性的身体に関わる新たなコミュニケーションの出発点を提供し、これこそが70年代半ば以降の性的コミュニケーションの急速な「個別化」への前提を供給したのである。

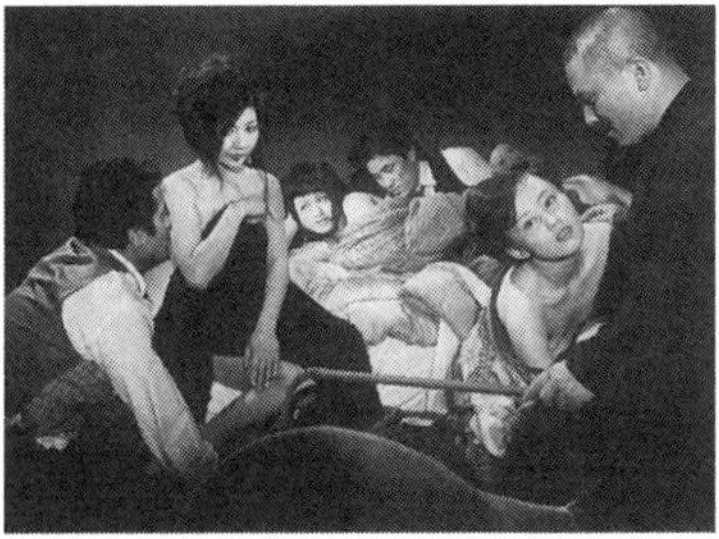

(©日活)

にっかつロマンポルノ『女地獄・森は濡れた』(73年)。警視庁による映倫への再審査の申し入れから映倫審査員の辞任問題に発展した。

　この時期の性的コミュニケーションの「不安定さ」を象徴したのが、男性誌のピンナップに見られた「冒険ショット」だった。そこでは「かわいい」歌謡アイドルたちが、かつての映画女優のように「天真爛漫に」あるいは「恥じらいながら」水着姿で登場している。しかし「健康なお色気」の類の

「冒険」「恥じらい」などといったキャプションつきの70年代半ばのピンナップ群の一つ。同じ雑誌に日活女優の「奔放ヌード」も掲載され、まさに過渡期を思わせる『週刊プレイボーイ』76年6月29日号・集英社。

カムフラージュは既に見られず、また「抵抗としての裸」「奔放な脱ぎっぷり」といった類のサブカルチャー的な正当化もない。**そこに見いだされるのは、「皆に好かれるカワイイ範囲内であれば〝冒険〟が許容される」という新しいコミュニケーション形式である。**

「冒険」という言葉やそこに示された恥じらいは、性的なプレゼンテーションを、「日常性」の敷居を越える振る舞いとして――ある種の「非日常性」として――意識していることのシンボルである。この幾分かの「非日常性」を、「皆が許す」ことによってようやく「日常性」の側に回収するという所作。これが「冒険ショット」というパッケージが意味するコミュニケーションである。しかし「皆が許す」というのはコードではない。すなわち、皆が何をどこまで許すのかは、単なる事実性の問題でしかない。その意味で「冒険ショット」は、同時代の「性的身体の全方位性」と同じく、コードなき「空白の時代」に成立した徒花だった。

「隣の女の子」登場
【篠山紀信「激写」】

ところが70年代後半に入ると、性的コミュニケーションの「日常性」への回収をより安定したかたちで達成するツールが、いくつか開発され始める。画期的だったのが、篠山紀信の「激写」における、素人モデルの「美少女シリーズ」である。篠山の「激写」が雑誌『GORO』に登場するのが75年。初回のモデルは山口百恵（5月創刊1周年記念号）だが、少し後の号から素人モデルの起用が始まる。特に同年第15号（8月14日号）の「青い性の少女たち」ではローティーンも登場し、翌年の派遣プロダクションの摘発もあって話題をまいた。編集者自身は、このシリーズを「素人少女の記念写真」というコンセプトだったと回想している（88年6月13日号）。

確かにそれは、日本で最初の Next Door's Girl Nude だった。Next Door's Girl Nude とは、『エスクワイア』出身のヒュー・ヘフナーが53年に創刊した『プレイボーイ』の売物企画で、Playmate of the month と題された素人モデルのヌードのことだ。これは「良識人が眉をひそめる」アメリカン・ピンナップ・カルチャーの伝統上に位置したが、日本での最初の Next Door's Girl Nude は、これとはまったくの別物だった。モデルたちはおおむね「子供顔」の女の子で、歌手でもタレントでもなく、「激写」で初めて見る、しかし「どこにでもいる女の子たち」だった。山間の温泉宿や海辺の古い洋館で、自然光の中、着ているものを「たまたま」脱いでしまったようなシーン――。五年前の『ａｎ・ａｎ』ないし「ディスカバー・ジャパン」に通じる古い日本家屋や手作りの白木の家具が登場したのも示唆的だが、それは「60年代的サブカルチャー」の「奔放な女」とは異なった、ナチュラル感覚のピンナップだった。

ここには、メディアにおける性的コミュニケーションという観点から見て、特筆するべきいくつかの重要な変化が生じている。「美しかった頃の私の記念に」というコンセプトは、大竹省二の頃からあった言い訳だから、それはいい。問題なのは「隣の女の子」に見いだされるシンボリズムの変化だ。そこには、ふとした仕草と一瞬の表情、すなわち女の子自身が意識できない「不意の表出」が、写し取られている。**彼女たちは「無防備」で「受動的」な——その意味で「少女的」な——存在として現れているのだ。**小鳥も、犬も、猫も、そして「少女」も、自らは語り出さぬ「受動的存在」だが、篠山の「美少女たち」もまた、そのようなファム・オブジェ（客体としての女）として現れているのである。彼はもともと女体を「無機的なオブジェ」として描くことを得意とした写真家であり、「激写」においても外国人モデルを起用する際にはそうした方法が採られているが、それにもかかわらず、双方にはファム・オブジェとしての共通の特徴が見られるのだ。

ファム・オブジェ——それはむろん「観念」の中にしかありえない存在である。無防備さによって象徴される受動性は、「隣の女の子」を一種のきわめて無害な「観念」へと仕立て上げる。その無害さが、本家本元の Next Door's Girl Nude とは、あまりにも決定的な対照を見せる。それは、「当惑と顰蹙」よりもむしろ、有害さを脱色された過去の記憶のような「回想と共感」を誘うものでしかない。実は、**このような「隣の女の子」の「観念性」に保護されるかたちで、「隣の真理ちゃん＝みんなの真理ちゃん」**（天地真理）**の全方位性から「隣のくみちゃん＝僕だけのくみちゃん」**（美少女シリーズ最大のアイドル村山くみ子）**の個別性への移行が、なされたのである。**

かくして、「60年代的サブカルチャー」流の観念によって保護された「我々の○○」は、世代コードの脱落によって束の間に生じた「みんなの○○」を経て、「隣の女の子」という観念の無害さによって保護された「僕だけの○○」へと変異を遂げた。そこには、メディアの性的コミュニケーションにおいて、世代コードが個人コードへと代替されていくプロセスが、如実に表示されている。すなわち「個別化」が伴うはずの〈関係の偶発性〉（第3章第2節、第3節）は、「隣の女の子」という、「観念」に対する固有の加工によって吸収されたのであり、そのことによって、初めて性的コミュニケーションの「個別化」が可能になったということである。

「個別化」が伴うはずの偶発性の吸収は、そもそも「隣の女の子」という観念それ自体によっても図られているといえよう。「隣の女の子」は、昔からそこにいるよく見知った非偶発的な存在だ。この非偶発性が、関係の私性＝個別性にもかかわらず――もはや「60年代的サブカルチャー」に由来する概念シェルターを使えなくても――、コミュニケーションの危険を切り下げる働きをする。実はこの「隣の女の子」という観念こそが、関係の「個別化」＝「私化」がもたらすリスクを吸収する装置として機能したのである。**篠山紀信の「美少女シリーズ」は、当時上昇しつつあったこの無害な「観念」に、ビジュアルな実質を与えたものだと言っていい。**これは、「ポスト・60年代的サブカルチャー」時代における新たなる「絵空事」にほかならなかった。

こうした「絵空事」とは対照的に、「美少女シリーズ」が登場して少し後の77年頃から、「美少女シリーズ」の継続とも並行するかたちで、男性メディアや女性メディアの中に、性的コミュニケーションの個別化がもたらす偶発性を、そのまま取り込むものが現れ始める。すなわち、少女マンガ（吉田まゆみ）や青少年マンガ（柳沢きみお）に見いだされる、第3章第2節で詳しく紹介したような展開である――ただし、メディアに取り込まれた〈関係の偶発性〉が危険なものだったがゆえに、結局は80年代に入って「無害化」へと向かう動きが急となったことも指摘しておいた――。**メディアにおける性的コミュニケーションの観点から見てとりわけ重要なのは、マンガにおけるこうした偶発性の取り込みの動きを追いかけるかのように、篠山紀信的な「無害な観念性」としてのエロスの対極に、酷薄な〈関係の偶発性〉の淵に浮かび上がる危険なエロスが上昇を開始したことである。**これは次節で詳しく扱う。

男性メディア／女性メディアの差異が意味するもの

既に述べたように、60年代の女性メディアを見る限り、男性メディアのような、「60年代的サブカルチャー」流の「解放的関心」をシェルターとした「性の上昇」は見られない。「性の上昇」が女性メディアを襲うのは、ようやく70年代に入ってからのことである。70年11月、日本で最初のウーマン・リブ大会が開かれ、5000人の参加者を集めるが、この場で「女性の性欲」についての積極的かつ肯定的な問題提起がなされて注目を集め、これが70年代半ばの中絶禁止反対＋ピル解禁運動（中ピ連）へとつながっていく。こうした動きと共振し合うかのように、70年代前半から中頃にかけての女性メディアにおいては、男性サブカルチャーを追いかけるかのように、性的なものが一挙に上昇する。『微笑』を始めとする一部の女性誌には、男性誌顔負けの「下ネタもの」が氾濫。『セブンティーン』には、レイプを始めとする「異常な性」が頻出し、しばしばそれが現実の生態として扱われた。**こうした一連のメディアの動きは、明らかに、女性の側のいわば「遅れてきたサブカルチャー」だった。**だから、この時期の女性の「性解放」に向けた一連の動きが、後に「性解放＝男性化」として批判されるにいたったのは、歴史的展開から見れば故なきことではない。

ところが77年頃になると、女性メディアにおいても、性的なものがようやく「個人コード」との結びつきを強めるようになる。**これは、73年以降の乙女ちっくに始まった〈世界解釈〉の個人化（第1章第1節）が、77年頃から急速に性を明示的な主題として取り込み始め、先に述べた「遅れてきたサブカルチャー」としての性を駆逐していく、というかたちで進行した。**たとえば、この頃の少女マンガは「過剰に性的」な存在としての男の子を、理解できない〈他者〉として描いているが、そこにはもはや「不潔だわ！」はない。かわりにあるのは、「愛さえあればうまくいく」という類の神話がもはや通用しないという現実に対応した、「セックスっていったい何？」という真剣な探究だった。そうした方向に沿って、『an・an』や『クロワッサン』などの女性雑誌にも、セックス特集が大々的に組まれるようになる。

こうして比較してみると、男性メディアのほうが「性の上昇」は早いが〈世界解釈〉の個人化は遅れ、女性メディアのほうが「性の上昇」は遅いが〈世界解釈〉の個人化は早い、という違いがあることが分かる。一方には、男性メディアにおける「サブカルチャーとしての性」を、70年代にいたってようやく女性メディアが追いかけ始めるというズレがあり、他方には、女性メディアにおける〈世界解釈〉の個人化を象徴する『an・an』的な大道具・小道具を、70年代半ばにいたってようやく「激写」が取り込むというもう一つのズレがある。このことは、性の上昇が必ずしも関係意識の上昇とリンクしないことを示唆していて、興味深い。実際、**男性メディアにおいては、短絡的で安全な「観念」――「虐げられた沖縄」から「奔放な女」そして「隣の女の**

子」へ――がいち早く「性の上昇」を支援したのに対して、女性メディアにおいては、上昇した関係意識こそが「性の上昇」を刺激・触媒したのである。こうした出発点の違いが、70年代末期以降も「性をめぐる男女の関係意識の著しいギャップ」として持ち越され、80年代になると、後述するようなさまざまな問題を生み出すことになった。

(1)朝山新一［1957］など。

(2)「違法なものには手を出さない」という「建前」を貫徹しようとして結局は餓死してしまった一判事の話が、語り草になった時代である。

(3)同じ幾野道子主演『ニコニコ大会　追ひつ追はれつ』に接吻シーンがあり、それが『はたちの青春』の4カ月前だという説が今日では有力である。

(4)〝良家子女の売春問題の深刻化に対処するため〟47年3月文部省は「純潔教育の実施について」という通達を出す。これが宮台らの世代が高校生の時分にはまだ残っていて「お笑い草」になっていた。他方堕胎に対しては、47年9月、優性保護法が施行される。進駐軍相手の売春婦と貧困主婦がその救済対象だった。

(5)象徴的なのが、この年の雑誌に掲載された関連記事の件数である。『大宅壮一文庫総目録』によれば、「セックス・ポルノ産業」5項目、「ブルーフィルム・ポルノビデオ」1項目に対して、「売春」91項目、「芸者」96項目という割合になっている。

(6)《アメリカの占領政策は、婦人解放プログラムの一つとして、日本の古い公娼制度を廃止した。しかし売春婦と売春制度はこれを残したのである。むしろ逆にアメリカの将兵こそ国際的な需要者であり、情熱的な利用者であった。彼らの露骨な性行動は…青少年をスポイルした。キャンプ周辺の集団売春は、新しい遊廓の出現に他ならない。…公娼制度が廃止されたとき、日本の売春業者は三つの約束をした。1、女に前借をかけないこと。2、女をサクシュしないこと。3、人身を拘束しないこと。…［業者は］女から部屋代と食費しかうけとっていない、という宣伝をくりかえしてきた。…しかし現実はどうか。玉割といって、折半または四分六の歩合制度によるサクシュが行われている。前借の復活は公然の秘密である。人身売買その他の人権侵害事件が、たえず赤線区域の中で発生している。それでいて警察は、外娼を追い回すだけで、赤線区域内の売春には決して手入れをしない》（神崎［1954］）

(7)さらにいうならば、当局による「猥褻」の摘発が、摘発物の「猥褻度」から判断する限りでアドホックに見えるということの背景には――もちろん担当スタッフの恣意が大きいが、そうした恣意自体が許容されていることの背景には――こうした文脈がある。

(8)49年6月創刊『夫婦生活』は、50年1月に35万部発行を記録。『中央公論』が8万部だった時代である（山岡［1975］）

(9)武智鉄二監督『黒い雪』（1965）の摘発は映倫自主規制にゲタを預けるかたちで不起訴に終わるが、映倫はこのことで当局に借りを作り、後々まで問題を引きずることになった。

(10)長門裕之・南田洋子主演『太陽の季節』（1956）はPTA・教育者・当局らの非難を浴びたが、日活と大映はこの後もセンセーショナリズム路線を継承し、高い興収をあげた。

(11)たとえば、秋山未痴汚・桜井ミミ主演『ゆけゆけ二度目の処女』（1969）は大学紛争の盛りに封切られ、左翼論客を巻き込む「風景論争」の出発点となった。しかしその「左翼」とは四トロ（松田政男）や赤軍系（足立正生）であり、一昔前の「左翼＝労働者的」という図式はもはや通用しなくなっている。脚本の足立（出口出名義）は後にパレスチナに出国した。宮台は中学時代に再映を見て若松・足立映画にはまった。ちなみに主演の秋山は後のスーパーエディター秋山道男である。舞台となった表参道の原宿セントラルアパート――60年代のヤクザ映画やピンク映画のロケにしばしばその不思議な屋上が使われた――は間もなく取り壊される（92年現在）。

(12)雑誌関連記事を見ると（『大宅壮一文庫総目録』）、71年を境にポルノ関連項目――「ポルノ、ビデオ」「ポルノ、猥褻」「ポルノ、ヌード」など――が急増している。

(13)前身に当たる『少女クラブ』からの流れを見ると、付録の広告の写真やイラストに描かれる部屋や母娘のイメージが、この時期「団地的なもの」に急速に移行する。お母さんの割烹着はママのエプロンに、チャブ台はテーブルに、といった具合である。

2 「都市的感受性」分析篇

戦後のカストリ雑誌から紀信「激写」まで論じた前節に続き、本節では77年以降のセックス表現の歴史を見ていく。

この時期のアラーキーの「大股開き」や盗撮・ナンパ写真などの「写真投稿」の増殖は、性的コミュニケーションのどのような変質と対応するのか。

また80年以降の「ニュー風俗」の爆発は、女性の性意識のどのような変化と結びついているのか。

さらには80年代後半から急上昇した「電話風俗」は、次代のどのような性的コミュニケーションを告げ知らせたのか。

「隣の女の子」から「行きずりナンパ」へ：1977年〜82年

アラーキー登場！

前節では、メディアに見られる性的コミュニケーションの変化を77年頃まで追尾したが、それによれば、性的コミュニケーションのコードは、戦後混乱期を経た後の**表裏コードに始まり、階層コード→世代コード→個人コードという具合に、順次代替されていく。**階層コードから世代コードへの代替は、「60年代的サブカルチャー」の概念的シェルターの下で「エロ」から階層コードが脱落して成立した「ポルノ」によって象徴されるが、70年代に入って生じた世代コードの崩壊は、「解放としての性」を空洞化し、「全方位化」のステップを経たのちに、性的コミュニケーションの「個人化」がもたらされた。だが、「個人化」がもたらし得るはずの〈関係の偶発性〉は当初、サブカルチャー的概念シェルターの「代替物」によって遮断された。すなわち「奔放な女」に代わる「隣の女の子」という無害な観念である。それを象徴したのが、75年に始まる篠山紀信の「激写」シリーズだった（前節参照）。

ところが、77年頃から新たな展開が生じる。既に述べたように、77年以降の「新人類文化」の上昇は、メディアにおける「性と舞台装置」の上昇でもあったが、これは同時に、〈関係の偶発性〉に対する先鋭な感受性の上昇を伴った。たとえば、この時期の少女マンガにも青少年マンガにも、性的コミュニケーションの個人化がもたらす酷薄な〈関係の偶発性〉が、ムキ出しで描かれ始める。そこにいたるプロセスは、①60年代後半を通じて「男性サブカルチャーの概念的シェルター」に保護されるかたちでいったん上昇した性を、②73年の乙女ちっく以降に急激に上昇する「女性たちの個人化された関係意識」が77年にいたって取り込み、③そこに増殖した「関係としての性」——解放や救済としての性でなく——を直ちに青少年マンガ側が取り込む、という順序であった（前節参照）。

ビジュアル・エロスという面でこうした変化を代表したのが、とりわけ「劇写　女優たち」以降の荒木経惟である。64年「さっちん」で太陽賞を受賞した荒木は、戦後しばらくドキュメンタリー映画を席巻したイタリアン・ネオリアリスモの直接的影響の下でアマチュア写真活動を開始。

71年には自らの新婚旅行の道程を収めた『センチメンタルな旅』により、「私小説写真家」として一躍注目を浴びるが、とりわけ爆発的な活動を示し始めるのは、70年代後半以降セルフ出版(現在の白夜書房)の末井昭の編集する雑誌上でのことだ。まず、76年創刊の『ニューセルフ』誌上に「劇写　女優たち」連載開始、その後77年創刊の『ウィークエンドスーパー』誌上での「劇写」の継続と「荒木経惟の偽ルポルタージュ」の連載開始など、ヌード写真の新境地を開拓した。そして『ピンクパンサー』『小説マガジン』『映画少年』での連載写真を経て、81年創刊の『写真時代』誌上での「少女フレンド」ほか3本同時連載によって、いわゆる「第一次アラーキーブーム」を招来することになる。

最近でも、「篠山vs荒木論争」や、篠山と競うかのようなヘア写真で話題をまく荒木であるが、後の「ゲロニャン写真」(後述)のルーツにもなる「大股開き」で衝撃をもたらした70年代末期の荒木の急上昇ぶりは、実は、直前の篠山「激写」ブームとの差異において、性的コミュニケーションの重要な文脈の変化を暗示するものだった。その変化とはいったい何か。

84年のロリコン・バッシング以降、いわゆるワレメの写った荒木の少女写真集は再刊不可能な状態がつづいている。写真は『荒木経惟の偽ルポルタージュ』(80年・白夜書房)

「激写」から「劇写」へ

『センチメンタルな旅』巻頭言における荒木の「ウソ写真批判」は、有名なマニフェストであるが、実際彼は、篠山「激写」が始まるや、直ちにこれを「ウソ写真」の典型として批判、それに対抗するかたちで「激写」パロディの「劇写」を意義づけている。

> あの商標登録の〈激写〉に登場してる女の子たちはオーディションを通過した何百人に1人とゆーコたちなのだそうだ。で、それを、より美しっぽく撮っているのである。雑誌に載った自分の写真を見て、最初はうれしがるだろうけど、くりかえし見ているうちに、きっと彼女たちは、これは私じゃないわ、とつぶやくに違いないのだ。…オレはアラーキズム。どんなにみにくい女（の子）だって〈劇写〉する…。
>
> ——荒木［1980］

「劇写」は、「激写」の見事なまでの反対物として構想されている。荒木は、篠山に見られるような「ファム・オブジェ的受動性」（少女の不意のしぐさ…）に対して「予想不可能な能動性」（大股開き！）を、「写真家の表現」に対して「被写体の表現」を、「リアリズム」に対して「リアリティ」を対置する。「非偶発的な一般概念」の梯子は、「偶発的な個別性」によって外される。**ここにあるのは、一口で言えば、関係性をめぐる［偶発性／非偶発性］の対照なのだ。**実際、荒木のエロスは、篠山のエロスの無害さに対して、その「有害さ」において著しい対照をなす。

たとえば、そうしたエロスの質が典型的に表現されているのが、前述した「少女フレンド」を始めとする、荒木の少女写真群だ。そこに描かれる少女は、小鳥や猫と同じようなファム・オブジェとしての無害な存在とは、まさに隔絶している。

座敷で帽子を目深に被ったまま、手酌で酒を飲む男と差向いに座り、横目でこちらを見ている少女…。この少女はしっかりと服を着ており、パンチラにさえなっていない。しかし、灼けたタタミ、チャブ台、カーテンで覆われている窓、そして男と少女の距離。そんなシチュエーションの一つ一つが、とてつもないエロチシズムを演出していると思うのは、僕一人ではないだろう。…他の少女ヌード写真集と違い、少女はお嬢様でもメルヘンの世界の住人でもなく、当たり前の少女のままだ。…当時の荒木氏の写真を見ていると、少女という存在は、日常的なシチュエーションの中にポツンといるだけで、時と場合によっては極端にエロチックな存在になることを、これでもか、というほど強烈にマニアに印象づけてくれる。

——斉田〔1992b：85〕

ここでマニアと呼ばれるのは「ロリータマニア」のことだが、荒木の写真は、「くりいむレモン」シリーズに耽溺するような短絡的ロリコン（第3章第3節）とは区別される諧謔的ロリータマニア——斉田石也もその一人——に、圧倒的に支持されることになる。いずれにせよ、ここで斉田は、荒木のエロスが「無害な少女性」ではなく「有害な関係性」にあることを、見事に喝破している。それは「ワレメさえ写っていれば」という短絡の反対物だ。既知でなく未知。親密でなく匿名。非偶発性でなく偶発性。**そこに見いだされるものはまさに、「都市的感受性」ないし「都市的エロス」とでも言うべきものである。**それは、街で偶然見かけた見知らぬ女をこっそり尾行するだけで得られる、その女の見知らぬ関係性自体——誰に会い、どこへ向かい、何に手を触れるのか——が醸しだす底知れぬエロスに似ている。「無害な一般概念」と「酷薄な偶発性」との差異——。この差異は、荒木自身によって鋭く自覚され、最近の「篠山vs荒木論争」においても明確に表現されている。

今、話題の篠山紀信センセイが…樋口可南子という存在が消えて、なんか時代の「女」とか、普遍的な「女」とかになっていくっていうようなことを言ってたのよ。私に言わせれば、とんでもないですよ。そんなの写真じゃない！　樋口可南子個人、個でなきゃいけない。

——荒木の発言『芸術新潮』91年5月号

みんな今まで、相手じゃなくて…大きな漠然とした概念との関係とかだったじゃない。そういうのはつまらない。…漠然としたキミらじゃなくて、キミとか、あなた。この個と個の関係性ということこそ、ものすごく大切なことなんだ。

——荒木の発言『ＰＬＡＹＢＯＹ』92年8月号

セックスするときだって、カメラ置いとくじゃない。…そうすると、終わった後の体の線というのが、ポーズつくったのよりも、もっと女体の線がきれいなんじゃないかと、ふと思ったりする。こっちが表現するんじゃなくって…撮らされているんですよ、流れに。女を撮るのだって…そういう流れに自分を溺れさせて向こうに撮らさせられる。

——同右

こうした「激写」と「劇写」の差異は、篠山と荒木の、あまりにも対照的な自覚と結びついている。

たとえば僕も荒木も、写真界ではけっこう権威なんだよ。だけど、僕たちは絶対的権威に対しては、アンチだからね。だから権威をもっている奴に対しては、ものすごくおちょくる…

——篠山の発言『文藝春秋』89年10月号

よく、前なんて、何かの解放の旗手みたいにさ、誤解されてたんだけど、とんでもありませんよ。私はちゃんと［権威の］言うことをきくほうなんだ。

——荒木の発言『PLAYBOY』92年7月号

「隣の女の子」という無害な概念の演出者（篠山）が、自らを「解放の旗手」といったサブカルチャー的な概念で把握しているのは、いささか奇妙に見えるが、これを「概念の無害さ」に対する途方もない鈍感さという観点から見るならば納得がいく。**ここに見いだされるのは、「解放の旗手」「反権威」などという「概念」が、それにもかかわらず——というよりそれゆえにこそ——非偶発的で無害な居場所（「反権威という権威」とまでは言わないまでも）を指し示し、あるいはそうした居場所に対する鈍感さを養ってしまうという逆説である。**そうした「概念による偶発性の遮断」という点から見れば、「60年代的サブカルチャー」流の——今日で言えば加納典明的な——「奔放な女」と、篠山紀信的な「隣の女の子」とは、意外にも機能的にまったく等価なのである。

いずれにせよ、こうした荒木「劇写」の享受とともに上昇を開始した、ビジュアル・エロス・コミュニケーションにおける「関係性に対する敏感さ」は、80年代に入ると急激に一般化すると同時に、**メディアに取り込まれた酷薄な〈関係の偶発性〉の過剰さや有害さを中和するための、さまざまな無害化装置の開発を促すことになる。**70年代末期以降の青少年コミックにおける「恋愛マンガ」の登場以降とも一部共振し合う動きであり、それがとりわけ80年代後半以降の性的コミュニケーションの新たな展開を方向づける伏線になるのだ。以下では、こうした上昇から短絡化への一連の動きを、「盗撮」写真と「ナンパ」写真の発生と展開に探ってみることにしよう。

盗撮パンチラから
ナンパ・ゲロニャンへ

本屋やコンビニの書棚に行くと、いわゆる「投稿雑誌」が所挟しと並んでいる。『××投稿』『投稿××』と銘打った現在（92年現在）30種ほどにも上るこの種の雑誌を支えているのが、「盗撮」写真と「ナンパ」写真の旺盛な読者投稿だ。かつての『GORO』の「激写」シリーズのようなアイドルや素人の「隣の女の子」的な美少女ピンナップは、今やマイナーでさえある。たとえ美少女アイドルでも、「アイドリアン」と呼ばれる追っかけたちによる、「営業中」の彼女たちの姿を捉えたパンチラ投稿写真が、ピンナップを駆逐してメジャー化しているのだ。こうした活況にもかかわらず、この種の雑誌が初めて登場してから10年経つか経たないかである。これらの雑誌に掲載される写真は、「盗撮」写真と「ナンパ」写真に大別されるが、80年代前半におけるこれらの投稿写真の登場は、性的コミュニケーションのどのような変化を意味するものなのだろうか。

最初にメジャー化したのは、「盗撮」である。「盗撮」とは、被写体となる女性が写真を撮られていると意識していない状況で、エッチなシーン――パンチラやムネチラやホンバン――を盗み撮りすることだ。甲子園のチアガール、「営業中」のアイドル、電車で居眠りするミニスカの女の子、夜の公園のカップルなどが被写体となる。こうした盗撮（らしきもの）が、以前にはなかったというわけではない。「のぞきの穴場」における「それらしいショット」は、昔も今もエロ本を飾る定番である。しかし、80年以降に急激に上昇する「盗撮ブーム」は、それとは異質なものだ。写真を眺めるよりも撮ることに力点をおいた「新たな盗撮コンセプト」を、初めてメジャー化させたのが、馬場憲治の『アクション・カメラ術』（1981）だった。プロカメラマンというよりも一介のフリー編集者だった彼の本は、写真集というよりはむしろ、盗撮ゲームの方法とルールを解説したルールブックないしマニュアルである。これが年間50万部を超える大ベストセラーになったのだ。(1)

ちょっと考えれば［写真教本が］役立たない理由なんて、すぐに分かるだろう。プロのモデルを使い、ぜいたくなロケーションで撮った写真のデータや能書きがそのままボクらのフィールドで通用するわけがないだろう。…それらの本は、ユーモアのない時代に失望して首をつる人間の踏み台にこそなっても、これから写真を撮ろうとする人間の踏み台にはならない。

——馬場［1981a：序文］

古めかしくてダラダラと長いオジンのフンドシのようなモラルやテクニックこそ批判されるべきものではないのか。ミケンにシワを寄せ、苦しみながら撮るような写真は、ボクらとは無関係な世界だ。シャッターを切りながら中心がもんどりをうつような、たのしくて愉快な、すなわち自分の興味に正直に身をまかせること。

——馬場［1981b：序文］

これらのマニフェストにもうかがえるように、馬場の「盗撮」は、当時既に上昇してきていた原新人類的な差異化競争の一種であり、よくある「諧謔」だった。そこで推奨されていたのは、陰に籠もったビョーキとしてののぞきというよりは、男子校的・旧制中学的な悪ふざけである。すなわち「猥褻」というより、むしろ「諧謔の共同体」——馬場が「ボクら」と呼ぶもの——が、前面に押し出されているのだ。「諧謔」が盗撮パンチラをツールとして選んだことは、「諧謔」

そのものにとっては偶発的だったと言ってもいいほどである。

　しかしながら、盗撮パンチラを諧謔ツールとして「選び得た」背景には、一定の歴史的前提がある。77年以降の「性と舞台装置の上昇」は、現実の性的コミュニケーションにおける「性の敷居」を低いものとし、「奔放な脱ぎっぷり」の敷居破りとしての効用は、既に著しく低下していた。そこで、**直前に成立していた「隣の女の子」という形象を逆手にとった異端の追求が、新たな敷居破りとして選び取られたのである。**そこには、「隣の女の子」や「かわいいアイドル」との〈相互浸透〉的な疑似恋愛ではなく、むしろ〈相互浸透〉をあえて排するところに成立する規範侵犯によって支えられた、「分かる奴には分かる」的な諧謔共同体のゲームがある。「隣の女の子」という観念が、実は「奔放な女」と選ぶところのないサブカルチャー的観念の末裔であることは既に述べたが、**こうしたサブカルチャー的な観念の揚げ足を取ることで反〈世間〉ノリの共同体を維持しようとするその試みは、明らかに、『がきデカ』以降の「反サブカルチャー」的サブカルチャー」の流れを汲むものだと言えよう**（第3章第1節）。

　馬場憲治の『アクション・カメラ術』の大ブームを背景としつつ、同年7月、大判エッチ雑誌の草分け『THE GANG』の増刊として、「盗撮専門誌」をうたった『セクシー・アクション』が創刊される。これは、馬場憲治の『アクション・カメラ術』の、プロカメラマンによるマジメな「実践化」であり、選ばれた少数者の諧謔ゲームとしての「盗撮」というコンセプトが完全に維持されている。主としてチアリーダーやテニスギャルや体操選手の類の「スポーツネタ」を中心に据えているが、テニス・スケボー・ゴルフ・体操・自転車・チアリーダーといった対象別の行動パタンの詳細な観察は、後の森伸之『東京女子高制服図鑑』（85年）における「バードウォッチングとしての制服観察」の先駆けにもなっている。

ところが、この雑誌が、読者投稿の爆発的な増加を背景として、ほどなくどこの書店でも入手できるメジャーな月刊誌に昇格した。既に成立していた「アイドリアン」によるアイドルパンチラ写真も掲載され始め、後の投稿写真誌の創刊ラッシュに先鞭をつけることになる。こうして84年に入るや、『セクシー・アクション』の成功を睨んで、『投稿写真』『熱烈投稿』など投稿そのものをコンセプトとする「投稿写真誌」が続々と創刊。スポーツやアイドルのみならず、イベント・コンパニオン、隣室の女子大生、公園の女子高生といった具合に、あらゆる機会を捉えて「隣の女の子」が盗撮されるようになったのである。

ところで、投稿写真誌の「盗撮」と並ぶメインメニューに「ナンパ写真」がある。「ナンパ写真」というのは、盗撮とは反対に、被写体である女の子が撮られていることを意識している状況で、女の子のエッチな姿態を撮影したものだ。

「ゲロニャン写真」登場！

「ナンパ写真」には、パンチラのような比較的「軽度」のものから、通称「ゲロニャン写真」と呼ばれる撮影者と女の子の性交そのものを撮影した「重度」のものまで、いくつかのバリエーションがある。最近の投稿写真誌には例外なく、街でナンパした子や、テレクラやツーショットで呼び出した子の、パンチラ・オナニー・フェラチオ・性交を撮った投稿が、競うかのように掲載されている。

「ナンパ写真」の本格的な登場は、「投稿」という範囲に限れば、『セクシー・アクション』誌上の「盗撮」投稿に3年ほど遅れて、『投稿写真』『熱烈投稿』が創刊されてからのことになる。しかし、いわゆる「プロ」による撮影にまで広げると、『セクシー・アクション』における「盗撮」登場とほぼ同時期、あるいはそれに先立つかたちで、既に大々的に「ナンパ写真」が登場している。その最初の「ナンパ写真家」あるいは最初の「ゲロニャン写真家」の名を、通称「マシンガンの教」こと佐々木教という。

団塊世代ど真ん中の佐々木は、60年代半ばから銀座を中心にナンパを開始。70年に上野にフィールドを移してから「ナンパ写真」を趣味的に撮り始め、70年代半ば以降は新宿、さらに70年代末からは原宿を中心に「ナンパ写真」を撮り溜める。それが編集者太田章の眼にとまり、81年に太田が編集する『ビート』『ビリー』で過去のコレクションを紹介し始める。さらにそれが前述の末井昭の眼にとまり、荒木経惟の向こうをはって、『写真時代』でゲロニャン写真「Ｏｈ ＮＥＴＡ！」シリーズを新連載。続いて、創刊当初の『投稿写真』『熱烈投稿』にナンパパンチラ写真を新連載。いずれも大反響で、これ以降、投稿写真誌には「俺も俺も」とナンパパンチラやゲロニャン写真の読者投稿が殺到するようになるのである。佐々木自身は現在（92年現在）でも月10本以上の連載を抱える売れっ子であり、弟子筋の「プロ」ナンパ写真家も登場している。

撮り手の前後関係をおくとして、受け手の観点から見て重要なのは、佐々木のナンパ写真やゲロニャン写真の登場に先立つかたちで、70年代末から荒木の「恋人たち」「偽ルポルタージュ」などの連載による地ならしがなされていたように見えることである。(2) たとえば「偽ルポルタージュ」（『ウィークエンドスーパー』連載）では、今日のゲロニャン写真と同じように、黒い目隠しとそれらしいキャプションを入れた、団地妻や女子高生の「ゲロニャン類似写真」が掲載されている。だが「偽」という但し書きが、当時の「諧謔の時代」（第2章第1節、第3章第3節）における遊び心を示していただけでなく、受け手にとってのある種の「救い」を提供していた。いわば「虚構に過ぎない」という安堵感である。

だが、佐々木になると、もはやそうした「救い」はない。そこに描かれるのは、たまたま偶発的にすれ違ったどこにでもいる「隣の女の子」との間に生じた、現実の「ナンパ→パンチラ→性交」というプロセスそのものである。即日即攻。そこには撮影者と被写体の間に――したがって読者と被写体との間に――いかなる〈相互浸透〉も生じる余地がないのである。

カメラマンに撮られた女の子って、ある程度はカメラマンと恋愛のようなものを楽しみつつ…っていう感じが伝わってくるんですけど、佐々木氏の写真の女の子からはそーゆーのが全然感じられないんですよね。よく女の子がスケベを許すときは、自分で納得できる理由が必要だ、なんて話を聞きますけど、氏の女の子たちは、そこんとこいったいどーなってんでしょうーね

――金子清文［1992］

まずお友達になって、和気あいあいの撮影で、いったいどんな緊張感のある写真が可能なんだ！　何回もデート重ねて手間ヒマかけた仕事してる！　こんなのナンパ写真じゃねー！…

プロの仕事よ、遊びじゃねーんだ！

――佐々木［1992：147］

まさしく「理由なき性交」。そこでは「隣の女の子」という観念は、「無害さ」よりも、むしろ逆に「救いのなさ」「有害さ」を触媒する方向にしか機能し得なくなっている。こんな子がいったいなぜ。「隣の女の子」と言えどもどのような関係性を生きているか分からないし、知らない所で何をしているのか知る由もない――。ここに見いだされるのは、過剰な不透明性と偶発性をありそうもなさとして享受し、酷薄な〈関係の偶発性〉をかえってエロスとして味わい尽くす「都市的感受性」の、極度の高まりである。それは、「奔放な女」「少女らしさ」といった「無害な概念性」を享受対象とするような、加納典明＝篠山紀信的なピンナップ・コミュニケーションの、まさしく反対物だと言っていい。

佐々木教の通称「原宿シリーズ」第三弾（90年・辰巳出版）。「隣りのあのコ」というコピーに注目。

その限りにおいて、佐々木的な「ナンパ写真」と、同じく80年代前半を通じて上昇した前述の「盗撮」との間には、性的コミュニケーションの質における、偶然とは言えない機能的な等価性がある。それは、一口で言えば、〈相互浸透〉――撮影者と被写体あるいは読者と被写体の間の心の通い合い――の徹底的な排除によって象徴されるようなものだ。『投稿写真』ならびに『熱烈投稿』の初代編集者たちは、次のように語り合う。

私は、生活派チラリズマーだから、対象の女の子と心の交流をもたないというのを起点としていますから。…女の子が何ジロジロ見てるのっていう対立の構図がないと駄目なんです。

——夏岡彰の発言：夏岡・筒井［1992］

そこでは、意識された匿名的な出会いと、あくまで偶発的にしか成立しない関係性だけが問題にされている。そうしたコミュニケーションは、「隣の女の子」的な偶発性吸収装置や、「恋愛関係一般」という範疇で括られてしまうような無害な関係性を、意図的に退けることによってしか成立し得ない。拒絶されているのは、無害化されたものに対するエロスであり、肯定されているのは、過剰な偶発性に身をさらすことによって初めて獲得可能な関係性だ。そこで上昇しているのは、やはり「都市的感受性」であり「都市的エロス」なのである。それは、都会の匿名性を〈疎外〉と受け止めつつ、『ａｎ・ａｎ』的な山間や海辺の風景を背景に少女が見せるふとした仕種に愛着を寄せるようなアンノン的＝「激写」的感受性の、まさに反対物だと言える。

70年代末から80年代前半にかけてのこうした「都市的感受性」の連続的な上昇は、50年代後半から60年頃までに生まれた「新人類世代」を中核とする当時20歳前後の「受け手」の中で、性的コミュニケーションの文脈が急速に変化したことを示している。この時期の荒木のゲイジュツ写真、佐々木のナンパ写真、夏岡らが編集するパンチラ写真に共通していたのは、〈関係の偶発性〉

への先鋭な敏感さであり、それらの表現は、当時においては極めて高度なコミュニケーション能力の証しとして受け止められるものだった。こうした変化は、やはり77年から80年代前半にかけての、柳沢きみおや矢野健太郎らの一連の青少年向け「恋愛マンガ」の主題に見られた変化と、みごとに共振していたのである（第3章第2節参照）。

　ここからすぐに想像されることだが、まさに青少年向け「恋愛マンガ」がそうであったように、**メディア上に増殖させられた過剰な〈関係の偶発性〉は、ただちにそれを無害化するための再吸収装置の開発を促すことになった。**「都市

そして短絡へ…

的エロス」は急速に短絡への道筋をたどったのである。一つには、性的コミュニケーションのゲーム化が新たな自己防衛ツールを与えたということがある。すなわち、慣れが生む予定調和的なゲーム化によって、酷薄な〈関係の偶発性〉に向き合う必要がかえって免除されたのだ。実際、先に引用した佐々木の苦言にもあるように、できるだけ「ゲロ」いニャンニャン写真を撮るために、わざわざ女の子と仲良くなるプロセスを踏む投稿子が増え、ゲロニャン写真は単なる「仲良くなりました」記念になってしまったのである。

　さらにまた「盗撮」も、当初の「あえてする」新人類的な諧謔の自由さを失って、みごとに「オタク化」し、85年の段階で佐々木教をして次のように言わしめる事態になった。

　最近のアクション雑誌に出てるチア・ガールやアイドル・タレントのパンチラ…ちょっとあっちに流れる奴が多すぎる気もする。…なんか、なさけない。やれ〝風呂場〟だとか〝更衣

佐々木教『早い話がナンパの本』(85年・ＫＫロングセラーズ)。この内容は余りに高度すぎて、フツーの男の子は暗くなってしまうだろう。その意味でこれは、マニュアルを装いつつ、達人にしかできないと宣言しているのである。

> 室〃だとか…カッコよくないよね。大の男がコソコソ、オドオド隠れてやってんだもの。男なら堂々と「正面攻撃」でいけ！
>
> ——佐々木［1985：146］

この苛立ちは、80年代半ばには既に、投稿誌に「新人類的なもの／オタク的なもの」の二極分解——というよりむしろ後者のメジャー化——が如実に生じていたことを証言している。こうした分化は、同時代にロリータ・マニア界において生じた、昔ながらの写真集を拠り所とする「アングラ的高踏派」と、美少女アニメやコミックに集う「コミケット的短絡派」との分化、ならびに後者の圧倒的なメジャー化と、軌を一にするものでもある。

他方で、「都市的なもの」という観点から言えば、関係性の酷薄さへの先鋭な感受性は、「都市論」と名づけられた「無害な概念」による凡庸なパッケージングに置き換えられた。

> 8年前に「東京」を撮り始めた篠山紀信を見て「東京は写真である」というキャッチフレーズがひらめいた。…東京という町はどんどん希薄となり、虚構として写しとられた写真の中にしか「東京」は存在できないという逆転が起こったからだ。…このすべてを消費し尽くす

勢いの虚栄の市に対して…篠山紀信は「目の欲望」でこの巨大都市に挑んだ。ここに「東京は篠山紀信である」という事態が出現したのだ。

――磯崎新［1992］

パースペクティブを崩壊し、空間をねじ曲げて、時間のトリックも含め、時空間をいじることによって「シノラマ」みたいなものを作る。それがぼくが感じている東京なんです。…現実に嘘＝フィクションを投げ込むことによって、虚と実を混ぜ合わせて、そこから出てくるリアリティ、それこそが…「ぼくの東京」という感じがする。

――篠山の発言『週刊文春』91年11月20日号

「虚栄の市」東京、「虚構としてしか存在できない」東京、「ぼくが感じている」東京――。こうした無害な予定調和的「概念」化を下敷きにして、初めて80年代前半からの「記号学的都市論」の増殖があり得た。**こうした眼差しは、東京に「肯定的」なものであれ「否定的」なものであれ、〈疎外〉論的である。**それは、80年代半ば以降の柴門ふみの青少年向け「恋愛マンガ」が、関係性の無害化ツールとして「60年代的共同性」を復活させた（第3章第2節）のと奇しくも一致して、60年代的なものを再利用している。その意味で、「奔放な女」「隣の女の子」「虚構都市、東京」といった観念は、互いに選ぶところのない機能的な等価物だったのである。

メディアから現実へ——性の日常化：1983年以降

メディアの中の
女性身体の「現実化」

以上のように、70年代末から80年代初期にかけては、「60年代的サブカルチャー」の概念的シェルターを代替した「隣の女の子」的な無害化ツールをあえて排除し、「個人化」がもたらす〈関係の偶発性〉にじかに**身をさらす新たな性的コミュニケーションが生まれた**。しかしながら、ここに見いだされるような、〈関係の偶発性〉に対する先鋭な敏感さ——私たちが「都市的感受性」と呼ぶもの——の上昇は、大半の若者たちにとっては単なる「一部の」メディア上での出来事に過ぎなかった。「激写」に代表される「隣の女の子」的なピンナップは、ローティーン向けツールに傾斜しつつあったとはいえ、いまだに存続していたし、ゲロニャン写真のような「不快な」メディアに接触しないことで「少女幻想」「母性幻想」を——幻想とは意識せずに——維持することも、不可能ではなかったのである。

しかしこうした状況も、80年代前半から半ばにかけて、**急速に変化する**。この時期、とりわけ**テレビを中心とするメディアが、現実の性的コミュニケーションを如実に変化させるのである**。おそらく、「メディアによる現実の性的コミュニケーションの改変」としては、この時期のそれが史上もっとも急激かつ劇的なものであった。こうして、単なる（一部の）メディア上の出来事に過ぎなかった「性の日常化＝無構造化」が虚実の境界を逸脱し、メディアの性に言及することが、とりも直さず現実の性に言及することに直結するという状況がもたらされる。性的コミュニケーションに最後まで残存していた［メディア／現実］というコードが事実上解体し、本質的な

意味での〈性の日常化〉が開始されるのである。

この変化は、他方で、70年代の女性メディアにおける急速な性の取り込み（前節）を前哨としつつ、性的コミュニケーションの「表舞台」に女性が登場して主導権を握り始めるという変化とも連動している。男性側から見れば、メディア内の欲望に過ぎなかった女性身体が、いわばそのまま「現実化」し始め、あげくの果ては、「現実の女性身体」が「メディアを享受する男性身体」をリードするような状況がもたらされたのである。以下ではそのプロセスを追うことにする。議論の素材として、80年代前半における、性風俗産業の急速なオーバーグラウンド化の歴史を、復習するところから始めよう。

ノーパン喫茶以降の風俗産業ブーム

81年は、性風俗産業の「ビッグバン」の年として永久に記録されるだろう。前年、京都で第一号が開店したノーパン喫茶は、年明けには大阪で大ブームを引き起こし、直ちに東京に飛び火する。81年後半に入ると、早くもノーパン喫茶は陰りを見せ始め、渋谷に第一号がオープンしたのぞき部屋へとブームは移行する。暮れにはマントルが急増して当局の一斉摘発を招くが、翌年にはホテトルやデート喫茶に代替される。これらの店で働くニュー風俗嬢を上客としてホストクラブが続々開店、ジゴロブームが訪れる。歌舞伎町には風俗店の急増を背景にアダルトショップが集中し、ビニ本ブームとなる(3)。その後、直ちに裏本や裏ビデオも流通を開始、愛染恭子が人気を呼んだ。

82年は、「個室化」と「本番化」の年である。下火になったノーパン喫茶を出たニュー風俗嬢たちが、新たに出現したファッションマッサージや個室ヌードに流入。マントル規制に伴ってホテトルが誕生し、出張トルコボーイまで現れる。やはりマントル規制の煽りで、住宅地にまでデート喫茶が出現する。この頃には、ファッションマッサージや個室ヌードは専門学校生、デート喫茶はアジア系外国人、マントルやホテトルには顔を知られたくない女子大生やOLといった具合に、みごとな棲み分けが見られるようになる。

83年には、ニュー風俗が頂点に達する。同年の風俗白書によれば、「ニューセックス産業」は前年比2倍の1406軒。マントルは145軒から234軒、個室マッサージは146軒から279軒、デート喫茶は61軒から153軒、デートクラブは182軒から379軒にそれぞれ急増、愛人バンク106軒が新登場している。ニュー風俗店は過当競争気味でアイディア勝負となり、歌舞伎町には「5ドアーズ」「ワンダラー」などポルノビルが登場。ビルの中には、荒木経惟写真集の名前にもなった「東京ラッキーホール」や、後のテレクラの走りとも言うべき「電話遊び」などもあった。この年、風俗ギャルが「顔出し」を厭わずテレビに堂々と登場し始め、風俗「女子大生」ブームは、風俗「アイドル」ブームへと展開、ノーパン女王イヴがタレントデビューを飾る。愛人バンク「夕ぐれ族」が話題となり、暮れには愛人バンクの一斉摘発を招くにいたる。

84年には、新風営法を睨んだ取締強化を背景として、淘汰による二極分解が生じる。1月30日、警察庁は風営法大幅改正を発表。2月1日、風俗環境浄化活動推進本部を設置。同月20日からは一斉摘発第一弾が始まる。摘発を恐れる業者の自粛と、素人性の陳腐化による客離れから、サービス重視・実質重視へと傾斜。濃厚なプロ的サービスを誇るものと見世物性の強いものとの、二極分解が生じる。個室ヌードは完全に淘汰され、キャバクラが誕生する。8月、新風営法が成立。9月、都下一斉取締りで50カ所が手入れ。16歳の竹の子族ばかり集めたデート喫茶の存在が喧伝され、国会では『ポップティーン』『ギャルズライフ』バッシングが始まる。

85年は、新風営法施行に伴う客離れとボッタクリの悪循環、ならびにテレクラ誕生の年である。前者は説明が不要だろう。テレフォンクラブ――通称テレクラ――は、新風営法対策として急浮上することになった。ここに始まる「電話風俗」は、ローティーンの少女たちをも巻き込みつつ、NTT伝言ダイヤル、Q_2ツーショットのブームを経て、今日の裏ツー、プリペイドツーショット、Q_2伝言、H系伝言ファックスにまでつながることになる。いずれにせよ、ここにほぼ4年にわたった80年代前半の「ニュー風俗」の嵐が、一段落する。**しかし、「使用前」と「使用後」では、性的コミュニケーションのあり方がまったく違っていた。いったいこの期間の「ニュー風俗」の嵐は、何によってもたらされ、何をどのように変化させてしまったのだろうか。**

性のコードの解体
【非日常の消滅】

最初の重要な変化は、「フツーの」専門学校生や大学生が風俗で働き始めることで、「プロ／アマ」の境界が消え、「社会の裏面」というイメージが中和されたことである。このことが風俗の敷居を下げ、「フツー」の女の子の参入をますます容易にすることになった。それについては、ニュー風俗の先陣を切ったノーパン喫茶が果たした役割が重大である。まず、昼間も勤務が可能で、衣装だけで接客技術が不要なことが、親と同居する素人学生でも働ける条件を整えた。80年代に入って「企業社会の即戦力」として専門学校が林立、昼間から街をブラつく学生が増えたことも条件の一つだった。さらに77年以降、急速に上昇した「新人類文化」が性の敷居を下げたのみならず、そこでの消費能力と対人制御能力の結合（宮台［1990ab］）が、消費――ブランド、ディスコ、車…――への強いドライブを駆け、金銭へのアスピレーションを触媒したことをも忘れるわけにはいかない。

若者がこれほど拝金主義といいますか、とにかくお金に執着するようになった現代という時代は、日本の歴史のなかでもきわめて数少ないことなのではありますまいか…。［他方大人の側にも］風俗嬢に時給八〇〇〇円を払うだけのビョーキが…

――山本晋也［1987：56］

時給5000〜8000円。1日働いて5万円。月に10日で50万円――。かくして、何の接客能力もない素人の学生――主に専門学校生――が勤務、彼女たちは「あっけらかんギャル」と呼ばれた。ノーパン喫茶は1年を経ずに下火になるが、「味をしめた」彼女たちは、客のニーズがより「ヘビー」になることも厭わず、次なる風俗へ移動。素人ギャルのニュー風俗は、ライトからへビーまで急速に多様化した。こうして性風俗労働は「プロの女」のものではなくなり、客もまたそうしたサービスを期待できなくなった。それが客の飽きを生み、ニュー風俗のめくるめく代替わりと「本番化」を加速したのである。

こうした一連の展開にマスコミが果たした役割は、絶大だった。エポックをなしたのは、報道バラエティ番組『トゥナイト』の「山本晋也のマジメな社会学」である。「ほとんどビョーキ」

が口癖の山本晋也のあっけらかんとしたレポートは、「ビョーキ」という無害なパッケージングによって、性風俗をお茶の間の日常性の中へと持ち込んだ。実際このコーナーで81年1月開店の東長崎「ルルド」と大阪「あべのスキャンダル」が取材されるや、店に入りきれない客が１００メートルを超す列をなし、２カ月の間に何と６００店のノーパン喫茶がオープンすることになった。それまで性風俗に触れたことのなかったタイプの学生やサラリーマンまでが、大挙して押し寄せたのである。こうして、風俗の現場とお茶の間が、テレビを介して地続きとなり、これ以降、テレビや雑誌で紹介されるやアッという間に大ブームという傾向が一般化した。

当初は専門学校生がほとんどだったにもかかわらず、マスコミが「女子大生」を喧伝したことも重要だった。『トゥナイト』では京大法学部に在学するソープ嬢を紹介。83年には、『オールナイトフジ』で火がついた「女子大生ブーム」と、愛人バンク「夕ぐれ族」の筒見待子の度重なるテレビ出演が交叉し、マスコミ上を「女子大生風俗」をめぐる虚実入り交じった報道が交錯する。[4] それを踏まえて、『オールナイトフジ』を始めとするマスコミは、女子大生の「私たち、そんなんじゃありませ～ン」ノリを逆に利用するが、しかしこうしたメディア上での性的コミュニケーションを通じて、「性の敷居」は確実に低下していったのである。ここには「否定」が「肯定」への身構えを準備するという、前節で紹介したメカニズムも見いだされた。

この時期のマスコミにおける性的コミュニケーションの変化は、雑誌における売春の扱いに象徴的に表れている。70年代には——たとえ建前にせよ——いまだに存在した「深刻さ」「悲惨さ」「隠蔽するべき醜聞」といった扱いは、この時期に急速に消滅。「ポケベル売春」「なんとなく春を売ります」といった見出しに見られるような、当事者たちが「軽いノリ」であることをあえて強調するスタンスへと変化していく（『大宅壮一文庫総目録』による）。実際、82年に登場したデート喫茶は、住宅地での真っ昼間からの公然売春だった。こうして、メディアと現実が互いを高め合う関係がますます強化され、［メディア／現実］という区別はミニマルなものとなっていく。

こうした状況の下で、たとえばエロ本のモデルも「普通の女の子」となり、「家出少女↓盛り場の徘徊↓不良化↓エロ産業」という「朝日ジャーナル」的なストーリーが必ずしも一般的ではなくなる。

モデル・スカウトの仕事がしたいと、某芸能マネージャーから相談を受けたことがある。「で、アレでしょ。主に上野なんかに行くんでしょ」「上野はあんまり…」「家出娘は上野が多いでしょ」「家出の人はちょっと…」「覚醒剤打って」「そんなことしないですよ」…いまだにヤクザが覚醒剤を打って、逃げられないようにアパートに監禁して、イヤラシー作品を撮ってるというイメージを持ってる人もいる

——末井［1982→1984：79］

かくして、［アマ／プロ］［現実／メディア］［表街道／裏街道］といった差異が、急速にアモルフになっていく。この変化を抽象的に言い表わすならば、性的コミュニケーションにおける［日常／非日常］というコードの消滅ということになる。これは当然、寺山修司十八番のトルコ

嬢との〈相互浸透〉に見られたような、「非日常性」に棲息するロマン主義的サブカルチャーの、消滅を意味した。実際、83年前後を境にして、エロ雑誌やロリコン雑誌に見られたアングラサブカルチャーの匂い──ブロンズ社・アリス出版・セルフ出版的なもの──は、ぱったりと途絶えてしまう。メディアの中の物語的なロマンにおいてその残滓を留めていた、性的コミュニケーションのサブカルチャー的コード──［都市／田舎］コード・階層コード・世代コード──は、ここに最終的な消滅を迎えることになるのである。

日常的拡散化の進行
【「電話風俗」をめぐって】

85年の新風営法施行以降の性風俗の展開において最も重要なのが、テレクラ以降のいわゆる「電話風俗」である。周知のようなテレフォンクラブは、新風営法に規定された風俗産業にも風俗関連産業にも該当せず、届け出義務さえもないため、新風営法対策として急浮上することになった。85年9月には既に、新宿歌舞伎町に最初のテレクラ「アトリエキーホール」がオープンしている。当初はまったくの試行錯誤で、ラウンドテーブル中央に置かれた電話を周囲に座った客が順に回すというほほえましい形式だったが、直後にオープンした新宿淀橋の個室テレクラ「東京12チャンネル」の度重なるテレビ取材によって、翌年には大ブームを引き起こした。

新風営法は「善良の風俗と清浄なる環境を維持し、及び少年の健全な育成に障害を及ぼす行為を防止する」（第一章第一条）ためのものだと喧伝された。しかしながら、この（少なくとも表向きの）目的にもかかわらず、新風営法対策として出現したテレクラは、皮肉にも、より人目につきにくいかたちで──見たところ「清浄なる環境」が維持されているようでいながら──少年少女を如実に性にさらすことになった。事実、既に86年から87年にかけて、中学生から小学生まで巻き込んだテレクラ舞台の「淫行」事件が続発している。事件になるものはもちろん氷山の一角に過ぎない。ローティーンが大人とセックスすることが問題だとするならば、事態は劇的に深刻化したと言っていいだろう。**こうした奇妙な結果は、新風営法の実質的な目的が実は「シンボル操縦」をめぐるものに過ぎなかったことを、傍証している。**それは、前節で紹介した刑法における「猥褻」取締りの政策的目的に、準じるものである。

ところで、テレクラをめぐる性的コミュニケーションには、当初から興味深い傾向が見られた。それは、①東京（新宿、渋谷、池袋）のテレクラよりもその近県（厚木、藤沢、松戸、大宮、浦和、水戸）が、また、②東京よりも地方のミニ東京的大都市（札幌、仙台、金沢、博多）のほうが、「アポ率」や「成功率」が圧倒的に高く、オイシイという事実である。この傾向を調査した宮台［1991a］は、次のように分析した。かつて六本木のディスコ「トゥーリア」で電動シャンデリアが落下して死傷者が出たとき（88年）、客の多くが週末になると上京する埼玉・群馬など近県の若者たちであったことが話題になった。多くの調査が示すとおり、原宿竹下通りを歩く中高生も同様である。テレクラアポ率が高いのが彼らの居住地と同一なのは、単なる偶然ではない。

テレクラなんてのも、結局男の子なんかはみんな嘘をついて「自分はシティボーイだ」みたいなことでナンパする。クルマ持ってるし、一番おもしろい遊び場に連れていってあげるし、とかなんとか。そうすると、東京でもど真ん中に住んでいる女の子は「なにバカ言ってんだ、この男は」みたいな感じになるのだけれども、地方というか、そこそこ東京に近いドーナツ圏に住んでいるような女の子は、どうもそれに引っ掛かるというか「フワフワ」し始める…。

——宮台［1991a：81-82］

東京が遠くない。でも東京にはいない。この微妙な距離感が相対的剝奪感をもたらし、「浮遊する身体」を生み出す。その身体的な距離感（**感覚地理**）**において、「東京ドーナツ圏」と「地方のミニ東京」とは機能的に等価な意味を持つ。**これは［都市／田舎］コードと結びついた伝統的な疎外感と似ているが、むしろこの80年代という時代の、特殊なコミュニケーション文脈にこそ注意するべきだろう。すなわち、「女子大生ブーム」に象徴される83年以降の「新人類的なもの」の席巻がもたらす「煽り」による相対的剝奪感から、各所に「浮遊する身体」が生み落とされたのだ。それは、80年代半ばには各地のペンションや都心のディスコが、女子大生に完全に乗っ取られていたという事実（『SPA！』92年9月16日号）にも示されている。大学生は皆楽しくやっているらしいけど、自分は女子大生なのに地味——。**先のテレクラのアポ率の地域差が象徴するのは、メディア上で拡大された〝記号〟的落差を滑り落ちた自己イメージなのである。**

手触りなき現実にもがく…

加えて、ここには「電話風俗」に固有の「浮遊化」のメカニズムも見いだされる。テレクラに始まる「電話風俗」は、88年以降の伝言ダイヤルブーム、90年以降のQ_2ツーショットブームへと受け継がれたが、私たちが90年に取材したQ_2ツーショットのバイト嬢たちの証言は、このメカニズムについて興味深い事実を明らかにしてくれる。

当時新参だったQ2ツーショットは、現在のQ2伝言と同様、その多くがアルバイト嬢を使っていた。彼女らは、求人誌等で「テレフォンオペレーター」「ホテルの交換手」といった募集広告に応じて面接に来たところが、「それもあるけど、もっといい時給（1500〜2000円）の楽なバイトがあるよ」といった類の勧誘を受けたのだった。自宅の回線を利用して日中から仕事ができることと、「どうせ電話だ」という安心感から、私たちが調べた範囲でも、東京六大学や一流女子大に在籍する女の子が珍しくなかった。

ところが、「いい大学」の「身持ちのよかった」子が、バイトを始めてから突然精神的な変調を来し、「生活を乱し」てしまうケースも少なくなかった。そのストーリーは不思議なほど一致する。それまでは何ともなかったのに、いろんな電話を受けていると耐えられないほど寂しくなり、寂しくなってプライベートにQ2を利用するようになるが、電話をすればするほど寂しくなって、ほどなく相手の男の子と逢って性的交渉を持つようになり、それがかえって寂しさを募らせて、結局は不特定の相手と交渉を持つにいたる。

私のお父さんと同じような年齢の人とか、60歳のおじいちゃんとか、16歳の高校生とか、本当に色々いて…。それでただハアハアしてたり、私を誘ったりして…。何か今まで知らなかった世界に触れた気がしたの。私は本当に世間を知らないんだなって。

——茨城大学4年生（当時）のアルバイト嬢の証言

一方で、「どんな男の人にも、知らなかった裏の顔がある」という強烈な実感が、「自分には世の中が分かってない」という「不透明感」を急上昇させ、それまでの「自己信頼」を喪失させる。他方で、「一秒遅れれば違う人に繋がったハズ」という、電話コミュニケーションでいきなり直面した過剰な〈関係の偶発性〉が、人間関係一般に敷衍されて「現実の手触り」が喪失する。「自己信頼」の弱体化は、ただでさえ手応えのない「現実の手触り」への希求を高めるから、「手触り」の喪失感はますます触媒されざるを得ない——。こうした論理関係ゆえに、低年齢ないしオボコかったりで〈関係の偶発性〉に対する免疫力の小さい人格システムほど、抜けられない循環へと吸引されるという皮肉な結果になるのだ。

ここに見いだされる「電話風俗」固有の「浮遊身体化」のメカニズムのキーワードは、またしても〈関係の偶発性〉である。私のところには、最近でも（93年現在）たびたび「テレクラで知り合った相手と結婚したいと思っているが、そんなことは可能なのか」といった類の悩み相談が持ち込まれる。そこでは、一秒でも電話のタイミングがずれれば相手と出会えなかったはずだという「極度に高められた偶発性感覚」が、「関係そのものの基礎のなさ」として読み替えられ、当たり前の［恋愛→結婚］というプロセスが、「きわめてありそうもないこと」として受けとめられている。これもむろん、「電話すればするほど寂しくなる」自己強化のメカニズムの、コロラリー（関連物）である。

「電話風俗」のコミュニケーションは、無数の匿名女と無数の匿名男の間に、「関係形成スイッチ」のオン・オフを強制的に高速反復する。それまでノホホンとしていた人格システムも強制的に直面を迫られる〈関係の偶発性〉は、確かにそれゆえにこそ、前述した「都市的エロス」を触媒しうる。実際、テレクラが登場するやすぐに、「都市的感受性」の象徴だった初期の投稿ゲロニャンは、テレクラナンパをモチーフの一つとする。逆に言えば、既に70年代末から80年代にかけて上昇していた「都市的感受性」（前述）が、80年代半ば以降のテレクラ的コミュニケーションの上昇の、重要な前提ないし基礎を提供したのである。

　しかしながら、人格システムの複雑性処理能力には、著しい個体差がある。〈関係の偶発性〉を受けとめる能力は人それぞれなのだ。しかもこの能力は、訓練によって手軽に強化できるものでもない。したがって、**「電話風俗」のコミュニケーションによる酷薄な〈関係の偶発性〉の無差別的な強制は、それに耐えうる者と耐ええない者との落差を、急速かつ劇的に拡大せざるを得ない。こうして、無差別的にあてがわれた〈関係の偶発性〉によって、多くの「浮遊身体」が生み出されることになった。**「電話風俗」のコミュニケーションによる〈関係の偶発性〉の「民主化」は、今こうしている間にも、〈関係の偶発性〉に対する免疫力の乏しい若者たちの身体を、続々と虚空へと舞い上がらせつつある。

　以上に見たように、80年代前半に主としてテレビのコミュニケーションと結びついて起こった風俗産業のビッグバンによって、性的コミュニケーションにおける「日常性／非日常性」というコードが解体し、〈性の日常化〉が始まった。80年代半ば以降には、70年代末期から浮上しつつあった「都市的感受性」を土台として「電話風俗」が急上昇したが、「電話風俗」が強制した80

年代後半の〈関係の偶発性〉の「民主化」において、「自己意識の危機」と性的コミュニケーションとの奇妙な結合が、見いだされるようになった。**当時はまだ不明確ではあったが、実はそのことこそが、次代を告げ知らせる半鐘だったのだ。**

（1）馬場の『アクション・カメラ術』がベストセラーになった80年代初期には、東京近辺の公園に「にわかカメラ小僧」が溢れた。著者の馬場はとうに足を洗い、現在（93年4月）日本テレビ『所さんの目がテン！』にレギュラー出演している。

（2）筆者（宮台）周辺の人間関係を見る限り、70年代後半には既に、写真専門学校や美術系大学の写真専門学科に趣味的に「ナンパ写真」を撮る連中がおり、一部ではヤクザ系のヒモとの間でトラブルを起こすような事態にいたっている。アラーキーの影響との前後関係は不明であるが、この時期の「同時代性」を示すデータである。

（3）70年代末の歌舞伎町は、トルエン密売やボッタクリの横行する暗い場所だった（80年にはボッタクリに追われた大学生が転落死している）。この時期に歌舞伎町で学生映画のカメラを回していた宮台は幾度か危険な目に遭っているが、「ニュー風俗」ビッグバンによって街がかえって明るく安全になったことを記憶している。

（4）『オールナイトフジ』『トゥナイト』などの相乗効果による「女子大生」「風俗」の連結は、それが真実なのかどうかよりも、受け手に与えたイメージ的な影響のほうが重大である。というのは、そのイメージこそが、女子大生自身や年下の女子高生、あるいは男性たちの、次なる行動に前提を供給するからである。これは昨今のTBSドラマ『高校教師』（1993）における「女子高生」と「性」の連結についても言えることである。社会イメージと行為との間の関係の、システム理論的な分析は、宮台［1991b］を見よ。

3「浮遊する身体」分析篇

どこにでもいる普通の女の子がヌードモデルになったりアダルトビデオに出たりするのが、いつのまにかありふれた光景になった。

ヌードやアダルトビデオの出演動機に生じた変化は何を意味しているのだろうか。

性表現をシステム理論によって分析する「性的コミュニケーション」論の最後は

アダルトビデオの歴史を手掛かりとして探る

80年代末期以降の女性心理の変化の深層である。

「自己改造としての性」：1988年以降

『an・an』読者ヌードの反響

前節では、77年～88年頃にいたる期間の性的コミュニケーションの目も眩むような変化を、①写真雑誌に見る女性身体の「意味」の急速な変化が象徴する**「都市的感受性」の上昇と短絡**、②メディアと連携したニュー風俗のビッグバンのもたらしたコード解体による「性の日常化」、そして、③「都市的感受性」と「性の日常化」が切り結ぶところに成立した「電話風俗」における〈関係の偶発性〉の民主化による「浮遊身体」の大量生産という、この順に生起した三つの現象に集約して追尾した。その上で、80年代後半の「電話風俗」における「浮遊身体」化こそ、後の時代に浮上してくる「性的コミュニケーション」と〝自己意識の危機〟との奇妙な結合」を予告するものであると述べておいた。実際、当時はまだ目につきにくかったこの兆候は、80年代末期以降、人目に触れるかたちで大規模に現実化する。このことを、まずは比較的最近に起きた「読者ヌード」騒動を導きとして見てみよう。

『an・an』92年10月2日号の「きれいな裸」特集は、さまざまな方面で大きな反響を呼んだ。たとえば当時宮台が社会学を講じていた東京外国語大学では、教養課程の聴講者約200人（その8割以上が女性）のうち約4分の1ほどが、また専門課程では半分以上の学生が、立ち読みにせよ内容をチェックしていた。波紋はテレビ・雑誌などのメディアにも広がった。同年10月28日号の『SPA!』では「裸を見せる女のココロ」という特集が組まれ、「読者ヌード」が大きく扱われた。しかし、テレビを含めたメディアの反応は押し並べて、「宮沢りえヌード」による敷居の低下を指摘するか、「りえヌード」のときと同様「芸術かワイセツか」（『SPA!』同年11月11日号「変身ブーム」特集など）といった伝統的な枠組に問題を吸収しようとする姿勢に留まっていた。

しかし、この「読者ヌード」において注目するべきなのは、まったく別のポイントである。「一生に一度くらい大きいことをしたかった（20歳・大学生）」——これは特集の冒頭に掲げられたキャプションだが、実はこれが特集全体の性格を象徴している。撮影プロセスを取材したメイキング記事を読むと、そこに紹介されている、ヌードになった女性たちのコメント（同誌80～81頁）が、まさにキャプションによって代表される、判で押したようなトーンなのである。それを、Before（撮影前の動機）とAfter（撮影後の感想）とに分けて、引用してみよう（強調は引用者）。

［撮影前の動機］
◎公募を見て、これは**私のためにある**企画だなって思いました
◎**今までとは違った**、自分の個性を生かした仕事ができるんじゃないかと思って
◎**自分の自信**につながって、自分がどんどんきれいになれるんじゃないかと思って
◎一生に一度**こういう試練も**いいと思って覚悟を決めました
◎何事も自分のほうから一歩引いてしまう性格なので、**それを直し、新しいことをするきっかけになると**思って

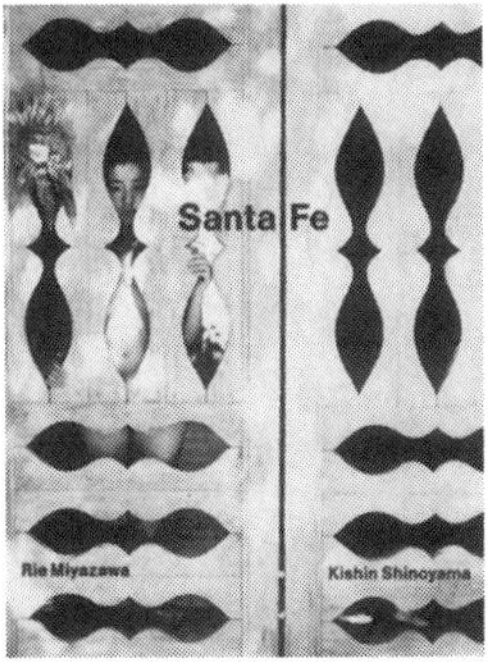

朝日出版社『Santa Fe』篠山紀信、91年

［撮影後の感想］
◎メークしてもらって**すっかり感動**しちゃって、撮影中はすっかり頭の中が真っ白に
◎撮影している時に今まで考えていた**自分の枠をガンガン飛び越えていく**感じがした
◎こんなにも**自分が変わるのか**、と不思議でした

◎魔法の箱から自分が出てきたみたいに思えました。とても貴重な体験でした

これらはそれぞれ、異なる女性たちの発言である。数えてみると、登場する19人のうちの9人、つまり半数近くが、こうしたいわば「自己改造としてのヌード」とでもいうべき体験報告をしていることになる。もちろん編集サイドの「バイアス」を考慮して割り引く必要があることは言うまでもない。だがたとえそうだとしても、編集サイドが、そのようなコミュニケーションを意味あるものと見なすようになる契機となった、社会における目下のコミュニケーション文脈の変化こそが、注目に値するのである。そうした文脈を象徴するのが、80年代を通じて際限なく上昇した「専門学校的上昇志向」(後述)の、〝煽り〟の張本人である林真理子の、あざといとも言える次のようなセリフ(同73頁)だ――。

裸に挑戦するのはすごい。そのかっこよさの前ではやらない者は何もいえませんよ。

この「読者ヌード」の企画には、1600人を超える女性が応募してきたという。そうした彼女たちの振る舞いを、〝かっこよさ〟という言葉によって象徴されるような単なる「自己顕示欲」の現れと見る向きもあるだろう。確かにそうした部分もあるかもしれない。しかし、たとえその場合でも、何が「顕示」されているのかに、注目しておく必要がある。実際、そこで提示されているのは、「人よりキレイな私」というよりもむしろ、既に明らかなように「いち早く〝殻を破

った〝私〟「人よりも〝上昇できた〟私」なのである。「自己顕示」というファクターを考慮したとしても、結局そこに示されるコミュニケーションの特異な質が問題として残るのである。

先に触れたように、この「読者ヌード」については、既に多くのメディアにおいて、「りえヌード」の影響と、「若き日の記念に」といった軽い動機が取り沙汰されている。確かに「りえヌード」が前述したような「敷居の低下」をもたらしたことは、紛れもない事実だと思われる。しかしながら、「記念」という昔ながらの凡庸なエクスキューズ（第4章第1節）を持ち出すだけでは、低くなったとはいえ存在するに違いない「敷居」を、あえて越えるだけの積極的理由に、言及したことにはならないだろう。**「今までの枠を越えて、新しい自分になる」ためのツールが、どうして「裸」でなければならないのか。そこには、偶然には還元できない「非偶発的」な条件があるはずだ。**

結論から言えば、そこに見いだされるのは、80年代末以降の性的コミュニケーションにおいて急速に浮上した新たな動き――性的コミュニケーションと自己意識の危機との結合――の、兆候である。こうした兆候は実は、「読者ヌード」にはるかに先立って、意外にもAVにおいて既に出現し、現在にいたっている。その重要な先駆が、黒木香である。

高偏差値AVギャルの出演動機

86年、村西とおる監督『SMっぽいの好き』でデビューした、当時横浜国大3年在学の黒木香は、初めての「高偏差値AVギャル」として話題をまいた。特に87年前半のメディアは、テレビといい雑誌といい、黒木香に覆い尽くされていた感がある。ところが、既に周知のように、90年代に入ると「高偏差値AVギャル」や「お嬢様大学AVギャル」はもはや珍しくなくなり、昨年夏にはついに現役東大生ギャルも登場するにいたった。筆者の周辺からも、最近「高偏差値AVギャル」が出たばかりである。

ところで、今日では、身近な女性が「AVギャル」としてデビューすることによる周囲の反響は比較的小さく、驚きを表明する向きがむしろ稀なほどだ。先月引退した人気女優、朝岡実嶺の場合にも、大学のゼミの学生や教官に公然とAVを続けていた。こうした平静さは、それ自体が驚きの対象であり、分析されなければならない。

ちなみに、筆者の知るケースでとりわけ興味深かったのは、その女性が出演4作目で「男に小便をかけられたり飲んだり」するに及んで、ようやく周囲に動揺が走ったということである。単に過激さに驚いたということではない。「顔出し」によってもらえる数十万円のギャラにたとえ10万円単位で「上乗せ」があったとしても、そのくらいでは彼女がそうした振る舞いに及んだ動機が説明できないことが問題とされたのだ。この説明不能性は、男性陣には何か「有害な感じ」を醸し出す一方で(後述)、女性陣の一部には「ああ、私には分かるなー」という驚くべき反応を引き起こした。自分もAV出演を真剣に考えていたとか、スカウトされて実際にプロモーション用の写真撮影まで進んだとか、個人的に打ち明ける女子学生がゾロゾロと出てきたのである。

AVに出演する女のコには、…いいところのお嬢さんというのも増えてきたよな。学習院とか白百合とか、聖心女子大とかね。そんなお嬢さんが、自分に嘘ついて生きるのはいやだ、気取って生きるのはいやだって僕に話すんです。

――代々木忠の発言、代々木・鬼頭〔1992：26〕

　代々木については後で触れるが、彼はここで「自己欺瞞（からの回復）」というキーワードを提示している。**彼は最近の女子学生のAV出演動機の変化に、過剰なまでに高揚した「自己関与」と性的コミュニケーションとの奇妙な結びつきを見ているのだ。**むろん、AVで性交するのと単にヌードになることの間には、常識的には天と地ほどの距離がある。にもかかわらず、そこには、既に紹介した「自己改造としてのヌード」と高度に共振し合う「自己改造としてのAV」が見いだせる。それは、80年代前半にニュー風俗で働き始めた専門学校生や女子大生の「敷居の低さ」とは、明らかに異なった――少なくともそれには還元しきれない――動機構造である。

　したがって、私たちは次のことを問うべきなのだ。すなわち、**こうした動機構造の変容は、性的コミュニケーションにおけるどのような文脈変化と連動するものなのか。**

「分裂した私」の「統合問題」化

　まず注意しなければならないのは、**そもそもAVの歴史が、同時代の性的コミュニケーションの文脈変化と完全にシンクロしていることだ。**たとえば、80年代前半のAVには、ニュー風俗ビッグバンと軌を一にする「性の日常化」が生じている。すなわち、テレビ取材が頻繁に取り上げた「ニュー風俗アイドル」のAVデビューが増加する。「テレビ×ニュー風俗×AVの蜜月」が演出され、改正風営法施行の85年にはAVアイドルが大挙テレビデビューを飾っている。他方、84年以降は、ロリコンアニメが象徴する「短絡ロリコン」の上昇（前述）とシンクロするかたちで、子供の顔に大人の体という「美少女路線」が浮上、AVはいわば「敷居の低い性的妄想」（第3章第3節）と連結することになる。さらに、80年代半ばに上昇する「女性＝自由／男性＝不自由」というコード（第3章第2節）を象徴するかのように、86年の黒木香の萌芽を経て、88年には豊丸に代表される「淫乱ブーム」が爆発。だが、翌89年になると、性的過剰さを「ぷっつん女」ではなく「清純女」に読み込むという同時代に一般化し始める青少年マンガの動き――〝隣のカワイイ女の子だって実際何をしてるか〟といった類の「妄想」の増殖（第3章第2節）――と軌を一にして、「童顔なのに淫乱」「清楚なのにエッチ」の類の落差をウリにする「美少女本番」路線が急浮上する。こうした一連の流れの中に、86年の黒木香のデビューがある（年表）。

こうしたAV史における位置や、奔放さを意識的に演出するその振る舞いのために、黒木香は従来「淫乱ブーム」の先駆と見なされてきている。**だが、今日の私たちから見てはるかに重要なのは、彼女こそが「自己発見のためのAV」「自己欺瞞の克服としてのAV」というコミュニケーションを始めた張本人だったという事実である。**中学高校時代（ミッション系お嬢様学校にして名門進学校の東京港区私立女子学院）の同級生を取材したが、黒木という芸名は、彼女が中学高校を通じて激しく対立した「聖書の時間」の先生の名前から取られたという。この事実が象徴するように、彼女のAV出演は、親や教師を含めた「偽善者たち」に対する最も効果的な「しっぺ返し」だった――少なくとも周囲にはそう受けとめられている。

だが、87年以降しばしば女性雑誌に登場する彼女は、対他的な「抵抗としてのAV」よりも、むしろ対自的な「自己改造としてのAV」と呼ぶしかないようなスタンスを押し出し始める。**そ**

表1　アダルトビデオ年表

'81	ニュー風俗が爆発したこの年、最初の「撮り下ろし」ＡＶがリリースされる
'82	主婦・女子高生・女子大生出演の最初の「素人ドキュメント」「ザ・オナニー」シリーズ７本（代々木忠監督）が大ブームになる
'83	最初のビデオアイドル八神康子、『隣のお姉さん』でデビューする
'84	最初のロリコンアニメ『くりいむレモン』、最初の「美少女路線」田所裕美子「ミス本番」シリーズが大ヒット
'85	風営法改正によって性風俗からＡＶに関心移行、ＡＶ女優が大挙ＴＶデビューする
'86	最初の高偏差値ギャル黒木香『ＳＭっぽいの好き』でデビュー、淫乱ブームの先駆け
'87	「美少女路線」の延長線上に、立原友香・冴島奈緒ら「第１次巨乳ブーム」を招来
'88	下半期に豊丸デビュー、咲田葵・沖田ゆかりも併せ「淫乱ブーム」が大爆発。女性主導型セックスが開花
'89	松坂季美子デビューで「第２次巨乳ブーム」。樹まり子・林由美香デビューで「美少女路線」の延長上に「美少女本番路線」急上昇。男性主導型セックスが復活
'90	桜木ルイが改名再デビュー、「美少女本番路線」の最右翼となる
'91	「ＡＶ不況」が到来。結局残ったのは、あいだもも・五十嵐こずえらの「童顔×エッチ」という「落差」の系列。匿名素人出演の「企画もの」も上昇を開始する
'92	「美少女本番路線」の系列は、白石ひとみ・朝岡実嶺の「清楚×エッチ」という「お嬢様路線」へ

こでは、［思慮深い私（表）／性的な私（裏）］の統合とでも言うべき主題が、繰り返し語られるのである。この事実は、男性よりもむしろ女性たちによって強く記憶されている。彼女が80年代末に多くの女性たちの支持を集めたのは、ビデオの中身よりも、むしろその発言内容によるものだった。

15歳のある日、私の最も親しい友人が…自殺してしまったのです。彼女はこの前にも自殺を試みながら、私を残してはいけない、と実行を断念した、と遺書に書かれてあったのです。私は相変わらず、スケベな肉でした。私はそれがショックでした。事件がもたらした唯一の変化は…信仰への更なる沈潜でした。一方で、背徳者である私は、芸術に向かおうとしました。私は、絵画という二次元の世界に肉なる私を封じ込めようとしました。私は深刻な分裂の危機にあったのです。

——黒木［1987b：70］

幼い頃から私は、…私の家にありましたアングルやクールベの描きますエロティックな女性の裸体画というものに強く索かれておりました。…私はそのような自分のエロティックな本質をひたすら覆い隠して参りました。…あの［村西とおる監督の］ビデオ撮影現場におけるエクスタシーというものは、それまで密やかに行ってきた背徳行為に対する、贖罪でもあったとも思います。

——黒木［1987b：71］

実のところ、「性をどこに着地させるか」という問題は、黒木香に限らず、「高偏差値」女性の多くにとって、まったく人ごとではない。黒木の発言は、そのことをあえて意識したものだった可能性さえある。私が取材した「高偏差値」AV女優は、中学・高校時代を通じて30歳代の年長の男性と交際していたが、彼の包容力によって、「高偏差値」少女的な「思慮深い私」と、ちょっと淫乱な「性的な私」の両側面は、それぞれ全面的に肯定されると同時に統合されていたという。だが、大学入学に伴う上京によって彼と「別れて」からは、統合の要になる存在を失って、

「私」が分裂し始める。いわく「エッチな男は頭がカラッポだったり、インテリ男はエッチが瘦せていたり」。こうして、分裂した「私」の着地場所を求めて数々の男を渡り歩いた後、ついにＡＶに着地する——。

筆者らが知る限りでも、たとえば女子東大生の中には今でも「いまの彼氏に〝本当の女〟にしてもらったの」といった類の発言をする女性が少なくない（93年現在）。しかしこれは昔ながらの「バージンブレイク」ではなくて、彼によって初めて自分の「女としての部分」が肯定され、分裂を回収してもらったという事実——というより自己意識——を述べるものだ。「高偏差値」少女の多くは、「優秀な受験戦士」という自己意識によって負担免除されることもあって、自分が「女である」ことを明確に引き受けないまま大学に進学する。そして、合同サークル等での「順列・組み合わせ的恋愛ゲーム」か、さもなければ就職活動の中で「会社人間」の先輩男性と会い始める時点でようやく、いわば強制的に「女であること」を意識させられることになりがちである。こうして収まりが悪くなり始めた自己の着地場所を見つけるのは、実はそれほど易しくない。かくして、前述の発言にうかがえるような「一人の男への過剰適応」が、珍しいことではなくなるのである。

ことほどさように、**「高偏差値」女の周辺そこかしこには、「分裂した私の統合問題」のコロラリー（関連物）が見いだされる。**実際、90年頃に一部で話題になった「高偏差値女専門のナンパ師」も、この「統合問題」を利用し尽くすことを基本的なテクニックの一つとしていた。こうした「統合問題」が、「高偏差値」ＡＶギャルの出演動機や、彼女たちに対するスカウトマンの

「口説き文句」のテクニックを考える際に、見逃すことのできないファクターとなっていることは、言うまでもない。しかしながら、それだけでは、事柄の半分の側面に言及したことにしかならないだろう。というのは、この問題が、**とりわけ80年代末以降に**、既に見たような性的コミュニケーションの変化と結びつくかたちで顕在化した理由が、まだ答えられていないからである。

結論から言えば、そこには「性そのもの」に対する眼差しの急速な変化がある。それを知ることで、問題の全体的な輪郭がようやく姿を現し始める。恰好の手掛かりになるのは、91年に刊行され、若い女性たちにも大きな話題をまいた、AV監督代々木忠の手になる『プラトニック・アニマル』という書物である。

「性的コード」の変化

【〈行為〉から〈体験〉へ】

65年にピンク系独立プロ（通称エロダクション）入りした代々木忠は、向井寛・若松孝二・山本晋也などと並ぶピンク界の古株だが（第4章第1節参照）、71年に「ロマンポルノ」が始まると彼らとともに日活に移籍、47本を監督している。72年に始まる「日活ロマンポルノ裁判」の被告の一人として80年に無罪判決を受けた後は、70年代半ば以降の日活の「管理強化」に嫌気がさして「ロマンポルノ」から遠ざかる一方、81年に、本物の女子高生・女子大生・OL・人妻を使った『ザ・オナニー』シリーズ7本を自ら販売代理店に持ち込んでリリース。これが当時としては記録的セールスとなり、以降一貫して、素人女性と代々木本人の間で生じる撮影現場での偶発的なコミュニケーションを撮り続け、今日にいたっている。

こうした豊富な現場経験を踏まえて著された『プラトニック・アニマル』は、大半の女性が

（そして男性も）、本人の自己把握の如何にかかわらずオーガスムを経験していないという「事実」を踏まえて、オーガスムの障害要因とそれを取り除くための具体的な手段を、こと細かに解説したものである。**ところが、この本が凡百のマニュアルと異なるのは、それがきわめて逆説的な形式をとって書かれているということだ。そしてこの逆説という形式にこそ、90年代の性的コミュニケーションの中核的問題が見いだされるのである。**

彼によれば、オーガスムの獲得を妨げるものは、私たちの日常生活を覆い尽くしている自己防衛の意識である。そうした自己防衛を離脱した忘我状態においてしか、オーガスムは訪れない。しかしながら、80年代を席巻したマニュアルセックスは、ベッドでの行為を、「イカせるための手段」に貶めてしまう。手段が目的を達成しうるかどうかは偶発的である。この偶発性が男性側の自己意識を危機にさらすために、結局オーガスムが妨げられてしまう。女性の場合でも、「彼が一生懸命なのにイケない」ことが「相手にとって望ましい対象」からの離脱だと感じられ、そこで生じる自己防衛の意識がオーガスムの邪魔をする。自己防衛機制の発動を制御することこそがオーガスムへの「道」であるというのに。

とはいうものの、あらゆる出来事が、その偶発性ゆえに自己防衛を招き寄せざるを得ないというのが、複雑な社会システムにおける日常性だ。「道のり」は険しい。もっとも問題なのは、自我を捨てようという意識さえもが、自我を首尾よく捨てられるかどうかが偶発的であるために、かえって防衛的な自我を強化してしまうという逆説である。

インドの哲人ラジニーシの講話録『道』の中にこんな話がある。ある覚者が弟子に「何を考えてもいいが、人間に一番近い猿のことだけは考えないで瞑想せよ」と命じた。その弟子は猿のことを考えまいとするが、すればするほど頭の中に猿が出てくる。滝に打たれても、猿は消えるどころかどんどん増えてきた。次の日には猿と話しさえしている…。

――代々木［1991：157］

そこで代々木忠が提案するのは、こうした自己防衛の逃れがたきループを発動させる日常性それ自体を、ほとんど物理的に切断してしまうための、具体的な方法（後述）である。このようにして、代々木の本は、「マニュアルがもたらす逆説を克服するためのマニュアル」という、きわめて逆説的な形式を取り始めることになる。そこでは「脱することが目標なのに、脱しようとするとかえって脱せられなくなる」逆説的ループが主題化されている。

ちなみに、このような逆説と関係づけられるとき、性は、80年代に急浮上する宗教的なもの――自己改造セミナーを含めて――と密接に関係し始める。実際、自己改造セミナーは、この逆説的なループからのありそうもない脱出を、直接的に主題化している。そもそも、宗教的な形式は、逆説一般と親和的である。愛し得ないものをこそ愛することが愛である／戒律によく従い得る者は当初から恵まれた者である／救済にこだわる者の我執が救済を遠ざける、といった具合に。**逆説という形式こそが、私たちが直面しうる最も典型的な「前提を欠いた偶発性」だからである**（宮台［1990ab］［1992c］）。性が逆説の「培養室」であるならば、性は宗教と限りなく近接し得る。80年代の新新宗教の若い加入者の多くが、性に関わる問題での行き詰まりを加入動機とする事実（室生忠［1986］）は、単なる偶然ではないのだ。このことは、「自己意識をめぐる逆説の集約場面」としてまさに性こそが見いだされるという傾向が、この時期に急速に上昇したことを示している。

話を戻せば、私たちが注目しなければならないのは、91年に話題になった代々木の本が、オーガスムを、逆説の克服と結びついた一つの「真理」（悟りのようなもの）として取り扱っている事実である。**そこに見いだされるのは、「性の〈体験〉化」とでも呼ぶべき、性的コミュニケーションの重大な地殻変動だ。**そこでは、性的コミュニケーションに踏みだす仕方――〈行為〉――はもはや問題ではなく、性的コミュニケーションの中で何を〈体験〉しうるかに、主題が完全に移行している。**「踏み出しうるか否か」から「享受しうるか否か」へ**――。結論的に言うなら、こうした「性そのもの」に対する眼差しの変化こそが、この時期に「自己意識の危機」を――とりわけ「性の問題に結びつける自己関与的なコミュニケーション」を――触媒した重要なファクターなのだ。

したがって、代々木忠の本が91年という時期にベストセラー化したという事実それ自体が、たいそう示唆的である。それは、同時代の「高偏差値」AVギャル輩出や「読者ヌード」の盛り上がりの背景を解き明かしてくれる。そこには、単なる性的〈行為〉の敷居低下というよりも、むしろ性的コミュニケーションのコード変化――〈行為〉から〈体験〉へ――と結びついたかたちでの、自己関与的コミュニケーションの高まりがある。すなわち、**「自己改造としての性」**の顕在化は、一方で、上昇した〈関係の偶発性〉を背景とした（とりわけ高偏差値女における）前述したような自己意識の危機の高まりを条件としつつも、他方で、性的コミュニケーションのコード変化――「性それ自体」への眼差しの変化――を重要な文脈としているのだ。当然のことながら、「自己意識の危機の高まり」と「性の〈体験〉化」の双方は、互いを条件とし合いながら互いに高め合う相互触媒的な関係にある。こうした「性の〈体験〉化」が、70年代から80年代にかけての性的コミュニケーションの進化という文脈を必要としたことが、前述したような時期的な必然性を生み出したのである。

しかしながら、システム理論が明らかにするところによれば、逆説は一般に、多様な解釈に開かれざるを得ない。**その都度のコミュニケーションの文脈が、逆説に接続しうる行為や体験の種類を変えてしまうのである。**実のところ、代々木の提示した「逆説的マニュアル」は、おそらくは作者自身が必ずしも意図しなかったような受けとめ方をされるにいたった。それをここで一瞥しておこう。

「過剰な自己関与」による**「視線の無関連化」**

既に述べたように、代々木によれば、自己防衛を遮断しようとする意識は、遮断に成功し得るか否かの偶発性ゆえに、自己防衛の意識をかえって強化してしまう。そこで彼がループ脱出のために提示する具体策は、捨てようという意識を経由しないで自我を捨てることを可能とするような、身体生理的デバイスに関わるものとなる。目隠し／ダーティーワード／ライトSM／催眠誘導／…。これらのデバイスは、「自らが他者になし得ること」（イカせてあげる／イッてあげる云々）ではなく、「自らの身体に生じ得ること」に純粋に意識を集中するのに役立つ。たとえばダーティーワードは相手を興奮させるためではなく、それを口にする当人自身の自我を崩壊させ、日常性と強固に結びついた自己防衛を遮断するためのものだという。

しかし、もう一つの時代的背景を考慮するなら、こうした提案は、代々木自身の意図に関わりなく、危険な他者の視線を遮断して自己関与に耽るための「自己関与マニュアル」として読まれる可能性が大きいと言える。すなわち、**80年代的な新人類文化は、他者の視線に対する〝記号〟的敏感さを上昇させ、自己提示を高度な危険にさらしたが、この本は多くの読者に対して、マニュアル・コミュニケーションの下での自己提示の危険を、逓減するように機能するということだ。**あるいは、そうした80年代的コミュニケーションによって自己像を傷つけられた者たちに対して、マニュアル・コミュニケーションからの恰好の逃亡ツールを与えることも考えられる。

実際、筆者の周囲の女子学生たちは、「男の子は10人が10人、この本を〝ふたりオナニーの勧め〟として読むに違いない」と断言する。男の子だけがそうなのかどうかはともかく、おそらくその通りなのだろう。〈関係の偶発性〉をできる限り排除したところに成り立つ「安全な妄想」への耽溺――。それは、「美少女コミック」のコマからの男性身体の消滅や、ＡＶに映り込んだ男優の身体に対するクレームといった、昨今話題になる一連の動きにも見られる傾向である。この本の同時代的なブームの背景には、そうした社会的退却 social regression を正当化するためのツールとして読むことができるという事情もあると考えて間違いない。

しかし、代々木自身の意図は、もちろん正反対のものだ。彼は明らかに、コミュニケーションからの退却どころか、むしろコミュニケーションそれ自体を激烈に志向している。コミュニケー

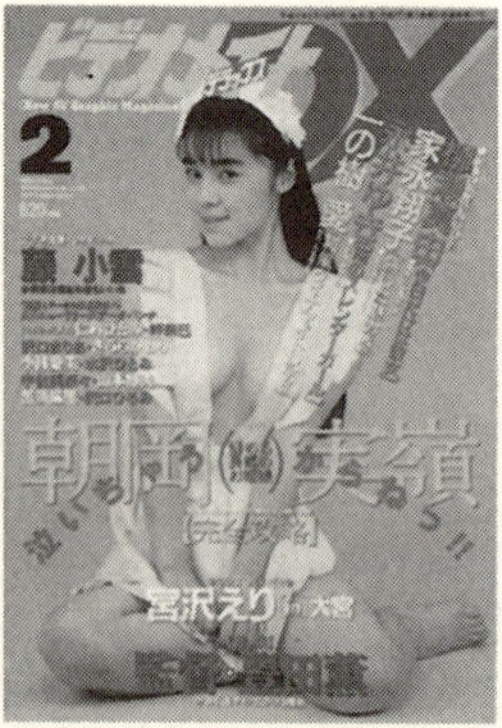

白夜書房『ビデオメイトＤＸ』には、90〜91年にかけて「完全攻略シリーズ」と銘打たれたＡＶ女優のロングインタビューが連載された。幼児体験や家庭環境まで立ち入った異例のものである。

ションを志向することでかえってそれから遠ざかってしまうという逆説に対処するために、あえて逆説的な振る舞いが推奨されているのだ。彼が繰り返し持ち出すのは、**コミュニケーション可能性を信頼して自己に集中することで、逆にコミュニケーションが可能になるという逆説である。**しかし、ここにこそ誤読の分岐点がある。というのは、コミュニケーション可能性に対する信頼が、回復不能なまでに壊れているというのが、現在のコミュニケーションの実態だからである（宮台［1990ab］）。

そもそも「自己関与」の過剰な高まりは、「視線への鈍感さ」と緊密に結合せざるを得ない。システム理論の教えるところによれば、システムの自己関与は、環境からの無関連化の度合を高めるからである（第２章第２節）。実際のところ、そうした傾向は、男女を問わずますます強化されつつあるように見える。そのことを示す象徴的な動きが、再びＡＶの中に見いだされる。

ＡＶ女優の「高学歴化」が進行したこともあって、最近のＡＶスカウトマンの誘い文句は、「お金になるヨ」から「もしかすると変われるかもしれないヨ」に変わりつつある。『ビデオメイトＤＸ』『ビデオ・ザ・ワールド』といったＡＶ雑誌のＡＶ女優インタビューにしばしば語られる出演動機にも、先に紹介した『ａｎ・ａｎ』読者ヌードの女性たちのコメントに類似したものが増えている。「今までとは違った私」へ向けた「自己改造」的な上昇志向――私たちは「専門学校的上昇志向」と呼んでいる――と結びついた「AV幻想」が高まっているのだ。もちろん、人が「自己改造」を何によって果たそうが、まったく勝手である。しかし、いったんAVに出るや、今までの親子・友人・恋人関係が維持しがたくなるという厳然たる現実もある。実際には、差別というよりも、むしろ切り離しや無関連化が起こってくる。周囲は彼女から遠ざかり、本人も「それを理解して」周囲から遠ざかる。その結果、彼女をめぐるコミュニケーションの「島宇宙化」（宮台［1992b］）が回避しがたくなるのだ。

> 私は自らをアダルトビデオの撮影現場という戦場に放り込んだわけですが、ビデオのみならず、テレビ・雑誌とさまざまなメディアでしております活動というものは、**おそらく皆様には「自堕落にも程があるというものを…」というようにお思いになっていると思います**し、私自身そのように思いながら仕事をさせていただいております。
>
> ――黒木［1987b：69］強調は引用者

しかし黒木の発言にもかかわらず、AVを享受する世の男性たちは、AV女優の「自堕落云々」にはつゆほどの関心もないだろう。対象がアニメ・キャラである場合と同じように、相手を切り離して――いかなる〈関係の偶発性〉も介在させずに――きわめて安全な場所から見ているだけのことである。だからこそ、身近な女性がAVに出演しているのを発見したとたん「我に返り」」、そこに無害化し切れない〈関係の偶発性〉を見いだして困惑するのだ（前述）。したがって、ここに述べられているのは、むしろ彼女自身の「もはや還る場所はない」といった類の自己意識なのである。それは、AV出演が引き起こした周囲への波紋を、あえて身に引き受ける覚悟を——よしんば事後的な覚悟だったとしても——よく示すものだと言える。

しかしながら、そうした覚悟をもってAVに出演するケースはむしろ少ないというのが、実情である。そのために、自らのAV出演がもたらす「世間的なリアクション」に対する想像力や身構えを欠くがゆえの「悲喜劇」も、頻繁に生じることになる。まさにそうしたものの典型が、「東大生AVギャル事件」（92年）だった。

彼女たちは、AVに出るのを美化しすぎるとはいえますね。…出てしまったあと、何かプライベートに不都合が生じると、「実は騙された…」と言い訳する。スカウトじゃなくても、本人自らがメーカーに売り込んできた場合でも、結果、出演が親しい知人に知られたりすると「騙されていやいや出た…」と弁解する娘もいる。AV出演を美化して、そのギャップが大きいと、自分のプライドを守るため、誰かのせいにしたくなる。

——西村巧［1993：59］(1)

ここで《美化しすぎる》と表現されているのが、私たちが「自己改造的上昇志向＝専門学校的上昇志向」と呼んできたものだ。そこには前述したような「内部でマワり過ぎるがゆえに外部と無関連になった自己意識の形式」が見られる。さらに言うなら、そこにあるのは、男性と女性の間の、〈相互浸透〉(第2章第1節)を欠いた「無関連な嚙み合い」の図式だ。一方に「過剰な自己関与」によって周囲の視線から無関連になった女性がいて、他方に「偶発性処理能力の低下」によって想像力を欠いたまま無害なAVに耽溺する男性がいる。両者は互いに相補的に「嚙み合って」いるが、その間には〈相互浸透〉はおろか、内面的な関係が見事なほどに欠落している。

こうした「無関連な嚙み合い」は、[ジュリアナ東京のパンツ見せ女/お立ち台の下に群がる男」という光景にも見いだされる、きわめて「90年代的」な図柄だと言えるだろう。

〈関係性モデル〉の逆説──「浮遊する身体」

〈関係性モデル〉による「近接性」の代替機能

こうした「90年代的」な図柄において印象的なのは、他者の視線を無関連化してしまうほどに強力な「自己関与」が、とりわけ女性の側に目立つという事実である。そこで、分析を締めくくるにあたって、次のような互いに関連し合った問題について、整理された解答を与えておこう。すなわち、①なぜ80年代末から今日にかけての時期に、「過剰な自己関与」を要求するほどにまで自己像が危ういものとなったか。②自己関与に伴う「他者の視線の無関連化」には、何らかの積極的な意味があるのか。③この「自己像不安の関係項」として、とりわけ性的コミュニケーションが見いだされたのはどうしてか。④こうした一連の問題がとりわけ女性を強く襲っているように見えるのは、いったいなぜなのか。

これらの問題を解く鍵は、実は、本書でも繰り返し言及してきた、70年代前半以降に始まる〈関係性モデル〉にある。第1章で指摘したように、〈関係性モデル〉のルーツは、73年に開始された「乙女ちっく」マンガに遡る。そこでは、戦前的モチーフ（母子もの／孤児もの…）を用いた「ありそうもない波瀾万丈の経験」の〈代理体験〉の提示から、読み手が「これってあたし！」という具合に「ありそうな現実」のモデルによって周囲を読み替えるための〈関係性モデル〉の提示への、機能的享受形式（第2章第1節）の画期的な移行が生じた。この〈関係性モデル〉は、60年代末になって少女マンガにようやくもたらされた「愛というもの」「幸福というもの」といった類の「世代コードに基づく規範的モデル」――〈若者〉らしい私の提示――を、モデルの「個人化」と「認知化（非規範化）」によって、「〈私〉らしい私」の提示へと換骨奪胎したものだった（序章）。

「個人化」された新たな「認知的モデル」は、最初から性的コミュニケーションと密接に関わっていた。71年創刊の『微笑』や、同時期の『セブンティーン』における「性の爆発」（第4章第1節参照）に見られる「性的コミュニケーションの自由化」――それが「遅れてきた60年代的サブカルチャー」だったことは前々節で述べた――は、より年少の世代をアノミーにさらす。彼女たちの「私はちゃんと大人の女になれるのかしら」といった不安は、それに対処するための、予定調和的かつ自己肯定的な現実解釈のモデルを要求することになった。かくして「乙女ちっく」が誕生した（第1章）。

こうして女性メディアに増殖した〈関係性モデル〉は、77年になると予定調和的な自己肯定を脱し、エッチな男の子との間の具体的なコミュニケーションの作法を指南するものへと、急速に複雑化・リアル化する。同時に、複雑化した〈関係性モデル〉は青少年マンガに飛び火し、いわゆる「少年ラブコメ」を立ち上げることになる（第3章第2節）。以降「新人類的なもの」――性と舞台装置――の上昇と軌を一にするかたちで、メディア上を流通する〈関係性モデル〉も急激に増殖する。とりわけ83年以降は、「新人類的なもの」がメディア上を全面的に席巻。「〈私〉らしい私」の構成要素として、消費社会的な意匠が大々的に利用され、消費と結びついた差異化競争――消費と対人能力の結合（宮台［1990ab］）――が、若者たちを巨大な圧力にさらし始める。

そもそも、「これってあたし!」的にメディアを通じて享受される〈関係性モデル〉は、近代化に伴う社会システムの急速な複雑化・流動化によって失われた「近接的確かさ」――自分が周囲の人間と違わないと知って得られる安心――を、いわば代替的に調達するための機能的な装置として、要請されたものだった（宮台［1991c］）。したがってそこには、**コミュニケーション環境の複雑化によって自らの位置が見通しにくくなればなるほど、ますます〈関係性モデル〉への依存が高まるという関係**がある。実際、そうした論理関係を背景に、モデルは今日にいたるまで、いっそうの複雑化と膨張を遂げてきたのだ。

〈即他者的モデル〉から〈即自己的モデル〉へ

その意味で、〈関係性モデル〉のメディアを通じた享受や学習は、親や近隣集団といった「現実の他者（たち）」からのモデル学習と、機能的な代替関係にある。しかし、両者の間に重要な差異があることにも、注意しなければならない。「現実の他者（たち）」から習得するモデルは、モデルの充足可能性を――現実にそのように振る舞う他者を目にするわけだから――確認可能である。他方、**メディアにおいて提示される〈関係性モデル〉は、それが充足され得る可能性を必ずしも確証できない。**この機能的な差異が、多くの見通しがたい帰結を生み出すことになるのである。

その最も象徴的な例を、90年頃にピークに達した「クリスマスの強迫」に見いだせよう。オーシャン・ビューのオシャレなホテルでディナーをいただき、ティファニー・グッズをプレゼントして、客室で夜景を見ながらエッチする――。ところが、首都圏近辺のそれ相応のシティーホテルの空き室数から計算して、実際にクリスマスにそうした振る舞いに及べる若いカップルは人口学的に全体の0・3％に満たない（！）という計算がある（木村［1992］）。それにもかかわらず、「若いカップルの大半がクリスマスをそのように過ごしている」という妄想が、メディアを通じて際限なく増殖し続けた。かくして、多くの若者が（実際に相手を見つけられないことも含めて）期待外れに打ちのめされることになった。こうした例に見るように、**モデルの物理的な充足不可能性さえ、必ずしもメディア上を流通するモデルを――少なくとも短期的には――淘汰できない。**かくして、傍目からは理不尽とも言える「期待外れの過剰生産」が見いだされることになるのである。

この種の「期待外れの過剰生産」が最初に広く意識されたのは、実は『オールナイトフジ』放映開始をきっかけの一つとする83年の女子大生ブームのときだった。メディアに華々しく提示された「女子大生とはこういうもの」という類の解釈図式は、同時期の「愛人バンク」報道に代表されるニュー風俗的バイアスも手伝って、多くの女子大生たちの拒否反応を生み出した。しかし、それも直ちに「私たち、そんなんじゃありませ〜ン」といった「女子大生らしい反応」へとパッケージ化され、それ自体がステレオタイプ化された認知的な〈関係性モデル〉となって再び大規模に流通し、消費された。

雑誌記事を鵜呑みにして、愛人バンクに限らず女子大生と言えば即性風俗産業という連想を働かせ、それ故に女子大生を軽く見てバカにし、その一方で、需要があるから供給があるのだという経済の大原則を忘れたフリをしている…その発想の安直さ、許せません。この際声を大にして言わせて貰いますけれど、私たちフツーの女子大生の大半は愛人バンクを始め、ポルノ映画ともビニ本ともペントハウスのグラビアとも、まるっきり縁のない生活をしているんです。

――ニンカムプープ［1983：95］

結局「モデルと現実の落差」は、一部の反発にもかかわらず、「煽り」による相対的剥奪感を触媒することになった。実際、当時のペンションやディスコには、「煽られた身体」が溢れかえらんばかりだった。

ここらあたりは、軟派サークルがわんさかで、キャピキャピギャル（古い！）が軽井沢銀座を闊歩していたハズなんだけど…。「女子大生は5年前の半分ぐらいにまで減りましたね。そのうえ、以前に比べるとみんな地味になったようです（ペンションオーナー）。」

――『SPA！』92年9月16日号

だが、私たちが「新人類文化下降期」の始まりと位置づける88年頃（第1章第1節）から、「モデルと現実の落差」の意識は、逆にある種の「退却」を生み出す傾向を強め始める。結局、**こうして再生産され続ける落差が、「新人類文化」的な差異化競争にコミットすることの危険を意識させるにいたり、他者の視線を媒介にした差異追求的な〈即他者的なモデル〉から、他者の視線を媒介にしない〈即自己的なモデル〉――一種の「快―不快モデル」――への移行が、促されることになった**（宮台［1992b］）。かくして、88年以降になると、77年以降の差異追求的なモデルと結合した「性的なものの上昇」――性と舞台装置の結合（第1章）――とは区別される、「快―不快モデル」と結合した「性的なものの上昇」――〈体験〉化された性（前述）――が、もたらされたのだ。

なぜ88年という時期に「退却」が生じたのか？

しかし、「モデルと現実の落差」の意識それ自体は、既に80年代の前半から存在しており、それが「退却」よりもむしろ「浮遊」を生み出したことは、先に紹介した通りである。だとすれば、この落差の意識がとりわけ88年以降にいたって他者の視線からの「退却」を生むことになったのは、どういうわけなのか？　なにゆえとりわけこの時期に、視線が危険なものとして意識され始めるようになったのか？　結論から述べれば、**まさにこの時期、〈関係性モデル〉の充足不可能性――時間次元の不透明性――に加えて、さらに〈関係性モデル〉の内容次元の不透明性／社会次元の不透明性が増大する**、という固有の事情があったのだ。

既に述べたように、メディアにおける「これってあたし！」的な〈関係性モデル〉の享受は、社会システムの複雑化を背景とした「近接的確かさ」の調達をめぐる困難を埋め合わせる機能を持っている。そもそも「内的確かさ」よりも「近接的確かさ」――周囲の他者たちと違わないことによる安心――を頼りにする、近世以降のいわゆる「日本的コミュニケーション」の作法は、今日にいたるまで基本的には変わらずに続いている。しかし、日露戦争以降――とりわけ大正期以降――の社会システムの複雑化と人的流動性の高まりによって、「近接的確かさ」を担保していたはずの「〈世間〉の同一性」は、急速に不透明化した。**これ以後、もはや自明ではなくなった「〈世間〉の同一性」を演出するための人為的な「統合シンボル」への要求が高まり、そのことが昭和ファシズムに見られる「近代天皇制」の再編を動機づけもした**（宮台［1991e］）。

戦後も、「猫も杓子も民主主義」を含めたさまざまな「統合シンボル」が、こうした要求に応え続けてきた。それらとは別に、「これってあたし！」的な〈関係性モデル〉は、60年代サブカルチャー亡き後の「世代コード」の崩壊とコミュニケーションの「個人化」を背景とした、若者のコミュニケーションの新たなるシンボリック・デバイスだった。すなわち、**メディア内に展開された〈関係性モデル〉の〈相互浸透〉的な享受が、世代的なサブカルチャーというシェルターの崩壊**（第４章第１節）**にもかかわらず、非自明化した「〈世間〉の同一性」を代替し、「近接**

的確かさ」――〈私〉は孤独じゃない・〈私〉は分かってもらえている――を提供したのである。

だが、77年以降に急上昇する「新人類文化」のコミュニケーションは、他者の視線への敏感さを媒介とした差異追求競争の激烈化を通じて、〈関係性モデル〉を過剰に分化させた。その結果、今度は過剰に分化した〈関係性モデル〉それ自体に関わる不透明性が、上昇し始める。**社会システムの不透明さを埋め合わせるために要請された〈関係性モデル〉の複雑化が、それ自体新たなる不透明さの源泉になるという、きわめて皮肉な結果になったのである。**既に述べたように、当初その不透明さは、まず「時間次元」――モデルが将来充足されるかどうかの不確実性――において上昇した。ところが、差異化競争を行った当事者である「原新人類」(50年代後半～60年頃に生まれた世代)から、後継世代に文化的リソースが受け渡される際に、新たな事態が生じることになった。

最初に差異化競争に興じた当事者たちには、「何から自らを差異化するか」が、当然のことながら見えていた。その意味で少なくとも同世代内の視線は互いに透明だった。ところが、前もって細分化された文化的アイテムを先行する世代から受け渡された者たちにとっては、既に差異化の母体が見通しがたくなっており、出来合いのメニューからきわめて偶発的に「不快でないもの」を選ぶしかなくなっていた。こうした事情は、諧謔的パンチラからオタク的パンチラへの変化や、高踏的ロリータマニアからコミケ的ロリコンへの変化(前節参照)、はたまた、反〈相互浸透〉的ロックから〈相互浸透〉的ロックへの変化(第2章第1節)など、いたるところに如実に現れている。そこには、「快―不快」原則に基づく「多様性の遺産へのタダノリ」(宮台

［1992b］）が見られたが、それは積極的な選択というよりも、むしろそのような場所に追いやられた結果だった。**こうして、同世代内部の見通しがたさがもたらした差異化志向の消滅が、他者の視線への相対的な無関心さを高め、それがひるがえって同世代内の視線の不透明さを触媒するという、相互触媒的なループが具現したのである。**

かくして、団塊ジュニア世代（70年代前半生まれ）にいたるや、その内部は多様に分化したまま互いの連絡を絶たれた状態になった。コミュニケーションの「島宇宙化現象」（宮台［1991f］）がもたらされたのである。その結果、〈関係性モデル〉を評価するための「一般的な他者の視線」の取得が難しくなり、〈関係性モデル〉に関わる他者たちの動機づけが著しく不透明化することになった。システム理論的に言えば、モデルの選択性の上昇——選択肢の範囲の拡大——は、選択能力を高めるための選択前提の強化を要求するが、実際はその反対のことが生じたわけである。モデル選択に関わる選択前提が、「社会次元」——他者の視線を取得する可能性——において不透明化してしまったのだ。

それと並行するかたちで、〈関係性モデル〉の「内容次元」の不透明化も、また進行した。すなわち、〈関係性モデル〉の過度の分化によって、選び得るモデル全体の見通しがきかなくなり、個々のモデルにコミットすることの意味が不確かなものになったのだ。自らがコミットする〈関係性モデル〉の選択性（one of them であること）が強く意識されるにもかかわらず、そのことが要求するはずの選択前提の強化が、「内容次元」——個々のモデルの意味の相互決定関係——において阻まれたのである。それに加えて、先に述べた他者の視線の不透明化によって個々のモ

図2　サブカルチャーの状相循環

西暦（年）	73〜76	77〜82	83〜87	88〜現在
新人文化4フェイス	伏流期	上昇期	安定期	下降期
新人類のライフステージ（1960年生まれ）	13〜16歳　中高時代	17〜22歳　大学時代	23〜27歳　新入社員時代	28歳〜　肩書時代
社会背景	シラケの時代 四畳半フォーク 乙女ちっくブーム 石油ショック	湘南ブーム サザンオールスターズ・ブーム 「ポパイ」 「ギャルズライフ」 オタク雑誌続々創刊	女子大生ブーム 第2次ディスコブーム 外車ブーム DCブランド 理系離れ開始	DCブランド下降 外車ブーム下降 東欧革命 天安門事件 宗教ブーム上昇
経済情勢	資源不況の時代	円高不況の時代	バブル経済の時代	バブル経済の崩壊
ユーミンの展開	少女の誕生 （60年代の切断）	少女から女へI （先端女／私大的）	少女から女へII （普通女／OL的）	女から〈少女〉へ （回想と癒し）
新人類文化の内容	シャレの時代	シャレからオシャレへ	オシャレの時代	——
新人類とオタクとの関係	新人類とオタクが未分化に混融	新人類の上昇とオタクの分出	新人類の席巻とオタクの拡大	新人類とオタクの等価化＝総オタク化
システム状相循環	変異 （何でもあり）	選択 （排除と選別）	安定化 （浸透と陳腐化）	再び変異 （再び何でもあり）
団塊ジュニアのライフステージ（1970年生まれ）	3〜6歳 幼児時代	7〜12歳 小学時代	13〜17歳 中高時代	18歳〜 大学時代

デルの意味の不透明化が引き起こされ、他方で、個々のモデルの意味の不確かさがモデルにコミットする他者の視線の取得を難しくするという関係、すなわち**「社会次元」の不透明化と「内容次元」の不透明化との相互触媒的ループ**が成立することになった。

こうして、とりわけ80年代末期に——すなわち新人類世代が30歳代に、団塊ジュニアがハイティーンとなる時期に——若者文化における文化的リソースの世代間伝達を通じて、〈関係性モデル〉の「時間次元／社会次元／内容次元」の不透明さが一挙に上昇した。「モデルと現実の落差」の意識それ自体は既に80年代の前半から存在していたのに、それが80年代末になって「浮遊」ではなく「退却」を引き起こすようになったのは、このようなコミュニケーション文脈の変化のせいである（前掲の図2）。

〈即自己的モデル〉がもたらす「終わりなき浮遊」

ところで、こうした過程に働いたもう一つのメカニズムも、忘れてはならない。すなわち、〈関係性モデル〉をめぐる「社会次元」「内容次元」の不透明化が、「時間次元」で不透明なモデル——実現可能性が危ういモデル——からの退却を「要求」したのみならず、そうした退却を「可能」にしたということである。分かりやすくいえば、**モデルの持つ意味も、他者がモデルに寄せる眼差しも、両方とも不透明になることで、「期待外れ」を招きがちな〈関係性モデル〉から退却することが後ろめたくなくなったということだ。**それというのも、「後ろめたさ」は、モデルの〝記号〟的な意味——カッコよさ——や、それを評価する他者たちの視線についての想像力にこそ、由来するものだからである。

かくして、「他者の視線の取得」を媒介にした「差異化原則」は、「快―不快の実感」を軸とした「体感原則」に取って代わられた。しかしながら、それは〈関係性モデル〉一般の放棄を意味したわけではなかった。そうではなく、正確にいうなら、諸次元で不透明な〈即他者的なモデル〉が棄てられる代わりに、もっぱら自らの「実感」「体感」に依存する〈即自己的なモデル〉が選び取られた、ということなのだ。こうした移行は、他者の視線を前にした〈関係性モデル〉の陳腐化や錯誤の危険から「内的に不確か」な自己イメージを護り抜くための、巧妙な工夫であるとも見られよう。80年代終盤以降の、もはや他者の視線とは無関連化した病理的な「痩身ブーム」、実際の効果のほどとは無関連な「エステブーム」、オーガスムへの関心に見られる「性の探究ブーム」、などに見いだされる「身体的なものの上昇」は、こうした〈即自己的なモデル〉への大規模な移行を示す兆候だろう。

ところが、こうした移行の帰結は、どうも一難去ってまた一難ということのようだ。確かに「自己信頼」を危機に陥れる「他者の視線」は無関連化されたが、そのことは同時に、「私の〈私〉らしさ」の評価が、「他者の視線」という一種の外部基準によっては完結できなくなってしまうことをも意味するからである。かくして、「私が〈私〉らしくなれる場所」を探す「終わりなき旅」が始まる。「読者ヌード」や「インテリAVギャル」に見いだされる「過剰な自己関与」、言い換えれば、他者の視線への驚くべき鈍感さを伴う〝殻を破って生まれ変わる〟といった類の「自己改造」的上昇志向は、まさにこうした終わりなき「相対的剝奪感の地獄」である。その地獄は、そこから逃れるためのお手軽な外部基準として、しばしば宗教を選ばせることにさえなり得る。

こうして、当人にとっては「真剣な自己関与」なのに、周囲には「とてつもない浮遊」としか見えない奇妙な営みが、あたりに蔓延し始める。この種の「浮遊する自己関与」がしばしば性的コミュニケーションを主題化せざるを得ないのには、既に述べてきた理由以外にも、以下のような文脈がある。すなわち、〈即他者的なモデル〉からの退却にもかかわらず、現実の性的コミュニケーションにおいては、具体的パートナーの反応偶発性が最後まで自己意識を危機にさらし続ける。他者の視線からのできる限りの逃走にもかかわらず、その無関連化が最も困難な領域として最後まで残るのが性的交渉の場面なのだ。そうした困難な領域こそ、まさに「終わりなき〈私〉探し」の舞台にはふさわしい。というのは、**終わりなき困難こそが、終わりなき探究を正当化する**からである。しかし、実際のところ、そこに見られるのは、自ら裂け目を作り出しては自ら埋め合わせるという、「終わりなき自己準拠」に過ぎない。

こうした一連の問題が、昨今とりわけ女性を集中的に襲っているように見える理由は、既に明らかだろう。本書を通じて繰り返し述べてきているように、メディアを通じて展開し増殖する個人化された認知的モデルとしての〈関係性モデル〉は、70年代前半から、まさに若い女性のコミュニケーションを母体として上昇を開始したものだった。そうした出発点の「先行優位」をも一つの条件としながら、**〈関係性モデル〉に対する依存度は——統計分析を経て明らかにしたように（第2章第3節）——今日でも女性が男性を圧倒的に凌いでいる。〈関係性モデル〉への依存度が高ければ高いほど、モデルに随伴する「問題」がより激烈なかたちで噴出せざるを得ないの**

は、当然のことだと言わなければならない。〈関係性モデル〉に関わる「期待外れ」や「相対的剥奪感」が、目下とりわけ女性を激しく襲っているように見えるのは、故なきことではないのである。

結語：「サブカルチャー神話解体」へ

「性的コミュニケーションの現在」をもたらしたもの

本章「性的コミュニケーションの現在」は、戦後直後から現在までの性的コミュニケーションの変化を、同時代のサブカルチャーの動きを織り混ぜながら、検討してきた。**その結果、「性は解放に向かっている」といった単純すぎる総括では済みそうもないきわめて多様な問題が、見いだされることになった。**ここで取り上げられた論点のうち、主要なものだけを一覧してみよう。

まず、私たちは、戦後社会を通じた性的コミュニケーションの変化を、コミュニケーションの操縦に関わるコード変化という側面で追尾した。その結果、アングラという観念を意味あらしめた「表社会／裏社会」コード、強者・弱者関係を用いた〈疎外〉図式に結びつく「階層コード」、〈疎外〉図式から階層的文脈が脱落することで成立した「世代コード」、〈若者〉という観念と結合した世代的サブカルチャーというシェルターが消えた後の「個人コード」…といった、一連のコードの移り変わりを見いだした。

とりわけ70年代以降の「個人コード」化がもたらした〈関係の偶発性〉の上昇は、性的コミュニケーションにさまざまな変化を強制したが、そのうち私たちは次のようなエポックを取り上げた。まず、世代コードと結合したサブカルチャー的シェルターの解体がもたらした〈関係の偶発性〉を、効果的に吸収するための非偶発的な概念表象——「隣の女の子」的なもの——の、70年代半ばにおける上昇。そうした無害な概念的吸収装置への反発と結びつき、新人類的「諧謔コミュニケーション」とも共振しあった「都市的感受性」の、70年代末期からの上昇と、80年代における短絡。80年代前半の「ニュー風俗」のビッグバンがもたらした、性的コミュニケーションにおける［日常／非日常］コードの急速な解体と、性的非日常に棲息し続けてきた〈相互浸透〉的ロマンチシズムの最終的消滅。続いて、80年代後半に新風営法対策として生まれた各種の「電話風俗」における〈関係の偶発性〉の民主化と、それがもたらした今日まで続く「浮遊身体」化のメカニズム——。

そして本節では、とりわけ90年前後からの動きとして、次のような焦点を指摘した。まず、性的〈行為〉における「敷居の低下」の果てに生じた、性的コミュニケーションにおける、〈行為〉から〈体験〉へのコード変化。そして、文化的リソースの世代間伝達をはさんで新たに高まった、〈関係性モデル〉の［時間的／社会的／内容的］な不透明性。その不透明さがもたらした「自己像不安」と「眼差しの危険」。それに対処するかたちでの、〈即他者的モデル〉から〈即自己的モデル〉への退却。退却による「自己準拠化」が論理的に帰結せざるを得ない「終わりなき浮遊」——。

こうした一連のコミュニケーション文脈の変化の中で、かつては想像だにできなかったような今日的現象がもたらされた。かくして、性的コミュニケーションにおいて、性交も、オーガスムも、風俗労働も、売春も、AV出演も、「不純異性交遊」も、「淫行」も、以前とは異なる意味を帯びるようになったということである。

「分析の遅れ」が意味する「病理」

ところで、本章で私たちが取り上げてきたような各種の問題が、互いに関連づけられながら包括的に取り扱われたことは、今まで一度もなかった。その事実——ますます拡大しつつある「分析の遅れ」——が示唆するのは、分析者側の単なる「怠慢」というよりも、むしろきわめて重要な「方法的問題」である。最後にこのことについて一瞥しよう。

コミュニケーションのさまざまな領域は、互いに他を前提とし、また互いに他を可能としている。したがって、**コミュニケーションの個別的な変化は、コミュニケーションのあらゆる領域における同時代的な変化と連動しており、またその全体性を見通すことによって初めてコミュニケーションの個別的な変化の意味や機能が明らかになる。**しかしそれを明らかにするためには、あらゆるメディア領域を渉猟しなければならず、また変化の多様な側面を切り出すために、統計的方法・ルポ的方法・歴史的方法などを、自由自在に組み合わせる必要が出てくる。また、それらの多様な方法を統括するためのCPU（中央演算処理装置）として、きわめて強力な理論装置が要求されざるを得ない（序章）。

このような一連の手順に必要とされる分析コストが支払われてこなかったことが、「分析の遅れ」の原因だと言っていい。**複雑な社会システムでは、「現実の変化」は「分析の変化」よりも速く進みがちになる。**このタイム・ラグを埋めるのに必要なコストは、以前にも増して高いものにならざるを得ない。にもかかわらず、私たちの周囲にもっぱら存在したのは、むしろシステムの複雑性を覆い隠す方向で機能するしかない、安上がりな「統計への逃避」「ルポへの逃避」「歴史への逃避」「概念への逃避」（宮台［1990ab］）だったのだ。

　私たちの分析が明らかにするのは、先に列挙したような一連の個別的なプロセスが、同時代のシステムの、全体的あるいは部分的な定常性を構成する部分品として、機能してきたという事実である。**言い換えれば、プロセス「を」可能にしているプロセスがあり、プロセス「が」可能にしているプロセスがあるということ。そうした相互可能化のループの中で、少なくとも短期的に見た場合の「システム定常」が実現されている**（宮台［1989a］）。さらにまた、長期的・歴史的に見るならば、現在のシステム定常が、一時代前のシステム定常によって可能性を与えられた複数のパス――進化の道筋――のうちの一部が実現したものに過ぎないこと。そうした「選択的な現在」が、それにもかかわらず見通しがたいほど多様なパスに可能性を開いているということ。これらの事実に対する認識も、また重要である。そのような空間的（同時代的）・時間的（歴史的）な、前提供給関係・可能性開示関係の網の目の中に、目下の私たちの（この文章を含めた）コミュニケーションもまた織り込まれている。

　しかし、それゆえにこそ、そうした網の目の中で個々のコミュニケーションが果たしうる機能は、必ずしも自明ではない。そのような非自明性に対する鈍感さを、私たちはしばしば「文脈を欠いた思考」と呼んできた。「文脈を欠いた思考」は、「虚構都市・東京」「身体の進化」「感覚の解放」「ポストモダン」「ゲリラ的闘争」「ソープ嬢との裸のつき合い」などといった類の、昔ながらの「無害な観念」（第4章第2節）――「60年代的サブカルチャー」の残滓――を再生産しながら、一方で、自らに都合のいい各種のサブカルチャー的シェルターを用いて「傷つきやすい自己像」（反権威？　革命者？）の温存を図り、他方で、初めから帰結の分かりきった予定調和的な言語ゲームの中で、処理しきれない偶発性の遮断にしか役立たない「救済の神学」を垂れ流し続けている。

もちろん「需要あるところに供給あり」。複雑化したシステムが、そうした「救済の神学」をたえず要求していることは事実であり、それに応じた「供給者」が現れること自体は仕方ないことだと言える。しかしながら、そのような〝仕方ない〟いわば〝弱者の眼差し〟の前に、「性的コミュニケーションの現在」が――あるいはそもそも「現在」が――姿を現すことは、論理的にあり得ない。**とするならば、私たちの試みは、なにゆえに「サブカルチャー神話解体」でなければならないのか。私たちの「システム理論」がそもそも何を目指すものなのか。**もはや多くを語る必要はあるまい。

(1)この東大生AVギャルの一件で当局に逮捕・拘留されたHOPビデオの西村巧は、このインタビューで、勧誘する側から見た昨今のAV女優の自己意識の変化についての率直な感想を縷々述べている。

Column

「まる文字」はなぜ消滅したか?——新たなるコミュニケーションの兆候

第二次女子高生ブームの意味——「かわいいコミュニケーション」の一巡

93年春に放映されたTVドラマ『高校教師』をきっかけに、「第二次女子高生ブーム」とでも言うべきものがメディアを席巻している。その前の「第一次ブーム」というのは、85年の『夕やけニャンニャン』放映に始まったものである。そのときの「女子高生」は女子大生ブームの後を追ったメディア主導の「商品」であり、無害な差異の記号としてパッケージされた「おニャン子」がメディアを通じてお茶の間に登場しただけのことだった。

今回のブームは、それとはいささか趣きが異なる。今度は現実の女子高生たち自身が、今まで無縁だった「危険な」空間に出没しはじめたのだ。教師と平気で恋愛し、投稿写真誌でモデルになり、テレクラでバイトをし、ブルセラ（ブルマー&セーラー服）ショップで使用済みパンツを売る…そうした姿が、雑誌やTVで報道されている。

単なるメディアの喧伝に過ぎないとタカをくってはいられない。私たちは、投稿写真誌モデル、女子高生売春クラブのメンバー、パンツ売り少女たちなど、多くの女子高生たちにインタビューを重ねてきている（一部は『現代』93年11月号に掲載。また宮台の構成で

NHKドキュメンタリー化予定〔93年当時〕)。その結果、学校によっては1人の教師が同時に5人の生徒と性関係を持ったり、1学年で20人以上の生徒がテレクラでバイトをしていたり、1クラスで10人以上の生徒がパンツを売っていたり…といった週刊誌そのままの現実が、あるいはそうした大規模かつ急速な広がりを支えるネズミ講式の同級生紹介システムの全貌が、明らかになりつつある。

確かにここでも、メディアは重要な機能を果たしていよう。だがそれは、現実の女子高生が、教師との恋愛・レイプ・同性愛・変態といったあらゆる「変」を、「それってあるかもしれない」というパッケージを通じて無害化するための、「触媒」として働く、という機能なのである。こうした無害化装置によって武装しつつ、どこにでもいるフツーの女子高生たちが、きわめて大規模に「怪しい振る舞い」に乗り出しつつあるのだ。

こうした事態を予兆するような異変に、私たちは実は90年に既に気づいていた。大学の演習で「まる文字(変体少女文字)」の歴史と機能を題材にしたとき、学生たちから、既に高校や中学生の大半がまる文字を書いていないという報告がなされたのである。学生たちが大量に持ち込んだ中高生女子のレポートには、まる文字の代わりに、たて長で角張った、繊細でありながら、どこか不安定な印象を与える字が躍っていた。私たちはこれを「ノッポ字」と名づけた(アクロス編集室はその特徴から「長体ヘタウマ字」と命名、93年7月号・9月号特集記事で、調査・分析し、大きな反響を呼んだ)。学生たちの証言によれば、ノッポ字は、87年頃、教室のちょっとオシャレな高偏差値少女から徐々に広がったという。『Olive』お便りコーナーを調べてみると、86年頃からこの新しい字体がポツポツ出てくる。

ノッポ字のルーツには諸説ありうるが、もっと重大なのは、この「まる文字の消滅」が、とてつもなく大きなコミュニケーション文脈の変化とシンクロしているということである。

まる文字の歴史は〈関係性モデル〉史である

山根一眞によれば、まる文字が最初に登場するのは74年であり、「急速に一般化」するのが78年頃だ。そして私たちの調査では、87年には既に急速に消滅に向かっている。

他方私たちの時代区分では、73年からが新人類文化「伏流期」、77年からが「上昇期」、83年からが「安定期」、88年からが「下降期」である。まる文字は、1950年代末期に生まれた新人類世代が書き始め、新人類文化とともに上昇し、新人類文化の終息とともに廃れた、ということになるだろう。新人類文化の生成消滅の歴史は、まる文字に象徴される「かわいいコミュニケーション」のそれとほぼ完全にシンクロしているのだ。言い換えれば、まる文字の消滅は、70年代初期に立ち上がった新人類文化独特の〈関係性モデル〉の機能が変化し、その機能の一部が用済みになったことを、暗示している。

本文で述べたように、まる文字は、少女たちのロマンチックな自足ツールとして始まり、キュートなコミュニケーションツールへと徐々に進化した。「かわいい」は、無害さを表示するプロトコルとなり、主体や内面を経由しないコミュニケーションの、無限増殖を可能にすることになった。そしてその直前、新人類の「差異化の時代」が急に幕を開けた。実はキュートへと進化したまる文字こそは、差異化の時代に要求された「差異の架け橋」だったのであり、それ自身が差異化ツールではないことによって、個別性や差異を抹消する強力な機能を持ちえたのだ。

だとすれば、ノッポ字が、まる文字の過剰さ——書き手が置かれている〈関係性〉(「かわいい共同体」のメンバーであること)をいちいち表示するという暑苦しさ——を取り去った、オシャレな差異化ツールとして立ち上がったという事実は、まさにこの「差異の架け橋」の機能が放棄されたことを意味していよう。87年前後に始まるこの変化は、新人類文化の終焉を表すと同時に、差異の架橋や差異化自体とも結びついた〈即他者的モデル〉の終焉を、すなわち自己充足の時代の始まりを、暗示している。

新たなるコミュニケーション——過剰さの抹消という過剰

しかし、自己充足化は、それだけでは過剰さからの脱却を意味しない。実際、本文で述べたように、80年代末期には、他者の視線という外部基準の消滅によって、かえって「終わりなき浮遊」がもたらされることになったのである。それが他者の目を前提にしたものであれ自己充足的なものであれ、結局、73年から87年にいたるほぼ15年間の〈関係性モデル〉の展開は、一種の「浮遊」と受け取られざるを得ないような「関係妄想の過剰さ」に、一貫して見舞われていたと言える。そしてその同じ15年間、やはり「過剰」なまる文字が、女の子たちのコミュニケーションを覆い尽くしていたのである。

実は、まる文字の消滅・ノッポ字の出現が意味するのは、こうした〈関係性モデル〉につきものだった幻想的な過剰さの、強力な忌避、という新しい事態なのだと言えよう。

こうした変化はたとえば、本文で紹介した80年代末期から90年過ぎにかけての「高偏差値AVギャル（女子大生）」的なものと、90年以降に急浮上しつつある「投稿写真誌バイトギャル（女子高生）」的なものとの対照に見てとれる。前者は、自己準拠的な〈関係性モデル〉がもたらす自意識の過剰と浮遊する幻想を象徴している。そこでは、不良だということを周囲に知られないと不良であることの意味がなくなってしまうのと同じように、「殻を破った」ことをあえて表出することに大きな力点があった。ところがもう少し下の世代にあたる後者は、顔出しの危険を慎重に回避しながら効率のいいバイトをしているに過ぎない。彼女たちは例外なく、「金のために、バカ男を喜ばせてやってるだけだ」という。モデルのバイトが芸能アイドルデビューの道筋だなどという幻想をもたず、その多くが現実的な——きわめてささやかな——将来計画を描いている。

結局、ノッポ字の女の子たちは、ある意味で「地に足がついて」いるのだ。むろん〈関係性モデル〉は捨て去られていない。しかしそれは、現実を過剰な期待で粉飾するよりも、むしろ過剰な期待を切り下げて失望を無害化する——教師もただの男に過ぎず、撮影会に群がる男は馬鹿オヤジに過ぎず、性愛にはアクシデントがつきものだ——という方向で用いられている。こうした「地に足のついた少女」たちが、「過剰な先輩たち・親たち・教師たち」をあざ笑いながら、無害化ツールに守られて、人目につかない所でさりげなく「ブッとんだ」ことをする——。まる文字からノッポ字への移行が意味するのは、そうした新たなコミュニケーション空間の一般化なのである。

第5章　サブカルチャー神話解体論の地平

すべては20年前に始まった。

今の第二次BB（ベビーブーマー）の若者はそれぞれ自分のグループのなかで、閉じた、自己満足的なコミュニケーションを志向する。
現在のような大文字の「若者」の解体も、70年代前半に誕生した少女たちのコミュニケーションの帰結であった。
少女カルチャー、音楽、青少年マンガ、性的メディアの各分野を大量のデータと資料を駆使して分析した今、「サブカルチャー神話解体」から何が明らかになったのか、これからの若者のコミュニケーションはどうなるのかなど、今後の見通しも含めて総括する。

なぜサブカルチャー分析なのか？

A（編集部）　少女カルチャー・音楽・青少年マンガ・メディアのセックス表現などのサブカル

チャーが、日本の若者にどのように受容されてきたかを論じた「サブカルチャー神話解体論」を、92年8月から93年6月まで連載していただきました（本書第1〜4章）。今日は、連載から何が明らかになったのか、また第二次BB以降の若者のコミュニケーションはどうなるのか、などうかがいたいと思います。まず、サブカルチャー連載の背景にある問題意識は、何だったのですか？

M（宮台）　問題意識の出発点は、80年代前半以降のニューアカ・ブーム、フランス思想ブーム、記号論ブーム、都市論ブームなどの中で醸し出された都市イメージに対する、強い違和感に遡ります。**都市における記号的な形象、意匠、デザイン、あるいは空間構成を取り上げつつ、ポストモダニズムだ、時空のよじれだ、虚実の混融だといった広告代理店的・デザイン事務所的なパッケージと戯れることによって、都市を論じることになっているだろうか。**そういう疑問を抱いていたのは僕らだけではなく、80年代後半に浮上するルポ・ブーム――そこでは都市伝説的なもの、おまじない的なもの、自己改造セミナー的なものが俎上に載せられましたが――の中で、いわば「大衆的」に感得されていたものです。しかし、何で80年代のコミュニケーションが、記号的なものの上昇と、それに対するルポ的なものによる揺り戻しというかたちをとったのか、ということに対するまとまった反省が結局いつまで経っても出てこないのが実はたいへん気になっていたということがあった。

もう一つは、社会について喋ろうとする人間が当然注意するべき「コミュニケーションについての問題」が見逃されている気がしたということ。**結局、評論の言葉も批評の言葉も哲学の言葉**

も社会学の言葉も、ただのコトバじゃないですか。マンガだったり音楽だったり小説だったりという具合に他にもありうるコミュニケーションの一つ。同じ文脈を共有し、同じ時代の空気を呼吸しながらなされるコミュニケーションの一つに過ぎないじゃないですか。だから当然同じ前提によって方向づけられているし、その同じ前提によって同一の問題が覆い隠されたりしている。そういった分析する側のコトバと分析される側のコトバの、ある種の逃れられない等価性に対する自覚が、不明確じゃないかと。

A　なぜサブカルチャー分析でなければいけなかったのでしょうか?

M　時代の変化に伴うコミュニケーション文脈の変化がどこに現れるかを見るときに、政治的コミュニケーションの変化を見ることもできるし、社会思想的コミュニケーションの変化を見ることもできる。しかし、マンガの変化と社会思想の変化との間に、どんな違いがあるのか、ということですよね。社会思想史・政治思想史という学問がありますが、マンガの変化ではなく社会思想や政治思想の変化だけにとりたてて社会的文脈が刻印されると考えるべき理由も、逆に社会的文脈から自由だと考えるべき理由もありません。であれば、自分たちがよく知っていると思い込んでいるサブカルチャー的なものやメディア・コミュニケーション的なものを対象にしてみたらどうなるだろうか。実際、まともな分析が一つもないじゃないか、というわけです。

もちろん鶴見俊輔や見田宗介や南博などの、いわゆるモダニズム分析とか社会心理史と呼ばれてきた分析が過去にはあるんですが、発想が僕らの言葉で言わせていただくと「60年代的サブカルチャー」そのものなのです。つまり、**批評したり分析したりするときのコミュニケーションが、**

やっぱり批評される対象と同じコード――都市と農村、上層と下層、強者と弱者などといった論じられる対象が前提としているコードと同じもの――を共有している。これが気に入らないということ。こうしたサブカルチャー分析は、それ自身がサブカルチャーであって、僕たちの目的には役立ちません。

システム理論とは何か?

A　それでは、今回の一連の分析でお使いになった方法論とは、どのようなものですか?

M　対象が前提しているコードと共振しないためには、対象となるコミュニケーションとは異質な、対象の側から見れば唐突としかいいようのないような「無礼な」手法で分析する必要があります。ソフトな内容分析に血も涙もない統計的手法をぶつけ、ハードな社会思想に地を這うようなルポ的手法をぶつける、といった僕らのやり方は、そうした要請に従っている。しかしこの要請から既に明らかなように、統計に頼れば済む、ルポ的実感に頼れば済むというものではなく、統計的なるもののコード、ルポ的なるもののコードを、また別のものによって中和する必要が出てきます。こうした複数の手法相互の関係を、システム理論というCPUによって統括することで、対象との共振を排除しつつ、しかもアドホックさや恣意性を回避するということです。

A　統括するシステム理論について、分かりやすく説明してください。

M　僕らの考えるシステム理論にはいくつかのポイントがありますが、いちばん重要なのは、社会というもののイメージをどのように構想するかという根源的な出発点、すなわち世界観の「最初の選択」に相当する部分です。それはこういうことです。従来の社会思想や社会理論・社会学理論の多くは、（理想的な）社会が成り立っているとすれば、それは人々が何か——価値や規範——を共有しているからだと考えます。その典型が、何らかの合意が社会を支えていると考えるプロト近代的な社会契約説です。

しかし僕らの考えるシステム理論はまったく違う。**人々が何かを共有することによって社会が成り立っているのではなく、共有していると「思える」ことによって、さらに言えばそのように「思える」条件が存在することによって、社会が成り立っている。そのように考えるのが、システム理論のイニシャル・ステップ（最初の選択）**です。分かりやすい例を出すと、真の恋愛とは互いが融合し一体になることであると考えるある種の形而上学があったとしましょう。それに対してシステム理論家は、真の恋愛は、融合や一体感が成就したと当人に「思える」ときに成り立つ、と言い換える。これがすべてに関して言えるわけです。社会は「強者と弱者」ないし「上層と下層」によって成り立っている、と考えるようなコミュニケーションが、実際少し前まで一般的だったんですが、そのような概念をつかっていれば社会について語ったことになる、あるいは社会についてのコミュニケーションが成り立つと「思える」ような文脈があった、というふうに言い換えるのがシステム理論なのです。

こうした、コミュニケーションが当てにしている非自明的な前提が、私たちの言う「コード」です。だから、対象となるコミュニケーションが与えられたとき、システム理論は、単なる内容分析を行うのではなく、それぞれのコミュニケーションが当てにしている暗黙のコード——初発的な観念や先行的な了解――を明るみに出していくのです。

Ａ　つまりコミュニケーションの前提を問うものであると。

Ｍ　そうです。そうした「イニシャル・ステップ」を選択するかどうかは自由ですが、その選択は、たとえば非常にありふれた日常的態度決定、簡単に言えば、「知らぬが仏」という考え方を認めるかどうかに、密接に関わっています。たとえば僕はかなり激しい「癌家系」ですが、小さい頃から家族の間で誰かが癌になったら互いに直ちに知らせ合うことを決めています。告知されることでもちろん苦しむかもしれない。でも「知ることによって苦しむ」ことをあえて選択したのだから、それでよいわけです。それに絡めて言えば、社会は一種の「思い込み」だといった「言語ゲーム」論とも通じる発想は、ニヒリズムを招き寄せ――むろんそれは誤解に基づくものですが――、人々をして社会運動から遠ざけるかもしれません。しかしその程度のことで破れる社会変革のロマンならば、変革はなくていいと主張するのがシステム理論家なのです。

さらに言うなら、少年時代に皇国少年だった、あるいはヒトラー・ユーゲントだった思想者がいるとする。自らの少年時代を総括して、「国家社会主義」は徹底的に誤っていた――「マルクス主義」「社会主義」ならば良かった――などと考える行き方が一方にありえます。しかし他方に、「何々主義」に従えば社会がうまくいくなどと考えるコミュニケーション自体が徹底的に誤っていたと考える行き方もあります。「何々主義」ならばうまくいくといった太平楽なロマンチズムは社会運動には役立つだろうが、そのような社会運動ならば徹底的に拒絶しよう――そのように考えるのがシステム理論家です。むろんそうした立場は圧倒的に少数であらざるを得ないかも知れませんが、それでいい。どうせ前者が多数だからこそ、後者のようなコミュニケーションが機能を果たしうるからです。

A　システム理論は、どれくらい有効なのですか？　また限界があるとすれば、どこに？

M　これは肝心なのですが、システム理論を採用するだけでは、分析の妥当性はまったく保証されません。システム理論を採用することによる制約ないし方向づけというのは、結局のところ、今述べた「イニシャル・ステップ」を選択するということでしかない。その先に何をどう構成するかということを方向づけるものは、何もないんですね。**しかし逆に言うと、このような「自由度の高さ」こそが、僕らがシステム理論を採用する理由なんです。システム理論の高度な自由度こそ、僕らの「実感」を自由に対象化するのにふさわしい。**つまり、別の言い方をするなら、あるシステム理論の分析がタコだとすると、それはシステム理論がタコだからというよりも、理論をハンドリングする側が鈍感だからです。逆に言えば、もしシステム理論の分析が成功しているなら、システム理論が優秀であるというよりも、分析者の「文脈への敏感さ」の勝利ということになります。

A　ほかにも映画、テレビという具合にいくつかありうるんですが、サブカルチャー選択の基準は何だったのですか？

M　実は大規模に流通したポップカルチャー——サブカルチャー的なものもポストサブカルチャー的なものも含めて——には、そんなにバリエーションはありません。僕らが扱ったものに、映画とテレビと小説を加えると、ほぼカバーしきれてしまうわけです。

A　なぜ映画やテレビを加えなかったのですか？

M　たとえばテレビについては膨大な準備が完了しているので連載に加えることもできたのですが、今回あえて外させてもらいました。それには理由があります。テレビは、他のサブカルチャーに比べて、圧倒的に動きが遅い。60年代には違ったのですが、70年に入るや急速な管理強化の煽りを食うかたちで、他のサブカルチャーの動きとの間に3～5年のタイムラグを生じるようになり、同時代のコミュニケーション文脈を見るのに必ずしも適さなくなった。

それに加えてもう一つの理由があります。70年安保を踏まえた管理強化は、今日常識化している「外注化」につながってきているわけですが、こうした作り手側の固有の「制度的事情」が、番組に濃厚に反映してしまう。局と制作プロダクションとスポンサーの関係、経済的環境、労使の力関係や組合対策といった事情が複雑に絡んでくるのです。巨大産業だという点では音楽メディアも大差ないけれど、アイディアのピックアップからマーケティングにいたるプロセスが、音楽産業とは比較にならないほどノイジーです。素人が、たとえマイナーであっても受け手共同体を組織できる可能性が論理的にはいつでもありうる音楽産業、マンガ産業、性風俗産業などとは決定的に違うわけです。映画にも、ほぼテレビと似たような文脈があります。

これらを踏まえた上で、テレビや映画を扱う可能性を僕らは保留しています。その場合には、送り手と受け手の間のコミュニケーション文脈に加えて、送り手集団内部のコミュニケーション文脈の変化が重要なポイントになります。というわけで、ちょっとスジが異なるので今回の連載ではパスさせてもらいましたが、近々『アクロス』に掲載させていただくことになるかもしれません。いずれにしても、今回の連載で取り扱ったメディア・コミュニケーションには、同時代のコミュニケーション文脈の変化にきわめて敏感に反応するものが特に選ばれているわけです。

再認識された70年代の重要性

A　一連の分析の中で発見したもっとも興味深かったことは何ですか。

M　仮に60年代、70年代、80年代を比較すれば、70年代は「シラケの時代」などと呼ばれてきたにもかかわらず、きわめてバリエーションに富んだ「熱き時代」だったことが、予想通り再確認できた。このことが意義深いと思います。僕らは73〜76年を「変異の時代」、70年代の末期を「選択の時代」と呼んできました。つまり、**「差異化の時代」と呼ばれた70年代は、目も眩むほどのバリエーションを生み出した上で、その中から特定の方向をピックアップしていく時代だったわけです。ピックアップしたものが、成熟し、爛熟し、最終的には下降していく、それが80年代だったという気がするんですね。**80年代に存在したものの多くは、70年代にその先触れや早過ぎた萌芽が見いだされたものであることは、もはや確実です。

A　複数のサブカルチャーを横断することによって見えてきたものは何ですか。

M　最大の発見は、とりわけ70年代以降という限定がつきますが、女性コミュニケーションないし少女コミュニケーションの果たしてきた機能が、絶大だったことが確認されたということですね。連載の最初（＝第1章第2節）が、あるいはそれに先立つ僕らの2本のアクロス・ペーパー（そのうちの1本が第1章第1節）が少女コミュニケーションを主題にし、連載最終回（第4章第

3節）が女性の自己意識の話で終わっているのには、重要な意味があります。これはきわめて意図された構成なのです。

後に80年代になって「かわいいカルチャー」と名づけられた、70年代前半に上昇する少女的なもの・かわいいものは、戦前的なものとも連続する単なる「かわいい意匠」の水準において、重要なのではなく、世界認識の一つの特徴的な形式において問題になるのです。その形式が、最初は少女のものだったのが、彼女たちの成長につれて年長世代に広がり、さらに男性側にも浸透して、10年足らずの間に若い連中のコミュニケーション一般を浸すようになってしまう。それを僕らは〈関係性モデル〉と呼んでいましたよね。「これってあたし！」的なものです。少女コミュニケーションが重要なのは、それが少女のものであるからというよりも、その形式が少女メディアを越えて、音楽、青少年マンガ、男性雑誌、テレビなど、一見したところ「かわいくない」ものにまで派生していったからなのです。

「これってあたし！」的なモデルは、最初は、『微笑』『セブンティーン』など70年代に入って「遅れてきたサブカルチャー」として急上昇する女性コミュニケーションにおける性の氾濫を前にした、年少世代のアノミーを、「そのままでいい」と馴致するものでした。この形式が、これまた同時代の日本のウーマンリブと共振する。70年代前半に一世を風靡した田中美津は、10年前のアメリカで「女よ、変われ」というメッセージとともに立ち上がったリブとは反対に、サブカルチャーの煽りの中で上昇した社会的志向と、ふっ切ることができない「女性的」志向との間で引き裂かれた自己を、素朴実感主義的な記述の中で「そのままでいい」と馴致しました。〈関係性モデル〉による無害化という形式は、実はポップメディアに留まらず、思想的なコミュニケーションも席巻していくことになるわけです。

A　80年代は「女性の時代」だと言われていましたが、そんなレベルの話ではないのですね。

M　女性が強気になったとか、女の子が元気なのに男の子の元気がないとかいうことも重要な話なんですけど、そういう水準で「女性の時代」だったということよりも、少女たちの営みに始まった「個人化された認知的モデルとしての〈関係性モデル〉を媒介にするコミュニケーション」が一般化したということが重要なんです。**その〈関係性モデル〉を用いたコミュニケーションをハンドリングする能力に、メディア・コミュニケーションのシステム史によって条件づけられた男女差があった、あるいは現在でもあるということですね。**

A　つまり少女コミュニケーションに見られた、アノミーを前にした自己防衛にこそ、80年代的な無害化の形式のルーツがあるということですね。

M　そういうことです。〈関係性モデル〉の機能は、不透明な世界の中で、にもかかわらず輪郭の明確な自己像を抱かせるところにあります。世界が不透明化すれば、自己と世界との関わりもぼやけます。それに抗して「私はこうなの!」と思い、周囲の出来事に「それってある!」と思えるための、一般化されたツール——それが〈関係性モデル〉なんです。その源が「乙女ちっく」少女マンガに遡るということ。この個人化されたモデルは、若者らしさを〈私〉ではなく〈我々〉として享受するような、複数形の主語を持ったサブカルチャー的な若者モデルを、歴史的な前提としていました。

A　サブカルチャーがかつて果たしていた役割と、今のそれとの違いは。

M　「性的コミュニケーションの現在」の中で「性の日常化」と表現した現象に象徴されるのですが、メディアとメディアを手本にした現実の行動というそれまでの安定した関係が崩れたということです。既に多くの人々が気づいているように、ファッションでもコトバでも流行《はやり》ものでも、自然発生的に市井で生じたものがマスコミに取り込まれていくっていうかたちが一般的になってきています。でもそれはメディアの機能が単に縮小したというよりも、メディアが蒔いた種が自己増殖を始めていったようなものですね。**別にそこで主体性が回復されたわけではなく、〈関係性モデル〉的なものの自己運動が始まったということに過ぎません。**いったんモデルに習熟した者たちは、もはや手本をマスコミに求める必要がなくなり、互いの現場的な関係性の中でモデルの変異や選択が生じるようになったんです。その典型が「クチコミ化」でしょう。

A　メディアとの関係がより複雑になっているということですか。

M　80年代末期にオタクという言葉が人口に膾炙して以降、メディアの空間が不透明になっていることが明らかになりました。一人がすべてのメディアを見渡すことが不可能になり、特定のメディアに偶発的にコミットする以外にメディアに対処する方法がない。だから当事者から見れば、従来ならメディアによって供給される〈関係性モデル〉を享受すれば、不透明な世界の中での自分の輪郭がはっきり分かったものが、メディアにコミットしていることの意味がより不透明になってそうならなくなった。それを、特定の〈関係性モデル〉を享受することの偶発性が強く意識されてしまう、という言い方で表現したのですが、その意味でも、メディアを介した〈関係性モデル〉の絶大なる自己像支援機能は落ちてきている。

「居直り」世代としての第二次BB

A　第二次BBのコミュニケーションについてどう見ますか。

M　第二次BBは、そこだけ突出した特異な世代というよりも、新人類的なものからなだらかに傾斜していくような傾向を持っています。それは、徐々にコミュニケーションの範囲が狭くなっていくということであり、徐々に不透明性が増していくということです。したがって、より「根拠なき」自己像を維持しているという感じがするし、不透明さの上に「居直っている」ようにも見えます。**まったく偶発的なものであることがちゃんと意識されながら、たまたま自分が生まれ落ちた場所、自分が置かれた仲間関係、自分が享受したメディア世界といったものを、さしたる理由なく「守る」という方向ですね。**自由自在にメディア世界を飛び歩くといった、かつての原新人類カルチャーの闊達さは、こうしてなだらかに失われていったわけです。

そして気がついてみると、今「居直りの時代」なんですね。しかしその中で、僕ら自身肯定したいと思っている新しい動きも生じてきているんです。彼らは生まれ落ちた時から世界が不透明であるがゆえに、不透明であることが特にコンプレックスの源泉にならない。「だって昔からそうじゃん」ということですね。特に居直りにエネルギーを使う必要もなく、自分が置かれた偶発的な場所で、偶発的に手にしているものを何のてらいもなく押し出していくことが、上の世代から「居直り」に見えるだけ。そうした中で今、70年代前半とは少し違った意味で「変異の時代」

になっていると思うんです。てらいなく偶発的なものを押し出すというコミュニケーションの中で、徐々に何かが選ばれていくんだろう――象徴的には「まる文字」が廃れて「ノッポ字」が選ばれたように――という感じですね。

A　第二次BBはメディアの影響を受けにくいと聞きますが。

M　前に述べたところからも明らかですが、雑誌が仕掛けるものが当たらなくなるのは当たり前なんです。まず、現実に相当リジッドな彼ら自身のコミュニケーション・コスモロジーが既にあって、その中で意味のあるものしか選択されなくなっています。しかもそのコミュニケーションは、驚くほど分化が進行していて、それぞれ安定した「島宇宙」を作るようになってるわけです。もともと分化は「差異化の時代」の70年代後半から始まったんですが、差異化が横同士を意識し牽制し合うとすれば、「島宇宙」化したコミュニケーションでは分化したものが閉じ始め、互いに無関連になっていくわけです。そうした中で、これに意味があるんだっていうような昔の『ポパイ』的なコミュニケーションは、仮に受け入れられるとしても、相当小さなコミュニケーションの「島宇宙」に限られてしまいます。その意味で、メディアが若者動向をハンドリングする余地は、既に非常に限定されてしまっている。**「差異化の時代」にも「差異の上に差異を付け加える」という困難がありましたが、現在の困難は「無関連さを乗り越える」という困難ですよね。**島宇宙の外に出るや、ほとんどのコミュニケーションは無意味になってしまうわけだから。

A　ポスト第二次BBのコミュニケーションについてはどうでしょうか。

M　「冬彦さん」とか「高校教師」的なものが、中学・高校生つまりとりわけ第二次BB以降の世代に受けまくっていますよね。システム理論的に見れば、何が起こっているのかは明白です。**それをつまり不透明性を前提にした積極的な自己防衛ツールが開発されようとしているんです。僕らは「変の無害化」と呼んでいます。**マザコンだろうが両性具有だろうがゲイだろうが変態だろうがレイプだろうが外国人だろうがニューハーフだろうが、そうしたものを「変なもん」としてメジャーなコミュニケーションの中に主題化した後で、「それってあるかもしれない」というパッケージの中に取り込んでしまう。これは「かわいい」というパッケージを使っていないにもかかわらず、オジサンや爬虫類を「きゃっ、かわいい♡」と言ってしまう「かわいいコミュニケーション」や「少女的コミュニケーション」の自然な延長線上にある〈関係性モデル〉です。そうした「変の無害化」の中で、これからあり得るかもしれない不透明なものの増大に対する予防措置をとっているように見えるんですね。実際、僕らの周囲には変なやつらばかりいる「らしい」し、この先僕らをどのような未来が待ち受けているかも分からない（笑）。何でもあり得るかも知れないという予感が抱かれているわけですけど、何があっても「それなりに」やっていけるための先行的な自己防衛ツールが、90年代に入って急速に開発されたな、と。これが「ポスト第二次BB的な身の処し方」ですね。

A　かつての少女たちが「これってあたし！」というかたちで世界を読み替えたように、今のポスト第二次BB世代はあらゆる偶発性を無害化できるように世界観を作っていると。

M　〈関係性モデル〉は、当初は不透明な世界で自分の位置を確かめるのに利用された。ところが、モデルが分化して、〈関係性モデル〉をたまたま採用しているだけでは自己像維持に役立たなくなった「不安定の時代」を経て、今また「閉じた開放性」とでもいうべき安定したフェイズに向かいつつある気がします。「変の無害化」によって、どんな偶発性に直面しても変を無害化するモデルの中に安らっていられるわけですから、その意味では「閉じて」いるんです。しかしそれによって、何でもありという環境の中で生きていけるようになる。ノイズや環境の偶発性が少ない場所に身を退かせなくても、そういう世界の只中に出ていけるという意味では「開かれて」いる。**この「閉じた開放性」というフェイズにいたって、〈関係性モデル〉の一つの歴史的終着点が見えたな、と思っています。**

「新人類」とは何だったのか？

Ａ　宮台さん自身は新人類世代ですが、ご自分を「新人類」だと思いますか？

Ｍ　新人類世代といっても、若干の年齢差や地域差によって大きなズレが見られることは、一連の分析でも述べました。細かい話をすれば、僕は50年代末期生まれで、僕自身が「原新人類」と呼ぶ世代に属し、サブカルチャー的なものの余韻、60年代的なものの余熱が残っている時代に中学高校時代を過ごしている。だから当時アングラに耽溺したわけだし、その意味で「原新人類」的なものの真っ只中にいたことは間違いないでしょう。

そんな中で高校時代に『MADE IN U. S. A. CATALOG』が出てきて『ポパイ』に引き継がれ、また初期『ブルータス』も出てくる。そういうのに最初にコミットしたのも僕らなんですが、『ポパイ』創刊から1年経つ頃になると、ポパイグッズを身につけていることは港区や自由が丘近辺の高校生の一部では「恥ずかしい」ことになる。その頃から、二、三年下の世代とズレが生じていて、下の世代がポパイ的なものをありがたがるとちょっといたたまれなくなるんですね。だから非常に両義的なんですよ、初期の『ポパイ』なんかに対する感覚ってのは。

それ以降も、団塊世代的なもの＝60年代的なものが、いかにして70年代半ばに原新人類的なものに代替され、さらに80年代に後期新人類的なものに受け継がれたかっていう文脈の変化が忘れ去られたところで、唐突にＹＭＯやニューアカがもてはやされてしまうような動きには、ちょっと溶け込めなかった。

A　一連の記述を読んだ限りでは、宮台さんの個人史が色濃く出ていると思われたのですが、70年代後半から80年代にかけての若者のコミュニケーションは、今振り返るとどういうものだったのでしょうか？　新人類とは何だったのですか。

M　新人類は、少なくとも原新人類と後期新人類に分けられなければならないし、東京都港区的な、つまり新人類リーダー的なものがあったとすると、雑誌を読みながら必死で中央をフォローしていた地方の中学高校生とは、基本的に体験の様式が違うし、体験の文脈も違うわけです。そうした差異を説明するだけの時間はないんで、僕が身を置いていた70年代半ばの東京近辺の原新人類的コミュニケーションについて、今どう思うかということについてだけ話しましょうか。

新人類的なものがまだまったく認知されていなかった当時の彼らのコミュニケーションが、大変にイヤラシイ、こまっしゃくれたものだったことは確かですね。アングラにコミットしようが、女をナンパしようが、「俺はただの優等生じゃない、中学生なのにアングラだって知ってるぞ」

とか「俺はただのクラいアングラじゃない、女だってナンパできるぞ」(笑) とか。要するにスノッブなんですよ。キーワードはスノビズム。そのスノビズムから新人類文化が立ち上がった。しかしそこに身を置いていた側から言えば必ずしも愉快な空間ではなかったです。何に関してもいちいち言い訳しなくちゃならない、ただの優等生じゃない、ただのアングラじゃない、ただのナンパ師じゃないってね。**それは一連の分析で繰り返してきた「諧謔」ということでもあるんですが、実際には相手の期待からたえずズレて見せることへの期待の圧力があって、ほんとに面倒臭かった。**だから、80年代に入って「ズレろ」とか「逃走しろ」とかの物言いが流行っても、何だよ今ごろ、弱ったな、っていう感じ。

A　「俺は違うぞ」という新人類的メンタリティは、かなり後のオタクと似てませんか?

M　歴史的には関係があるというのが僕らの主張ですが、その意識だけ取り出して比べるとずいぶん違っている。オタクの場合、僕らは「オタクの階級闘争」と言っていますが、同じジャンルの中で闘争するじゃないですか、誰が一番マルクス主義者っぽいとか、誰が理論社会学者っぽいかとか (笑)。それとは違うんですよ。そういう方向性の明確な競争とは違って、ある方向を向いていると人に思わせて、いや俺は別の方向を向いているんだよ、というふうにズレる。知識量を競っているように見せて、「ウンチク競争か、田舎者め!　俺は違うんだよ」と言ってみせなければ「ならない」ようなものです。

A　東京私立校的なものが新人類カルチャーの原点にあるとの従来からの主張は、やはり実証できましたか。

M　それには注釈を加える必要があります。まず、僕らにとっての感受性の原点は確かにそこにあって、**今回の一連の分析ではそうしたいわば「立場性」をあえて露出するような方向に持っていきたかったということがある。**

そうした立場性を離れて言うと、サブカルチャーの進化史という観点から見て、東京私立校がルーツだったというような言い方には、あまり意味がないんです。人間も進化的に遡れば確かに単細胞生物に行き当たる。でも当たり前ですが、単細胞生物に後の人間が含まれていたわけではない。予定されていない環境変動や異種交配などを経て、偶発的に展開していったに過ぎません。しかしまた僕らの立場性に復帰して言えば、**関係の偶発性の処理能力、環境複雑性の処理能力を鍛え上げるのに役立つコミュニケーション空間や、それによって実際鍛えられた感覚が上昇した時代として、「70年代半ば」という時代は記憶されるべきだろうと。**確かにそれはスノビッシュなイヤラシイ空間だったけれど、いろいろなものを生み出す原動力になったと。歴史的にそうだったというだけでなく、論理的にそれを可能にするメカニズムがあったし、僕らはそれを徹底的に評価したいんです。

参考文献（本文中で書名をあげたものを除く）

青島幸男　1988→1991『わかっちゃいるけど…シャボン玉の頃』　文春文庫

荒木経惟　1980「篠山紀信はファシズムか?」『カメラ毎日』　10月号

浅羽通明　1989「高度消費社会を浮遊する天使たち」『別冊宝島一〇四：おたくの本』

浅田　彰　1983『構造と力』　勁草書房

朝山新一　1957『性の記録』　六月社

馬場憲治　1981a『アクション・カメラ術』　KKベストセラーズ

――――　1981b『アクション・カメラ術　パート2』　KKベストセラーズ

『別冊太陽』　1986『子供の昭和史　昭和10年〜20年』　平凡社

――――　1987『子供の昭和史　昭和20年〜35年』　平凡社

――――　1990『子供の昭和史　昭和35年〜48年』　平凡社

――――　1991『子供の昭和史　少女マンガの世界I　昭和20年〜37年』　平凡社

白夜書房編集部　1992『ミルククラブ（アリスクラブ7月号増刊）』　白夜書房

――――　1993『アリス冒険王（アリスクラブ1月号増刊）』　白夜書房

エイプリル出版（編）　1977『ニューミュージック白書』　エイプリル出版

呉　智英　1979「四畳半からコック・ピットへ――松本零士の部屋」『月刊宝島』　1月号

――――　1990『増補版　現代マンガの全体像』　史輝出版

Gould, Stephen Jay　1980　*The Panda's Thumb*, W. W. Norton & Company, Inc. ＝1986 櫻町翠軒訳『パンダの親指――進化論再考』　早川書房

『話のチャンネル』記事　1993　「平成AV浪漫飛行」　4月4日桜花爛漫増刊号
橋本　治　1979　『花咲く乙女たちのキンピラゴボウ』　北宋社
橋爪大三郎　1982→1995　『性愛論』　岩波書店
はっぴいえんど　1985　『国立競技場［All Together Now］ライブアルバム・スペシャルブックレット』　CBSソニー〔現　ソニー・ミュージックエンタテインメント〕
林真理子・篠山紀信・渡辺サブロオ　1992　「『きれいな裸』ができるまで（鼎談）」『an・an』　10月2日号
本田和子　1982　『異文化としての子ども』　紀伊國屋書店
――　1989　『フィクションとしての子ども』　新曜社
――　1990　『女学生の系譜』　青土社
細川周平　1993　「ユーミンはブラジルを制覇できるか」『SFアドベンチャー』　春季号
細野晴臣　1987　「細野晴臣インタビュー」『リメンバー』　通巻16号
稲増龍夫　1989　『アイドル工学』　筑摩書房
猪俣勝人　1974　『日本映画名作全史　戦後編』　社会思想社
石川弘義　1990　「戦後日本の『性』状況」　南博＋社会心理研究所編『続・昭和文化』　勁草書房
石子　順　1978　『新マンガ学』　毎日新聞社
――　1979　『日本漫画史』　大月書店
磯崎　新　1992　篠山［1992］の表紙のキャプション
金子清文　1992　「アクセルマン！スーパー予告編」『ナンパ大帝』　第4号
神崎　清　1954　『戦後日本の売春問題』　現代史出版会
柄谷行人　1991　『終焉をめぐって』　福武書店

加藤秀俊　1957『中間文化』平凡社
河合隼雄・作田啓一・多田道太郎・津金澤聰廣・鶴見俊輔　1987『昭和マンガのヒーローたち』講談社
川本三郎　1990→1997『大正幻影』ちくま文庫
川本耕次・渡羅・青山正明・睦月影郎　1986『ロリータ大鑑』パンプキンハウス
木村和久　1992『平成ノ歩キ方』小学館
講談社コミックス編　1992『復刻版　少年マガジン漫画全集』第1〜3巻　講談社
黒木　香　1987a「鋼鉄の処女からエロスの女王へ（インタビュー）」『月光』第19号
――――　1987b『自堕落にもほどがある』文藝春秋
黒沢進（編著）1986『資料　日本ポピュラー史研究　初期フォークレーベル篇』ＳＦＣ音楽出版
――――　1989『日本の'60年代ロックのすべて』ビート史料刊行会
桑原稲敏　1991「土佐・エロ事師列伝――ブルーフィルム界のクロサワアキラたち」『ひめごと通信』第1巻
馬渕公介　1989『都市のジャーナリスム――「族」たちの戦後史』三省堂
増淵宗一　1987『リカちゃんの少女フシギ学』新潮社
皆川恵美子　1991「『ひまわり』と『ジュニアそれいゆ』」大塚英志編［1991］
南博＋社会心理研究所　1965『大正文化』勁草書房
――――　1987『昭和文化』勁草書房
見田宗介　1967→1978『近代日本の心情の歴史』講談社学術文庫
――――　1968「座談会　ラジオと若者文化」『ラジオコマーシャル』1月号
宮台真司　1989a『権力の予期理論』（東京大学大学院博士論文）勁草書房
――――　1989b「コードによる消費の動機形成――動機形成のコード理論の試み」『東京大学教養学部社会科

学科紀要』30号
――― 1990a「新人類とオタクの世紀末を解く（上）」『中央公論』10月号
――― 1990b「新人類とオタクの世紀末を解く（下）」『中央公論』11月号
――― 1991a「『根張り文化』と『浮遊文化』」『アミューズメント&レジャー』4月創刊号
――― 1991b「『感性の時代』の裏側」『アクロス』5月号
――― 1991c「行為と役割」今田高俊・友枝敏雄編『社会学の基礎』有斐閣
――― 1991d「女たちの愛の行方――高度消費社会における『恋愛史』を分析する」『アクロス』9月号
――― 1991e「精神世界／お勉強ブームとディスコミュニケーション」『アクロス』11月号
――― 1991f「権力――何が東欧改革を可能にしたか」吉田民人編『社会学の理論でとく現代のしくみ』新曜社
――― 1991g「一億総オタク化が島宇宙をつくる（インタビュー）」『日経アントロポス』12月号
――― 1992a「教室に生息する5種類の若者たち」『キャリアガイダンス』2月3月合併号
――― 1992b「ヘルター・スケルター・チルドレンに呼応する日本のタダ乗り世代」『スタジオ・ボイス』10月号
――― 1992c「高度技術社会における若者の宗教意識」竹内啓・松岡秀雄編『21世紀高度技術社会を迎えるに当たって』統計研究会
宮台真司・石原英樹・大塚明子 1992a『高度技術社会における若者の対人関係の変容』文部省科学研究助成費・平成3～4年度重点領域研究・成果報告書
――― 1992b「サブカルチャー神話解体序説――少女マンガ・音楽・宗教から見た若者たち」アクロス編集室編『ポップ・コミュニケーション全書』パルコ出版

宮台真司・岩間夏樹　1985「大学生への172の質問」『キャンパスセンサー』22号
宮迫千鶴　1984『超少女へ』北宋社
Morreall, John 1991 "Cuteness" *British Journal of Aesthetics* vol.31-no.1 (January).
本江邦夫　1990「新宝島」『手塚治虫展』朝日新聞社
村上知彦・高取英・米沢嘉博　1987『マンガ伝』平凡社
室生　忠　1986『新人類と宗教』三一書房
夏岡彰・筒井直人　1992「実践的チラリズム論（対談）」『フェミニズム叢書2　チラリズム』心交社
ニンカムプープ　1983『女子大生を責めないで』（週刊本）朝日出版社
西村　巧　1993「22日間拘留されて罰金50万円でした（インタビュー）」『ビデオ・ザ・ワールド』4月号
小川博司　1981「ポピュラー音楽の変容」『ソシオロゴス』通巻5号
おぐちかおり　1991『現代少女考――原宿占い館1999：らくがき帳を斬る』朱鷺書房
オムニ・サウンド編集委員会　1990『細野晴臣OMNI　SOUND』リットーミュージック
ON　STAGE編集部（編）　1990『日本ロック大系（上／下）』白夜書房
大城　武　1987『漫画の文化記号論』弘文堂
大瀧詠一　1983「大瀧詠一のポップス講座　分子分母論」『FMファン』25号
――――　1991「大瀧詠一のポップス〝普動説〟――日本のポップスの重鎮が語る流行音楽の本質」『03』7月臨時増刊号
落合恵美子　1989『近代家族とフェミニズム』勁草書房
大塚英志　1987『まんがの構造』弓立社
――――　1989a『少女民俗学――世紀末の神話をつむぐ「巫女の末裔」』光文社

―― 1989b『物語消費論』新曜社
―― 1990『子供流離譚――さよなら〈コドモ〉たち』新曜社
―― 1991『たそがれ時に見つけたもの』太田出版
―― 編 1991『少女雑誌論』東京書籍
尾崎秀樹 1972『現代漫画の原点――笑い言語へのアタック』講談社
尾崎秀樹・小田切進・紀田順一郎（監修）1986～『少年小説大系』（第一期全一一巻別巻一）三一書房
Riesman, David (with Nathan Glazer and Reuel Denny) 1950 *The Lonely Crowd.* ＝1964 加藤秀俊訳『孤独な群衆』みすず書房
斉田石也 1992a「少女写真の繁栄と衰退（第15回）」『少女アリス』5月号
―― 1992b「アリス写真集25年史」『ミルククラブ』7月号
佐々木教 1985『早い話がナンパの本』KKロングセラーズ
―― 1992「70年代日記（第28回）」『ルポルノマガジン』4月号
佐藤健志 1992『ゴジラとヤマトとぼくらの民主主義』文藝春秋
佐藤卓己 1992「カラオケボックスのメディア社会学」アクロス編集室編『ポップ・コミュニケーション全集』パルコ出版
槌木野衣 1991「アーバン・サックス」『Ｍａｒｑｕｅｅ』通巻37号
島村麻里 1991『ファンシーの研究』文藝春秋
島薗　進 1992『新新宗教と宗教ブーム』岩波書店
清水　勲 1989『「漫画少年」と赤本マンガ』刀水書房
篠山紀信 1979『激写　１３５人の女ともだち』小学館

――― 1992 『TOKYO未来世紀』 小学館
副田義也 1983 『マンガ文化』 紀伊國屋書店
末井 昭 1982→1984 『素敵なダイナマイトスキャンダル』 北宋社→角川書店
鈴木慶一 1989 『火の玉ボーイとコモンマン――東京・音楽・家族1951―1990』 新宿書房
宝島編集部（編） 1992 『日本ロック大百科』 JICC出版局
『宝島』編集部 1990 「宝島ニュース通信社 ネクラでおたくと言われた同人誌マンガにバンド・ブーム」通巻二〇〇号
竹田賢一 1983―1984 A-Musik “e ku iroju” (Zeitgenossische Musik DI-830) 付録
――― 1986 「さよならアメリカ さよなら日本 さよなら現世」『Hollic』 5号
竹村民郎 1980 『大正文化』 講談社
竹内オサム 1989 『マンガと児童文学の〈あいだ〉』 大日本図書
田中康夫 1981 『なんとなく、クリスタル』 河出書房新社
東京民研 1986 『女子中学生の世界』 大月書店
上野千鶴子 1987 『〈私〉探しゲーム』 筑摩書房
矢作俊彦 1991 『ドアを開いて彼女の中へ』 東京書籍
山岡 明 1975 「『カストリ雑誌』の時代」『戦後30年カストリ復刻版』 日本出版社
山本晋也 1987 『山本晋也のマジメな社会学』 全国朝日放送
山根一眞 1986 『変体少女文字の研究』 講談社
山根貞男 1983 『手塚治虫とつげ義春――現代漫画の出発点』 北冬書房
山下悦子 1991 『マザコン文学論――呪縛としての〈母〉』 新曜社

山崎正和　1977→1985『おんりい・いえすたでい'60ｓ』中央公論社→筑摩書房
柳沢きみお　1986「作者にとっての翔んカプについて」『翔んだカップル』新装版第13巻　講談社
横川寿美子　1991『初潮という切札――〈少女〉批評・序説』宝島社
米沢嘉博　1983『戦後少女マンガ史』新評社
――――　1992「同人誌の歴史」『同人漫画大百科』辰巳出版
吉野健三　1978『歌謡曲　流行らせのメカニズム』晩聲社
代々木忠　1991『プラトニック・アニマル』情報センター出版局
代々木忠・鬼頭光　1992「〝愛と心〟を伝えることにＡＶの未来が見えてくる（対談）」『フラッシュ』10月13日号
若尾出版編　1993『アダルトビデオ女優超名鑑1992～1993　流行美女カタログ』若尾出版
『ザ・ベストマガジンスペシャル』編集部　1993「完全無欠のアダルトビデオ好色大全」4月創刊号

単行本版へのあとがき

本書成立の経緯

本書成立の元になったプログラムは、85年に遡る。その前年に宮台は、社会学科の同窓だった岩間夏樹とともにマーケットリサーチ会社であるライズコーポレーション株式会社の設立に参画するが、この会社は、企業のスポンサーシップを得て統計調査やグループインタビューを行い、スポンサーに有益な研究成果を提供しつつ、こちら側にデータの学術的な利用権を留保させてもらうという、まったく例のない契約形態を、当初から採用していた。会社設立や、こうした例外的な契約形態の採用に当たっては、岩間と宮台に共通する次のような問題意識が背景にあった。

社会（科）学の歴史を見るならば、「現実」の複雑性に対応するべく、まず「方法」が編み出され、ついで増殖する「方法」の選択性や複雑性に対処するべく、「方法についての方法」（方法論）が編み出される。「学習の仕方についての学習」が学習効率そのものを上昇させるのと同じ理屈で、こうした「方法の再帰化」は、本来ならば分析能力の上昇に結びつくはずのものである。

しかし実際に生じたのは、必ずしもそのような事態ではなかった。大学における社会学の研究教育システムや学会システムの整備に伴って、確立された制度が「方法に関する方法」の探究に正統性を与える一方で、逆にそれがシェルターとなるかたちで、「現実からの隔離」が温存され、場合によっては奨励される結果になったのである。私たちはそのような事態に苛立ち、「現実からの隔離」が自分たちにとって命取りになるような、後戻りのきかない「会社」というシステムの採用を考えたのだった。石原と大塚はそのコンセプトに共鳴し、89年にライズスタッフに参入した。

会社設立後直ちに「情報による〈世界〉解釈」というプロジェクトが始動した。その目的は、各種の情報メディアとの接触のあり方が、若者たちのそれぞれタイプが異なる世界解釈やコミュニケーションと、どのように結びついているのか、その結びつきが何を意味しているのかを、明らかにするところにあった。具体的には、人格システム理論に基づいて、人々を統計的に分類する作業と、テレビ・ビデオ・パソコン通信・電話・アニメ・雑誌等の情報接触のあり方が、それぞれの人格システム類型ごとにどう異なるのかを統計的に把握する作業を中心に、大がかりな統計調査が繰り返された。

まず85年に『大学生への一七二の質問』と題する調査が、約1500サンプルで、ついで86年には『日本の大学生』と題する調査が、約3000サンプルで、株式会社リクルートとのタイアップで得られた充実した名簿に基づいて、無作為抽出×面接質問紙法によって実施された。さらに86～87年の約2年間にわたり、両者のタイアップによって、数十組の大学生（1組5～8人）に対するグループインタビューが実現された。88年から89年にかけての宮台の理論書執筆（『権力の予期理論』勁草書房）による中断を挟んで、90年からは文部省科学研究助成費重点領域研究

「高度技術社会のパースペクティブ」（竹内啓領域代表）に参加。同年夏には無作為抽出×郵送質問紙法を用いた3回目の統計調査を、リクルートのご好意によって得られた名簿をもとに約1500サンプルで実施した。これら一連の成果の一部は『中央公論』誌上での連載（90年秋）や日本社会学会や教育社会学会での報告やシンポジウムを通じて公表された。

これらの成果を踏まえて、私たちのプロジェクトは、第二段階「サブカルチャー神話解体論」へと移行した。その中心は、各種メディアの歴史的内容分析を、社会システム理論の理論的蓄積を軸に展開する作業に置かれた。分析の力点が、人格システムとメディアの関係の分析から、社会システムとメディアの関係の分析へと移動したのである。

まず、NHKテレビのインタビューの採録原稿をもとにしたマニフェスト的なペーパーが、91年の『アクロス』（パルコ出版）誌上に掲載された（本書第1章第1節収録）。92年には第一プロジェクトの総括に第二プロジェクトの中間報告を併せた約2400枚の文部省科研費重点領域研究の報告書が出来上がり、その約3分の1に相当する部分のダイジェストが、アクロス・ブックス第一弾『ポップ・コミュニケーション全書』の巻頭に、「サブカルチャー神話解体序説」として紹介された（本書の序章）。

ついで、報告書の第二プロジェクト相当部分をもとにした連載の話が持ちあがり、『アクロス』誌上の1年間にわたる共同連載（一部単独）が、アクロス編集部成実弘至氏や秋葉美知子編集長のご好意で実現することになった。ところが連載の最中から早くも読者の大きな反響にさらされ、単行本化の要望も頻繁に寄せられるようになったので、ここにこのような形でまとめることになったのである。

プロジェクトは継続される

私たちのプロジェクトが「サブカルチャー神話解体論」と呼ばれるべき理由は、本文中で縷々《るる》述べてある通りである。しかしそのような命名の文脈にもなっている「思想のバブル」は、93年現在、いまだ弾けてはいない。その理由の一つは、とりわけ大学教員のコミュニケーションを保護している前述したような制度的なシェルターが、そのようなシェルターなしでは立ちゆくはずもない各種のコミュニケーションを、（良きにつけ悪しきにつけ）温存しているからである。

アカデミックな、あるいは思想的な言葉が、あまたあるサブカルチャー神話の共振物に過ぎないという事態に大きな変化がない以上、私たちのプロジェクトもまた、いましばらくは継続されざるを得ないだろう。実際私たちは、積み残したいくつかのメディア分析を継続しつつあるとともに、教育学的言説や社会学的言説を例にとりつつ、それらをあまたあるサブカルチャーと等価に扱い、分析する作業を開始している。さらにまた、拡散し細分化したコミュニケーション状況（島宇宙化！）に対処するべく、ルポ的な手法やテクニックを――新たなスタッフを加えつつ――急速に強化しつつある。

いくつかの謝辞

本書のもとになった連載は、宮台・石原・大塚の3名の執筆者以外に、幾人もの方々の手を借りることでようやく可能になった。

第3章第3節「『異世界マンガ』分析篇」は、堤健氏からいくつかの重要な情報提供や間違いのチェックをいただいている。第4章第1節「『コード進化』分析篇」は、構成案作成の段階で、ライズコーポレーション代表取締役岩間夏樹の手を煩わせている。さらに、材料集めや資料収集作業の一部は、宮台が社会学教員として勤めていた東京外国語大学の学生粟野雅子・図師いづみ両名の、優秀な働きによって支えられている。

3回にわたる統計調査の人的・金銭的なセッティングについては、株式会社MCランド代表取締役新見正規氏やリクルートの関係諸氏の絶大な御支援をいただいている。またメディア分析の基礎的な研究は、三菱自動車工業株式会社によってサポートされており、担当の乗用車販売企画部主任、三宅尚昌氏の御尽力によるところが大きい。

コラムのもとになったインタビューについては、亜細亜堂の望月智充氏、アニメーター近藤勝也氏、スタジオジブリ制作部長高橋望氏、徳間ジャパンコミュニケーションズ株式会社の常務取締役三浦光紀氏に、お仕事中にもかかわらず、貴重な時間を割いていただいた。

遡れば、統計調査やグループインタビューに応じて下さったのべ6000人を超える大学生や、最近の連続インタビューを通じて現状認識のための材料や分析の動機づけを与えてくれた渋谷・新宿近辺のちょっと不思議な女子高生たちにも、多くを負っている。

これらの方々に心からお礼の言葉を述べさせていただきたい。

初出時のクレジット

なお、『アクロス』掲載時のクレジットは、役割分担や執筆参加の如何によって毎回微妙に異なっていたので、掲載時のタイトル・掲載号とともに、ここに表示しておきたい。

第1章第1節……宮台真司「〝感性の時代〟の裏側——少女マンガにみる「リアリティ」の変容」
『アクロス』91年5月号(インタビュー)

第1章第2節……大塚明子・石原英樹・宮台真司「〈少女〉メディアのコミュニケーション」
『アクロス』92年8月号

第2章第1節……石原英樹・大塚明子・宮台真司「音楽コミュニケーションの現在:前編」
『アクロス』92年9月号

第2章第2節……宮台真司・石原英樹・大塚明子「音楽コミュニケーションの現在:中編」
『アクロス』92年10月号

第2章第3節……宮台真司・石原英樹・大塚明子「音楽コミュニケーションの現在:後編」
『アクロス』92年11月号

第3章第1節……大塚明子・石原英樹・宮台真司「青少年マンガのコミュニケーション:前編」
『アクロス』93年1月号

第3章第2節……宮台真司・大塚明子・石原英樹「青少マンガのコミュニケーション:中編」
『アクロス』93年2月号

第3章第3節……宮台真司・石原英樹・大塚明子「青少年マンガのコミュニケーション:後編」

第4章第1節……宮台真司・岩間夏樹「性的コミュニケーションの現在：前編」『アクロス』93年3月号

第4章第2節……宮台真司「性的コミュニケーションの現在：中編」『アクロス』93年4月号

第4章第3節……宮台真司「性的コミュニケーションの現在：後編」『アクロス』93年5月号

第5章……宮台真司「サブカルチャー神話解体論の地平――すべては20年前に始まった」『アクロス』93年6月号

『アクロス』93年7月号（インタビュー）

文庫増補版へのあとがき

再び本書成立の経緯へ

単行本版へのあとがきで、本書が成立する1993年までの事情を紹介した。だが、今回、文庫増補版へのまえがきで記した通り、私が修士論文を提出した1982年から1993年までの11年間に比べると、1993年から今年（2007年）までの14年間の方が遥かに長い年月だ。

ここでは単行本版上梓後の社会的変化を踏まえて、改めて本書成立事情を再帰的に記そうと思う。再帰性（reflexivity）概念には、社会学に限定すれば、社会システムに準拠したルーマン的用法と、人格システムに準拠したギデンズ的用法とがある。説明しておこう。

ルーマンの用法は、ベイトソン（Gregory Bateson）経由で数学概念を転用したもので、学習についての学習に見られるような「手続きの自己適用」を意味する。私はやや転用し、「選択と同時に選択前提もまた選択される」という非自明的な選択の在り方を指して使う。

ギデンズ（Anthony Giddens）の用法は、言語学に由来するもので、自己を対象にするような行為の質的変化を指す。カウンセリングやニュース解説が氾濫する社会の中、人々の行為は多かれ少なかれ、「行為記述を含めて予め知られた自分」をなぞる以外なくなる。

ルーマン的用法（の転用）は、例えば「再帰性の泥沼」という私が頻用する概念に見られる通り、「自明な前提の消失」という社会的事態に関係する。ギデンズ的用法は、「全てが既知性に支配される（がゆえに入替可能性に晒される）」という実存的事態に関係する。

前者は、社会システムが自らに必要な前提を自在に作り出す「全て手前味噌で、外がない」事態を観察する視座にとっての概念である。後者は、人格システムが自らの固有性を知ろうとして却って自らを一般的対象へと拡散する事態を観察する視座にとっての概念だ。

両者の間に密接な理論的関連があるが、詳しくは述べない。ただ両者が相俟《あいま》って謂わば人間学的問題を惹起することは夙《つと》に知られる処《ところ》だ。本書の成立事情を再帰的に記すという場合、第一に本書の置かれた再帰的位置、第二に93年以降の時代的な再帰化に、関連する。

類型化の時代の終わりに

本書で展開した図式を、拙著で再利用してきた。第4章で述べた「表裏コード→階級コード→世代コード→個人コード」というコード変化図式、第3章で述べた「反発化／短絡化／言い訳化」という意味論転態図式は、拙著『絶望・断念・福音・映画』にも頻出する。

本書自身もコード変化図式や意味論転態図式の記述対象たるを免れない。それは本書の欠点でなく必然に過ぎないが、本書自身がどんな形でこうした定番的な紋切型に収まっているのかは時代が経たないと分からない。フーコーが系譜学と考古学とを峻別した所以だ。

時間が経つことで、言説が浸されていた意味論（ルーマン）や磁場（フーコー）が浮かび上がる。資料の全体的配置が帯びる非自明的な選択性が明らかになり、考古学が始まる。資料の全体的配置――社会的全体性――が視界に収まるまでに、些《いささ》かの時間が必要なのだ。

文庫増補版へのまえがきで素描したが本書は「ジャンル化と類型化の時代」に書かれた。その自覚、とりわけそうした時代が終わりつつあるという自覚は、本書にも多少はあった。だが「ジャンル化と類型化の時代」の終焉後にどんな時代が訪れるのか、茫漠としていた。

助手になる以前は本郷の大型計算機センターに開室時間中入り浸り、助手になってからは駒場の相関社会科学の大型計算機機器室内に寝泊りして、膨大な解析データと睨めっこした。数多《あまた》の解析手法を試しつつ、こんな作業に意味があるのもこれが最後だと感じていた。

統計手法の有無にかかわらず類型化には類型についての事前知識が必要だ。その意味で職人芸が要求されるが、それ以上に重大なのは、職人芸が導出した類型が了解可能であるには、実は社会を生きる人々の側にこそ、類型についての事前知識が必要だということだ。

本書の元になるプロジェクトは事実上、私がマーケターの仕事を始めた1984年に開始されたが、1992年までの8年間で、統計手法で導いた類型についての社会的了解可能性が急に薄れ、統計手法の用い方如何《いかん》にかかわらず恣意的印象を免れ難くなってきていたのだ。

仕事仲間の間でもそれが話題になり、社会の全体性に肉薄する別の方法が必要だという議論をした。性のフィールドワークと宗教のフィールドワークの比重を高めることを通じ、「一点突破全面展開」的に社会の全体性に肉薄する――。最終的に私が下した結論だった。

二種類の再帰性が交差する

本書で頻用する〈関係性モデル〉——「これって私」的なもの——はギデンズ的な意味での再帰性を象徴する。関係性モデルとの一致度を以《もっ》て安心の糧とする作法は、世代的共同性の空洞化を埋め合わせる苦肉の策として登場。以降、自律化する方向へ進化してきた。

空洞化が激烈になるにつれ、〈関係性モデル〉も他者の視線を必要とするもの〈即他者的モデル〉から必要としないもの〈即自己的モデル〉へと変容した。だが、〈関係性モデル〉の社会性喪失は、一致度の追求という営みを、社会的なものから嗜癖的なものへと変容させた。「的なもの」という言い方をした。嗜癖だという断言には意味がないからだ。〈即他者的モデル〉に於《おい》て想定される他者の視線も、どのみち想像されたものに過ぎない。想像が如何《いか》に経験に裏打ちされていても、論理実証主義における帰納法の誤謬と同じで、根拠はない。

それ自体は大したことでない。むしろ問題なのは、かつてなら社会システム理論家だけが「どのみち帰納法の誤謬と同じで…」と言っていたのに、昨今はとりわけ若い世代になるほど嗜癖を定義する社会性への信頼が乏しくなり、謂わば総社会学者化していることだ。

即ちここに於て、ルーマン的概念に即した「泥沼の再帰性」が——「社会の底が抜けている」との感覚が——顕在化することになる。先に触れたルーマン的再帰性概念とギデンズ的再帰性概念との間の密接な理論的関係を、証左するような事態が訪れたということだ。

理論的には「晩期資本主義における正統性問題」（ハーバマス Jürgen Habermas）が噴出する。第一に、感情より大切な正統性原理を見出しにくくなる。第二に、まともな感情の働きとそうでないものの識別原理が不明になる。相俟って不安のポピュリズムを来す。

援交からオウム、そして酒鬼薔薇へ

私（宮台）には当初、20歳代後半に偶々《たまたま》関わった自己改造セミナーや新興宗教が「底が抜けた社会における不安のポピュリズム」だと映った。「泥沼の再帰性」に満ちた「底抜け社会」で、容易《たやす》く動員されるのは危ない。動員されない為には新たな実存形式が必要だと思った。

20歳代前半から「ナンパ稼業」に勤《いそ》しんだので、女子高生ネットワークを持っていた。彼女たちのブルセラ&援交的なコミュニケーションに、「底を探さない」がゆえに「泥沼の再帰性」に陥らない実存形式を見出した。かくして『制服少女たちの選択』をまとめた。

翌年、地下鉄サリン事件が起きた。『制服少女』でオウム的宗教（修養系宗教・黙示録系宗教）の危険を記したばかりの私は、『終わりなき日常を生きろ』で「底を探すな、浮遊して生きろ。オウムはじきに廃《すた》れ、ブルセラが残る」と「まったり革命」を唱導した。

ルーマン的再帰性とギデンズ的再帰性が交差する処に、単なる「泥沼の再帰性」でなく、「泥沼の再帰性への〝気づき〟」が生まれる。〝気づき〟は「社会の底が抜けている」という感覚を蔓延させる。とすれば、人殺しの悪が非自明化した「脱社会的存在」も量産される。

そう思っていた処、『終わりなき』の翌々年に酒鬼薔薇聖斗事件が起こった。「脱社会的存在」による同種の事件が連鎖すると直感した私は、すぐ現地を取材し、『不透明な存在の透明な悪意』を著した。同書の危惧どおり、「キレる少年たち」の凶悪事件が連鎖した。

『サイファ』以降の思想面での応援

爾後《じご》「底が抜けた社会における不安のポピュリズム」は政治に飛び火した。当初は各自治体の青少年条例改正や国レベルの児童買春・児童ポルノ禁止法における、子供をネタとした根拠薄弱な不安の煽りから始まった。私は自治体や国でロビイングに乗り出し始めた。

やがて、共同体空洞化を背景に「おろおろおたおたする不安なヘタレ」が「断固・決然」に吸引されるという、まさにハーバマスも含めたフランクフルト学派が描いた政治動員メカニズムが、つくる会・2ちゃん右翼・小泉人気爆発という形で、顕在化することになる。

密接に関係するが、「多様なものの共生」こそが自らを脅かすと感じる「多様性フォビア」が蔓延し、男女平等化政策へのバックラッシュや、フリーター現象やニート現象を社会的包摂性の問題としてでなく怠業問題として捉える、感情的な若者批判が世を席巻した。

こうした状況に思想的に応接すべく、亜細亜主義から初期ギリシア思想に遡る形で、何かというと国家の威を借る全体主義の類が「依存」的たるがゆえに、内発性ゆえの「自立」を奨励する右翼思想の源流（アレント Hannah Arendt）から程遠いことを、述べ始める。

主知主義を左翼、主意主義を右翼に配当し、後者を（まさに依存ならざる自立として！）賞揚する立場は、シュライエルマッハー（Friedrich Daniel Ernst Schleiermacher）の聖書学にも見出されるが、こうした立場のシステム理論的翻案として『サイファ』を著す。

そこでは、ヒルベルト・プログラムから「瓢箪《ひょうたん》から駒」的に産出されたゲーデルの不完全性定理や、ジェスパー・ホフマイヤー（Jesper Hoffmeyer）の生命記号論を参照しつつ、「〈世界〉の根源的未規定性」にどう向き合うかという神学的基本問題が解析された。

以降、総じて背景にある二つの再帰性に関し、それら「を」可能にした社会的条件、それら「が」可能にした社会的事態の両者を分析すると共に、事柄の是非や合理性を判断する為に社会思想や社会学が構造的に無力化しつつある理由を解析しつつ、私は今日に至る。

「実存を懸けた実証分析」の意味

以上のように、93年に上梓された単行本版『サブカルチャー神話解体』（の元になった84年以来の長いリサーチ）で手にした問題設定こそが、その後の研究プログラムを方向づけた。私の問題設定は抽象的だが、それらを手にした契機は実存を懸けた実証分析だった。

別の言い方をすれば、84年から93年のサブカル研究期間に、抽象的な問題設定に基づくリサーチの結果を単に抽象的な水準で語るのもツマラナイし、具体的・現場的な問題設定に基づくリサーチの結果を単に具体的な水準で語るのもツマラナイと思うようになった。

「実存を懸けた実証分析」なるもので懸けられた実存とは何か。言語化が難しいが、何ゆえ自分はこうも過剰に空回りするのか、という疑問だった。この疑問に見合う現実を、性や宗教の現場に広範に見出して、先ず、それが「社会現象」であることを確認した。

次に、かかる広範な社会現象に見合う社会理論や社会思想を探すようになった。或いは既に知っていた社会理論や社会思想をそうした観点から見直すようになった。つまり私は、実存的動機から社会現象を探索し、見出された社会現象に見合う理論を模索してきたのだ。

『続・サブカルチャー神話解体』への展望

だが理論自体は紋切型。紋切型の言表は容易だ。意味システムとしての社会システムはコミュニケーションの連接からだけ成り、コミュニケーションでないものとの間で相互作用を行うことはない。社会はコミュニケーションのシステムとして閉じている――云々。

だが、社会がそうした「外のない」システムだという記述が人口に膾炙すると、ギデンズ的な意味での再帰性――そうした自己記述を前提にした謂わば手前味噌な振舞い――が、社会の作動そのものの質を変えてしまう。それは単なる入替可能性（前述）に留まらない。

どのみち「我々」の範囲は恣意的だ…。どんな公正原理も何らかの選別と排除を前提とする…。全ての境界線は現行システムの産出物に過ぎぬ…。全て然り。だがその理論的事実を再帰的に参照して選別と排除の営みが正当化されるようになると、社会は質を変える。

9・11以降のネオコン的振舞いを肯定するリベラル系論客の言説（ギデンズやウォルツァーMichael Walzer等）は、それが如何に理論的に正しくても――むしろ理論的に正しくて反論しにくい程――それを自己記述として参照する振舞いをシニカルな居直りへと導く。

「男と女は同じ人間だから同じに扱え」という物言いに、「それを言うなら北側と南側を同じに扱う方が先だ。北の女よりも南の男女の方が遥かに過酷なのだから」という物言いがぶつけられたのは20年前。それを一般化させた議論を『まぼろしの郊外』に書いた。

「AとBは同じCだから同じに扱え」という告発は「Cでないもの」を排除する。だから「それを言うならCとDは同じEだから同じに扱え」と告発できる。この告発も「Eでないもの」を排除するから「それを言うならEとFは同じGだから同じに扱え」と告発できる…。

20年前なら「告発の恣意性」への批判として意味を持ったこの種の相対化は、それが人口に膾炙することで、今日では「別様の告発に可能性を開く」リベラル・ツールどころか、逆に「任意の告発を無視する」ために頻用されるアンチリベラル・ツールへと転じた。

ルーマン的再帰性がギデンズ的な意味で再帰的に観察されると何が起こるか。それをルーマンやギデンズの理論内で考えても何も分からない。実際に社会を見るしかない。二重の再帰性が何を引き起こすか。『続サブカル神話解体』はそれを観察する作業になるはずだ。

執筆者らの立場性と謝辞

本書の元になった連載は月70〜80枚という過酷なもので、扱う素材も膨大な量に及ぶため、共同作業なくしては本書はあり得なかった。第4章を除いて、石原・大塚・宮台ら各人が素材ペーパを持ち寄り、各人で叩き合い、最後に宮台が三晩徹夜で文章に纏《まと》めた。

宮台が最年長だが、3歳下が石原、更に3歳下が大塚という年齢構成で、全員が新人類世代。全員が東京の高校で青春を送り、東大に入った。宮台が東大助手で石原と大塚が東大院生だった87年から共同作業が始まる。執筆者らの立ち位置を考える材料になるだろう。

本書は、石原の言い回しを使えば、《自分世代への思い入れが先行するサブカルチャー論への冷や水のつもりだったが、そんな鳥瞰的スタンスそのものが、90年代前半の消費社会論を支えた東京進学校出身の新人類世代（当時30歳前後）の意味論だった》と言える。

読めばお分かりの通り、我々は「そうした立ち位置」からでなければ見えないものを意識して前面に押し出した。それゆえ、意味論を共有しない世代や地域の人々には一部分かりにくかったり、見田宗介氏や中森明夫氏や浅羽通明氏などからの反発を招いたりもした。

とはいえ、3人の文化的背景はそれなりに異なる。思い入れのある漫画や音楽も違うし、性体験歴も違う。それが執筆時にトラブルの種になったが、他方そのことが「そうした立ち位置」の共有にもかかわらず、「異質なものの野合」ならではの魅力を与えてもいよう。

最後になるが、筑摩書房編集部の石島裕之氏なくして、2段組みで原稿用紙850枚の単行本に100枚を超える増補を加えた本書が、日の目を見ることはなかった。15年前からの古いおつきあいだが、彼のメールに励まされて作業を続けた。記して謝辞にかえたい。

2007年1月9日

執筆者代表　宮台真司

解説　宮台真司はどこへ行く？

上野千鶴子（社会学）

1　宮台のベスト・ワン

『サブカルチャー神話解体』（初版1993年、パルコ出版）は、宮台真司の著作のなかでベスト・ワンである。わたしは長い間そう思ってきたし、今回再読してあらためてそう感じた。ということは、宮台が、本書を超える著作を、その後書いていないことをも意味する。

人は処女作でそのすべてを示すというが、本書は宮台の初めての単行本ではない。彼は、東京大学における学位取得論文をもとに『権力の予期理論』（1989年、勁草書房）を出している。だが、宮台の読者の多くは、この処女作があったことを知らないか、忘れている。『制服少女たちの選択　After 10 Years』（2006年、朝日文庫）に、辛辣で皮肉な目を持ちながら、友情あふれる「解説」を寄せた中森明夫にしてからが、「『権力の予期理論』のような理論書や、『サブカルチャー神話解体』といったグループワークを除けば」と、『制服少女たちの選択』に先立つ二冊の本をさっさと除外し、単著である『制服少女たちの選択』を「処女作といってよい」と判定する。

中森は本書を「グループワーク」だから、と除外するが、『サブカルチャー神話解体』は共著のかたちをとっているとはいえ、巻末の執筆者構成を見れば、すべての章に宮台が噛んでいるのみならず、他の章のメタ分析ともなるべき「性的コミュニケーションの現在」の章は、すべて彼ひとりで書かれている。文体の特徴から見ても、文章の最終チェックに彼の手が入っていることが感じられる。典拠となった膨大なサブカルチャー消費のデータが、ひとりの社会学者の手に余ることを考えれば、他のふたりの共著者の貢献は無視できないが、調査の設計や分析の理論的枠組みを、宮台が提供したことは想像にかたくない。本書こそ宮台にとって「手持ちの札を惜しみなく投入した」(中森明夫)、「名著と断言してよい」(圓田浩二) 作品である(『制服少女たちの選択 After 10 Years』所収の解説および対談より)。

2　理論と実証の絶妙なバランス

本書に先立って、『権力の予期理論』が出た当時、彼は伝説の吉田民人ゼミ出身の理論社会学の俊秀として、将来を嘱望されていた。同じ頃に登場した大澤真幸の『行為の代数学』と並んで、その後の「社会学ルネサンス」の両翼を担った。

社会学とは、昔も今も、何をする学問か、説明するのがむずかしい学問である。そのせいで隣接分野からはいかがわしい学問と思われ、二流のアマチュア・サイエンスとそしられてもきた。だが、社会学には、時々、大澤や宮台のような輝ける「星《スター》」が現れ、「社会学とは何か？」についての答を人格化することに成功する。すると社会学とは「宮台のやっているようなこと」と説明することができるようになる。事実、わたしのところにも、「宮台さんのやっているようなことがやりたい」と言って、社会学を志望してくる学生が、何人かいる。どんな学問も、ブリリアントな才能を惹きつけなければ次の時代に生きのびることはできない。宮台や大澤は、そういう「星」のひとつとして、本人の意図とは関係なく、社会学業界の広告塔の役割を果たした。

だが、若手の理論社会学者として並び称された大澤・宮台は、その後対照的な道のりをたどった。「大澤のやっているような社会学」は、追随者を生み出せない。いやむしろ、追随者が要らない。大澤の師匠は見田宗介氏だが、「見田さんのやっているような社会学」にどんなに憧れても、それは見田氏以外に可能でないばかりか、仮に追随者がいたとしてもパロディにしかならないように、大澤真幸はひとりでよい。それは社会学もそのひとつである社会科学が持っている方法の透明性（伝達可能性と言い換えてもよい）と、だれがやっても同じ結論に達することができる検証可能性とを欠くためだ。マックス・ウェーバーが理念型についていかに論じても、特定の理念型を歴史的現実からとりだすしかたについては説明しなかったために、彼の分析が秘技的な職人芸になったように、大澤の方法には汎用性がない。

他方、宮台は吉田民人の後継者の名前を恣にした後、『制服少女たちの選択』（1994年、講談社）で都市とセクシュアリティのフィールドワーカーに転じた（ように見えた）。当時、彼の周囲の人たちのあいだには、困惑が拡がった。どの学問分野でも、下ネタや色モノは今でも同業者から眉をひそめられる対象だ。これで彼は道を踏み外したか、とすら思われた。だが、わたしの受けとめ方は違った。

『権力の予期理論』で、こんなにわかりきった退屈なことをよくやってるね、と思っていたわたしにとって、宮台の『制服少女たちの選択』は、目のさめるような才気と時代に対する鋭敏さとが全開した、まぶしいほどの作品だった。フィールドワーカーとしてのこの人は、現実から学ぶ鋭敏さを持っており、だから必ず大きく育つ、とわたしは直観した。

本書は、彼が「若手の理論社会学者」から「ブルセラ、援交のフィールドワーカー」へと転身する結節点にある。もっと正確に言えば、彼の理論的な枠組みと経験的な実証とが、稀有なバランスで結びついた幸運な作品である。「あとがき」にあるように、彼は大学院生時代から、仲間とオフィスを構えて調査ビジネスを引き受け、時代のトレンドに敏感な触覚を伸ばしていた。二足のワラジを履いていた彼は、学位取得後、「よい子」の仮面を脱ぎ捨て、自分の本領を発揮したのだ。

3　第一級の民俗資料

同時代の分析と予測という作業は、かならず事後的に審判を受ける。すぐに陳腐化するだけでなく、当たってあたりまえ、はずれれば笑いものになる。だから10年後に本書を再読してそれを検証するのは、後から来た者の特権、後知恵の一種にしかならないだろう。

事実宮台は、自分にとってすでに過去になっていた60年代までの分析にあたっては、この「特権」を行使する。「賞味期限」をとっくに過ぎた「(市民社会的) 表/裏コード」、「階級コード」、「世代コード」に90年代になってから死を宣告するのは、「キミはもう死んでいる」と死体に告げるような冗長なふるまいであり、彼でなくてもできる。この時期までの分析の雑ぱくさに、それと同時代を生きたひとびとが眉をひそめたり、憤慨したりするだろうことは想像にかたくない。たとえば若者文化の第1フェイズを「明治末から1950年代まで」と一括する粗っぽさや、「1950年代から70年代まで」の「第2フェイズ」の論証が、それ以降の分析と比べて精度があらく、精彩を欠いていることを見ればよい。

だが、ここではこの作品のあらをさがすよりは、彼の美質がもっともあらわれているところに注目すべきだろう。

この作品が対象とする時代は、70年代と80年代の約20年間にわたる。マンガ、音楽、性の三つのジャンルにわたって、それがコミュニケーション・コードのうえでどのような変化をもたらしたかを細部にわたって検証する彼の記述は臨場感に満ちており、他の追随を許さない。この本のコンテンツについては、そのディテールに富んだ分析を読めばよい。わたしがここでその内容をへたに要約したり、紹介したりするには及ばない。例えば「乙女チック系」と呼ばれる少女マンガが「関係性モデル」を提供したこと、それに対して少年マンガが「異世界系」と呼ばれる関係の遮断を無害化するツールを提供したこと、そのなかにもSF系とファンタジー系とでさらに下位分化があること、マンガの進化と分化のプロセスのなかに、世界を解釈するコードの微細な棲み分けがあること等々は、彼の蘊蓄の披瀝とともに、「第一級の民俗資料」として読むことができる。論証のあいまに、「都市の進学校のSF同好会では」というミクロな私的経験が紛れこむのはご愛敬だ。それというのも、このように身体化された「サブカル体験」をつうじて、「ボクたちが時代だった頃」という強烈な自負があるからだろう。

だが、彼が数年ごとに輪切りにして提示する時代区分と、そのなかでくりひろげられるサブカル現象の目録は、すぐに古びる。かつて新しかったものは、いずれ必ず古くなる、のは鉄則だ。「それはもう古い」と言い続けてきた宮台自身が、その対象となる。そういう時代もあったのね、と同時代を生きたひとびとはノスタルジーのツールとして本書を読むだろうし、後から来た読者は、歴史資料として読むだろう。たとえば、アマゾンの読者ブック・レビューに2005年8月5日付けで投稿した「大学1年」の読者はこう書く。

「サブカルの話題自体が古いので自分みたいな人はちょっとわからない部分が多いかな。その時代の人が読めば面白いかもしれない。」

4　歴史の後知恵という特権

「歴史の後知恵」で彼の分析を検証する特権は、後からきた読者の側にある。

そのいくつかを検証してみよう。

ひとつは、「諧謔」の無効化についてである。「諧謔」は「大きな物語」(リクール)の毒を無害化する知的なツールだったはずだが、「大世界＋非日常性」の失墜のあと、起源を忘却した諧謔、もしくは対抗すべき対象を喪失したシニシズムは、ただの「分かる人にはわかる」うちわのノリ、「無害な共同性」となる。諧謔がほんらいもつ批判性を欠いた「共同性」への志向は、2チャンネル的な「勝ち馬に乗る」同調を生む。その時点で「無害な共同性」は、「有害な共同性」

に転化する。つまり内部には無害だが、外部に対して有害な政治的効果を持つにいたる。宮台に続く世代である、北田暁大の『〈嗤う〉日本のナショナリズム』（２００５年、ＮＨＫブックス）が、議論の起点を70年代に置き、「シニシズム」をキーワードとするのは、70年代以降、コミュニケーション・コードがどのような「大きな物語」のモデルを失ったか、その喪失と失墜が今日においてもいかにトラウマとして機能しつづけているか、を逆説的に証明する。「諧謔」という戦略が生まれると同時に失効する機制を、宮台はいちはやく見抜いているが、それは「全共闘世代」と「新人類世代」の「谷間の世代」である、彼の世代の運命でもあっただろう。

第二は、ますます複雑化する「関係性モデル」の遮断とそれからの撤退が生む、コミュニケーションの「島宇宙化」の予測である。「おたく」や「やおい」など、互いに非関連な「無害な共同性」が併存する90年代以降の推移を見ると、この卓抜な造語がもたらした予見は、的確だったといえる。マスメディアにすらこの「島宇宙化」は拡大した。アメリカの大統領選挙のように、共和党支持系と民主党支持系とが互いに自分たちにふつごうなノイズを遮断して、異なるメディアを棲み分けていることを見れば、この概念の射程は大きい。だが、本人たちの内部にとっては「無害な共同性」が、外部にとっては「有害な共同性」として物質化しうることは、アメリカの場合でも日本の場合でも同じである。日本でインターネット普及率が急速に上昇するのは２００0年以降のことだ。本書が出た頃には、ここまでのＩＴ革命はまだ進行していなかった。メディア・アクセスの選択性が高まることで、ウェッブ空間での「島宇宙」的棲み分けは進行しているが、それと同時に情報流通の加速的な拡大をもとに、「島宇宙」が境界を越えてあふれ出し、

「オフ」界にビッグバンを起こすこともある。「島宇宙」を「無害な共同性」とはもはや言っていられないかもしれない時代が来た。

第三は、マンガという性別分離のもっともはっきりしたメディアの分析をつうじて、この時代にあらわになったジェンダー・ギャップを明晰に示したことだ。サブカル論者の多くは自分が偏愛する特定のサブジャンルのみをとりあげることで、宮台のいう「文脈を欠いた」系譜学を論じがちである。たとえば「おたく」の精神分析として秀逸な斎藤環の『戦闘美少女の精神分析』（2000年、太田出版）も、「女オタク」については論じないという自制を課している。ジェンダー非対称性のもとでは、「少女マンガ」と「少年マンガ」とを、同じジャンルと見なすことはできない。だがジャンルを上位の次元に設定することで、比較によってのみ明らかにできることがある。適切なインフォーマントの存在や、共同研究でなければ得られない効果がここにはあるだろう。

他にも、音楽の分析において日本の「ロック」が占める特異性を、諧謔を欠いた「現実忘却」の共同性によって説明するなど、細部における卓抜な発見の数々には事欠かない。もちろん、いささか力まかせともいうべき解釈フレームは、逆に個々のサブカル現象の解釈に同意しない読者をも、生むだろうが。

5　方法の提示を

社会科学者は対象を論じる前に、方法についてのはんさな議論を段階として踏む。それが検証可能性――この経験的データから、こういう方法を使えば、だれがやってもこういう発見に必ず至る――という、有無を言わせぬ説得のための手続きだからである。結論と発見を急ぐ一般読者のために書かれた書物からは、この方法的な議論がしばしば抜け落ちることがあるが、方法論を欠いた論文はその実、読者に対する敬意を欠いているとも言える。学問がたんなる思いつきでないのは、方法という名の手持ちのカードをすべて公開し、それを伝達可能な知とするだけでなく、検証可能な共有財とするところにある。

宮台は「システム理論」ということばを多用するが、その内実が何かを、説明したことがない。まるで伝家の宝刀のごとくどこでもふりまわすので、圓田浩二からは、「水戸黄門の印籠じゃないか」と揶揄されている。この揶揄には、実は中には何も入っていないんじゃないか、という含意がある。

理論は分析のためのツールである。ツールを欠いたデータは、ただのごみの山にすぎない。再版を出すにあたって、宮台は理論的枠組みをきちんと提示し、方法論として章を立てて論じるべきだったと思う。

ご本人が省略している理論的な枠組みを、その結果から推論しながら再構成してみるとこうなるだろうか。

「システム理論」と言っただけでは、何も言ったことにはならない。システム理論とは、ある要素の集合を相互に関連する全体と見なし、それ以外の環境と区別するというだけのジェネリックな方法論にすぎない。しかもシステム理論を名のる論者は、ベルタランフィからマトラーナとバレラのような生命有機体システム論者から、プリゴジンのような熱力学のシステム論者、パーソンズ、ルーマンのような社会システム論者までさまざまだ。彼の言うシステム理論が、どのシステム論かも、実はよくわからない。

宮台のシステム理論は、ルーマン理論と同じとは思えないと圓田は言うが、ルーマン理論とてそれだけでは、ただちに実証に応用することはできない。彼がルーマンから学んだのは、社会をコミュニケーション・システムととらえるという前提にある。したがって狭義のメディアを対象としたものだけが、コミュニケーション・システムなのではなく、人間のすべての行動がコミュニケーションと見なされる。だが、ここまで言っても何かを言ったことにはならない。

彼のシステム理論には古典的なほどの機能主義的前提がある。メディアの位置価を構造ではなく機能で測定する、たとえば、宗教、マンガ、性が「機能的に等価」であるという表現が、それにあたる。機能を問題にすれば、作品や教義の内容を不問にすることができる。そうすることで、時代やジャンルを越えた「比較」が可能になる。それとともに機能は必ずシステムの全体性との関係でのみ定義されるので、機能主義的システム論は、システムの惰性態を事後的に追認することになりがちな理論的傾向を持つ。わたしが宮台を、システム論の保守性と呼んで批判してきたのはこのためだ。それだけでなく、システム論者は、「全体性」を視野に収めることが必要だし、かつ可能だと豪語するために、システムに対して、いわば「神の眼」の位置に立つことになる。彼自身が「再帰性」を強調するにもかかわらず、そうなのだ。

システム理論だけではじゅうぶんではない。理論を実証につなぐには、「システム」「要素」

「機能」等々を定義したうえで、それを経験的に検証するための判断基準を提示するという手続きが必要だ。それを欠いた「論証」は、思いつきや恣意でしかなくなる。

実は、彼の用いる経験的な実証の方法は、重回帰分析や多変量解析を利用したクラスター分析と言われる統計学の正攻法だ。統計学に詳しくないひとは、こういう用語を聞いただけで腰が退けるかもしれないが、現在では統計パッケージができているから、途中の計算式を知らなくても、データを放りこめば、「処方箋的知識」だけでちょっとしたマーケティングのデータが、だれにでもひき出せるようになっている。

クラスター分析はほんらい徹底的な帰納法である。一定の態度の傾向をいくつかの相関項に分類し、そのあいだにある差異から対立軸を見いだし、事後的に命名する。複数だが有限個の意味のある変数を取り出し、概念化するのが、統計屋の職人芸である。

ここで重要なのは、どんな統計データといえども、調査の設計は調査者の仮説と情報に支えられた質的なものであることだ。統計は、数字やコンピューターが自動的に出すものではなく、調査者が意図的に加工するものである。たとえば音楽聴取で「歌詞を重視するか」「曲を重視するか」の変数は、それ以前に音楽聴取についての一般的な了解を持っていなければ、設定することができない。

本書で登場するのが「予期理論的人格類型」というクラスターである。「人格」という本質主義的なニュアンスのある用語を避けるとすれば、「一定の傾向を持った態度の集合」と呼んでおけばよい。彼自身が言うように、個人はこの人格類型のあいだを変容しつつわたりあるくからである。

その際に動員されるのが、行動の「予期」をめぐる仮説である。「願望水準」と「期待水準」とを区別したうえで、メディアがその両者の水準の変動に関与するとされる。「願望水準」とは、宮台によれば行為に先立って形成される欲求の水準、「期待水準」とは行為によって学習される「期待外れ」への対処の水準というものだが、用語法の一貫性からいえば、それぞれ「期待水準」「充足水準」としたほうがよい。それなら「夫婦が期待する子どもの数」と「実際に産む子どもの数」との落差を説明する用語法とも一致する。注意すべきは、いずれも意味論的な了解にかかわる概念であり、行為とは直接非関連だという点にある。つまり「ほんとうは三人ほしいけど、ウチの経済力ではふたりがほどほどね」という納得と、「ほんとうは野球チームができるほど子どもが欲しかったのに、妻が病弱でふたりしか産めなかった」とでは、落差が違うために、後者のほうが同じ結果に強い失望を味わうことになる。この「納得」や「失望」がリアリティを構成する。「予期理論的人格」の5類型——「ニヒリスト」「バンカラ」「ミーハー」「よりかかり」「ネクラ」——は、願望水準と期待水準の組み合わせによって説明される。

そのさらに背後にあるのは、メディアをめぐる大胆な（機能主義的）仮説——つまり反映論（メディアがリアリティを反映する）でもなく補完説（メディアがリアリティの限界を補完する）でもない、一種の学習理論である。つまりメディアはリアリティのあらかじめの構築に関与し、さらにリアリティによって反復・強化・修正され、もしくは非関連となる、と。彼の分析の独創性は、徹底的に経験的なデータに、演繹的な理論的類型を対応させたところにあるが、その背後には、明示的に説明されないいくつかの行動やメディアをめぐる以上のような仮説群がある。これらの仮説群は、論証の内部では証明も反証もされない公準と言ってよい。つまり、少女マンガを願望水準を形成するコミュニケーションの学習メディアと見なそう。そう見なしたときに、特定のマンガがメディアとして果たす機能を、「関係性モデル」と解釈することに妥当性が生じる——という循環が生じる。だがこの循環は、理論の欠陥ではない。この循環のなかで、特定の経験的データについて、だれによってもこうしか解釈できない！という有無を言わせぬ論証を行う力ワザが、理論の効果というものだからだ。

問題はこの分析モデルのどこまでが、帰納的に得られ、どこからが演繹的に与えられるのかが、明らかにされないことだ。もしデータ収集と解析のプロセスが開示され、どのような変数の値が、どこに分類されるかという判定の根拠が明らかにされれば、その判定の根拠の妥当性をめぐって、もっとオープンな議論も可能になるかもしれない。だが、それが示されないために、彼の解釈には恣意性がまぎれこむ。あんたはそう言うけど、何を根拠に？　同じデータを別な読み方もできるのではないか、と。

システム論のもうひとつの前提は、要素の価値が他の要素との差異にのみ存在するという函数主義である。別な言い方をすれば、特定の要素は、他の要素との配置関係においてのみ、価値を発生する、という命題である。これが彼のいう文脈依存性である。したがって、彼のシステム分析は、メディアのジャンル別に、サブシステムを設定したうえで、共時的かつ通時的な網羅性を持たなければならない。きわめてまっとうな方法論である。

内容分析を不問に付し、差異化の記号としてのみ芸術を扱ったブルデューの『ディスタンクシオン』が採用した経験的方法と似ているように見えるかもしれない。だが、ブルデューの方法は、今日の統計解析の水準から見てもきわめて素朴なものだ。彼は階層の記号性を帯びた特定の芸術アイテムを「脱文脈的」に取り出し、その記号性に一定の集合的合意があることを前提したうえで、あらかじめ独立変数として設定された職業と学歴からなる階層と関連させて分析するという、比較的単純な分析しかやっていない。それほど単純な分析からさえ何かが言えるほど、ブルデューと同時代のフランス社会が、わかりやすい階層社会だった、というべきか。もしくは、もっと複雑なコミュニケーション・システムを持った社会はブルデューの方法では、たとえあってもわからない、また階層よりもっと複雑なクラスターの存在はブルデューの方法では析出されないということもできる。調査というものは、自分が取り出したいものだけを「発見」する効果がある。

だが、文脈を考慮に入れるためには、それについての膨大な情報がなければならない。本書が対象としたジャンルが、マンガ、音楽、性であり、その三つに限られるのは、何よりもそれが宮台と彼の仲間たちが通暁し、身体化したジャンルだからであろう。

なぜそれが「現代思想」ではなかったか？　または政治や経済ではなかったか？　彼は、これらのサブカル分野が、「時代の変化をもっとも鋭敏にあらわす」からだ、と言うが、同じ時期の消費行動やめまぐるしく移り変わった現代思想の「さまざまな意匠」、あるいは急速に世界を席捲した金融資本主義の動きも、「時代の変化を鋭敏にあらわした」はずだ。

彼には、新人類世代、すなわちニューアカ・ブームに「遅れてきた青年」としての気概、田中康夫と同じく、「思想もファッションも等価」というマニフェストがあったはずだ。同じ試みが、現代思想という名の「サブカルチャー」を対象に行われていれば、あるいは消費や市場を対象に行われていれば、彼は思想史家として、あるいは市場アナリストやマーケッターとして評価を受け、現在のようなスティグマを負わずにすんだかもしれない。

にもかかわらず、思想のサブカル化、あるいはサブカルの横並び化は、現実には起きなかった。それどころかサブカル相互の島宇宙化と相互の非関連化が進行するなかで、制度的な学知の特権性の再生産は継続している。学知はすでにサブカル化し、現実と非関連になっている、という反論もあるかもしれない。だが、ポストと資金という制度知の特権はなくなっていない。（現在でも大学院を志望する若者の群れを見よ。高等教育がグローバルな産業として果たす役割は――日本ではともかく――低下していないし、何より彼自身が大学という制度のなかで教育者としての役割を果たしている。）とすれば、格差にすら気づかないメタ格差が、サブカル間に成立しているというべきだろうか。

「記号的に等価」だった、サブカル消費のなかに、もういちど階層変数をもちこまなければならない時代が来たかもしれない。だが、かつてのような「大きな物語」のうちに包摂された「階層コード」ではなく、もっと個人化し、断片化し、相互に非関連化した、しかも「主体化」と「同一化」を欠いた階層コードが、必要とされるだろう。「横並び」の時代が終わり、「格差」の時代に本書を回顧的に読んでみれば、本書には、バブルが崩壊したとはいえ、脳天気だった「あの頃」のオプティミズムが残響しているように見える。

6　宮台真司はどこへ？

ジャーナリズムはいったん才能を見つけると二匹目、三匹目のどじょうを狙う。腐肉すら食らうハイエナだ。ニーズに応えて注文をこなしているうちに、書き手は「援交の専門家」「若者論の大御所」となる。40代でエスタブリッシュメントとなれば、あとは「過去の遺産」を食いつぶしていくだけだ。だが、40代までの業績を「過去の遺産」として食いつぶすには、50代以上の人生はあまりに長く、時代の変化はあまりに早い。

このところ宮台には、本書の再刊や『制服少女達の選択　After 10 Years』、過去10年間にわたる対談集『宮台真司ダイアローグズⅠ』（２００６年、イプシロン出版企画）の刊行など、回顧モードのものが多い。過去の仕事の検証も、率直な「反省」も意味があるが、それは次のステップに行くためだ。彼には著作数も多いが、その多くは対談やインタビューなどの「時局発言」である。長い著作リストを見れば、彼はジャーナリズムに「消費」されてきた感がある。仕込みに時間をかけ、アイディアを熟成させ、完成度を高めた仕事として、本書を越える著作がまだない、と言わざるをえない。自戒のことばでもある。

本書で彼が描いた20年間は、彼自身の20代と30代に重なっている。20代から30代を、無知からくる大胆さと、尊大なまでの自信と、灼けつくような切迫した思いから、自分の心身だけを武器に、時代と同じ速さで走った体力と気力は、40代の彼にはもはやないだろう。彼が20代から40代になる20年間に、その後に生まれた子どもが大人になる。異なる時代を環境として育った世代が、異文化となるのは当然だろう。彼はその後も「異文化接触」を「モノワカリのよいオジサン」として続けるのだろうか。やがて「カンチガイのオジサン」として？

宮台は、96年以降、フィールドワークを縮小した理由を、援交第一世代に代表される「ポジティブな時代」が終わったからだ、と述べる。が、これは後付けというべきだろう。もっとはっきり、「共感できなくなった」「わからなくなった」というべきなのだ。事実、彼は「自分の方法が通用しなくなった」と書く。だが「ポジティブでなくなった」と言われようが、同時代に生きている者はその現実から逃れることはできず、それ以上の世代には理解も共感もできない現実を等身大で生きざるをえない新しいフィールドワーカーは必ず登場するだろう。

本書の続編を求める声があるという。彼自身も「次の仕事」として考えているらしい。本書の続編は書かれるだろう。だが、今度は彼ではなく、彼より若い世代の書き手によって。その時に、本書を教師としながら、それを乗り越えることがめざされるなら、それを名誉としなければならない立場に彼はいる。本書の復刊には意味があるが、本書の続編を書くのは彼の仕事ではない。

宮台真司はどこへ行くのだろう？

時代と「寝た」者は、時代に追いつかれ、追い越される。時代が追いつけない速さで、今までだれも見たことのない景色を、今度彼が見せてくれるのはいつだろうか。

宮台真司が大家になるのは、まだ早い。

マンガ年表	性的コミュニケーション年表
	幼女誘拐事件の余波 89　連続幼女誘拐事件の犯人逮捕。オタク、ホラー、ロリコンが一斉に批判の矢面に **性的コードの変化　〈行為〉から〈体験〉へ** 91　代々木忠『プラトニック・アニマル』がベストセラーに **人格改造としてのヌード** 92　『an・an』で読者ヌード「きれいな裸」特集に1600名が応募 **第二次女子高生ブームへ** 93　女子高生のレイプや近親相姦を描く『高校教師』ブーム ブルセラショップでパンツを売る女子高生が各種雑誌テレビ番組で一斉に話題に

サブカルチャー年表 (5)

少女文化年表	大衆音楽年表
猫部ねこ「きんぎょ注意報！」 白倉由美「サクリファイス」 92 武内直子「美少女戦士セーラームーン」 **諧謔の系譜** 88 佐々木倫子「動物のお医者さん」 89 中尊寺ゆつこ「プリンセス in Tokyo」 岡崎京子「PINK」	『101回目のプロポーズ』主題歌 CHAGE&ASKA「SAY YES」 92 『素顔のままで』主題歌「君がいるだけで」米米CLUB大ヒット 93 オリコンチャートベスト20のうち半数近くがビーイング系ミュージシャンに **〈相互浸透〉的享受に世代交代おこる** 88 岡村孝子『SOLEIL』 89 X『BLUE BLOOD』でメジャーデビュー。 『平成いかすバンド天国』ＴＢＳ放映 92 ドリームズ・カム・トゥルー『THE SWINGING STAR』300万枚突破 **インディーズや諧謔も世代交代、クラブシーンが活性化** 91 ユニコーン『ケダモノの嵐』 ＤＪユニットＵＦＯ結成 裸のラリーズ、3枚組ＣＤ発売、翌年オフィシャルビデオ発売 92 ボアダムズ『pop tatari』でメジャーデビュー。 少年ナイフ『Let's Knife』で結成から10年目でメジャーデビュー 93 電気GROOVE『FLASH PAPA MENTHOL』デビュー作のリメイク版

マンガ年表

84　大友克洋「AKIRA」
85　士郎正宗「アップルシード」
　　ゆうきまさみ「究極超人あ〜る」
86　車田正美「聖闘士星矢」
　　永野護「ファイブスター物語」
87　高田裕三「3×3EYES」

「関係性のモデル」の短絡化

86　原秀則「冬物語」、柴門ふみ「同級生」、柳沢きみお「妻をめとらば」

ロリコン文化の上昇と多様化

(82　『コミックレモンピープル』創刊、吾妻ひでおと内山亜紀が看板に)
87　森山塔（山本直樹）浮上

地方都市や近郊の関係性

83　きうちかずひろ
　　「BE-BOP-HIGH SCHOOL」
85　望月峯太郎「バタアシ金魚」

1988年〜現在
オタクマンガのメジャー化

88　麻宮騎亜「サイレントメビウス」
　　萩原一至「BASTARD!!」
　　ゆうきまさみ「機動警察パトレイバー」
90　藤田和日郎「うしおととら」
　　桂正和「電影少女」

「友情努力勝利」が等身大の現実に

89　河合克敏「帯をギュッとね！」
90　井上雄彦「SLAM DUNK」

「関係性のモデル」の短絡化

89　柴門ふみ「東京ラブストーリー」
90　鈴木祐美子「うめモモさくら」
91　柴門ふみ「あすなろ白書」
　　星里もちる「りびんぐゲーム」
92　柴門ふみ＋糸井重里「ビリーブ・ユー」

「関係性のモデル」の再帰化

91　山田玲司「Bバージン」
92　山本英夫「のぞき屋」

性的コミュニケーション年表

ホストクラブ続々開店。マントル出現)
(82　ファッションマッサージ、個室ヌード続々開店。ホテトル、デート喫茶誕生)
83　ニュー風俗前年比2倍。愛人バンク話題に。年末「夕暮れ族」摘発。ポルノビル誕生、風俗アイドルブーム、イヴちゃんタレントデビュー
84　警察庁風営法大改正発表、「環境浄化」一斉摘発開始。ショー化／濃厚化の二極分解。キャバクラ誕生。国会ではH系少女雑誌ロリコン雑誌バッシング
85　新風営法施行急速な客離れとぼったくりの悪循環。「風俗バブル」崩壊

電話風俗の誕生

85　新風営法対策からテレクラ1号店アトリエキーホール誕生
87　NTT、伝言ダイヤルサービス開始
(90　NTT、ダイヤルQ_2サービス開始、ツーショットダイヤル登場)
(91　ヤマト運輸、伝言ファックスサービスの先陣を切る)

女子大生ブームから第一次女子高生ブームへ

83　『オールナイトフジ』放映開始
85　『夕やけニャンニャン』放映開始、おニャン子クラブ登場
　　森伸之『東京女子高制服図鑑』

1988年〜現在
アダルトビデオの盛衰　高偏差値AVギャルの出現

(86　横浜国立大在籍のAVギャル黒木香『SMっぽいの好き』でデビュー)
88　豊丸デビュー、淫乱ブームに火がつく
90　美少女本番路線が浮上、桜木ルイが改名再デビュー
91　AV不況へ。「企画もの」の比率が増大
92　東大生AVギャル事件。高偏差値AVギャル、お嬢様AVギャルが珍しくなくなる

サブカルチャー年表 (4)

少女文化年表

ミケ］はじまる)
(76　青池保子「イブの息子たち」)
78　魔夜峰央「パタリロ！」
猫十字社「黒のもんもん組」
81　『JUNE』(サン出版) 復刊
82　『WINGS』(新書館) 創刊

1983〜1987年
新人類文化定着と「関係性のモデル」の絶頂
83　吉田秋生「河よりも長くゆるやかに」、岩館真理子「1月にはクリスマス」「森子物語」
84　吉田まゆみ「アイドルを探せ」
85　紡木たく「机をステージに」「ホットロード」
岩館真理子「街も星もきみも」
吉田秋生「櫻の園」
87　紡木たく「瞬きもせず」
(88　くらもちふさこ「海の天辺」)

諧謔の系譜
82　玖保キリコ「シニカル・ヒステリー・アワー」
84　川原泉「甲子園の空に笑え！」「カレーの王子さま」
岡野玲子「ファンシィダンス」
86　さくらももこ「ちびまる子ちゃん」
佐々木倫子「ぺパミントスパイ」

オタクマンガの発展
82　内田善美「星の時計の Liddell」
84　佐藤史生「ワンゼロ」
85〜　キャプ翼本、星矢本、トルーパー本ブーム
87　日渡早紀「ぼくの地球を守って」
高河ゆん「アーシアン」

1988年〜現在
「関係性のモデル」の短絡化
88　いくえみ綾「POPS」

少女オタクマンガの上昇
88　清水玲子「月の子」
89　尾崎南「絶愛—1989—」
CLAMP「聖伝」

大衆音楽年表

79　『CHANGE2000』創刊
じゃがたらデビュー。オムニバス『東京 NEW WAVE '79』『東京ロッカーズ』発売
80　アナーキーデビュー。ザ・ロッカーズ『フーザロッカーズ』でデビュー

1983〜1987年
ロックの上昇と再〈相互浸透〉化、ニューミュージックやポップスとの区分曖昧に
83　尾崎豊『17歳の地図』
佐野元春『No Damage』
85　ハウンドドッグ「フォルティッシモ」
はっぴいえんど一日だけ再結成
87　渡辺美里『BREATH』
長渕剛『LICENSE』

ポップスやパンクニューウェーブの［都市／田舎］コード化進む
83　吉本隆明『マスイメージ論』。ナゴムレーベル設立。松任谷由実『ボイジャー』リリース。以後、年末マーケティング確立
87　稲垣潤一『Mind Note』。TUBE『Summer Dream』

アイドルの再帰的仕掛け
85　フジ『夕やけニャンニャン』でおニャン子クラブ登場

1988年〜現在
アイドルの終焉
91　森高千里「17才」。『ORE』休刊
92　小泉今日子作詞「あなたに会えてよかった」ミリオンヒットに

カラオケボックスとトレンディードラマ：脱〈相互浸透〉的（ナルチシズム的）享受
88　BOØWY『LAST GIGS』
90　第三期カラオケブーム（カラオケボックスブーム）。KAN「愛は勝つ」大ヒット
91　『東京ラブストーリー』主題歌小田和正「ラブストーリーは突然に」

マンガ年表	性的コミュニケーション年表
1977〜1982年 「非日常的な背景」によるサブカルチャーの延命 77　松本零士「銀河鉄道999」 諧謔の本格的展開とサブカルチャーの終焉 77　鴨川つばめ「マカロニほうれん荘」 79　矢作俊彦・大友克洋「気分はもう戦争」 80　大友克洋「童夢」 「友情努力勝利」の隆盛 78　車田正美「リングにかけろ」 80　ゆでたまご「キン肉マン」 81　高橋陽一「キャプテン翼」 （83　車田正美「風魔の小次郎」） ラブコメの二極分解：高度化と短絡化 78　柳沢きみお「翔んだカップル」 79　『ヤングジャンプ』（集英社）創刊 柴門ふみ「P.S. 元気です、俊平」 80　高橋留美子「めぞん一刻」 あだち充「みゆき」 『ビッグコミックスピリッツ』（小学館）、『ヤングマガジン』（講談社）創刊 81　あだち充「タッチ」 三浦みつる「The かぼちゃワイン」 たがみよしひさ「軽井沢シンドローム」 82　矢野健太郎「ネコじゃないモン！」 83　しげの秀一「バリバリ伝説」 84　まつもと泉「きまぐれオレンジ☆ロード」 （83　ちば拓「キックオフ」） 「無害な共同体」の提示 78　高橋留美子「うる星やつら」 81　鳥山明「Dr. スランプ」 新沢基栄「3年奇面組」	ポルノ映画にみる「隣の女の子」 71〜　日活ロマンポルノシリーズ開始。原悦子、寺島まゆみ、美保純らがアイドル化 少女メディアにおける「性の不安」の表出 73〜　大島弓子「ミモザ館でつかまえて」以降の一連の作品 73〜　陸奥A子「わかって下さいお月さま」以降の乙女ちっくマンガ家の活躍 1977〜1982年 荒木経惟が末井昭編集の雑誌で量産開始 76　『ニューセルフ』創刊、「劇写　女優たち」連載開始 78　『ウィークエンドスーパー』創刊、「偽ルポルタージュ」など連載開始 81　『写真時代』創刊、「少女フレンド」他3本同時連載開始 盗撮写真の投稿子が急増する 81　馬場憲治『アクション・カメラ術』（正／続）を出版。盗撮専門誌『セクシー・アクション』創刊、盗撮投稿子が激増 84　サン出版『投稿写真』、白夜書房『熱烈投稿』創刊 ナンパゲロニャン写真出現 81　佐々木教、『ビート』『ビリー』にナンパ写真を掲載開始 82　佐々木教、『写真時代』にゲロニャン写真「Oh NETA!」シリーズ連載開始 84　佐々木教、創刊された『熱烈投稿』『投稿写真』にナンパパンチラを連載 「性と舞台装置」が上昇する 77　『ポパイ』『ギャルズライフ』創刊 第一次ディスコブーム開始 湘南ブーム、サーファーブーム始まる
1983〜1987年 オタクマンガの発展 83　武論尊・原哲夫「北斗の拳」 島本和彦「炎の転校生」 83　諸星大二郎「西遊妖猿伝」	1983〜1987年 ニュー風俗産業の席巻、そして終息 （81　ノーパン喫茶ブーム。のぞき部屋、

サブカルチャー年表 (3)

少女文化年表

「かわいいカルチャー」の爆発と消費文化の誕生

（70 『an・an』創刊）
（71 『ノンノ』創刊。サンリオショップ、マクドナルド、ミスタードーナツの1号店開店）
72 変体少女文字の誕生（74に普及、77には飽和）
73 渋谷に PARCO 誕生
74 ファンシーグッズ全盛へ

実験室としての「少年」の発見

74 萩尾望都「トーマの心臓」
76 萩尾望都「ポーの一族」終了
竹宮恵子「風と木の詩」

大河ロマンは続く

75 大和和紀「はいからさんが通る」
76 美内すずえ「ガラスの仮面」
（77 細川知栄子「王家の紋章」）

1977〜1982年

新人類文化の上昇と「関係性のモデル」の高度化

77 吉田まゆみ「はいすくーる」
78 『ＪＪ』（光文社）創刊。『ギャルズライフ』（主婦の友社）創刊
くらもちふさこ「おしゃべり階段」
79 『My Birthday』創刊
『ぴあ』隔週刊化。吉田まゆみ「れもん白書」
80 『BE LOVE』創刊
レディスコミックの幕開け
82 岩館真理子「えんじぇる」、松苗あけみ「純情クレイジーフルーツ」。
『Olive』（マガジンハウス）創刊

新人類文化からの疎外

（75 三原順「われらはみだしっ子」）
77 清原なつの「花岡ちゃんの夏休み」
大島弓子「バナナブレッドのプディング」
78 大島弓子「綿の国星」
78 高野文子「絶対安全剃刀」

「美少年」の系譜：諧謔からオタクへ

（75 第1回コミックマーケット［通称コ

大衆音楽年表

72 新御三家（西城秀樹、郷ひろみ、野口五郎）人気に

1973〜1976年

ニューミュージック：［反商業主義／商業主義］コードから［手作り／非手作り］コードへ

（72 吉田拓郎「結婚しようよ」「旅の宿」）
73 南こうせつとかぐや姫「神田川」、荒井由実『ひこうき雲』、井上陽水『氷の世界』
75 風『風ファースト』
76 中島みゆき『私の声が聞こえますか』

ポップス：諧謔ポップスの誕生

75 大瀧詠一『Niagara Moon』
細野晴臣『トロピカル・ダンディー』
（78 多羅尾伴内楽團（大瀧詠一）『LET'S ONDO AGAIN』）

1977〜1982年

ニューミュージック：［手作り／非手作り］コードの短絡化

78 南こうせつ、さだまさし、アリス、松山千春がオリコンチャートで№1

歌謡曲：アイドル受容の諧謔化

78 キャンディーズ後楽園球場で解散コンサート、解散や引退の〈物語〉化盛んに
ピンクレディー「UFO」で日本レコード大賞
79 『よい子の歌謡曲』創刊

ポップスニューミュージック：シーンメイキングソング登場

（76 荒井由実「中央フリーウェイ」『14番目の月』より）
78 YMOデビュー。サザンオールスターズ「勝手にシンドバッド」でデビュー
79 ソニーがウォークマン発売
81 大瀧詠一『A LONG VACATION』で久々に松本隆と組む

ロック：パンクニューウェーブの伏流

マンガ年表	性的コミュニケーション年表
スポ根ものの誕生とマンガの隆盛 66　『少年マガジン』100万部突破、コミックス・シリーズ刊行開始 梶原一騎・川崎のぼる「巨人の星」 68　貝塚ひろし「父の魂」 『少年ジャンプ』(集英社) 創刊 69　『少年チャンピオン』創刊 **青年誌の誕生** 67　『漫画アクション』『ヤングコミック』創刊 68　『ビッグコミック』『プレイコミック』創刊 **若者文化との本格的な結合** 68　梶原一騎・ちばてつや「あしたのジョー」 永井豪「ハレンチ学園」 69　本宮ひろ志「男一匹ガキ大将」 70　水島新司「男どアホウ甲子園」 71　松本零士「男おいどん」 72　楳図かずお「漂流教室」 永井豪「デビルマン」	子が「不潔だわ」を連発 **ピンクからポルノへ** 65〜　若松孝二、山本晋也、向井寛らピンク映画監督が続々デビュー 67〜　ヤクザ映画ブームと共振するピンク映画ブームを学生が盛り上げる 71　ロマンポルノ映画女優田中真理、全共闘に連帯表明 スウェーデン映画『私は好奇心の強い女』公開、洋画ポルノ攻勢 71〜72　西ドイツ映画「㊙レポート」シリーズ、ヒットする **女性メディアの動き　遅れてきたサブカルチャーとかわいい上昇** 68　『セブンティーン』創刊、「不潔だわ」的な同世代表現が頻出 69　少女マンガ『おくさまは18歳』大人気、70〜71年にはテレビ版が大ヒット 71　『微笑』創刊、素人ヌード・少女ヌードを多数掲載。最初の性の噴出 72　『セブンティーン』に高校生妊娠もの増加 **リブの動き** 70　日本最初のウーマンリブ大会で女性の性欲肯定が論議 70年代半ば　中ピ連の派手な運動、マスコミを賑わす
1973〜1976年 **サブカルチャーの残存と変質** 73　ちばてつや「おれは鉄兵」 75　石井いさみ「750ライダー」 (80　岩重孝「ぼっけもん」) **スポ根ものの変質：「無害な共同体もの」と「超人もの」へ** (72　水島新司「ドカベン」) 73　ちばあきお「キャプテン」 遠崎史郎・中島徳博「アストロ球団」 **自然土着への撤退** 73　矢口高雄「釣りキチ三平」 76　長谷川法世「博多っ子純情」 (78　はるき悦巳「じゃりン子チエ」 青柳裕介「土佐の一本釣り」) **怪奇マンガの変質** 73　つのだじろう「うしろの百太郎」 **純愛ものという試み** 73　梶原一騎・ながやす巧「愛と誠」 **「閉じた日常性」と諧謔の発見** 74　山上たつひこ「がきデカ」	**1973〜1976年** **篠山に見る「隣の女の子」** 75　篠山紀信「激写」シリーズ、『GORO』に連載開始 76　児童福祉法違反で芸能プロ逮捕、「激写」少女モデル掲載自粛へ **アイドルに見る「隣の女の子」** 71　天地真理、人気テレビ番組『時間ですよ！』の「二階の真理ちゃん」役でデビュー 73　「花の中三トリオ」(山口百恵、桜田淳子、森昌子) デビュー 70年代半ば〜　歌謡アイドルの「冒険ショット」、雑誌をにぎわす

サブカルチャー年表 (2)

少女文化年表

1964〜1972年

アメリカ的なティーン文化の定着：ロマコメとラブコメ

64 水野英子「こんにちは先生」「白いトロイカ」
65 西谷祥子「マリィ・ルウ」
66 水野英子「赤毛のスカーレット」「ハニーハニーのすてきな冒険」

日本を舞台にした学園マンガが、貸本から飛火して雑誌へ

64 貸本『学園』（第一プロ）
矢代まさこ「ようこシリーズ」
66 西谷祥子「レモンとサクランボ」

「少女」と「白ヘビ」が結びつく怪奇少女マンガの大ブーム

（57 楳図かずお「お百度少女」）
66 楳図かずお「へび少女」、古賀新一「白へび館」
67 楳図かずお「赤んぼう少女」

「若者」の本格的な浮上

68 『りぼんコミックス』『セブンティーン』（集英社）
69 水野英子「ファイヤー！」
70 ジュニア小説ブーム

「24年組」の活躍、歴史大河ロマン成長ものの始まり

71 萩尾望都「11月のギムナジウム」、山岸凉子「アラベスク」
72 萩尾望都「ポーの一族」開始
池田理代子「ベルサイユのばら」
里中満智子「あした輝く」
（73 山本鈴美香「エースをねらえ！」）

1973〜1976年

「関係性のモデル」の出現：大島弓子と乙女ちっく

73 大島弓子「ミモザ館でつかまえて」
陸奥A子「わかって下さいお月さま」
74 陸奥A子「たそがれ時に見つけたの」
高橋亮子「つらいぜ！ボクちゃん」
75 岩館真理子「初恋時代」
76 太刀掛秀子「なっちゃんの初恋」
田渕由美子「フランス窓便り」

大衆音楽年表

あの人たちをわかるのは〈私たち〉だけ：ＧＳブーム

66 ビートルズ来日。ブルーコメッツ「青い瞳」
67 タイガース「僕のマリー」、ゴールデンカップス「いとしのイザベル」でデビュー
ＮＨＫ「歌のグランドショー」タイガース出演分をカット
68 オックス「ガールフレンド」でデビュー。ＧＳ＆ファッション誌『セブンティーン』創刊

歌謡曲：高校生・大学生は等身大タレントを支持した

63 舟木一夫「高校三年生」
67 伊東ゆかり「小指の思い出」。他に園まり、西郷輝彦、水前寺清子、布施明も人気

［商業主義／非商業主義］コードの成立：フォークブーム

66 マイク真木「バラが咲いた」
67 ザ・フォーク・クルセダーズ「帰ってきたヨッパライ」
ニッポン放送「オールナイトニッポン」開始
68 岡林信康「山谷ブルース」でデビュー。ジャックス『ジャックスの世界』
69 高石事務所、ＵＲＣ設立。エレックレコード発足。中津川フォークジャンボリー（以後70、71年開催）
フォークゲリラが岡林や高石を批判
71 はしだのりひことクライマックス「花嫁」

ロック：日本語ロックの黎明

70 はっぴいえんど『はっぴいえんど』、日本語ロック論争へ
71 日本幻野祭（成田空港建設反対）で頭脳警察の「革命３部作」
72 キャロル「ルイジアンナ」でデビュー
（73 村八分『ライブ村八分』）

歌謡曲：かわいいアイドルの誕生

71 新３人娘（小柳ルミ子、南沙織、天地真理）登場

マンガ年表

1945〜1954年

戦前の少年小説的なストーリーマンガ

47　手塚治虫「新宝島」
54　福井英一・武内つなよし「赤胴鈴之助」

手塚治虫によるＳＦの本格的導入

48〜51　三部作
50　「ジャングル大帝」
52　「鉄腕アトム」「ロック冒険記」

1955〜1963年

低年齢層では戦前的な少年文化が続く

56　横山光輝「鉄人28号」（〜66）
58　桑田次郎「月光仮面」
59　『少年マガジン』（講談社）、『少年サンデー』（小学館）創刊
　　武内つなよし「少年ジェット」
　　寺田ヒロオ「スポーツマン金太郎」
60　石森章太郎「快傑ハリマオ」
63　桑田次郎「８マン」

高年齢層向けの貸本では劇画が始まる

56　貸本『影』創刊
58　劇画工房（辰巳ヨシヒロ、桜井昌一、さいとうたかを、石川フミヤス）結成

雑誌にも劇画が導入される（戦記もの忍者ものブーム）。少年文化は終焉へ

59　白土三平「忍者武芸帳」
61　ちばてつや「ちかいの魔球」
　　横山光輝「伊賀の影丸」
　　白土三平「サスケ」
63　ちばてつや「紫電改のタカ」

赤塚不二夫が新しいギャグマンガを創始

62　赤塚不二夫「おそ松くん」

1964〜1972年

前衛マンガの誕生

64　『ガロ』（青林堂）
66　つげ義春「沼」
67　『ＣＯＭ』（虫プロ）

性的コミュニケーション年表

1945〜1954年

抑圧された本音の噴出

45　「基地とパンパンの街」全国各地にカストリ雑誌ちまたに溢れる
46　接吻映画『はたちの青春』話題に
　　永井荷風『踊子』発表
47　額縁ショー大人気。
　　「H大佐夫人」押収処分
48　戦後最初のブルーフィルム撮影
49　カストリの雄『夫婦生活』創刊
51　カストリ雑誌の急速な衰退、第一次週刊誌ブーム

北朝鮮、中国成立をにらんだ管理強化の動き

49　映画倫理規程管理委員会設置
50　『東京十夜』風俗条項違反で映倫チェックが入る

1955〜1963年

「市民社会化」への動き急、猥褻摘発ラッシュへ

56　売春防止法成立
58　売春防止法施行
59　婦人議員らの努力が実り赤線廃止
61　『夜と霧』東京税関でカット、物議を醸す

「若者風俗」の地ならし

55　石原慎太郎『太陽の季節』話題に
56　映画『太陽の季節』公開、太陽族ブームに

ピンク映画の動き

62　最初のピンク映画『肉体の市場』公開、警告により自主カット
62〜65　ピンク映画、年間３倍ペースで推移
（65　武智鉄二『黒い雪』摘発、「猥褻か芸術か」論争の始まり）

1964〜1972年

「若者らしさ」のシンボリズムが混乱

61〜71　「若大将」シリーズ、スケベな青大将を潔癖な若大将がいさめる
60年代後半　青春テレビドラマで酒井和歌

サブカルチャー年表 (1)

少女文化年表

戦前
少女雑誌の誕生と発展
02 『少女界』(金港堂書店) 創刊
23 『少女倶楽部』(講談社) 創刊

1945〜1954年
戦前型の少女雑誌の発刊が続く
46 『それいゆ』(ひまわり社)『少女クラブ』(講談社) 創刊
47 『ひまわり』(ひまわり社) 創刊
51 『月刊少女ブック』(集英社) 創刊
「ゆかいな」マンガと宝塚的ロマンの並立
49 倉金章介「あんみつ姫」
53 手塚治虫「リボンの騎士」
(57 上田としこ「フイチンさん」)

1955〜1963年
低年齢層では戦前型少女文化が続く:母ものと宝塚ロマン
55 『りぼん』(集英社)『なかよし』(講談社) 創刊
57 山田えいじ「ペスよおをふれ」
58 わたなべまさこ「山びこ少女」
牧美也子「少女三人」
60 牧美也子「マキの口笛」「少女たち」
高年齢層でアメリカ的なティーン文化の導入始まり、少女文化は終焉へ
(54 『ジュニアそれいゆ』(ひまわり社) 創刊)
59 今村祥子「チャコちゃんの日記」
60 貸本『ジュニアブックスシリーズ』(エンゼル文庫)
62 貸本『ティーンエージャー』(セントラル出版)。『少女クラブ』休刊
63 『少女』(光文社)、『少女ブック』(集英社) 休刊
「かわいい」の浮上
62 『週刊少女フレンド』(講談社) 創刊
63 『週刊マーガレット』(集英社) 創刊
サンリオが水森亜土のキャラクター商品を発売開始

大衆音楽年表

1945〜1954年
アメリカンポップスの奔流
45 WVTR (現在のFEN) 放送開始
47 NHK『日曜娯楽版』放送開始し「冗談音楽」(三木鶏郎) 人気に
48 笠置シヅ子「東京ブギウギ」「ヘイヘイブギ」「ジャングルブギ」
52 ジャズ大流行
戦前的なるものの残存
46 『素人のど自慢音楽会』放送開始
48 「湯の町エレジー」ヒット

1955〜1963年
ロックンロールとロカビリーブーム:暴走する〈若者〉
56 小坂一也「ハートブレイクホテル」日本語カヴァー盤
58 第1回「日劇ウエスタン・カーニバル」
山下敬二郎「バルコニーに座って」
ロカビリーからポップス歌謡へ:〈若者〉の安定化
59 「ザ・ヒットパレード」放送開始
62 弘田三枝子「ヴァケーション」
ツイストブーム
63 坂本九「スキヤキ」全米1位に
もはや戦後ではない:現代的な[都市/田舎]コード成立
57 「東京だよおっ母さん」「東京のバスガール」
59 ペギー葉山「南国土佐をあとにして」

1964〜1972年
エレキインストブーム:再燃する〈若者〉
64 アストロノウツ「太陽の彼方に」、カバー競作もヒット
65 ベンチャーズ、アストロノウツ来日合同公演
「勝ち抜きエレキ合戦」フジで放映開始
東宝『エレキの若大将』封切

本書は一九九三年十月二十八日、パルコ出版より刊行された『サブカルチャー神話解体――少女・音楽・マンガ・性の30年とコミュニケーションの現在』を基にし、『ポップ・コミュニケーション全書――カルトからカラオケまでニッポン「新」現象を解明する』（パルコ出版、一九九二年七月十六日刊）所収「サブカルチャー神話解体序説」を新たに加え、加筆修正したものである。

戦闘美少女の精神分析　斎藤環
ナウシカ、セーラームーン、綾波レイ……「戦う美少女」たちは、日本文化の何を象徴するのか。「おたく」「萌え」の心理的特性に迫る。（東浩紀）

紅一点論　斎藤美奈子
「男の中に女が一人」は、テレビやアニメで非常に見慣れた光景である。その「紅一点」の座を射止めたヒロイン像とは⁉（姫野カオルコ）

男流文学論　上野千鶴子／小倉千加子／富岡多恵子
「痛快！　よくぞやってくれた」「こんなもの文学批評じゃない！」　吉行・三島など〝男流〟作家を一刀両断にして話題沸騰の書。（斎藤美奈子）

東大で上野千鶴子にケンカを学ぶ　遙洋子
そのケンカ道の見事さに目を見張り「私も学問がしたい！」という熱い思いを読者に湧き上がらせた、涙と笑いのベストセラー。（斎藤美奈子）

夏目漱石を読む　吉本隆明
主題を追求する「暗い」漱石と愛される「国民作家」をつなぐ資質の問題とは？　平明で卓抜な漱石講義十二講。第２回小林秀雄賞受賞。（関川夏央）

増補 サブカルチャー神話解体　宮台真司／石原英樹／大塚明子
少女カルチャーや音楽、マンガ、ＡＶなど各種メディアの歴史を辿り、若者の変化を浮き彫りにした前人未到のサブカル分析。（上野千鶴子）

これで古典がよくわかる　橋本治
古典文学に親しめず、興味を持てない人たちは少なくない。どうすれば古典が「わかる」ようになるかを具体例を挙げ、教授する最良の入門書。

日本語で読むということ　水村美苗
なぜ『日本語が亡びるとき』は書かれることになったのか？　そんな関心と興味にもおのずから応える、折にふれて書き綴られたエッセイ&批評文集。

日本語で書くということ　水村美苗
一九八〇年代から二〇〇〇年代に書かれた漱石や谷崎に関する文学評論、インドや韓国への旅行記など、〈書く〉という視点でまとめた評論&エッセイ集。

思索紀行（上・下）　立花隆
本ではない。まず旅だ！　ジャーナリストならではの鋭敏な感覚で、世界の姿を読者にはっきりとさしだした思想旅行記の名著。

文化防衛論　三島由紀夫

「最後に護るべき日本」とは何か。戦後文化が爛熟した一九六九年に刊行され、各界の論議を呼んだ三島由紀夫の論理と行動の書。（福田和也）

三島由紀夫と楯の会事件　保阪正康

社会に衝撃を与えた1970年の三島由紀夫割腹事件はなぜ起きたのか？　憲法、天皇、自衛隊を論じたあの時代と楯の会の軌跡を追う。（鈴木邦男）

ロシア文学の食卓　沼野恭子

前菜、スープ、メイン料理からデザートや飲み物まで。「食」という観点からロシア文学の魅力に迫る読書案内。カラー料理写真満載。（平松洋子）

どうにもとまらない歌謡曲　舌津智之

大衆の価値観が激動した1970年代。誰もが歌えた「あの曲」が描く「女」と「男」の世界の揺らぎ——衝撃の名著、待望の文庫化！（斎藤美奈子）

中華料理の文化史　張競

フカヒレ、北京ダック等の歴史は意外に浅い。ではそれ以前の中華料理とは？　孔子の食卓から現代まで、風土、異文化交流から描きだす。（佐々木幹郎）

期待と回想　鶴見俊輔

「わたしは不良少年だった」15歳で渡米、戦時下の帰国、戦後50年に及ぶ『思想の科学』の編集……自らの人生と思想を語りつくす。（黒川創）

圏外編集者　都築響一

既存の仕組みにとらわれることなく面白いものを追い求め、数多の名著を生み出す著者による半生とともに「編集」の本質を語る一冊が待望の文庫化。

春画のからくり　田中優子

春画では、女性の裸だけが描かれることはなく、男女の絡みが描かれる。男女が共に楽しんだであろう性表現に凝らされた趣向とは。図版多数。

増補　エロマンガ・スタディーズ　永山薫

制御不能の創造力と欲望で数多の名作・怪作を生んできた日本エロマンガ。多様化の歴史と主要ジャンルを網羅した唯一無二の漫画入門。（東浩紀）

官能小説用語表現辞典　永田守弘編

官能小説の魅力は豊かな表現力にある。本書は創意工夫の限りを尽したその表現をピックアップした、日本初かつ唯一の辞典である。（重松清）

禅　鈴木大拙　工藤澄子訳

禅とは何か。また禅の現代的意義とは？　世界的な関心の中で見なおされる禅について、その真諦を解き明かす。（秋月龍珉）

タオ――老子　加島祥造

さりげない詩句で語られる宇宙の神秘と人間の生きるべき大道とは？　時空を超えて新たに甦る『老子道徳経』全81章の全訳創造詩。待望の文庫版！

荘子と遊ぶ　玄侑宗久

『荘子』はすこぶる面白い。読んでいると「常識」という桎梏から解放される。魅力的な言語世界を味わいながら、現代的な解釈を試みる。（ドリアン助川）

つぎはぎ仏教入門　呉智英

知ってるようで知らない仏教の、その歴史から思想的な核心までを、この上なく明快に説く。現代人のための最良の入門書。二篇の補論を新たに収録！

現代人の論語　呉智英

革命軍に参加!?　王妃と不倫!?　孔子とはいったい何者なのか？　論語を読み抜くことで浮かび上がる孔子の実像。現代人のための論語入門・決定版！

日本異界絵巻　小松和彦／宮田登／鎌田東二／南伸坊

役小角、安倍晴明、酒呑童子、後醍醐天皇ら、妖怪変化、異界人たちの列伝。魑魅魍魎が跳梁跋扈する闇の世界へようこそ。挿画、異界用語集付き。

仏教百話　増谷文雄

仏教の根本精神を究めるには、ブッダに帰らねばならない。ブッダ生涯の言行を一話完結形式で、わかりやすく説いた入門書。

武道的思考　内田樹

「いのちがけ」の事態を想定し、心身の感知能力を高める技法である武道には叡智が満ちている！　気持ちがシャキッとなる達見の武道論。（安田登）

仁義なきキリスト教史　架神恭介

イエスの活動、パウロの伝道から、叙任権闘争、十字軍、宗教改革まで――。キリスト教二千年の歴史が果てなきやくざ抗争史として蘇る！（石川明人）

よいこの君主論　架神恭介　辰巳一世

戦略論の古典的名著、マキャベリの『君主論』が、小学校のクラス制覇を題材に楽しく学べます。学校、職場、国家の覇権争いに最適のマニュアル。

生き延びるためのラカン　斎藤環
幻想と現実が接近しているこの世界で、できるだけリアルに生き延びるためのラカン解説書にして精神分析入門書。カバー絵・荒木飛呂彦

人生を〈半分〉降りる　中島義道
哲学的に生きるには〈半隠遁〉というスタイルを貫くしかない。「清貧」とは異なるその意味と方法を、自身の体験を素材に解き明かす。（中島義道）

私の幸福論　福田恆存
この世は不平等だ。何と言おうと！　しかしあなたは幸福にならなければ……。平易な言葉で生きることの意味を説く刺激的な書。（中野翠）

ちぐはぐな身体《からだ》　鷲田清一
ファッションは、だらしなく着くずすことから始まる。中高生の制服の着崩し、コムデギャルソン、刺青等から身体論を語る。（永江朗）

エーゲ　永遠回帰の海　立花隆
ギリシャ・ローマ文明の核心部を旅し、人類の思考の普遍性に立って、西欧文明がおこなった精神の活動を再構築する思索旅行記。カラー写真満載。

独学のすすめ　加藤秀俊
教育の混迷と意欲の喪失には出口が見えないが、IT技術は「独学」の可能性を広げている。「やる気」という視点から教育の原点に迫る。（竹内洋）

レトリックと詭弁　香西秀信
「沈黙を強いる問い」「論点のすり替え」など、議論に仕掛けられた巧妙な罠に陥ることなく、詐術に打ち勝つ方法を伝授する。

希望格差社会　山田昌弘
職業・家庭・教育の全てが二極化し、「努力は報われない」と感じた人々から希望が消えるリスク社会日本。「格差社会」論はここから始まった！

ことばが劈《ひら》かれるとき　竹内敏晴
ことばとこえとからだと、それは自分と世界との境界線だ。幼時に耳を病んだ著者が、いかにことばを回復し、自分をとり戻したか。

現人神の創作者たち（上・下）　山本七平
日本を破滅の戦争に引きずり込んだ呪縛の正体とは何か。幕府の正統性を証明しようとして、逆に「尊皇思想」が成立する過程を描く。（山本良樹）

ちくま文庫

増補《ぞうほ》　サブカルチャー神話《しんわ》解体《かいたい》
——少女《しょうじょ》・音楽《おんがく》・マンガ・性《せい》の変容《へんよう》と現在《げんざい》

二〇〇七年二月十日　第一刷発行
二〇二三年十月五日　第七刷発行

著　者　宮台真司（みやだい・しんじ）
石原英樹（いしはら・ひでき）
大塚明子（おおつか・めいこ）

発行者　喜入冬子
発行所　株式会社　筑摩書房
東京都台東区蔵前二—五—三　〒一一一—八七五五
電話番号　〇三—五六八七—二六〇一（代表）
装幀者　安野光雅
印刷所　中央精版印刷株式会社
製本所　中央精版印刷株式会社

ISBN978-4-480-42307-8　C0136